经典战史回眸·二战系列

从巅峰到湮灭

“帝国”装甲师战史

陈星波 著

WUHAN UNIVERSITY PRESS
武汉大学出版社

图书在版编目(CIP)数据

从巅峰到湮灭:“帝国”装甲师战史/陈星波著 .—武汉:武汉大学出版社,2021.12

经典战史回眸 . 二战系列

ISBN 978-7-307-22503-9

Ⅰ.从… Ⅱ.陈… Ⅲ. 德国党卫军—装甲兵部队—战争史 Ⅳ.E516.9

中国版本图书馆 CIP 数据核字(2021)第 173331 号

责任编辑:蒋培卓　　责任校对:李孟潇　　版式设计:马　佳

出版发行:**武汉大学出版社**　(430072　武昌　珞珈山)

(电子邮箱:cbs22@ whu.edu.cn 网址:www.wdp.com.cn)

印刷:武汉中科兴业印务有限公司

开本:787×1092　1/16　印张:21.25　字数:523 千字

版次:2021 年 12 月第 1 版　2021 年 12 月第 1 次印刷

ISBN 978-7-307-22503-9　定价:70.00 元

目　录

序章 党卫队特别机动部队

1933年1月纳粹掌权后，希特勒同冲锋队（SA）领袖罗姆之间的裂痕也愈来愈深。希特勒开始担心起来：冲锋队不仅在将来会扰乱他的统治，同时有可能影响到他的权威。因此，希特勒说："我当时想，我需要一支卫队，不管它规模多小，它必须无条件服从我，甚至会朝着他们自己的兄弟动手。宁可只要来自一座城市的20个人——条件是，可以完全信赖他们——也不要一大群不可靠的人。"后来，这支队伍按照他的意愿被命名为"Schutzstaffel"，即党卫队。

党卫队起先的"目的"可以说是必要时充当希特勒的保镖。1933年初，希特勒的保镖兼司机泽普·迪特里希（Seep Dietrich）奉命组建一支私人卫队，以保证希特勒的安全。不久之后，迪特里希亲自从阿道夫·希特勒突击队（Stosstrupp Adlf Hitler）中挑选出117人，组建了这支私人卫队。这117人全都是党卫队理想的模范：25岁，身高1.8米，无犯罪记录。普鲁士州警察部门负责为柏林总部卫队提供后勤方面的支持。这支部队后来成为了赫赫有名的党卫军第1"阿道夫·希特勒警卫旗队"装甲师（1.SS-Panzer Division"Leibstandarte SS Adolf Hitler"）。

但希特勒任命的党卫队全国领袖海因里希·希姆莱的野心却不止于此，他不断地向希特

希特勒最信任的老战士——泽普·迪特里希亲自挑选出了117人组建了一支私人卫队，专门负责希特勒的安全。这支卫队从某种程度可说是党卫队的前身。

勒游说：贴身卫队有立即扩大的需要。希特勒本来就对陆军军官团的忠心有所怀疑，一直在考虑如何建立纳粹党的军事组织，以期能够代替国防军。1934年9月，希特勒迈出了巨大的一步，批准成立听命于希特勒本人的党卫队特别机动部队（SS-Verfugungstruppe），而这支部队的成员主要来自各地独立的党卫队大队成员。

这些大队是1933年被设置于德国主要城市的“政治预备队”（Politische Bereitschaften）的后裔，如今则被合并，它们分别是驻慕尼黑的“德意志”旗队（Deutschland Standarten，旗队编制相当于陆军的“团”），以及驻扎于汉堡的“日耳曼尼亚”旗队（Germannia Standarten）和负责拱卫元首安全的阿道夫·希特勒旗队（阿道夫·希特勒警卫旗队前身）。阿道夫·希特勒旗队虽然编入了党卫队特别机动部队，但指挥官泽普·迪特里希凭借与希特勒亲密的私人关系，仍保持着某种自主性，哪怕是希姆莱也对他无可奈何。

在党卫队特别机动部队的指挥官人选上，希姆莱比较倾向于旧国防军军官保罗·豪塞尔（Paul Hausser），他可以说是干此工作的最佳人选，豪塞尔同时也是党卫队之内为数甚少的昔日高级军官之一。豪塞尔生于1880年，一个高高瘦瘦的勃兰登堡人（Brandenburg an der Havel）。出身于正统的普鲁士军人家庭的他仪表堂堂、举止潇洒，处处显示出普鲁士军官风度，谈吐挖苦俏皮，这让他在等级森严的国防军中树了一些敌。他的军事履历充分表明他具有扎实的理论知识和实干才能：受过步兵训练、上过军事院校，第一次世界大战中担任过不同职务，包括团长和总参谋部参谋官。战争结束后，豪塞尔还担任过第2军事防区的总参谋长，第10步兵团团长。1932年1月31日，他最终因政治原因以名誉陆军中将从军队中退役。

泽普·迪特里希。这是一张他早期的签名照，注意照片中SS早期的领章样式。

保罗·豪塞尔，可说是党卫队特别机动部队之父，真正创造武装党卫军的人。注意照片中豪塞尔佩戴的SS早期领章。

退役后，豪塞尔加入过当时德国的右翼组织“钢盔党”（Stahlhelm），甚至短暂加入过冲锋队。不久后，通过一名来自第10步兵团的老战友介绍，豪塞尔结识了希姆莱。后者希望他能够加入党卫队来指导党卫队特别机动部队在军事训练中的各项问题，并授予其党卫队旗队长（上校）军衔。按照希姆莱的话说，党卫队战士缺什么，豪塞尔就应该灌输给他们什么——纪律、服从、敢于拼杀，总之，就是所有的军事知识。这也是党卫队现阶段最匮乏的东西。

1935年初，豪塞尔在不伦瑞克（Braunschweig）的公爵官邸开办了一所党卫队军官学校（注意，实际上在waffen-ss，也就是党卫军这个名称正式出现在德国官方文件之前，正确的叫法应该是党卫队军官学校）并担任校长。不久后，他又着手建立不伦瑞克和巴特特尔茨（Bad Tolz）两所党卫军“容克”学校的整套系统化训练机制，目的是能够在这里培养未来武装党卫队（党卫军）的军事骨干（最后事实也证明了，许多党卫军的军官都来自这个体系）。1936年10月1日，希姆莱正式任命豪塞尔为党卫队特别机动部队指挥官，同时兼任两校的督察。在他的新岗位上，豪塞尔计划把军官培训学校行之有效的训练方法运用到整个党卫队机动部队之中："党卫队必须建立一支首先以国防军训练教程为蓝本的部队，因为这种教程被证明是行之有效的。"在整个过程中，他逐渐将党卫队特别机动部队按德国常规武装部队的形象塑造成了一支值得称颂的部队。而党卫队特别机动部队一开始也为它的精英主义感到自豪。

1938年，阿道夫·希特勒旗队因为其特殊性，脱离了党卫队特别机动部队编制。由于德国在这一年成功吞并了奥地利，党卫队又在维也纳建立了第三支旗队：元首旗队（Der Fuhrer Standarten）。最终，这三支旗队组成了党卫队特别机动部队，也就是后来名震天下的帝国师（Das Reich）。豪塞尔也终于可以作为一位指挥部队的将军去干他一直想干的事情。

位于巴特特尔茨的党卫队军官学校的大门。这所军校同不伦瑞克的姊妹学校一起为武装党卫军部队培育了大量的骨干人才。

第一章　最初的编制

党卫队特别机动部队德意志团

驻防地：慕尼黑

名　称：党卫队特别机动部队第2团[①]

党卫队特别机动部队第1团

党卫军第2装甲掷弹兵团"德意志"

党卫军第3装甲掷弹兵团"德意志"[②]

简　称：SS"D"

德意志团的右领章，在阿道夫·希特勒警卫旗队脱离党卫队特别机动部队系统后，德意志团被指派为第1旗队。

担任德意志团团长期间的费利克斯·施泰纳，注意他的旗队长领章。

简介：1936年7月1日以前,德意志团并不是一个完整的团,只是一些零散的连、营规模的组织,直到后来，由于这些党卫队成员都驻防在慕尼黑,而促成了他们的合并。全团真正的历史只能从1936年7月1日他们形成完整的团部开始记述,而他们的首任团长就是党卫队旗队长（上校）费利克斯·施泰纳（Felix Steiner）。

德意志团第1营

驻防地：慕尼黑

名　称：慕尼黑政治预备队

党卫队特别机动部队第2团1营（临时）

党卫队特别机动部队第1团1营

党卫队德意志团1营

党卫军第2装甲掷弹兵团"德意志"1营

党卫军第3装甲掷弹兵团"德意志"1营

简　称：/ SS"D"

1933年10月，德国国内所有的党卫队组织都要求派出一定数量优秀的成员加入巴伐利亚州警察部门下辖的慕尼黑团。这些人在慕尼黑的温泽尔大街的MAX Ⅱ 军营接受基础军事训练和军官训练,他们的讲师是来自党卫队南部大区

① 由于早期的阿道夫·希特勒警卫旗队被指派为第1旗队,因此德意志团成为第2旗队,很快警卫旗队单独组建旅级规模的部队,所以机动部队第1旗队的番号再次被赋予德意志团。

② 阿道夫·希特勒警卫旗队在扩编成师后,下辖2个装甲掷弹兵团,番号分别是SS第1和SS第2,德意志团再次变更番号为SS第3。

的扎格尔（Sagerer）和利贝尔（Lieber）少校。

有30～35名学员一直在这里培训到1943年3月底，他们就是德意志团1营最初的核心。随后，他们来到巴伐利亚（Bavaria）田园般的阿尔卑斯山下的巴特特尔茨党卫队军官培训学校上一年级。与此同时，团里其他人员包括从普通党卫队中志愿加入的成员开始接受准军事训练，这些训练从1933年10月一直持续到1934年6月底。在慕尼黑的3个军营里，每100人的警察部门再接收1个排的党卫队志愿者进行混合训练，这部分单位于1934年6月在霍伊堡（Heuburg）训练场完成了基础训练。1934年7月1日，以这些人员为骨干，慕尼黑政治预备队（Politische Bereitschaft Munchen）正式成立。

这支政治预备队包括了3个步兵连、1个机枪连和1个步兵炮连（番号13），指挥官是从警察部门调来的上级突击中队长（中尉）里特尔·冯·亨格尔（Ritter Von Hengl），上级突击中队长（中尉）托马斯·米勒（Tomas Muller）任副官。政治预备队里的军官和士官主要由巴伐利亚州警察部门与在准军事和军官训练中毕业的人员组成,其余志愿者则大多来自德国南部的党卫队组织。

1934年10月1日，另外两支政治预备队被并了进来，预备组建一个旗队或者团级规模的单位。慕尼黑政治预备队也正式确认了党卫队特别机动部队第1旗队1营的番号（缩写为 I /SS1-VT）。由于党卫队特别机动部队在成立之初就是为了区别于国防军而存在的，所以只是在名义上暂时归国防军管理，其中包括慕尼黑政治预备队在内的3个单位就暂归国防军第7装甲师管辖，或者说“一起训练”。

与此同时，整个党卫队特别机动部队在编制上也开始向国防军靠拢。德意志旗队在改称德意志团后，除了之前组建的标准步兵连外，开始筹划组建数个重武器连，例如1934年就已成立的第13步兵炮连。于是在1934年11月14日，一名来自巴伐利亚州警察部门的上尉，高级突击中队长施密特（Schmidt）奉命为德意志旗队组建1个摩托车连。1935年3月14日，这个摩托车连被命名为党卫队特别部队第1旗队第14摩托车连，后又变更为第15摩托车连。1937年10月1日，德意志团又组建了第14反坦克连，这些重武器连则由团部直辖。

德意志团1营营长，上级突击大队长（中校）里特尔·冯·亨格尔。

由于直到1939年团部才正式成立，之前只有一个负责运作的参谋部（这个负责实际运作的参谋部于1935年夏天建立，参谋长为高级突击中队长于特纳），所以先期组建的第13步兵炮连一直挂靠在第1营制下，现在它同第14反坦克连和第15摩托车连一起，成为团直属连。1935年9月10日—16日，在德国纽伦堡举行的纳粹党代会期间，尽管还没有真正意义上的团部，党卫队特别机动部队第1旗队被授予了德意志团的荣誉称号，并拿到了团旗和营旗。

德意志团第二任营长，突击大队长（少校）格奥尔格·克普勒。照片中的克普勒已经佩戴了党卫队区队长的军衔。

1935年10月,德意志团第1营、2营和第13步兵炮连、第14反坦克连前往德雷斯顿附近的柯尼希斯布吕克（Konigsbruck）的训练场进行实

Deutschland

德意志团的荣誉袖标。

弹训练。其间，由于一些冲突，1营营长里特尔·亨格尔离开了党卫队特别机动部队，被调往了山地部队。第1营失去了一个非常好的指挥官，他的职位由突击大队长（少校）格奥尔格·克普勒（Georg Keppler）接替。1935年12月7日，全团成员都领到了绣有"Deutschland"字样的荣誉袖标。不久之后，德意志团1营被派往慕尼黑的弗赖曼（Freimann）新军营，这是一个极大的改善,因为这里的军营足够容下完整的3个营以及后来于1939年成立的团部,整个1936年,第1营都驻防在这里。

德意志团第2营

驻防地：普里特巴赫（Prittlbach）训练营

名　称：奥地利救济会

施莱斯海姆救济会

党卫队特别机动部队第1旗队2营

党卫队德意志团2营

党卫军第2装甲掷弹兵团"德意志"2营

党卫军第3装甲掷弹兵团"德意志"2营

简　称：Ⅱ/ SS"D"

1932年出任奥地利总理的恩格尔伯特·陶尔斐斯在掌权的第二年就试图模仿他的意大利朋友——法西斯领袖墨索里尼的铁腕统治，宣布查禁了纳粹党，反对德国吞并奥地利。陶尔斐斯的禁令为希姆莱和党卫队打开了一道方便之门。几千名奥地利纳粹党和冲锋队成员越过边界涌进巴伐利亚，希姆莱接待了他们。这些"流亡"人员起先都被纳入了一个叫做"奥地利军团"的组织，为了避免奥地利政府的干预，"奥地利军团"又更名为奥地利救济会，不久后又改名为施莱斯海姆救济会。这个号称"军团"的组织发不出任何军饷，就连食物也非常匮乏，可以说穷得叮当响。许多成员仍穿着他们平时的衣服甚至此前的工作服，就连巴伐利亚州警察部门也对他们相当苛刻，搞得许多年轻的奥地利人一有机会就闹着要回国，但是他们这些人早已被取消了本国国籍，成了名副其实的无家可归者。

1934年，墨索里尼在两个法西斯政权中仍居于强势，在他的支持下，奥地利政府要求纳粹政府立刻解散所有在德国的奥地利纳粹组织。迫于无奈，这些奥地利人在达豪附近的小镇普里特巴赫集体加入了德国国籍，同时并入党卫队系统。1934年3月他们终于领到了第一批作训服。当年冬天，才领到党卫队的黑色制服。1934年的纽伦堡党代会上，这帮奥地利人首次亮相就给希姆莱留下了深刻的印象，他立刻向希特勒建议把施莱斯海姆救济会编入党卫队特别机动部队，后者当即同意了。从此以后，施莱斯海姆救济会成为驻扎在慕尼黑的德意志团第2营，跟随第1营一起与国防军第7装甲师一同训练。1935年4月1日，来自巴伐利亚州警察部门的上尉卡尔-马里亚·德梅尔胡贝尔（Carl-Maria Demelhuber）成为德意志团2营营长，并晋升为突击大队长（少校）。巴特特尔茨党卫队军官学校的首届毕业生下级突击中队长（少尉）西格弗里德·马克思·舒尔茨（Siegfried Max Schultz）成为营副官。1936年秋末，全营移驻位于因戈尔施塔特的兰德大街军营。

德意志团第3营

驻防地：慕尼黑

名　称：党卫队德意志团2营

党卫军第2装甲掷弹兵团"德意志"3营

党卫军第3装甲掷弹兵团“德意志”3营

简　称：Ⅲ/SS “D”

党卫队旗队长（上校）施泰纳（中间）视察“德意志”团3营。他右边的是上级突击大队长（中校）巴劳夫，左边的是上级突击大队长（中校）比辛格尔（Bissinger）。

1936年7月1日，德意志团的第3个营在慕尼黑的弗里曼军营组建，营里骨干主要由德意志团1营和4营提供，其中营属4个连的连长全部来自德意志团4营。3营的成员大多来自巴伐利亚和符腾堡（Wurtemberg）的志愿者。首任营长是突击大队长（少校）德默（Demme），但很快就被上级突击中队长（中尉）巴劳夫（Ballauf）取代。1939年，突击大队长（少校）克莱因海斯特坎普（Kleinheisterkamp）成为该营第三任营长。

德意志团第4营——埃尔旺根（Ellwangen）

驻防地：埃尔旺根/佳斯特（Jast）

名　称：符腾堡政治预备队

党卫队特别机动部队第2团3营（临时）

党卫队特别机动部队第1团3营

党卫队德意志团3营

党卫队德意志团4营

简　称：Ⅲ/ SS“D”随后为Ⅳ/ SS“D”

1933年5月，党卫队西南大区派遣人员分别为3个新成立的连队筹备住处，6月—7月，这些人员（每连100～200人）一直分别待在奥伯恩多夫（Oberndorf）、罗伊特林根（Reutlingen）以及特罗辛根（Trossingen）的临时军营里。最终，位于埃尔旺根/佳斯特的旧符腾堡士官学校成为他们的新驻地。与此同时，经过补充，这支部队也上升到4个连（每连120人）以及1个10人的（营）参谋部。部队里的志愿人员来自德国各地，有柯尼斯堡、柏林、法兰克福、曼海姆等，不过大多数是符腾堡人，因此这支部队被命名为“符腾堡政治预备队”。由于初期极度缺乏士官，1934年1月，48名来自国防军的士官奉命赶往埃尔旺根，他们将成为候补军官的重要人选。与此同时，党卫队里的士官也临时加入国防军部队，继续深造提高。1934年10月1日，位于埃尔旺根的符腾堡政治预备队被完整地并入了党卫队特别机动部队第1团（即后来的德意志团），成为其下属第3营。全营的训练工作由驻扎在乌尔姆（Ulm）的国防军第5装甲师负责监督指导。

1935年夏天，来自州警察部门的博耶（Boye）少校接替突击大队长（少校）冯·戈特贝格（Von Gottberg）成为营长。4周后，博耶把营长一职交给了前国防军少校费利克斯·施泰纳，这位未来党卫军最重要以及最传奇的人物之一。施泰纳生于1896年，东普鲁士人。他是一名真正的人才，他的到来，对德意志团、党卫队特别机动部队、未来的帝国师乃至整个党卫军的早期建设都起到了至关重要的作用。施泰纳参加过第一次世界大战，亲眼目睹了那种人员众多、鱼龙混杂、机构臃肿的大兵团混战。对此他十分厌恶，他转而开始寻求一种全新的“精兵建军”的思想。当来到埃尔旺根营时，施泰纳感到这就是他一直梦寐以求的精兵部队，他迅速把自己的思想灌输到了全营，同时把自己建设现代化步兵的想法付诸实施。他的这一行动最终影响到了全团甚至整个党卫军中的精英单位。

1937年，德意志团4营，也就是埃尔旺根营在德累斯顿的行军，该营只花费了3小时35分55秒就完成了这次25公里的全副武装的行军。

施泰纳中断了在营房院子里的机械性操练的主要科目，把训练重点改为在广泛的水平上进行竞技比赛，把士兵培养成“狙击手、猎人、全能运动员”。施泰纳在埃尔旺根大展拳脚，他的第一个目标是全面提高这支半吊子武装的军事素养；第二个目标是改善队伍内部上下级之间的关系；第三个目标是建立真正优秀的士兵队伍和军官团；第四个目标就是建立他心目中理想的“战斗实体”——突击队。1937年，全营5名军官和450名士兵在党卫队的行军竞赛中获得第一名。在运动员般的军官率领下，士兵们全副武装行军25公里只花了3小时35分55秒，平均速度达到了7公里每小时。同年5月，在柏林举行的兴登堡（Hindenburg）传统行军竞赛中，营属第17连在包括著名的威廉港海军部队在内的76个单位中脱颖而出，获得殊荣。这些都与施泰纳的大力改革和先进的训练方式息息相关。

1936年7月1日，施泰纳成为德意志团团长，同时晋升为党卫队旗队长（上校）。从阿道夫·希特勒警卫旗队调来的上级突击中队长（中尉）申克（Schinke）成为新的营长。不久后，新的德意志团3营在慕尼黑的弗赖曼军营组建，埃尔旺根的这支部队也变更番号为德意志团4营。1938年11月1日，德意志团4营脱离德意志团的编制，准备改编为摩托车营，德意志团4营的历史也到此结束。

党卫队特别机动部队日耳曼尼亚团

驻防地：汉堡

名　称：党卫队特别机动部队第2团

党卫队步兵团（摩托化）“日耳曼尼亚”

党卫军第3装甲掷弹兵团“日耳曼尼亚”

简　称：SS“G”

1936年，党卫队抽调驻汉堡的政治预备队组建了日耳曼尼亚团，该团下辖3个营：日耳曼尼亚团1营，驻汉堡；日耳曼尼亚团2营，驻阿诺尔森（Arolsen）/瓦尔德克（Waldeck）；日耳曼尼亚团3营，驻沃尔特丁根（Wolterdingen）。团直属的3个连则分别在维斯马、汉堡以及

日耳曼尼亚团团长，党卫队旗队长（上校）卡尔-马里亚·德梅尔胡贝尔。这张照片中德梅尔胡贝尔已经佩戴了党卫队地区总队长兼党卫军中将的军衔。

Germania

日耳曼尼亚团的荣誉袖标。

翁纳成立。当年10月1日，上述单位正式组成了日耳曼尼亚团，原德意志团2营营长党卫队旗队长（上校）卡尔-马里亚·德梅尔胡贝尔成为该团团长。

日耳曼尼亚团第1营

驻防地：汉堡

名　称：党卫队特别机动部队第2团1营

党卫队日耳曼尼亚团1营

党卫军装甲掷弹兵团“日耳曼尼亚”1营

简　称：I / SS“G”

1934年8月25日，党卫队全国领袖办公室下令高级突击中队长（上尉）威廉·比特里希（Wihelm Bittrich）在汉堡郊区的威德尔移民会堂（Veddel immigration Halls）组建日耳曼尼亚团1营，成员全部来自汉堡的政治预备队。

1营的编制同国防军一样，包含4个步兵连和1个机枪连。营里的军官大多来自州警察部门、前“一战”的老兵（军官）以及那些离开魏玛国防军加入普通党卫队的前国防军军官，营级军士长（Oberfeldwebels）的位置则由那些在魏玛国防军中获得预备军官资格的士官填补。高级突击中队长（上尉）克莱因海斯特坎普（Kleinheisterkamp）负责军官队伍的组织和训练工作。1营的士兵多数是来自普通党卫队和其他组织的志愿者，同德意志团一样，他们来自汉堡、不来梅、波美拉尼亚、石勒苏益格-荷尔斯泰因、梅克伦堡以及下萨克森州的各个阶层。

刚刚抵达日耳曼尼亚团驻地的新兵们。

日耳曼尼亚团1营营长，上级突击大队长（中校）西尔玛·瓦克勒。

一开始，移民会堂的居住条件非常差，新兵们不得不自己动手打扫卫生，整理住处。此后几周的时间里，该营的武器和装备更是连鬼影都没有，许多人仍然穿着他们普通党卫队的制服，甚至是平民的服装，用于射击训练的步枪也少得可怜。1935年4月1日，突击大队长（少校）瓦克勒（Wackerle）接替比特里希成为1营营长，后者则于1938年春天被调往元首团参与筹建工作。瓦克勒到任后，把重点放在了士官培训上，所有士官在完成每天的训练科目后，都必须额外参加士官提高班至晚上10点，每天都是如此。后来，1营士官中有许多在大战中表现出了过硬的素质和能力，成为更高级的指挥官。

1935年春夏之间，全营所有连都达到了满员编制，训练工作则在汉堡周围继续展开。在此期间，1营还必须留1个连在汉堡市内接受达官贵人的检阅以及警戒要地的礼宾部队，这种不用训练的“轻松活”由4个连轮流担任。一开始大家都觉得很新奇，抢着参加。但到了1936年后，所有人都习以为常，而且把损失的训练时间也想办法补了回来。

1935年12月到1936年3月，1营意外地得到了一个上军官（资格）培训班的机会，所有希望成为军官的士官和士兵都纷纷报了名。结果，全营90%的报名者通过了最后的考核，同时获得了前往不伦瑞克和巴特特尔茨党卫队军官学校继续深造的资格。

3名日耳曼尼亚团（旗队）士兵的合影，注意他们领章上的数字“2”就是代表日耳曼尼亚团。

1936年9月—10月，1营奉命前往于特博格训练场进行射击和作为支援单位的战斗训练。与此同时，刚刚成立的日耳曼尼亚团团部（10月1日成立）也驻扎在了1营附近。在团长卡尔-马里亚·德梅尔胡贝尔带头下，团部经常直接插手训练工作，搞得1营的士官和士兵们非常不适应。

从1936年起，第69步兵团团长冯·布里森（Von Briesen）一年要视察1营两次，根据上级的要求，第69步兵团负责监督该营的训练工作。1营的士官们最爱听的就是布里森每次都会说想把他们带到他的团去。

1937年对1营来说，值得记录的就是2月的零下20度射击训练、墨索里尼来访（1营跟随党卫队特别机动部队一起参加了检阅游行）以及跟随陆军部队在德国北部行军和9月前往森纳拉格（Sennelager）训练场。1938年，1营跟随日耳曼尼亚团参加了德奥合并。从奥地利返回后，全营终于从威德尔移民会堂迁到了汉堡以北的奥克森措尔（Ochsenzoll）新军营。整整4年，1营终于有了像样的住处，但有三分之一的人没有成行，他们将赶往克拉根福（Klagenfurt）奉命组建新的元首团3营，1营营长瓦克勒也调任元首团3营营长。他的位置最后由高级突击中队长（上尉）施米德胡贝尔（Schmidhuber）接替，而损失的士官只能靠士官培训班来提拔了。

接替瓦克勒成为日耳曼尼亚团1营营长的突击大队长（少校）施米德胡贝尔。这张照片拍摄时间较晚，施米德胡贝尔已经佩戴了党卫队旗队长（上校）的军衔。

从苏台德地区返回后，1营奉命改编为摩托化步兵营，接收的车辆主要由勃兰登堡的工厂直送。1939年3月中旬，1营跟随日耳曼尼亚步兵团（摩托化）踏着冰雪赶往“波希米亚和摩拉维亚保护国”（被德国吞并和肢解的捷克斯洛伐克部分），目的地是布雷斯劳附近，这是全团第三次集结。随后，又移驻捷克首都布拉格。

1939年8月16日夜，全营接到了A级警报，这意味着战争临近了。日耳曼尼亚团立即在柯尼希斯布吕克训练场集结，从此以后，日耳曼尼亚团1营再没有返回过驻地。

日耳曼尼亚团第2营

驻防地：阿诺尔森

名　称：党卫队特别机动部队第2团2营

党卫队日耳曼尼亚团2营

党卫军装甲掷弹兵团“日耳曼尼亚”2营

简　称：II / SS“G”

阿诺尔森是党卫队第15大区福尔达-威拉（Fulda-Werra）的指挥部所在地，指挥官是瓦尔德克-皮尔蒙特（Waldeck-Pyrmont）亲王——党卫队上级地区总队长约西亚斯·格奥尔格·威廉·阿道夫·埃尔布普林茨·楚·瓦尔德克·翁德·皮尔蒙特（Josias Georg Wilhelm Adolf Erbprinz zu Waldeck und Pyrmont）。为什么要选阿诺尔森作为2营的驻地，现在已经无从可考。

日耳曼尼亚团2营营长，突击大队长（少校）克吕格尔（头戴M1917钢盔者）正与党卫队上级地区总队长瓦尔德克亲王（右）交谈。

1935年，党卫队全国领袖办公室下令突击大队长（少校）瓦尔特·克吕格尔（Walter Kruger）在阿诺尔森为党卫队特别机动部队第二个团组建第2营。这对克吕格尔来说是一个艰巨的任务，因为亲王的办公室也在这里。尽管如此，克吕格尔这个拥有丰富战斗经验的“一战”老兵还是全身心地投入到营队的建设之中。4月20日，日耳曼尼亚团2营正式成立。第一批25人的骨干团队从慕尼黑赶了过来，这些人刚刚上完一期士官培训班。另外60名来自罗恩（Rohn）训练营的学员将作为预备军官和士官接受考核。营里剩下的部分则由来自普通党卫队（接受过陆军军事训练）、训练部门的军官和政治预备队的志愿者来填补。还有一些人来自州警察部门、魏玛国防军以及科尔巴赫（Korbach）党卫队体育学校。从5月到7月，通过党卫队中央总局的努力，全营才达到标准编制的700人。

1935年7月起，位于卡塞尔的陆军军需办公

日耳曼尼亚团第8（机枪）连的马拉排。

室开始向2营提供武器装备，制服和马匹则由党卫队部门提供。不久后，2营大量的军官和士官都被派到陆军或先期组建完毕的党卫队特别机动部队单位学习深造，实战和射击训练也在7月至8月间全面展开。9月初，2营前往纽伦堡参加了当年的全国党代会。10月4日—29日，2营所有士官又在拉尔滕格拉博训练场接受了一期士官培训。11月9日，全营在慕尼黑的统帅堂前举行了党卫队的宣誓仪式。

1936年元旦，2营别出心裁地搞了一个"大起床号"行动。当天凌晨，当整个阿诺尔森小镇还沉浸在睡梦之中的时候，2营7连迈着整齐的步伐，在军乐排的伴随下为全镇居民吹响了起床号。这种驻军为当地吹响晨号的事情最早发生在1914年，并不常见。所以，这对古老的阿诺尔森小镇居民来说，绝对是一件新奇的事情。5月，全营还参加了在法兰克福举行的帝国博览会，并在现场做了战斗队列游行。10月1日，2营与其他两个营以及团部正式组成了日耳曼尼亚团。

1936年秋天，2营的训练主要是在拉尔滕格拉博训练场开展的，但机枪连仍然缺少驮曳重机枪的马匹，所以大部分时候，士兵们只能自己扛着巨重无比的机枪来返于训练场和营地之间。到了下半年，机枪连终于从陆军的军需办公室领到了足够的马匹。随后的骑乘和驽马的训练则由汉诺威的骑兵学校和福斯特（Forst）的党卫队骑兵学校负责。

训练之余，2营大力倡导各种体育运动，其中营属的手球队就在1938年的全国大赛中打入8强，许多马术佼佼者也加入了当地的马术俱乐部。1937年初，克吕格尔营长因病离开了2营，他的位置由高级突击中队长（上尉）吉勒接任。与此同时，许多来自不伦瑞克和巴特特尔茨党卫队军官学校的年轻军官也加了进来，成为营里的排长或排副。此后，齐装满员的2营前

在阿诺尔森驻地列队集结的日耳曼尼亚团2营。

往森讷拉格和明斯特拉格尔训练场参加了多次营级演练。

1938年3月13日，2营跟随全团参加了德奥合并。返回阿诺尔森驻地后，全营又在驻地邻近的乡下展开了连续不断的刻苦训练。6月，2营的每个连都抽调出30～40人（包括军官和士官）前往克拉根福协助组建元首团。新兵很快填补了他们离去后的空缺，但是针对这些新人的训练又持续了数周时间。1938年夏末，2营奉命前往于特博格训练场。在这期间，2营再次跟随全团参加了占领苏台德区的行动。从捷克返回后，2营接到了改编为摩托化步兵营的命令。汽车、卡车和摩托车司机驾驶技能的培训立刻在全营展开，接着是摩托化作战训练。12月，日耳曼尼亚团派出一支120人的士官队伍组成了士官训练连（其中40人来自2营）前往法灵博斯特（Fallingbostel）训练场接受进一步深造。这次培训由高级突击中队长（上尉）施米德胡贝尔负责，培训则一直持续到次年的3月份。与此同时，2营其他官兵通过摩托化行军赶往西里西亚地区，准备参加占领捷克斯洛伐克全境的行动。

1939年4月初，吉勒营长奉命调入刚刚成立的于特博格党卫队炮兵学校，他的位置由突击大队长（少校）德夫勒-舒班德（Dorffler-Schuband）接替。随后，2营和3营一起在团参谋部的指挥下，作为占领军前往捷克首都布拉格驻扎。4月中旬，2营在城堡区（Hradschin，布拉格的一个区，环绕布拉格城堡）附近的一个旧捷克军官学校扎营，并主要负责城堡区的保安任务。这样一来，营里几乎没有多少时间可以进行战斗训练，不过武器装备倒在这一时期有所改善。3个步兵连都加强了1个轻迫击炮排，机枪连则补充了1个重迫击炮排。由于在繁华的布拉格根本无法进行训练，因此这些迫击炮排稍后赶赴施瓦岑博恩训练场进行实弹射击训练。1939年8月17日，2营跟随全团在德雷斯顿附近的柯尼希斯布吕克训练场集结，准备参加即将到来的波兰战役。

日耳曼尼亚团第3营

驻防地：沃尔特丁根，拉多尔夫采尔(Radolfzell)

名　称：党卫队特别机动部队第2团3营

党卫队日耳曼尼亚团3营

党卫军装甲掷弹兵团“日耳曼尼亚”3营

简　称：Ⅲ/ SS“G”

1935年4月1日，党卫队中部大区在下萨克森州索尔陶（Soltau）附近的沃尔特丁根召开了一次高级会议。会后，中部大区接管了党卫队主管训练部门在当地的一处军营。与此同时，派往该营的教官将和训练部门的教官一起为党卫队第2个步兵团组建3营，即日耳曼尼亚团3营。4月10日—24日，首批来自中部大区的志愿者来到了沃尔特丁根营地，剩下的人则于5月2日—10日陆续抵达。

在通过一系列体检后，许多志愿者由于身体素质不合格，只能被打发回家。3营的新兵主要来自西里西亚、沃特坎特（Waterkant，指汉堡地区的北海海岸）、柏林，但大多数是下萨克森州人。教官则主要由前魏玛国防军的士官和州警察部门的军官担任。此外，普通党卫队也提供不少士官作为该营的指导员。因此，3营几乎每个连长都是参加过“一战”的老兵，拥有丰富的实战经验。

同党卫队特别机动部队其他兄弟部队一样，3营起家时也是一穷二白。在长达几周的时间内，所有新兵都穿着自己的黑色党卫队常服。经过4周的预备期，3营终于被党卫队特别机动部队系统接纳。但到了这个时候，营里依

射击训练结束后，党卫军的新兵们开始清理保养自己的步枪。

然没有任何武器装备，只有一些老掉牙的卡宾枪用来站岗。直到6月中旬，3营才从不伦瑞克的警察学校领到第一批步枪。没多久，针对营里士官的特别训练正式展开。

组建之初，全营的上下级关系就非常融洽，所有人都把这里当成了自己的家。3营起初的编制也同国防军的步兵营一样，拥有3个步兵连和1个马匹驮曳的机枪连（第12连）。由于营地设在了一处牧场的中间，周围什么商店酒家都没有，再加上上级禁止离开营地，所以训练之余的生活往往非常无聊，时间过得奇慢无比。

1935年6月29日，党卫队中央总局局长——党卫队上级地区总队长海斯迈尔（Heissmeyer）第一次视察了3营，他对全营这几个月的优异表现大加赞扬。7月中旬，3营终于领到了第一批田野灰制服和黑色礼服。从7月29日到9月19日，3营一直在于特博格训练场从事艰苦训练。但这8周的时间，竟然是全营拥有最美好回忆的时光，因为这里的生活比孤岛般的沃尔特丁根营地丰富多了。接下来的4个月，日常的训练常常被一些庆典活动打断：参加比克堡的感恩节活动，11月9日在慕尼黑统帅堂前参加集体宣誓仪式，11月11日—17日在戈斯拉尔举行的帝国农民节庆祝活动。

在这之后，3营总算可以把全部精力投入训练之中，尤其是射击训练。由于依然没有足够的武器装备送至沃尔特丁根军营，3营的所有射击训练都是在派纳

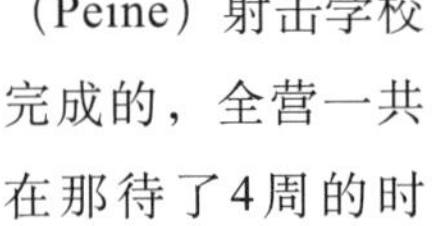

（Peine）射击学校完成的，全营一共在那待了4周的时间。9月底，第一任营长突击大队长（少校）吉贝勒（Giebeler）被调走，这让所有官兵情绪低落了好一阵，第12（机枪）连连长，高级突击中队长（上尉）迈尔（Meyer）临时代理了一阵营长。帝国农民节之后，日耳曼尼亚团1营营长，高级突击中队长（上尉）吉勒曾短暂地担任过3营营长一段时间。

日耳曼尼亚团3营营长、突击大队长（少校）海因里希·克彭。一个非常严肃、刻板的军人。

1936年11月28日，3营所有官兵在体育场上列队迎接他们的新营长突击大队长（少校）海因里希·克彭（Heinrich Koppen）。卡尔-马里亚·德梅尔胡贝尔也差不多在同一时间成为日耳曼尼亚团团长。也就在这时候，全营同新任营长在上下级关系上发生了巨大的冲突，因为克彭营长无论对己对人都是一个严酷到极点的苦行僧式的人，平时不苟言笑，与营里的军官团也几乎没什么交流，更别说听听他们的想法了，搞得双方关系日趋紧张，火药味十足。在1936年的除夕夜，一声清脆的鞭炮声突然在营地里响起，营长立刻冲到了现场，结果没有发现任何肇事者（事后查明是食堂主的儿子干的）。这下好了，克彭立刻下令全营在深夜紧急集合（包括各连连长），然后发生了一件后来全营官兵称为"海因里希·克彭纪念行军"的

事件：所有人跑了整整一夜，一刻也没有休息过，直至1937年的第一缕阳光降临。

1937年，3营与其他各营加上团部正式组成了日耳曼尼亚团，因此党卫队中部大区仅仅在名义上保留了对3营的指挥权。沃尔特丁根营（指3营）也从驻地前往团部所在地汉堡。1937年初，党卫队特别机动部队督察处在为3营选择驻地时，第一次提到了德国南部的拉多尔夫采尔镇。

新年过后，营长与全营官兵的关系依然非常紧张，特别是第11连，该连连长被克彭叫做"问题儿"。双方的紧张关系到4月底至5月初发展到了顶点，营长直接解散了第11连，把所有人分给了其他连队，然后用新兵重建了第11连。5月5日，终于确定3营的新驻地是拉多尔夫采尔，全营上下多年来的期盼和愿望成为现实——终于可以离开周围除了草还是草的鬼地方（沃尔特丁根）。

整个6月份，3营都在做更换驻地的准备工作，那种高昂的精神状态任何语言都无法形容。等真正要离开他们第二个家——这片静静的草地时，大家又变得依依不舍起来。6月29日，尽管已经对沃尔特丁根营没有任何管辖权，党卫队中部大区领袖，党卫队上级地区总队长耶克尔恩（Jeckeln）还是为"他的营"举行了欢送会，他祝全营官兵在拉多尔夫采尔生活愉快。根据旧的军事习俗，3营把一个勺子埋在了军营下，据说只要更换营地就必须这么做，这样才能带来好运。这一次，全营上下第一次见到营长克彭露出笑容，他还给每名官兵赠送了一瓶啤酒。

当3营抵达小镇拉多尔夫采尔时，当地的群众早已蜂拥至当地的市集上等着欢迎这些年轻的士兵，少女们则手捧着鲜花，小镇入口处

一次公开纪念仪式上的日耳曼尼亚团的军官们。

还挂起了巨大的欢迎横幅。当地的官员以及贵宾也都聚集在政府大厅前等着欢迎3营的到来，出席欢迎仪式的还包括当地的镇长，负责监督和管理3营训练的当地最高长官格勒内费尔特（Groeneveldt）少将以及国防军第14步兵团代表艾森胡特（Eisenhut）中校。欢迎现场，克彭营长向少将报告全营共有27名军官、175名士官和586名士兵。当天晚上，当地部门还在小镇中心的广场上举行了庆祝活动，主题就是"拉多尔夫采尔欢迎SS"。

从纽伦堡的全国党代会返回后，3营又于9月21日—30日马不停蹄地参加了欢迎墨索里尼访德的活动（慕尼黑、埃森、柏林）。10月4日—24日，全营又赶赴帕德博恩（Paderborn）附近的森讷拉格训练场进行实弹射击和战术进攻训练。

1938年对"拉多尔夫采尔"营来说，也发生了不少大事。1月份，全营在希尔青根（Hilzingen）进行了冬季条件下的实弹射击训练。随后，又跟随日耳曼尼亚团参加了德奥合并。4月，第一批奥地利志愿者来到3营，他们很快就融入这个集体。7月，党卫队特别机动部队督察——党卫队地区总队长（中将）豪塞尔视察了3营，并对3营的成绩进行了肯定。占领苏台德地区不久后，当地许多德裔纷纷加入党卫队，3营也接收了一部分。与此同时，改编为摩托化步兵营开始成为全营的主要课题。

1939年1月，全营突然接到战争警报，要求立刻前往慕尼黑，谁也不知道到底发生了什么事情。让大家感到不解的是，营长突然接到了一通电话，又要求立刻返回军营待命。折腾了一整天也没弄清楚这是演习还是真的要打了。3月，全营跟随团里其他部队一起进入波希米亚和摩拉维亚保护国，并在布拉格作为占领军一直待到了7月31日。到这一年的9月30日，营里不少士兵已经整整服役4年，到了退役军龄。各连还特地准备了欢送退役老兵仪式，但没能举行，因为战争爆发了。

最终，出发的命令下来了。3营离开拉多尔夫采尔那天，神情严肃的当地民众挤满了街道，他们纷纷挥手向营里小伙子们告别，直到这支身着灰色田野灰制服的队伍消失在远处。此后，日耳曼尼亚团3营再没有返回过这里。

党卫队特别机动部队元首团

驻防地：维也纳

名　称：党卫队特别机动部队第3团

党卫队第3团"元首"

党卫军第4装甲掷弹兵团"元首"

缩　写：SS"DF"

1938年3月底，刚刚从奥地利返回没多久的德意志团1营营长上级突击大队长（中校）格奥尔格·克普勒（参与德奥合并）奉命为党卫队特别机动部队组建第3个团。按计划，这个团的团部和1营将设在维也纳，2营设在格拉茨，3营则驻防克拉根福。通过和当地政府的合作，容纳这3个营的临时军营也陆续建了起来。

元首团1营营长，突击大队长（少校）威廉·比特里希。照片中，比特里希佩戴的是德意志团的袖标并且已经获得了骑士十字勋章。

本就由奥地利人组成的德意志团2营被完整地移植了过来，成为元首团的1营，营长是突击大队长（少校）威廉·比特里希（Wilhelm Bittrich）。其他两个营除了骨干人员来自阿道夫·希特勒警卫旗队和日耳曼尼亚

元首团2营营长，突击大队长（少校）冯·肖尔茨。

团外，全部招募的当地人。2营营长是突击大队长（少校）冯·肖尔茨（Von Scholz），此前任德意志团2营8（机枪）连连长。担任元首团3营营长的是原驻汉堡的日耳曼尼亚团1营营长，突击大队长（少校）瓦克勒。在元首团筹备初期，3个营长就各自带着自己的小班子赶到了驻地投入火热的“建设”之中。

克普勒团长更是亲自参与了元首团3营的组建工作。1938年5月，他亲自在克拉根福以南14公里，大雪覆盖的卡拉旺肯山下为该营骨干人员的到来举行了欢迎仪式。后者迅速适应了陌生的环境，同时与那些来自奥地利各处的年轻志愿者们建立了紧密的同志友谊（3营人员主要来自蒂罗尔州、施泰尔马克州、克恩滕州、维也纳、萨尔茨堡、上奥地利以及布尔根兰州）。党卫队特别机动部队的招募行动，引发了奥地利全国年轻人极大的热情，尽管有严格的甄选条件，但整个元首团还是迅速达到了满员。

为了提升部队的战斗技能，已经晋升为党卫队区队长的克普勒团长把主要精力放在了日常的训练之中。1938年的纳粹党代会期间，元首团正式收到了“Der Führer”的称号以及团旗和营旗，这让全团士兵的士气和凝聚力大大提升。党代会期间，这些年轻的奥地利人无论从眼神还是步伐都充满了自信和自豪，这可是一个真正意义上的奥地利团。与此同时，为了避免奥地利士兵产生不平衡心理，常规的“意识形态”教学全部被团长换成了宣扬奥地利伟大历史和军事成就的课程。虽然这些“丰功伟绩”在奥地利旧式学校的教科书里早已写烂了，但克普勒始终认为这比向他们宣扬德国的“纳粹思想”管用得多。

元首团的荣誉袖标。

Der Führer

元首团的右领章。

纽伦堡党代会结束后，返回驻地的元首团又迅速展开了实战，尤其夜战的训练。德国吞并捷克斯洛伐克苏台德地区前夕，驻维也纳的第17军军长兼第17军区指挥官步兵上将基尼茨（Kientiz）视察了元首团，该团的表现给其留下了深刻的印象。对于即将参与到这次行动中的元首团来说，由于时间紧迫，每个营只能匆忙派出3个战斗连队跟随国防军部队一起入侵捷克斯洛伐克。第17军参谋长，总参谋部上校伦杜里克（Rendulic,后成为德国南方集团军群指挥官，上将军衔）在准备和行动前夕给予了元首团许多帮助，这让全团上下感激不已。

1938年10月1日，德军占领苏台德地区的行动正式拉开序幕。元首团也从奥地利的茨韦特尔（Zwettl）开始向捷克的兹诺伊莫（Znaim）地区进发。这次仓促的行动中，元首团根本没有时间展开先期侦察，对捷克人的防御也一无所知。幸运的是，捷克政府屈服了，德国人没费一枪一弹就占领了居民主要为日耳曼人的苏台德地区。在兹诺伊莫待了没多久后，元首团就返回了原先的驻地。

在这之后，战斗和各项训练再次全面展开。从畜力拖曳的步兵单位转变为摩托化单位的过程并不容易，但到了1939年3月，全团上下已经为即将到来的“摩托化”做好了准备，尽管此时他们还没有任何摩托化行军的经验或战术。这期间，元首团完全纳入国防军的动员计划之中，在占领整个捷克斯洛伐克的行动中，元首团将负责从南面占领普雷斯堡（Pressburg，即斯洛伐克的首都布拉迪斯拉法）。

1939年3月14日夜，全团在莱塔河畔布鲁克集结完毕。当第17军军长兼第17军区指挥官步兵上将基尼茨召见克普勒团长时，团里部分先头单位甚至已经进入了攻击位置。由于捷克坚固的防御工事，基尼茨将军又修改了最初的计划。元首团奉命于3月15日黎明攻击根瑟恩多夫（维也纳东北）并越过捷克斯洛伐克边境，然后再穿过喀尔巴阡山直扑济佩诺克（Peczinok）。控制住瓦赫（Waag）河谷后，再分别向南进军普雷斯堡和向北面的亚布洛内茨（Jablonec）挺进。元首团其中1个营将跟随国防军部队向北进军。经过侦察发现，一座跨越摩拉瓦河（多瑙河左岸支流，源出捷、波边境苏台德山，曲折南流，大部流经摩拉维亚平原，下游成捷克与斯洛伐克、斯洛伐克与奥地利界河，在杰温附近汇入多瑙河）的桥梁足够承载团里的重型车辆。

随后，元首团按计划从布鲁克向根瑟恩多夫方向行军。但是一场突降的暴风雪以及路面上的透明薄冰导致车辆的行驶变得十分困难。1营也在这个时候被加强给了一个国防军师，尽管有着种种困难和障碍，全团还是于15日拂晓在根瑟恩多夫周围集结完毕。不过，是否能够安全通过那座摩拉瓦河上的年久失修的桥梁尚待检验，尽管这座桥完好无损，而且几乎无人看守，天气也对进攻的德国人相当有利，但积雪也覆盖住了喀尔巴阡山下所有的道路，这给部队机动客观上带来了极大的影响。在济佩诺克，党卫队区队长克普勒收到报告，团里几百台车辆中只有一辆在暴风雪中熄火抛锚，而且不是什么大故障，所有人都为这些年轻司机们的卓越表现感到骄傲。那天下午，团部收到一份电报，通知他们已经完成了所有任务。

3月17日，陆军总指挥冯·布劳希奇（Von Brauchitsch）通过无线电通知克普勒团长，他将亲自赶赴喀尔巴阡山附近视察元首团，以表示对这支优秀部队的重视。包括跟随国防军部队向北进军的1营在内，元首团是当天整个德军部队中唯一完成任务的作战单位。对于这个没有经过系统摩托化行军训练的新部队而言，能在如此艰苦的环境条件下圆满完成所有任务，实在是一项非凡的成就。

元首团第一批士官培训班的学员们。

1939年5月，元首团又转移至波美拉尼亚的大波恩训练场。这次行军对于那些世代生活在阿尔卑斯山下的农民儿子来说，简直就是一次大开眼界的旅行。在这里，部队使用重武器进行了大量的单独和联合的实弹演练，使全团的作战水平上升到了魏玛国防军保留的那10万陆军官兵的平均水准，也为元首团成为精锐部队奠定了基石。

1939年6月训练结束后，元首团前往布拉格，负责保卫波希米亚和摩拉维亚保护国总督冯·纽赖特（Von Neurath）的安全。

1939年9月1日，波兰战役爆发后，元首团

元首团2营营长冯·肖尔茨主持的一次授勋仪式，边上是他的副官上级突击中队长（中尉）阿尔贝特。

也接到了维持布拉格治安的命令。当时世界政治局势相当紧张，英法联军陈兵德国边界。所有没有参加闪击波兰战斗的德军部队都奉命进入西线壁垒（齐格菲防线）。到了9月中旬，元首团接到了前往黑森林地区（德国最大的森林山脉，位于德国西南部的巴登-符腾堡州）瓦尔德基希（Waldkirch）小镇担任摩托化预备队的命令。10月初，元首团离开西线壁垒，前往位于捷克比尔森（Pilsen）东面的布尔迪山训练场。它们将在这里与党卫队特别机动部队的其他单位一起组成一个崭新的党卫军师，师长就是党卫队地区总队长兼武装党卫军中将豪塞尔。

党卫队“N”营

驻防地：普里特巴赫训练营

名　称：党卫队“N”营

简　称：SS“N”

1936年8月—9月间，在德意志团2营迁往慕尼黑的弗雷曼军营后，党卫队“N”营的骨干军官接到了前往普里特巴赫训练营建立一个新营的任务。其中核心军官和士官都来自阿道夫·希特勒警卫旗队和德意志团。1936年10月1日，党卫队“N”营（主要为畜力拖曳）正式成立，主要包括1个营部、1个通信排、1个运输队和1个军乐排以及3个步兵连和1个机枪连。“N”代表的是纽伦堡，该城也是他们的驻地，其主要职责就是在每年9月的纳粹党党代会上负责安全保卫工作。

党卫队“N”营营长上级突击大队长（中校）多伊奇。

党卫队“N”营的领章。

党卫队“N”营作为一个独立单位直接受柏林的党卫队特别机动部队督察处（SS-VT Inspectorate）管理，训练工作则通过德意志团受慕尼黑的第7军区管理，指挥官是上级突击大队长（中校）多伊奇（Deutsch）。该营成立时（1936年10月1日），军官倒是够了，兵员却严重不足，只有2连和4连勉强成形，甚至到了当年年底，人数也只有标准编制的60%。整个1937年，全营都在进行武器和野战训练，同时大量接收武器装备、战斗车辆以及战马。

党卫队“N”营没有参加德奥合并的行动，而是向人数不足的德意志团输血，以保证其拥有足够的战斗力量。当德意志团从奥地利返回后，这些临时加入的人员又回到了老部队。1938年3月，通过大量补充奥地利志愿者，全营终于达到了满编。1938年10月2日，该营也参加了吞并苏台德区的行动。在1个国防军炮兵单位的支援以及第7军区的指挥下，党卫队“N”营在捷克的尼斯科尔（Nyrsko）展开，任务是警戒边界。1938年11月1日，全营又奉命与德意

训练中的党卫队“N”营的官兵。

志团4营一起改编成摩托车营。为了完成这一任务，“N”营甚至没能参加1939年3月占领波西米亚和摩拉维亚保护国的任务。1939年7月10日，党卫队“N”营又奉命改编成一个反坦克营，该营的历史到此结束。

党卫队通信营

驻防地：柏林-阿德勒斯霍夫（Berlin-Adlershof）；翁纳（Unna），北莱茵-威斯特法伦州

名　称：党卫队特别机动部队下属党卫队通信营

帝国师下属党卫军通信营

帝国师下属党卫军通信营

帝国师下属党卫军第2装甲通信营

简　称：SS-SB/“DR”

1934年末，党卫队中央总局开始招募人员组建一支专门的通信部队，他们将被送往位于柏林-利希滕贝格的帝国通信兵学校接受培训。与此同时，一部分巴特特尔茨党卫队军官学校的毕业生也将作为旗队级高级候补军官（Standarten-Oberjunker）和通信排排长接受通信技能训练。

1935年1月的头几天，党卫队又召开了第二期培训班，这次面向包括东普鲁士在内的全德国招募志愿者，他们将接受2个月的通信方面的技能培训，包括摩尔斯电码、通信设备使用保养、布线、无线电等相关知识。2月中旬，所有符合资格的人（他们将来可能驾车或者骑马）都被送往了位于柏林-阿德勒斯霍夫的一座军营，这座军营早在第一次世界大战时期就已存在，战后曾驻过警察部队。与此同时，通信营使用的战马也陆续送到驻地。1935年3月1日，党卫队抽调上述人员按照摩托化步兵师里的通信营（摩托化）标准正式建立了党卫队通信营，首任营长是突击大队长（少校）比希（Buch），一名来自于特博格（Juterbog）通信学校的少校军官，早年在某个国防军骑兵师担任上尉。

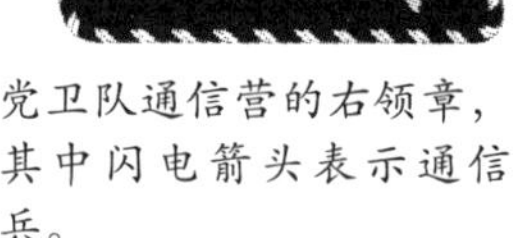
党卫队通信营的右领章，其中闪电箭头表示通信兵。

按照编制，通信营每连下辖1个摩托化排和2个马力拖曳的排，包括营属军乐队也实现了全骑兵编制。营属运输车辆则由陆军提供。除了骨干军官，通信营的士兵大多是来自勃兰登堡州、西里西亚以及波美拉尼亚和东普鲁士。通信营成立后，所有被选为司机和野外作业的人员都被送到了汉堡附近贝尔讷的帝国摩托运动学校接受职业技能培训。1935年9月，由于比希营长又返回了国防军，突击大队长（少校）巴劳夫（原德意志团3营营长）接替他成为新的营长。1935年秋季，营里2名成员被派往德贝利茨-埃尔斯格伦德（Doberitz-Elsgrund）装甲兵学校学习摩托化士官课程。结课时，两人在30人班里分别拿到第一名和第二名的好成绩。1936年，更多的人被送往了文斯托夫的装甲兵学校学习相同课程。这期间，突击大队长（少校）曼格（Manger）

接替巴劳夫成为第三任营长。柏林奥运会期间，党卫队通信营承担了许多通信和保卫工作，表现相当出色。

1937年初，突击大队长（少校）魏斯（Weiss，来自不伦瑞克党卫队军官学校的战术教官）开始执掌党卫队通信营，他卓越的个人能力和丰富的军事经验再加上同陆军通信学校的紧密合作，让通信营的实力获得了稳步提高。9月25日—29日，意大利领袖墨索里尼访问德国慕尼黑期间，通信营也作为受阅部队之一接受了检阅。10月，党卫队通信营来到了德雷斯顿附近的柯尼希斯布吕克训练场，并针对师级通信单位作业进行了大量的营、连级的模拟训练。

1938年3月13日夜，全营奉命向维也纳进军，参与德奥合并。在维也纳驻扎的6周时间里，通信营沿维也纳—格拉茨—克拉根福—萨尔茨堡—因斯布鲁克（Insbruck）建立了一整条通信系统，中继站设在了塞默灵（Semmering）。从维也纳返回后，通信营又做好了向新驻地北莱茵-威斯特法伦州翁纳转移的准备，并于1938年5月1日全部完成。10月2日，党卫队通信营跟随德意志团一起参与了吞并捷克苏台德地区的行动。占领行动结束后，通信营就放弃了所有的战马，实现了完全摩托化，对此唯一感到无法理解的就是营里的骑兵了，只有营属乐队的号手没受到任何影响，仍骑着他们心爱的马匹。1939年3月15日，通信营又参与了占领整个捷克斯洛伐克的行动，并归属步兵将军布拉斯科维茨（Blaskowitz）帐下。当年春天，营里又组建了1个轻型通信纵队以实现标准的人数编制。1939年7月21日—22日，全营乘火车抵达斯德丁（Stettin，今波兰什切青），次日又搭乘海军的“兴登堡”号前往东普鲁士首府柯尼斯堡。7月25日，从柯尼斯堡下船的通信营迅速安营扎寨，并立刻就地展开了训练工作。虽然如此紧张，但全营没人相信战争能够打响。

党卫队通信营在翁纳的驻地。

1939年8月10日，党卫队通信营奉命前往东普鲁士的兰茨贝格（Landsberg），同时加入肯普夫装甲师麾下。不久后，全营跟随该师参加了闪击波兰的战斗，表现出色。在随后的党卫队部队大规模扩张中，党卫队特别机动部队所属的党卫队通信营为其他各党卫军兄弟部队的通信单位输送了大量的骨干人才，可谓功不可没。

党卫队工兵营"德雷斯顿"

驻防地：德雷斯顿

名　称：党卫队工兵营"德雷斯顿"

帝国师下属党卫军第2工兵营

帝国师下属党卫军第2装甲工兵营

简　称：SS Pi.Bn."DR"

1935年2月初，党卫队特别机动部队从罗伊特林根训练场以及埃尔旺根挑选出了一支24人的骨干团队，他们将前往德雷斯顿负责组建党卫队工兵营"德雷斯顿"。同时就位的还有来自莱斯尼希和菲舍恩多夫工兵学校的教官，还有一些人来自柯尼斯堡工兵单位和前魏玛国防军的军人。突击大队长（少校）德默（Demme）负责具体的组建工作以及训练军官和士官团队。4月1日，当士官全部培训完毕后，党卫队工兵营作为一支摩托化单位正式成立，同时划入党卫队特别机动部队制下。

拉默丁（Lammerding）、蒂茨（Tiez）、舍费尔（Schafer）以及贝克尔（Becker）几位工兵训练中的指挥官成为工兵营的核心军官，剩下军官的位置则由巴特特尔茨党卫队军官学校的首届毕业生和不伦瑞克党卫队军官学校首届毕业生中的候补军官（将来直升少尉）填补。营里步兵作战技能的教官来自巴登（Baden）和符腾堡两地。普通士兵大多是德国的萨克森、图林根州以及中部地区的志愿者。在挑选这些志愿者时，凡是此前有过工作经验的都会被优先录取，所以营里不少士兵都当过木工、建筑工或采石工人。

1936年初，突击大队长（少校）布伦贝格（Blumberg）接替德默成为新的营长。1937年3月，全营从莱斯尼希训练地迁往德雷斯顿以北的新军营，并在附近的柯尼希斯布吕克训练场开始了实弹演练以及作战技能训练。6月，第一期战斗工兵排级干部训练班在上级突击中队长（中尉）泽拉（Seela）牵头下组建，党卫队特别机动部队的每一个营都派了1名排长参加了学习。

游行中的党卫队工兵营。

1938年3月13日，党卫队工兵营跟随陆军部队参加了德奥合并。全营通过摩托化行军，经德雷斯顿、纽伦堡、雷根斯堡（Regensburg）、帕绍（Passau）、林茨（Linz）、利辛（Liesing）抵达维也纳。庆典当日，工兵营封锁了霍夫堡皇宫外的英雄广场（Heldenplatz），希特勒就是在这里宣布德奥合并的。此后，全营又参加了占领苏台德地区的行动，并负责警戒该地区与捷克其余领土的交

党卫队工兵营的右领章，鹤嘴锄和铁铲代表工兵。

SS-Pioniersturmbann

党卫队工兵营的荣誉袖标，袖标上仍沿用的党卫队自有的编制：工兵突击大队。

界处。

1939年3月15日，工兵营又成为首批跨过新旧帝国边界，进入波希米亚的德军部队之一。进驻布拉格后没多久，他们就担负起来访的希特勒的保卫工作。在这之后，全营又在布拉格城堡（Prague Castle，捷克王室所在地）负责第3集团军指挥官布拉斯科维茨步兵上将的保卫工作。在这期间，布拉斯科维茨将军访问了捷克著名的斯科达汽车公司（Skoda，捷克著名的汽车生产商，1939年后转入军工生产）。

1939年4月1日，党卫队工兵营奉命返回了德雷斯顿。8月19日，随时准备出发的命令突然下达。次日早上6点，全营在军营外的院子里集结完毕，谁也不知道目的地会是哪里，也没人会想到这是他们待在德雷斯顿的最后一天。尽管德国和波兰的关系已经相当紧张，但是谁也没想到会爆发战争，大家都认为通过谈判可以解决一切问题。最终，全营在西里西亚境内的施韦德尼茨（今波兰的希维德尼察）加入国防军第15军麾下，并作为军直属工兵营。8月24日，第15军军长霍特（Hoth）视察了工兵营，同时向营长和各连长表达了诚挚的慰问。这段时间也是党卫队工兵营最后的和平时光。

党卫队特别机动部队属侦察营

驻防地：埃尔旺根/佳斯特

名　称：党卫队侦察营

帝国师下属党卫军侦察营

帝国师下属党卫军第2侦察营

帝国师下属党卫军第2装甲侦察营

简　称：SS-AA“DR”

刚成立的党卫队侦察营包括1个营部、1个通信排和2个摩托车连（第1连和第2连）以及1个装甲侦察排和1个反坦克排。营的驻地被暂时设在了达姆施塔特（Darmstadt），突击大队长（少校）冯·旺根海姆（Von Wangenheim）担任营长，营副官是上级突击中队长（中尉）维丁格（Weidinger）。营里的第3和第4摩托车连则被用来组建党卫队防空（机枪）营。在首批司机资格考试结束后，营里展开了第一期摩托化行军训练。1939年6月初，冯·旺根海姆营长被调往了空军部队（1945年成为总参谋部的上校），从反坦克营调来的突击大队长（少校）因格·布兰特（Ing Brandt）博士接替前者成为侦察营营长。

根据上级的要求，侦察营必须在6周内完成包括司机驾驶技能培训在内的所有训练科目。布兰特营长作为党卫队组建初期少数能力卓越的军官之一，立刻带领全营投入到热火朝天的训练之中。训练内容包括沙盘演练、摩托车野战侦察、射击训练（包括军官的冲锋枪射击训练）、军事演习以及其他侦察科目。布兰特还重点强调了通信科目的训练，尤其阵地情报的传递以及无线电系统的使用。因为小型侦察单位向后方快速、准确地提供战场情报，是侦察部队的重要职能之一。

党卫队侦察营营部连连长上级突击中队长（中尉）汉斯·魏斯。魏斯后来成为全部装备虎式坦克的SS第102重装甲营营长。

1939年6月，根据党卫队特别机动部队督察处的命令，驻维也纳的元首团抽调了1个侦察排前往埃尔旺根，这个侦察排随后在下级突击中队长（少尉）波舍克（Poetschke）于秋天来临前在东普鲁士加入了党卫队侦察营。7月初，侦察营又得到了来自党卫队"N"营的1个反坦克排的加强，排长是下级突击中队长（少尉）厄克（Oeck），拥有3门37毫米反坦克炮。最终，这两个侦察排和反坦克排都被并入了上级突击中队长（中尉）魏斯（Weiss）指挥的营部连。

与此同时，为了准备入侵波兰的战争，德国国防军已经开始广泛的动员，而党卫队侦察营也被纳入了这一动员体系。他们的调动和集结工作将由位于斯图加特的第5军区负责。这一文件早在1937年就已制定完毕，包括侦察营在内的整个党卫队特别机动部队都将跟随国防军，投入到未来的军事行动之中。1939年7月9日，根据第5军区的命令，党卫队侦察营在埃尔旺根做好了出发的准备。次日，全营分乘几辆火车前往斯德丁，官兵们唯一知道的就是他们将前往东普鲁士参加坦能堡战役的纪念活动。抵达斯德丁后，大家又分别登上了几艘货轮。在港口，那些被巨型起重机吊起后放进货舱的8轮重装甲车和克虏伯的3吨三轴卡车给营里官兵留下了深刻的印象。

根据命令，出海后，任何车辆和士兵都不允许在白天出现在甲板上。只有晚上，侦察营的官兵才被允许爬上甲板呼吸两口新鲜空气。值得一提的是，有一艘货轮除了船长、大副、二副外，所有水手都是中国人，他们之间只能通过洋泾浜英语（指旧时语法构造简化,字汇混杂,含华语、葡语、马来语的通商英语）交流。在航行途中，德国的海军快艇一直掩护着船队，而波兰的侦察机经常在上空来回盘旋。抵达东普鲁士的皮劳（Pillau）后，党卫队侦察营奉命在柯尼斯堡西南40公里巴尔迪劳（Bladiau）附近集结。

在随后的一段自由时光里，那些来自德国南部的士兵第一次游览了格兰茨（Granz）、劳琛（Rauchen，先为斯韦特洛戈尔斯克）、马尔堡（Marienburg，现属波兰）的海滩，这让许多没见过大海的士兵深深陶醉在波罗的海的美丽风景之中。

1939年8月10日，党卫队侦察营奉命加入刚刚成立的肯普夫装甲师，准备参加即将到来的波兰战役。

党卫队特别机动部队属反坦克营

驻防地：普里特巴赫训练营

名　称：党卫队反坦克营

党卫队坦克歼击营

帝国师下属党卫军反坦克歼击营

帝国师下属党卫军第2反坦克歼击营

简　称：PzJg.Bn."DR"

1939年6月10日，党卫队"N"摩托化营奉命带着营部、通信排以及3个连和1个维修排整体改编为党卫队反坦克营。剩下的第1摩托车连在连长高级突击中队长（上尉）克奈普（Kneip）的带领下前往拉多尔夫采尔改编为党卫队防空机枪营第3连。埃尔旺根也成为该营最终驻地，突击大队长（少校）因格·布兰特担任营长。6月初，原党卫队侦察营营长突击大队长（少校）冯·旺根海姆调离了党卫队特别机动部队，因此布兰特又接替其成为党卫队侦察营营长，布兰特的位置随后由高级突击中队长（上尉）AX接替。同一月，反坦克营又抽调大量人补充进刚成立不久的党卫队特别机动部队炮兵团以及肯普夫装甲师。8月11日时，移驻埃尔旺根的反坦克营只剩下了一些骨干成员，整支部队几乎面临着被解散的风险。

1939年9月20日，党卫队再次抽调人员组建了新的反坦克营——党卫队特别机动部队属反坦克营，驻地仍然是埃尔旺根，高级突击中队长（上尉）AX继续担任营长一职。10月22日，党卫队反坦克营正式归入刚刚在捷克比尔森成立的党卫队特别机动部队师。波兰战役结束后，之前抽调进肯普夫装甲师的军官、士官以及士兵陆续归建。10月24日，反坦克营利用埃尔旺根的留守人员又组建了一个新的预备反坦克连。1940年4月1日，党卫队反坦克营正式更名为党卫队特别机动部队师属坦克歼击营。

党卫队特别机动部队属防空（机枪）营

驻防地：埃尔旺根/伯根训练场（Bergen）/拉多尔夫采尔

名　称：党卫队特别机动部队属防空（机枪）营

党卫队防空（机枪）营

党卫军防空（机枪）营

党卫军防空营

简　称：SS AA MG Bn. “DR”

1939年6月10日，党卫队“埃尔旺根”摩托车营抽调3连、4连组建了党卫队防空（机枪）营（包括营部、1连和2连），突击大队长（少校）奥斯滕多夫（Ostendorf）成为这支新部队的指挥官。7月15日，防空营2连在高级突击中队长（上尉）菲克（Fick）的带领下前往伯根训练场，并在那接收了车辆、武器以及装备。按照编制，每个连下辖3个排，每个排配备4挺20毫米高射机枪。由于2连就是原来德意志团4营4（机枪）连，所以仅仅经过4周高强度训练，全连官兵就熟练地掌握了战斗技巧。没多久，2连的2个齐装满员的排就奉命从陆路赶往斯德丁，然后乘船前往东普鲁士。

党卫队特别机动部队属防空（机枪）营营长奥斯滕多夫。

从皮劳下船后，2连驻扎在了柯尼斯堡西南40公里的小镇巴尔迪劳。毫无疑问的，他们随后加入了肯普夫装甲师。随后，他们作为肯普夫装甲师的一部分参加了闪击波兰的战斗，并配属给了德意志团。2连仍留在伯根训练场的人员则加入了在拉多尔夫采尔组建的3连。1939年9月，党卫队防空（机枪）营1连也在高级突击中队长（上尉）奥托·迈尔（Otto Meyer）带领下，从埃尔旺根赶赴拉多尔夫采尔与3连会合。波兰战役结束后，2连起先驻扎在比尔森，不久后也返回了拉多尔夫采尔。

1939年11月1日，党卫队防空（机枪）营正式进入党卫队特别机动部队师编制，尽管他们当时还待在拉多尔夫采尔。到了12月，2个完整的防空机枪连加入该师，并从比尔森赶赴德国维尔茨堡（Wurzburg）。在这里，党卫军防空（机枪）营终于成了一个完整的建制。与此同时，由于营长奥斯滕多夫成为党卫队特别机动部队师参谋长（Ⅰa），高级突击中队长（上尉）菲克接过了营长一职。同党卫队工兵营一样，防空（机枪）营也为后来其他党卫军部队中的防空营组建输送了大量骨干人才，可谓名副其实的党卫军防空营之父。

党卫队特别机动部队属炮兵团

驻防地：明斯特拉格尔训练场

名　称：党卫队特别机动部队属炮兵团

帝国师属党卫军炮兵团

帝国师属党卫军炮兵团
帝国师属党卫军装甲炮兵团
简　称：SS AR /"DR"

1939年5月，德意志团在一个陆军炮兵团的配合下，在明斯特拉格尔训练场为希特勒等纳粹显贵进行了一次实弹演练。演习的内容安排是让德意志团负责进攻一处位于前哨阵地和铁丝网后面的敌军预设阵地。希特勒在靠近弹着区的一个有利位置观察这次进攻，由于党卫军士兵都身着迷彩服隐蔽前进，所以希特勒竟然没有发觉进攻已经开始了，他不耐烦地问德意志团团长施泰纳，步兵攻击何时开始，当后者告诉他部队已经于几分钟前发起进攻后，惊讶的希特勒这才通过仔细观察发现党卫军士兵已经逼近了敌军阵地。这次演习给希特勒留下了深刻的印象。演习结束后不久，陆军总部和党卫队全国领袖办公室就同时接到了要求组建一个党卫队机动部队属炮兵团的命令。

希特勒在希姆莱和豪塞尔一干人等的陪同下视察党卫队特别机动部队的训练成果。在希特勒两侧分别是希姆莱和豪塞尔，照片右下的军官是希姆莱的副官约阿希姆·派普。

同月，第50重炮营营长和莱比锡高级指挥官皮特·汉森（Peter Hansen）少校奉陆军总部和党卫队全国领袖办公室的命令，赶赴于特博格训练场（兴登堡训练营）为党卫队特别机动部队组建首个炮兵团。6月1日，在当地炮兵教导团（Artillery Lehr Regiment）的配合下，党卫队炮兵团正式开始组建，汉森的军衔也从国防军少校转为党卫队的上级突击大队长（中校）。

党卫队特别机动部队属炮兵团首任团长彼得·汉森。照片中他仍佩戴着国防军的上尉军衔，转调入党卫队特别机动部队后，他晋升为党卫队上级突击大队长（中校）。

6月12日，大约2000名士兵与他们的长官和士官一起抵达了于特博格训练场，这些人全部来自阿道夫·希特勒警卫旗队、德意志团以及日耳曼尼亚团，并且大多在原部队的步兵炮连或机枪连服役。对于炮兵这种技术军种，党卫队显然缺乏足够的人才，只能依靠陆军部队。因此，整个党卫队炮兵团的训练工作全部交给了霍夫曼（Hofmann）上校指挥的教导炮兵团。来自炮兵学校的迈尔（Meyer）上尉也调入了党卫队炮兵团团部，参与组建工作。为了提高训练效果，来自陆军的12名中尉和24名士官也加入了党卫队炮兵团。按照编制，党卫队炮兵团下辖3个轻型炮兵营（装备lFH18轻型榴弹炮），另一个重炮营稍后也没能成立。

在教导炮兵团和炮兵学校的帮助下，党卫队炮兵团展开了热火朝天的训练工作。由于所有的军官和士官都来自步兵炮连或机枪连，所以基本跳过了基础训练，因为他们基本都掌握了射击和瞄准技巧。经过8周的高强度实弹训练（包括夜战训练），全团已经做好了迎接战斗的一切准备。其优异的表现和状态甚至受到了国防军第7军指挥官步兵上将布施（Buch）的亲自表扬。在这期间，党卫队“N”营抽调人员为炮兵团提供了3个补给队（6月11日，来自“N”的士兵抵达于特博格，并作为补给队成为党卫队炮兵团的一部分），每个补给队装备20辆卡车（3.5吨的欧宝卡车），由勃兰登堡的欧宝卡车工厂直送。

1939年7月18日，3个炮兵小队赶赴斯德丁，然后乘货船前往东普鲁士的皮劳（20日抵达）。8月中旬，党卫队炮兵团剩下的单位在斯德丁集结，并分乘多艘货船前往东普鲁士的港口。随后，党卫队炮兵团在当地继续开展起训练工作，每个营都留下了1名陆军军官，每个连则留下了1名陆军中士继续协助训练工作。8月10日，党卫队炮兵团同其他党卫队特别机动部队单位一起加入了肯普夫装甲师，并在后来的波兰战役中受到了战火的洗礼，经受住了战争的考验。同样的，党卫队特别机动部队的炮兵团也为后来的党卫队部队炮兵单位建立输送了大量的核心军官，而首任团长汉森也成为党卫军炮兵部队的奠基人。

以上这些部队最终构成了党卫队特别机动部队，也就是未来的帝国师。最初，党卫队全国领袖希姆莱为党卫队新兵制定了严格的挑选标准，这也同样适用于党卫军。一般只接受身材高大、人种杰出、尽可能充满活力的志愿者。为了确保这一点，应征者必须接受大量的体检。此外，还必须年龄不超过23岁，身高1.74米以上，不戴眼镜的人才能进入党卫队特别机动部队。相对的，在意识形态和政治成分上，党卫队却没有做过多的要求，志愿者甚至可以

豪塞尔带领党卫队特别机动部队督察处的人员前往于特博格视察刚刚成立的炮兵团。

组建中的党卫队特别机动部队属炮兵团，照片中的火炮为105毫米口径的lFH18轻型榴弹炮。

不是纳粹党员或希特勒青年团团员（尽管许多应征者都是）。可以说，党卫军在初期，士兵身体的平均素质可以说远高于国防军。

由于在战前的几次占领行动中表现抢眼，希特勒遂同意把党卫队特别机动部队强化为野战师团，不过虽然从1938年起就拥有3个步兵团以及其他师属单位（只缺炮兵连和几个小的附属单位），但整支部队无论从武器装备，还是后勤和战术上都相当糟糕。雪上加霜的是，日耳曼尼亚团于1940年脱离了党卫队特别机动部队编制，参与到了另一支党卫队部队——"维京"师的组建之中。填补该团离去后空缺的是党卫队第11髑髅步兵团，由于缺乏足够的作战经验，该团在后来的战斗中损失惨重，幸存人员则陆续补充进德意志团和元首团之中。

但第二次世界大战爆发前，党卫队特别机动部队下属各部通过参与德奥合并、占领苏台德以及捷克斯洛伐克全境的行动，积累了大量的摩托化行军经验。这些经验为部队以后强化成真正的野战部队打下了坚实的基础。再加上装备的改善（许多单位从骑马或畜力驮载换装成了运输卡车或汽车），希特勒建立党卫军师团的愿望终于成为现实。

第二章　波兰战役：1939

1939年夏天，大部分党卫队特别机动部队官兵对欧洲的局势还是持乐观态度的。去年秋天的苏台德危机在列强的斡旋下已经圆满解决。大家都相信德意志帝国同波兰之间的纠纷也会通过同样的外交手段解决。

在夏天的最后一段和平时光里，党卫队特别机动部队的各个单位都在忙着训练人员，或从事占领任务。驻扎在东普鲁士的德意志步兵团除了要进行大量野战演练外，还要参加坦能堡战役第25周年（1914）的庆祝活动。届时，数千名参加过这场战役的德国老兵也将抵达东普鲁士一同参加这一盛会。因此，德意志团的官兵们还参与了一些接待工作，比如安排这些老兵吃住的问题。紧跟着，到了8月中旬，德国和波兰的关系持续恶化。军中到处流传着这样一条消息，如果元首还拿不出新的外交手段，那么两个国家之间的战争将不可避免。

早在7月，德国陆军总部就打算为进攻波兰组建一支具有实验性质的特殊部队，并决定采用国防军和党卫队特别机动部队混编的方式实现。陆军起先对党卫队这些只会站岗游行的“马路士兵”心存疑虑，但迫于希特勒的严令不得不默认了这一方案。7月25日左右，德军第7装甲团（第4装甲旅）搭乘货轮抵达了东普鲁士的首府柯尼斯堡，并在青滕（Zinten，今俄罗斯加里宁格勒州的科尔涅沃）附近集结。他们将与德意志团共同组成东普鲁士装甲部队，由维尔纳·肯普夫少将指挥。肯普夫是第4装甲旅的前任旅长，在他开始指挥东普鲁士装甲部队后，这支部队便改称为“肯普夫装甲集群”。第4装甲旅的其他成员与肯普夫一起组成了新部队的指挥核心，而第4装甲旅也因此撤编。不久后，师部在柯尼斯堡以南的施塔布拉克（Stablak）训练场成立，并为师其他单位的到来做准备。当这些部队陆续到位后，肯普夫装甲集群又正式更名为肯普夫装甲师，维尔纳·肯普夫少将担任师长一职。该师下辖：第7装甲团、德意志团、党卫队特别机动部队属炮兵团、党卫队通信营、党卫队特别机动部队属侦察营、党卫队特别机动部队属防空（机枪）营2连、第47重炮营2连、第505工兵营、第502运输队、第171（行政）管理单位、战地邮政支队以及医疗和补给单位，其实力大致等于一个加强的装甲旅。8月19日，肯普夫装甲师与第61和第11步兵师一同加入了阿图尔·佩策尔中将的第1军麾下。该军属于费多尔·冯·博克上将的北方集团军群下属的第3集团军（指挥官为格奥尔格·冯·屈希勒炮兵将军）编制。

而党卫队特别机动部队的其他单位，例如元首团仍驻扎在德国的黑森地区，而日耳曼尼亚团以及党卫队工兵营“德雷斯顿”将跟随国防军一起部署在正对波兰南部的地区。日耳曼尼亚团加入第8军麾下（第14集团军），工兵营则加入第15军编制（第10集团军），并担任起军直属工兵营这一角色。就这样，党卫队特别机动部队在其处女战中不是作为一支独立的作战力量出现的，而是被拆成好几个单位并被划拨在国防军的体系中投入了战争。

德意志团团长施泰纳正与手下的军官谈话，这张照片摄于波兰战役期间。

在地理和军事方面，德军已经具备了迅速战胜波兰的一切前提。东普鲁士和帝国的其他州从北面和西面对波兰大部形成了合围之势。吞并捷克斯洛伐克后，德军再次扩大了自身战略展开的地区。德国可以从西部边界撤出重兵，然后利用东部边界的轮廓，以压倒性的武器装备优势沿向心方向发动进攻。因此，根据陆军总部的计划，格尔德·冯·龙德施泰特（Gerd von Rundstedt）上将指挥的南方集团军群（下辖第14，第10和第8集团军）将从西里西亚地区向华沙总方向进攻，粉碎当面的波军，并尽可能提前和以较大兵力在华沙两侧强渡维斯瓦河（Vistula），以便和北方集团军群协同，歼灭此前仍留在波兰西部的波军主力。冯·博克上将的北方集团军（下辖第3和第4集团军）的任务则是从波美拉尼亚（Pomerania）和东普鲁士实施联合突击，建立东普鲁士与德国本土之间的联系。之后再以全部兵力协同进攻，消灭在维斯瓦河以北的波兰守军，然后再与南方集团军群配合，歼灭仍然留在波兰西部的波兰部队。

按照希特勒的预定时间表，对波兰的进攻将在1939年8月26日凌晨4点30分发动，而各参战部队也早已进入进攻集结地待命。但就在这个时候，希特勒的钢铁盟友——意大利的独裁者墨索里尼临阵胆怯，虽然表示要信守盟约，但要求德国提供大量的原料。而英国人更是适时同波兰政府签订了抵抗德国侵略互助条约（德国人于8月25日中午获悉了这一消息）。希特勒不得不临时中止了入侵波兰的计划。要在8月25日晚上叫德国军队一下子停住，是一件颇费周折的事情，因为许多部队已经开始行动了。在东普鲁士，取消进攻的命令直到当天晚上9点37分才送到阿图尔·佩策尔中将的第1军。在几个军官费了九牛二虎之力急忙追上先头部队后，才算止住了部队的前进。其中德意志团9连的侦察小队甚至已经前进了数英里，幸好在命令到达前没有发生交火。从某些方面来说，这次错误的开局也不是完全没有好处的，因为德国人发现波军根本没有在边境布置重兵。那么不难推断，波军的第一个有效抵抗据点必然是"姆瓦瓦"防线（Mlava position）。

8月31日中午12点30分，希特勒做出了最后决定：对波兰的进攻将按照"白色方案"所规定的准备工作进行，但陆军方面由于目前部署几乎已经全部完成，故有所变更。任务分配以及作战目标不变。进攻日期为1939年9月1日，时间是凌晨4点45分。由于战争的爆发，党卫队特别机动部队组建独立师团的计划不得不向后顺延。因此，党卫队特别机动部队只能跟随国防军各部投入战斗。当然，这也与他们的作战经验、能力和后勤体系不无关系。德意志团等部所在的肯普夫装甲师的任务是集结在东普鲁士的最南端，准备进攻波兰拥有大量永备工事的姆瓦瓦防线。

波兰的公路系统同大多数东欧国家一样非常糟糕。全天候的高速公路非常稀少，大部分是老式的砂土路。在多雨的季节，泥泞潮湿的道路经常会腐蚀轮式车辆的车轴，而晴天时道路上扬起的砂子则会导致发动机的活塞频繁损坏，同时还会堵塞枪械，常常把反复清理武器的德军士兵搞得痛不欲生。大部分时候，德意志团官兵所要做的就是顶着毒辣的日头不停地向前行军，由于德军缺乏足够的车辆以及燃料，即使是装甲师也远远没有实现完全摩托化。因此，德意志团的官兵基本是在徒步行军，这与帝国师在大战末期的情况倒是非常相似。许多党卫军老兵对那年夏天的回忆除了热得要命就是晒死人不偿命的太阳。德军士兵私下里管这个叫做“元首的天气”。而到了夜里休息的时间，波兰却经常降雨。

当然，此时的德军正占据着绝对的优势。德国陆军总部对白色方案的核心理念就是：“……迅速大胆的打击总是会让敌人仓促地做出有利于我方的决定……”

肯普夫装甲师在东普鲁士的奈登堡(Neidenburg，今为波兰的尼济察）附近越过前线，向南面的姆瓦瓦发起了进攻。而德意志团的任务就是从屏护姆瓦瓦镇的波军阵地上打开一条通道。该团的这次进攻将得到整个师属炮兵单位的支援。为了这次处女战，党卫队旗队长（上校）施泰纳计划投入2个营并肩发起进攻：右翼的3营首先夺取姆瓦瓦镇前的德维尔什尼斯（Dvierznis）小村，左翼1营的首要目标则是扎瓦茨基（Zavadski）小村。达成任务后，紧接着再夺取两村之后的高地——192高地，为南下姆瓦瓦打开通道。德意志团起先基本没遇到什么像样的抵抗就拿下了村子，但当他们试图夺取192高地时，遭到了波军的激烈抵抗。德意志团1营3连的格奥尔格·普雷尔（Georg Prell）回忆了扎瓦茨基小村附近的战斗：“我们已经投入这场战争整整6个小时了。3连沿着马路向（扎瓦茨基）小村杀去。敌人在小村附近设置了路障和带刺的铁丝网，并且还控制了村子附近的高地，可以居高临下杀伤我们。因此我们的进攻不能有丝毫迟疑。三级小队副（中士）卢克·克里格（Luk Krieger）在穿过铁丝网后，率先冲向了敌军重兵把守的山脊。波兰人立刻向他倾泻了密集的火力，克里格当场重伤而亡，我们最初甚至连他的尸体都无法抢回。克里格是我们连在战斗中第一个阵亡的同志……”

当德意志团试图夺取波军控制的高地时，炮弹、子弹如冰雹般倾泻在了仰攻的党卫军官兵头上。第一次进攻彻底失败，师部随即下令施泰纳团长派出一支侦察队寻找波军防线上的弱点。在这些侦察分队出发前，军部又制订了新的作战计划。肯普夫装甲师将在下午3点发起一次联合攻势。届时，德意志团将在师属炮兵和坦克的支援下，从192高地两侧发起冲击，消灭盘踞在山顶的波军。

结果，党卫军官兵们得到的（坦克）支援比他们想象的还少：肯普夫装甲师下属第7装甲团1营的坦克刚刚越过出发线，就被波军用铁轨和水泥构成的反坦克障碍物挡住了。德军早期的轻型坦克根本推不动这些路障，当挤成一团的坦克试图绕过路障时，波军的炮弹毫不客气地落了下来。结果，该营的坦克一辆接着一辆被砸瘫在路面上。为了避免更大的损失，装甲营指挥官停止了进攻并下令后撤。就连第41军军部也同意了这个指挥官自行下达的撤退命令。德军的这次装甲攻势还没到1个小时就因为波军的顽强抵抗彻底破产。当然，德意志团的掷弹兵们可没有勇气自行撤退，他们只能老老实实待在原地忍受着波军的炮火以及时不时打来的冷枪。当天下午，德意志团的最好纪录就是1营的一支小分队冲到了距离波军最外围碉堡大约150米的地方。当他们试图更进一步时，遭到了波军的猛烈打击，伤亡惨重。幸存者直到夜里才退回团里的主防线。德意志团的首日战斗到此结束。

9月2日，肯普夫装甲师从姆瓦瓦的前线向东机动到了霍热莱（Chorzele）地区，这一地区的友军已经顺利突破了波兰人的防线。随后，德意志团在施泰纳团长和3营营长克莱因海斯特坎普的指挥下，组建了一支步兵战斗群跟随第7装甲团一同追击撤退之敌。在纳雷夫（Narev）河畔的鲁然（Rozan）地区，德军与坚守在当地一片沙皇时期的堡垒群里的波兰军队发生交火。当德意志团第一批突击队从正面攻击堡垒的时候，就会遭到守军纵向射击火力的袭扰，波兰人甚至还发起了骑兵反冲锋。施泰纳团长只能下令暂时转入防御。不过，当鲁然陷落以后，这里的抵抗开始越来越弱了。此后，德意志团官兵一直冒着烈日和漫天的沙尘追击波兰溃兵。波兰的战败现在看来已经不可避免。9月10日，肯普夫装甲师在布罗克（Brok）渡过了布格河（Bug），并奉命跟随其他部队一起切断波兰西部波军的退路，阻止他们与首都华沙的守军会合。这道新命令对德意志团来说，不是那么容易执行的。虽然形势不利，并且没有可以和德军匹敌的新式坦克等武器，但波兰人战斗意志相当高昂，他们顽强地防守着每一寸土地。在此期间，肯普夫装甲师一直被拆成了数个互不联系的战斗群四处激战。

在波兰作战的一名德意志团的下级小队长，注意他右侧领章SS标志上的数字"1"。

9月15日，在人数和武器装备上都占据压倒性优势的德军攻破了华沙以东的波军防线，从东面包围了华沙。现在只剩下从西面合围华沙了，不过这对德国人来说只是时间问题而已。德意志团在抵达谢德尔采（Siedlice）后，开始转向维斯瓦河的梅科维切（Majieowicje）。9月16日—17日，德波两军在布楚拉（Bzura）河附近进行了整个波兰战役中最大规模的会战。波军的防御阵地遭到了德国空军的狂轰滥炸，波兰人将其称为"空前的灭顶之灾"。波军在这次战役中共损失了9个步兵师、3个骑兵旅，另外10个师的兵力也被击溃。尽管如此，但在华沙的门户——莫德林要塞失陷前，华沙的守军是不会放弃抵抗的。这期间，肯普夫装甲师奉命绕到华沙背后，向西南方向的纳茨波尔斯克（Naczpolsk）行军。毫无疑问，他们接下来的目标正是莫德林要塞。

德军对莫德林要塞的围困从9月19日一直持续到28日。直到22日时，德军也没有做好全面进攻要塞的准备，只是不断派遣巡逻队侦察要塞虚实和弱点。德意志团的第一批侦察分队在这些行动中蒙受了相当大的伤亡损失。为了

在波兰沙尔科夫（szelkow）郊外3公里处的党卫队特别机动部队的摩托车侦察队，注意边上路标。

最大限度地削弱敌军，该团的工兵在斯图卡式俯冲轰炸机的支援下在波军的外围防线上炸出了一个缺口,为主攻部队打开了一条通道。紧跟着，德国空军又发动了数个波次的空袭以继续削弱守军的抵抗意志。9月27日晚，德意志团1营的一名军官向团长施泰纳报告说，扎克洛齐（Zakroczym）要塞的守军相对虚弱，通过突袭拿下的可能性非常高。费利克斯·施泰纳在亲自侦察后，认同了那位军官的判断，并亲自下达了进攻的命令。9月29日凌晨5点30分，德意志团已经做好了突击扎克洛齐和莫德林要塞的准备。5点20分，当各突击连已经做好突击波军外围防线的准备时，突然传来了一道命令，要求延迟进攻一个小时。因为德军相信守军可能要投降了。

但波兰人对此毫无回应。6点15分，德军开始炮击扎克洛齐和莫德林的1号和2号堡垒。6点30分，德意志团各连准时越过出发线，喷火器小组冲在了步兵队伍的最前面。不到一个半小时，德意志团就顺利夺取了扎克洛齐小村。波军此时已经乱成一团，有的接到了投降命令，有的人则由于没有接到命令而继续抵抗。德国空军对仍在抵抗的莫德林1号要塞进行了猛烈轰炸。最终，波兰守军于下午2点投降。德意志团终于完成了他们在波兰战役中的所有任务。

波兰战役结束后，肯普夫装甲师这支实验性的部队迅速解散。德意志团和其他加入国防军的特别机动部队单位也陆续返回了捷克斯洛伐克比尔森的驻地与其他兄弟单位会合。10月19日，豪塞尔以德意志团、日耳曼尼亚团、元首团、党卫队工兵营、党卫队特别机动部队属炮兵团等为基干，正式组建了党卫队特别机动部队师。党卫军终于以一个完整师团的形象出现在了战争的舞台。

波兰投降后，在华沙街头举行胜利游行的德军部队。

第三章　党卫队特别机动部队师在西线：1940

1939年11月，党卫队特别机动部队师从捷克斯洛伐克的比尔森移驻到了德国西部。在接下来的6月里，该师进行了连、营、团级的协同战术演练以及个别单位的加强训练。1940年4月期间，党卫队系统的许多分支单位也陆续加入到党卫队特别机动部队师之中，开始集中强化训练。党卫队指挥总局这么做的目的只有一个：为即将展开的新战役做准备。这次德国人的敌人将是西面的英法联军。

1940年5月10日，西线战争终于打响。按照德军的设想，征服法国分为两步：第一步是消灭比利时的法军主力（以及英国、比利时、荷兰军队的主力），第二步是向南彻底打败法国。德国人将这两步作战计划分别命名为"黄色"和"红色"方案。遗憾的是，党卫队特别机动部队师仍然没能作为一个完整的师团投入战斗。早在1939年12月，元首团就与党卫队特别机动部队属炮兵团2营以及1个工兵连和车辆运输单位一起在第207步兵师麾下听命；党卫队特别机动部队属侦察营和德意志团下属的1个装甲车排则加入了254步兵师编制。法国战役开始时，元首团隶属于克里斯蒂安·汉森（Christian Hansen）炮兵将军的第10军，党卫队特别机动部队师和第254步兵师则属于阿尔贝特·沃德里格（Albert Wodrig）炮兵将军的第26军（这两个军都属于第18集团军）。

根据"黄色"方案，德军在西线从北向南依次展开了B、A、C三个集团军群，另以海军

西线战役前夕的党卫队特别机动部队师的士兵。经过波兰战场的磨炼，党卫军部队已经颇具战斗经验。

一部配合行动。由冯·博克上将指挥的B集团军群位于右翼，下辖第18和第6集团军，配置于北海和亚琛之间。该集团军群的主要任务是进攻荷兰和比利时，以积极行动牵制联军主力，然后与A集团军群协同歼灭被包围的敌军。党卫队特别机动部队师所在的第18集团军（指挥官格屈希勒上将）任务将是以小部分兵力向荷兰东北各省进攻，而主力沿莱茵河、马斯河下游两侧突破艾瑟尔（Ijssel）阵地和佩尔防线（Peel line），以便随后从东面和南面对“荷兰要塞”（Fortress Holland）实施突击。

在南翼，赖歇瑙上将的第6集团军任务是向鹿特丹和列日之间推进，克服马斯河和设防完善的艾伯特运河等障碍后向比利时首都布鲁塞尔推进，而艾伯特运河南端的埃本-埃美尔要塞则交由空降兵夺取。之后，该集团军下属的第16装甲军应迅速推进，尽快在马斯河和桑布尔河以北地域迎击预计会向比利时推进的英法联军左翼，并从北面对列日要塞进行封锁，使其不能威胁西进集团军的侧翼。总的来说，博克上将的B集团军群其实只负责佯攻，目的是尽可能多地牵制在比利时的敌军，使其在很长一段时间内无法判定德军的主攻方向。

荷兰军队兵力有限，不足以防守由马斯特里赫特（Maastricht）到北海近400公里长的边界。为了对抗德军，荷兰人建立了3道防线：在边境地区构筑有一般的筑垒阵地，只部署少量兵力；而后是格雷伯（Grebbe）—佩尔防线，该防线由北向南从须德耳海（Zuider Zee）几乎延伸至马斯特里赫特，荷兰军队将依托这一防线组织防御；最后则是“荷兰要塞”，即鹿特丹、阿姆斯特丹、多德雷赫特（Dordrecht）、乌德勒支（Utrecht）和海牙地区，这一地区有海湾、河流和大面积水域，构成了良好的天然

1940年5月，法国战役中党卫队特别机动部队师属侦察营的各型轮式装甲车。作为一个步兵师，党卫队特别机动部队终于开始装备更多的装甲车辆。

障碍，而且东有北临艾瑟尔运河的格雷伯防线，南有从瓦尔河（Waal）到鹿特丹的防御工事做屏障，"荷兰要塞"可以说是荷兰的防御中心所在。为了能在格雷伯—佩尔一线迟滞德军，尽量拖延时间，荷兰军队打算在必要时打开下莱茵河、马斯河和瓦尔河的防洪坝，以大水在这一地区构成障碍，阻碍德军前进。

德军对荷兰人可能会开闸放水这一招非常清楚。为了打破荷军的如意算盘，德军在制订作战计划时就明确指出，地面部队和空降部队必须在荷军开闸发水前迅速突破主要防线，同时攻占上述几条主要河流的要害桥梁。元首团和党卫队特别机动部队属侦察营更是针对这一计划进行了特别训练。

正通过荷兰某处桥梁的党卫队特别机动部队属侦察营 1 连的摩托车纵队。

5月10日凌晨5点35分，当元首团和党卫队特别机动部队属侦察营跟随德国B集团军群先头部队一起越过荷兰边境时，党卫队特别机动部队师的大部还在莱茵河东岸的众多德军车队中缓慢地向西挪动。赫尔伯特·克里斯蒂安森（Herbert Christiansen）至今仍记得上级要他们5月10日凌晨3点准时赶到规定目的地的命令：

由于我要开车，拿着地图指路的任务就交给了坐在副驾上的一名上级突击中队长（中尉）。每次当我问他我们走的方向对不对的时候，他总是回答"没错"。不过，我们最终还是在这漆黑的夜里迷路了。想要准时抵达看来是不可能的了。幸运的是，2营的一名高级军官后来帮我们指明了前往荷兰的正确方向。就在快要抵达目的地的时候，我在一个交叉路口看见了一群军官，并认出了其中的豪塞尔将军。我们必须等待很长一段时间，以便让党卫队旗队长（上校）德梅尔胡贝尔的日耳曼尼亚团率先通过。当德梅尔胡贝尔走到豪塞尔师长面前向他报告时，说的第一句话是："我还以为您打算让后勤车队先投入战斗呢。他们看起来已经到了好一会了。"

与此同时，党卫队特别机动部队属侦察营与1个陆军机枪营和炮兵营组成的敢死队分成5个突击单位向瓦尔河上的奈梅亨（Nijmegen）大桥以及尼尔保赤（Neerbosch）、马尔登（Malden）、哈特（Hatert）、厄曼（Heuman）这四处的运河桥梁被发动了突袭。结果，只有位于厄曼的桥梁成功地夺了下来。在哈特，突击队员非死即伤，下级突击中队长

在荷兰战斗的元首团士兵。

（少尉）福格特（Vogt）最后带领仅存的4人夺取了已经严重损坏的大桥。荷兰军队在各处的顽强抵抗导致党卫军士兵伤亡惨重。5月11日，在完成这一系列的夺桥任务后，党卫队特别机动部队属侦察营终于返回了老部队——党卫队特别机动部队师。

元首团也在H时（即德军发动西线攻势的时间）同第207步兵师一道发起进攻。1个多小时后，元首团3营奉命向荷兰阿纳姆（Arnhem）附近的艾瑟尔河东岸挺进。尽管荷兰人已经提前破坏了该河上的所有桥梁，但到了下午1点，2营成功地夺取了一处渡口，并在对岸建立了桥头堡阵地。不久后，德军又攻占了阿纳姆东南不远处的韦斯特福特（Westervoort）的荷军要塞和坚固据点。中午左右，阿纳姆也在元首团3营一次快速突击下易手。结果，荷军原本期望最少迟滞德国人3天的艾瑟尔阵地不到4个小时就陷落了。

不到一天的时间里，元首团就跟随其他国防军部队一起在荷军的第二道防线（格雷伯防线）上打开了一处缺口。当天晚上，在经过最初的一系列战斗后，元首团开始在伦克姆（Renkum）附近集结。无论是元首团还是党卫队特别机动部队属侦察营都在这些艰苦的战斗中接受了战火的洗礼，变得更加成熟。

5月14日，根据德国国防军当日公报，德军在突破格雷伯防线后，已经深入到荷军佩尔防线的乌德勒支地区。次日，第10军指挥官克里斯蒂安·汉森炮兵上将宣布将把夺取荷兰首都的荣耀交由接连突破艾瑟尔河和格雷伯防线的元首团。该团将作为进攻矛头率先穿过乌德勒支进入阿姆斯特丹，并最终抵达艾默伊登（Ijmuiden）和赞德福特（Zandvoort）的北海海岸。两天后，元首团前往比利时的马里昂堡与

1940年5月15日，荷兰哈勒姆市内的党卫队特别机动部队师的侦察营。照片就摄于该市市政厅门口。

党卫队特别机动部队主力会合并返回原建制。

当元首团和党卫队特别机动部队属侦察营各自投入战斗的时候，党卫队特别机动部队师主力正分成两路纵队向比利时安特卫普东北的希尔法伦贝克拼命赶路。根据情报，OKW（德国国防军最高统帅部）判断位于比利时北部的联军部队会向第18集团军的左翼发动进攻，因此下令豪塞尔立即带领党卫队特别机动部队师赶赴该地区掩护（集团军）侧翼安全，直至后方步兵师赶到并接过该任务。

实际上，德军预期的这次进攻并没有发生。于是豪塞尔又奉命改道向南，准备对抗比

顺利完成任务后，元首团穿过阿姆斯特丹前往比利时与党卫队特别机动部队师主力会合。

正等待进入西线某个城市的党卫队特别机动部队师的车辆纵队。

利时北部的英法联军。然而这次机动可没有想象中的那么容易，因为各条交通要道上都挤满了德军部队，到处都是大堵塞。党卫队特别机动部队师不得不派出许多侦察队寻找可供车辆通过的乡间小道。最后，师长豪塞尔干脆把任务下达到了各营营长那，让他们自己想办法在规定时间内抵达规定地点。

等师属各部陆续抵达后，刚刚集结好部队准备投入进攻的豪塞尔又接到了一道新的命令。该命令要求党卫队特别机动部队师前往安特卫普方向，掩护受到法国第7集团军威胁的友军侧翼安全。基于这道命令，豪塞尔必须夺取瓦尔赫伦岛（Walcheren）和南贝弗兰德岛（Zuidbeveland），并封锁荷兰的河口湾——西须耳德（Westerschelde）的所有航道。为了夺取这些岛屿，党卫军们必须首先通过南贝弗兰德岛的狭长地带。在1940年5月，荷兰的卡佩勒（Kaplle）镇和南贝弗兰德岛之间的大部分地区早已变成了洪泛区。在阿讷默伊登（Arnemuiden），水道再次变得狭窄直至瓦尔赫伦岛。仅有一条公路和铁路从岛上穿过并向北通往鹿特丹。

在这一地区的战斗中，荷兰军队遭到了数量上占据绝对优势，且训练有素的德国空军和地面部队的双重夹击。5月14日，荷兰军队停止了抵抗。不过，尽管遭到了6个斯图卡俯冲轰炸机中队和5个重型轰炸机中队以及21个重型炮兵营的威胁，瓦尔赫伦岛上的联军部队仍然拒绝了德军投降的要求，选择继续战斗。他们显然不想让德国人轻易就拿到瓦尔赫伦和东须耳德水道。

为了瓦尔赫伦岛的战斗，党卫队特别机动部队师组建了两个战斗群——克莱因海斯特坎普的德意志团3营和弗里茨·维特的德意志团1营。由于1营前方的战线已经被洪水淹没，该营只能跟随在3营之后发起进攻。5月16日快中午时，克莱因海斯特坎普的战斗群率先发起了进攻。在韦斯特迪克（Westerdijk），他们遭到了隐蔽在路堤沿线永备工事中的联军部队的持续火力打击。道路两侧的带刺铁丝网后方的雷场

坐在一处房屋前休息的德意志团1营营长弗里茨·维特。

也放倒了16名党卫军士兵。此外，守军还得到了来自安特卫普的重火炮和外海的英国皇家海军舰炮的支援。德意志团2个营冒着炮火从南贝弗兰德的洪泛区向瓦尔赫伦水坝发起了进攻。该团3营9连的保罗·舒曼（Paul Schuermann）回忆了17日的一次进攻：

我们在等待进攻的命令……"上了！上了！"进攻的命令下来了……我们冲向了敌人为我们准备好的炼狱。当第一批同志跃过堤坝公路上的障碍物时，敌人的重机枪、反坦克炮以及炮火就兜头砸了过来。敌人距离我们有多远？也许是800米。但我们都知道，无论如何都要冲到与敌人接火的范围内，至少在手榴弹可以投掷的范围。当我们向前冲的时候，我看到一名战友倒了下来，接着是右边的两个，随后又有一名战友缩成一团倒在了地上。我向四周看了看，不少同志正在用牙齿撕开战地止血包，然后包在他们受伤的手臂或胸口上。

我们第一批冲锋的同志就这样倒在了这道该死的混凝土障碍前，敌人则躲在后面向我们倾泻炮火。战场上到处是丢弃的武器和满身血污、脸色惨白的尸体。看到这一情形，我方的机枪组一个个默默停止了射击……进攻停止了。我们开始沿着柏油马路挖掘散兵坑或者隐蔽在敌人炮火形成的弹坑里……这时，一个同志经过我的身边，他的衬衣一直撕到了肩膀的位置，且背上有一个很大的伤口，我甚至可以看到他正在抽动的肺部。在我左边的另一名战友几乎是笔直地踏着行军脚步走回来的，根本不在意身边嗖嗖飞过的子弹。他的喉咙和胸口都绑满了止血带，但鲜血仍然不断地从伤口渗出来。他就这样双眼无神地直直望着前方并走过我的身边……这时候，我听到有人大喊："带一挺机枪上来！"

霍恩（Horn）是第二个跃出掩体冲锋的，他很快就倒在了地上，同时大声惨叫着。等我冲过去帮他包扎的时候已经来不及了，子弹打穿了他的胃。在我右边，一名同志仰面朝天躺在地上，他的手指抽搐着指向天空，似乎想说些什么。这时候我才认出他是下级小队长冯沙伊特（Vonscheidt）。阳光在他的迷彩罩衫上形成了奇怪的光带，那是他在波兰获得的铁十字勋章造成的。我们9连奉命退出了战斗，大家互相搀扶着慢慢撤下了火线。到了后方，我才感觉到又渴又饿……1个半小时后，敌人主动撤退了……这次进攻我们总共阵亡了17人，另外还有30人负伤。当黑夜开始降临时，17日的血战终于落下了帷幕……

当党卫队特别机动部队师作为德国第18集团军一部在荷兰作战时，德军在西线的主力集团已经夺取了比利时首都布鲁塞尔，切断了比利时南部通往法国北部的道路。由于德军已经在法国北部的联军防线上形成了一个巨大的突出部，因此后者只能退向了索姆河（Somme）一线。荷兰人投降后，让德国第18集团军可以只留少量占领军后，腾出大部分兵力向第6集团军右翼靠拢，同时以摩托化步兵师和步兵师加强突出部的两侧实力。为了执行这一任务，党卫队特别机动部队师脱离了第18集团军编制，加强到了A集团军群下属的第41军。5月22日，党卫队特别机动部队师奉命与第6和第8装甲师一起全速穿过圣奥梅尔冲向加莱海岸（Calais）。自参战以来，党卫队特别机动部队师已经毫不停顿地战斗了数周，可以说人困马乏。但一场即将到来的巨大胜利鼓舞着党卫军官兵继续在加莱和比利时的伊佩尔（Ypres）奋战。

早在5月20日，德军就进抵亚眠和阿布维

尔（Abbeville），切断了联军的退路。次日，德军又夺取了圣波勒（Saint-Pol）和蒙特勒伊（Montreuil）。在阿布维尔西北，德军第2装甲师的1个营第一个打到了海边。同时，德军二线梯队还在索姆河直到河口一线与法军对峙。德军各装甲部队此时开始转向北面和东北，准备从左翼沿拉芒什海峡推进，从西南突破法军建立的桥头堡。英法联军的彻底被围仅仅是时间问题。

期间，党卫队特别机动部队师奉命向北前往拉巴塞（La Bassee）运河一线，阻止敌军利用水路突破的企图。随后，豪塞尔师长又接到命令，要求该师渡过运河并建立一座桥头堡阵地，同时将盘踞在涅普（Nieppe）森林中的英军赶出去。尽管联军部队在佛兰德斯（荷兰、比利时和卢森堡三个低地国家的西南部一地区，现分属比利时、法国和荷兰）被围，而且他们的背后就是大海，但他们的抵抗意志仍然不减，并准备同德军血战到底。

正在听取战报的党卫队特别机动部队师师长，党卫队地区总队长兼武装党卫军中将豪塞尔。

5月22日18时58分，第41军军长格奥尔格-汉斯·赖因哈特中将下令党卫队特别机动部队师占据迪维永（Divion）—圣伊莱尔（St.Hilaire）一线，同时负责掩护全军右翼的安全。豪塞尔计划先在艾尔河（Aire）周围集结，然后沿运河布置自己的右翼，这样可以有效地保证师一侧的安全。当天晚些时候，德军又下达了停止向海峡进军的命令。这时候，党卫队特别机动部队师各部已经走在了行军路上，因此他们只能连夜原地建立防线，并等待新的命令到达再恢复前进。这道莫名其妙的命令意味着全师不是作为一个集体，而是零散地分布在了迪维永—圣伊莱尔之间的区域。其中担任前锋的元首团停在了布西（Blessy）—圣伊莱尔一线，该团2营位于艾尔河，3营则驻扎在运河两岸。当天夜里，党卫军各部不断遭到法军小股步兵和装甲单位的袭扰。法军显然是在搜寻德军防线上的弱点，伺机突围。

5月23日一早，元首团就遭到了法军的猛攻。法军1个坦克营直接碾过了元首团9连的阵地，并包围了10连和11连。凌晨4点左右，法军一部还向5连和7连防线发起突击。同一时刻，布西也遭到了法军的渗透。这里正是元首团2营营部和党卫队特别机动部队属炮兵团2营营部所在地，后者跟随团属1个炮兵连就驻扎在公路边的田野上。

5月24日，在拉巴塞运河附近战斗的党卫队特别机动部队师官兵。

这是一场非常混乱的夜战。元首团7连的舒尔策（Schulze）排长在听到警报后，立即召集手下发动车辆，拖着反坦克炮加入了一支他认为的友军装甲纵队之中。没多久他才惊骇地发现，原来这是一支法军的坦克纵队。他赶紧招呼手下悄悄地脱离队伍，然后架起反坦克炮一阵狂轰。结果，舒尔策和他的手下一共干掉了15～20辆法军车辆。

党卫队特别机动部队属炮兵团2营通信分队的高级小队长勒斯克（Roeske）也回忆了这场混乱的战斗：

1940年5月22日晚，炮兵团2营的战术前进指挥部抵达了布西小村，跟随我们一同抵达的还有团属的无线电通信组。我们随后在一处树篱环绕的草地中间的大树下建立了营地。我们的营长，突击大队长（少校）埃普森米勒（Erpsenmueller）把他的座车停在了树篱边上，然后下令搭建了帐篷。接着，营副官带来一些炊事班做好的食物。

距离营指挥部不远的地方有一家小旅馆，我们在那里建立了急救站。在派出哨兵站岗后，我走进无线电卡车，然后躺在车厢里睡了起来。无线电分队的指挥官和其中一名通信兵则裹着毯子去树篱那边睡去了。天快要破晓时，大概是凌晨4点，我被哨兵的叫声吵醒了，"高级小队长，法国人来了！"我立刻拿起我的步枪连滚带爬跑出了卡车。"敌袭！敌袭！"四周都是哨兵的尖叫声，接着就是交火的声音。

1940年，法国战役期间的元首团士兵，注意他领章闪电标志下面的数字3，代表党卫队特别机动部队的第3个旗队，元首旗队。

此时天亮了一些，我们可以稍微看清一些周围的情况。我猛地摔到地上寻找隐蔽，边上恰好趴了一名上级突击中队长（中尉），有个骑摩托车的传令兵告诉他，我们被包围了。就在这个传令兵打算离开的时候，突然射来的几发子弹将他打死，那名上级突击中队长也双腿中枪倒地。等我把他送到急救站时才发现房间

在山坡反斜面上等待进攻命令的党卫队特别机动部队师一部。

已经被至少10个受伤的同志挤得满满当当。离开的时候，我听到某个人大声说团属的无线电通信小组应该立刻向上级请求增援。这说的不就是我么！我蹑手蹑脚地爬向卡车，就在爬到卡车边上时，一名法国士兵高举着双手走了过来。我赶紧打手势让他趴下，结果太迟了。一颗机枪子弹瞬间要了他的命。当我刚准备打开车门的时候，又有一群法军士兵拿着枪穿过树篱向我所在的方向冲来，但他们没能成功。从另外一个方向打来的机枪子弹像割草一样把他们放倒。后来我才得知那是一群藏在一处农院里的元首团士兵干的。

我爬进卡车后，立刻尝试向团里发出求救信号。就在这时，我惊讶地发现电台里传来的信号越来越弱。糟糕，电池没电了！要想拿到备用电池就必须爬出卡车跑到营地后面去。这可是一件相当冒险的事情，因为法军士兵正对着树篱疯狂开火。幸好有农院方向和补给车上的战友提供的掩护炮火，我总算安全拿到了备用电池。我立刻向团部发出了我部被包围，急需步兵支援的求救信息。高级突击中队长（上尉）卡尔·克罗伊茨（Karl Kreutz）要求我朝天打一发信号枪来告诉友军我们的位置，可是我们根本没带那玩意！结果，克罗伊茨直接冲到外面大喊："这里是德国士兵！"他的声音肯定被听到了，因为元首团所在的方向再也没

西线战役期间的元首团团长格奥尔格·克普勒，坐在他边上的是托马斯·米勒。1943年，米勒调入刚刚组建的SS第9"霍亨施陶芬"装甲师，同时成为该师的一名装甲掷弹兵团团长。

元首团俘虏的法军士兵。

打来子弹了。没多久，（党卫队特别机动部队属）炮兵团1个重炮连开始向敌军倾泻炮火，他们很快就同元首团的士兵一起打退了这次进攻。这一天，我们（2营战术指挥部）总共阵亡了16个人。

卡尔·克罗伊茨则回忆了埃普森米勒阵亡的情况：

他（埃普森米勒）之前就曾平静地告诉我们，他可能不会在这场战役中活下来。今天凌晨，当一名士官大声发出敌袭的警报时，法国人正排成密集的队形沿着公路冲向我们。现在已经分不清楚哪里才是前线了，到处都是开火的声音。我端起步枪向在树篱顶端露出半个头的法军士兵开火——通过他们的头盔可以很轻易地认出他们。突然，我发现站在我身边的埃普森米勒抽了一口烟，然后向我问道："克罗伊茨，你会在战争中向战俘开火么？"就在下一秒，我还在装弹的时候，埃普森米勒就这么毫无征兆地倒下了——头部中弹。他脸部朝下趴在地上，左手还夹着没抽完的香烟。这一幕我永远不会忘记。

这次交战中，我们几乎俘虏了一整个阿尔萨斯团，并把这一消息汇报给了团长彼得·汉森。我还记得一开始团部根本不相信发生的这一切，因为这里距离前线太远了。汉森团长还派人前往我们这里调查到底发生了什么，结果直到调查人员在路上受了重伤，团里才相信我们说的都是真的，并迅速请求步兵解救我们。

当团属的反坦克炮部队也投入战斗后，元首团终于在运河以南的圣伊莱尔挡住了法军的突击，特别是当炮兵和掷弹兵联手击毁了大量法军坦克后，战场的形势终于稳定了下来。5月23日早晨，德国人和法国人的攻防角色发生了转换。元首团3营独自就击毁了13辆法军的装甲车辆，其中许多都是掷弹兵直接用炸药包炸毁的。此外，德军还俘虏了近500名法军士兵，剩余的法军则退回了拉巴塞运河。

党卫队特别机动部队师随后与法军爆发了多次激烈的战斗。在其中的一次行动中，已经在荷兰扬名的下级突击中队长（少尉）福格特（Vogt）正带领他的摩托车侦察部队执行侦察任务。福格特不久后发现一支敌军纵队正在朝东面的马赞格昂（Mazinghem）行军，他立刻下令随行的反坦克炮架好炮位，同时要求其首先射击队伍最后面的轻型车辆，然后再调转炮口射击打头的坦克。战斗最终以一整营的敌军向这支只有13人的巡逻队投降告终。

负责支援步兵作战的党卫队特别机动部队的SdKfz232轮式装甲车。

不过，元首团在几次遭遇战中发现，自己配备的小口径反坦克炮很难击穿法国坦克的装甲。特别是雷诺R35坦克，德军必须在很近的距离——有时候甚至只有5米——才能将其击毁。

5月24日，党卫队特别机动部队师强渡拉巴塞运河，并在桥头堡阵地与英国远征军交火。2天后，当党卫队特别机动部队师还在和当面的英军第2步兵师激战时，豪塞尔已经按照计划准备驱赶盘踞在涅普森林里的英军——这是该师迄今为止执行的最艰巨的任务。5月27日上午

豪塞尔师长正与手下一名军官讨论战场局势。

8点39分进攻正式开始，日耳曼尼亚团在右，元首团在左，党卫队特别机动部队属侦察营则部署在了元首团1营和3营之间。英军在森林中修筑了完备的野战工事，因此党卫军部队的进展十分缓慢。日耳曼尼亚团遭到了英军王后属皇家西肯特团（Queen's Own Royal West Kent Regiment）的顽强抵抗。战后报告表明，这个团的英军步兵射击技术非常精湛。尽管如此，占据人数优势的日耳曼尼亚团还是挺进到了阿韦尔凯尔克（Haverskerque）地区。与此同时，元首团也穿过布瓦达蒙（Bois d'Amont）地区，其右翼已经延伸至涅普运河两岸。

第41军军长赖因哈特中将担心英军的激烈抵抗会拖长这场本该早就结束的森林之战，从而影响其在下一阶段作战的表现（红色方案）。5月28日，第41军下令必须干净迅速地解决涅普森林之敌。由于比利时军队在当天宣布投降，英军王后属皇家西肯特团在涅普森林的抵抗就已经变得毫无价值，因此该团同其他英国远征军一起开始向海滩边打边撤。

连续的激战让党卫队特别机动部队师筋疲力尽，因此第41军下令该师脱离战斗，进行战地休整。5月31日，日耳曼尼亚团抵达法比边境的蒙德卡特，元首团则在卡塞勒（Cassel）周围休整，两地均在敦刻尔克东南偏南的方向。虽说是休整，但党卫队特别机动部队师还是对撤退中的英军保持了一定的压力。其中元首团在卡塞勒地区的高地上已经可以俯瞰英法联军的（敦刻尔克）滩头阵地。6月1日，2000名军官和士兵抵达前线以补充党卫队特别机动部队师

党卫队特别机动部队师摩托车侦察营的官兵们。

在作战中的损失。随着这批预备人员的到达，党卫队特别机动部队师下属各连迅速恢复了实力，甚至满员。当然，那些枯燥乏味的站岗工作也终于由新兵蛋子去干了。

西线战役期间，德军大部分部队还远远没有完成摩托化。党卫军部队也好不到哪里去，为了加强部队机动性，德军通常给士兵派发自行车。

党卫队特别机动部队师的一支纵队正经过涅普森林地区，元首团和日耳曼尼亚团都曾在这里同英国远征军战斗过。

从5月24日起，德军各装甲师都接到了希特勒一道莫名其妙的命令：就地停止前进。德军错过了最有力的歼敌时机，合围英国远征军的可能性也丧失了。5月26日起，英军展开了“发电机”行动，即著名的敦刻尔克大撤退。因此，党卫队特别机动部队师也不再北上敦刻尔克，而是向南前往巴波姆（Bapaume）地区。6月4日，德军冲入敦刻尔克市区，海滩上担负最后的后卫部队约4万法军来不及撤离，全数被俘。

按照德军最高统帅部的计划，红色方案将分为三个阶段进行：第一阶段将以右翼德军在瓦兹河（比利时南部河流，流入法国的塞纳河）与海峡之间向塞纳河下游推进以配合和掩护主要作战方向；第二阶段将在兰斯两侧向东南发动主要攻击，消灭巴黎—梅斯—贝尔福之间的法军主力；第三阶段将突破马奇诺防线以及强渡莱茵河。

为了准备这场计划最终击倒法国的战役，原本在南面保障侧翼安全的第2和第9集团军首先到达埃纳河沿线阵位，掩护其他部队展开。随着敦刻尔克战事临近尾声，第12和第16集团军也把自己的阵地移交给其他部队，向兰斯以北的出发地开进。这4个集团军编为新的A集团军群，仍然由龙德施泰特指挥。原本在敦刻尔克以西和以南作战的第4和第6集团军也在5月底向西南进发，占领索姆河沿线的出发阵地。它们编成新的B集团军群，仍由博克指挥。第18集团军则在解决敦刻尔克之后担任预备队。6月5日，B集团军群以3个摩托化军为前锋首先发动了进攻，预备突破法军在索姆河和瓦兹河之间的“魏刚（Weygand）防线”。

从比利时开进法国北部的党卫队特别机动部队师。

6月9日，A集团军群也在埃纳河与瓦兹河之间，以及马斯河实施了主要突击。与此同时，为了防止法军从东面包抄德军，C集团军群将在马奇诺防线以及上莱茵地区发动一系列牵制性进攻。如果在比利时和荷兰的失败是对法国人的沉重打击，那么德军在6月初的攻势简直就是毁灭性的。尽管法国人在索姆河以南拥有约66个师，但德军无论兵力、准备还是战斗素质和士气都远远超过了前者。德军装甲部队一举攻入法国心脏地区，而法军的防线也越来越接近崩溃。6月14日晨，德军进入法国首都巴黎。当然，这并不意味着法国人就此放弃抵抗了，许多法军师团仍在顽强抵抗。6月17日，法国政府决定通过佛朗哥的西班牙向德国求和。6月22日，法国正式宣布投降。

在森讷拉格（Sennelager）训练场接受深造的恩斯特·许尔克（Ernst Schuelke）回忆了他在法国战役中的一段传奇经历：

我们所有人都希望尽快返回部队，但在此之前我们必须完成这些进修课程。因此，最快也要到5月中旬我才能从科隆返回前线，并向（党卫队特别机动部队属）炮兵团3营报到。由于我军进展神速，一直到索姆河东岸我才追上大部队。

敌军炸毁了索姆河上所有的桥梁并在西岸据守。我们（3）营的火炮同德意志团的重武器连一起负责掩护步兵的渡河行动。渡河前一夜，我们遭到了敌军的不间断炮击，但基本没受到什么伤害。我所在的炮兵观测组与德意志团团部一起在黎明时成功抵达对岸。在我们的精准引导下，火炮和步兵的渡河行动配合得完美无缺。敌军在西岸的防御迅速瓦解，我军随后对溃退的敌军展开了追击行动。我们穿过奥尔良（Orleans）、图尔（Tours）抵达普瓦捷（Poitiers）并在该城以南进行了短暂休整。

上级命令我于次日在普瓦捷南面寻找几个合适的炮兵观测阵地。第二天黎明出发后，我才发现这附近许多村子的名字都差不多，唯一用来区别的就是加上一个某某河畔。这下我完全绝望了，我怎么在地图上精确地标注找到的阵地呢？这时候，我听见宝马摩托车的轰鸣声。原来他们是德意志团团属第15摩托车连的小伙子们。车队的中间是团长施泰纳和他的军官们。在向施泰纳报告后，后者命令我加入了他的队伍。随后，我跟着这支摩托车纵队继续向南面的昂古莱姆（Angouleme）方向行进。一路上除了友军外，我们还遇到了几队法军士兵。很可能是因为我们穿着的迷彩罩衫与国防军的大不相同，因此他们错把我们当做了英军部队。直到他们被远远地甩在身后，我们才隐约听到他们"放下武器"的喊声。

没多久，小城昂古莱姆就映入眼帘。在路边上法军架了一挺重机枪，不过还没等他们摸到扳机，就给我们缴了械。在留下1个摩托车排警戒后，我们沿着道路向当地的火车站驶去。与此同时，党卫队旗队长施泰纳通过无线电向后方报告，我们已经深入法军防线超过60公里。施泰纳接着命令我带上我的5个人和1个摩托车混合单位去城内寻找市长并安排投降事宜。在市政厅外，我们碰到了大约30名武装警察，我从车上跳下，然后尽量用友好的口气询问在哪里能找到市长。这些人都惊呆了，甚至没人想到开枪。在命令我的人持枪在汽车附近警戒后，我跟着他们来到了一个会议室。我的出现，让整个会议大厅里的人吓得鸡飞狗跳。我通过翻译告诉他们，这座城市已经被我们包围，如果市长不能马上赶到火车站商谈投降事宜，那么这座小城就会立刻被炮火撕成碎片。我命令市长挥舞着白旗坐在我的车后座上，并告诉他如果我们有什么不测，他也别想有什么好下场。

党卫队特别机动部队师的一支摩托车纵队经过某个法国小村。

就这样，我又驱车返回了火车站，把我的战利品（市长）交到了施泰纳团长的手上。在向施泰纳的汇报过程中，我特意提到了我们在城内看到了一些军官和士兵。施泰纳在听完后，立即让我把城内驻军的最高指挥官也抓来。我不得不承认我被他这道命令吓得不轻。但我们还是又开车驶回了城中心。这时候已经是中午了，通过询问当地居民我才得知这个时间军官和他们的夫人通常都在食堂吃中饭。我在问清方向后，又开车向食堂赶去。这是一栋位于城外的三层楼房。抵达后，我带领2名通信兵冲了进去，其他人则留下来看守车子。在一楼，我注意到军官们把他们的配枪都留在了衣帽间。我们立刻冲进了食堂大厅，大厅中间的马蹄形桌子上摆满了丰盛的食物还有美酒，坐在桌边的是一大群法国军官和他们的夫人。

当时的场面用言语都无法表达，我们3个满身灰尘的德军士兵用枪指着这一大群人。大厅内瞬间发生了骚动，我赶紧用法语大声喊道：“先生们，你们现在已经是我的俘虏了！”那些贵妇人们开始歇斯底里地尖叫起来，我只能再次用盖过这些尖叫声的大嗓门吼道：“女士们请离开这个屋子！”在她们迅速散去后，我试着问这些军官谁会说德语，一名来自阿尔萨斯的少尉站了出来。我请他指出谁是这里最高级的军官。随后，一名年纪较大的法国上校被指了出来，他是驻扎城外一个法军坦克团的团长。我通过翻译告诉他，抵抗已经毫无意义，这座城市已经被我们包围，任何不合时宜的举动都会招来我军猛烈的炮火。

随后，这些军官排成三路纵队跟在我的车后，上校和那名志愿翻译则坐在我的车座上挥舞着白旗，摩托车营的小伙子在最后负责押送。116名法军军官就这样做了我的俘虏。抵达火车站时，就连党卫队旗队长施泰纳也被这一幕壮观的景象惊呆了。施泰纳接着又命令我跟随那名年长的上校返回军营招降当地的驻军，并派了1个摩托车排协助我。在上校的配合下，那些法军士兵很快空着双手在军营的空地上集中，并由摩托车排的小伙子看管，直到后方赶来的步兵单位接替他们。

被德军击毁的法国潘哈德装甲车。

法国战役胜利结束后，党卫队特别机动部队师特地举行了一次授勋仪式。照片中豪塞尔师长正在给部下授勋。

党卫队特别机动部队师在西线最后的一个故事是由德意志团第15摩托车连的赫尔曼·布施（Hermann Busch）提供的。当时他和另外一批人被挑选出来测试在涅普森林中缴获的英军反坦克枪：

我们找了一块装甲板做靶子，但第一发没能打中目标。这时候我们突然发现装甲板右面不远处草地上的一匹马倒了。我们跑过去检查后发现，这马就是被反坦克枪的子弹打死的。最后我们才发现，这些该死的汤姆们（德国人对英国人的昵称）在敦刻尔克登船前，把不能带走的武器的枪管都给掰弯了。

西线战役结束后，元首团 9 连连长海因茨·哈梅尔为部下授勋。哈梅尔后来成功接替冯·肖尔茨成为 2 营营长，后成为德意志团团长以及 SS 第 10“弗伦茨伯格”装甲师师长。

法国战役结束后，党卫队特别机动部队师于7月前往荷兰，并作为占领军负责监视荷兰军队的遣散工作。对党卫军官兵来说，这段时间的生活似乎又回到了和平时期。荷兰人虽然对德国人不是非常友好，但也绝对不是抱着仇视的态度。相对于德国国防军的田野灰制服来说，身着迷彩罩衫的党卫军士兵在颜色上更接近原先荷兰皇家陆军的卡其色制服，因此党卫军的小伙子们似乎更受当地民众欢迎一些。

驻扎在低地国家的这期间，党卫队特别机动部队师的一些单位被党卫队指挥总局调离，用于筹建新的党卫军部队。1940年9月，希特勒下令组建一个由挪威、丹麦和荷兰外籍人员为主的党卫军摩托化步兵师。这个师随后被命名为党卫军第5“维京”师。而这个师的师部和一个完整的步兵团都是从党卫队特别机动部队师直接抽调过来的。他们是日耳曼尼亚团、党卫队特别机动部队属炮兵团2营、部分侦察单位以及反坦克营3连。而对党卫队特别机动部队师和豪塞尔师长来说，最大的损失就是德意志团团长费利克斯·施泰纳被调去担任维京师师长。施泰纳的位置随后由维利·比特里希（Willi Bittrich）接任。

1940年12月3日，党卫队特别机动部队师从荷兰移往法国南部的沃苏勒（Vesoul）。当年年底，党卫队特别机动部队师更名为SS“德意志”师，这就与下属的德意志团重名了。而且，原属该师的日耳曼尼亚团也调去组建一个新师团。这个新的党卫军师名字一开始也叫日耳曼尼亚师（就是后来的维京师）。这就在某种程度上会有所混淆。因此到了1941年1月底，SS“德意志”师就再次更名为SS“帝国”师。这期间，SS“日耳曼尼亚”师也正式更名为SS“维京”师。

第四章　巴尔干半岛之战

1941年1月，党卫队特别机动部队师正式更名为SS“帝国”摩托化步兵师（SS“Reich”Division）。由此，原党卫队特别机动部队师下属的步兵团开始整编升级，自行火炮连和摩托车营也同时开始扩编。与此同时，帝国师还对外发布了最新的战术标志（狼之钩），不同兵种和单位之间的磨合演练也随之展开。经过全体官兵的辛勤努力，到了当年3月底的时候，帝国师已经完全能够胜任摩托化作战单位这一角色。

帝国师一个37毫米Pak35/36反坦克炮小组的成员正在擦拭他们的武器。照片摄于该师从法国赶赴罗马尼亚南部蒂米什瓦拉的长途行军期间。

此后，关于最终目的地的猜测和流言四处传播，而这些流言最终在4月6日终结。帝国师下属各单位用了8天的时间从法国南部赶赴罗马尼亚南部地区并在蒂米什瓦拉（Temesvar）加入威廉·李斯特元帅的第12集团军编制（归属第41步兵军）。希特勒已经决心对南斯拉夫和希腊采取行动，纳粹德国的下一个目标已经昭然若揭——巴尔干半岛。

4月5日，德军第12集团军完成了变更部署，并准备于次日对希腊和南斯拉夫同时采取行动。该集团军下属的装甲师和步兵师将从三处越过第3军区所属的保加利亚和南斯拉夫边界，向瓦尔达（Vardar）河推进。

4月6日清晨，德国空军对南斯拉夫首都贝尔格莱德实施了饱和轰炸，尤其对市中心的政府办公机构进行了定点攻击。南斯拉夫微弱的空军和不值一提的防空部队被一举抹平。南斯拉夫军方高层与前线各野战军的联络也被彻底切断。德国陆军也分别从东、南两个方向朝贝尔格莱德发起了钳形攻势（代号“惩罚”行动），德军深信只要能够闪电般地拿下南斯拉夫首都，就可以彻底摧毁南斯拉夫人的抵抗意志。

4月8日早上，德国第1装甲集群（下辖第14军、第41军以及第50军）从保加利亚首都索菲亚（Sofia）西北的集结地出发，穿过南斯拉夫

帝国师的纵队经过匈牙利首都布达佩斯前往南斯拉夫作战。注意车辆左侧前挡泥板上的帝国师师徽——狼之钩。

皮罗特（Pirot）附近的边界，向南斯拉夫第5集团军发起了进攻。克莱斯特麾下的第14军直扑西北方向的尼什。4月9日，该军的先头坦克就已攻破尼什，并马不停蹄地继续朝西北方的贝尔格莱德杀去。由于当地直至贝尔格莱德的路况良好，非常适合装甲部队机动。到了次日，第14军就已紧跟在南斯拉夫败兵的身后，穿过摩拉瓦河谷（Morava）向贝尔格莱德挺进。4月12日晚上，德军第1装甲集群的坦克距离贝尔格莱德东南仅仅不到65公里了。

时间上凑巧的是，当第14军从东南方向逼近的时候，第41军（下辖帝国师、"大德意志"摩托化步兵团以及戈林将军旅）也穿过罗马尼亚的巴纳特东南部向贝尔格莱德猛冲。担任该军前锋的就是"大德意志"摩托化步兵团（就是后来大名鼎鼎的"大德意志"装甲掷弹兵师），帝国师则紧随其后。第41军的主要目标就是跨越多瑙河的数座重要的桥梁。但在这之前，他们必须首先夺取阿利布纳尔—贝尔格莱德的高速公路。在一次作战会议上，军长汉斯·赖因哈特承诺帝国师将获得道路使用的优先权。这一承诺听起来像是对党卫军部队颇多照顾，然而实际上当帝国师开始推进时，才发现当地的沼泽地形导致其根本无法超过友军，第一个抵达贝尔格莱德。这反而让师长豪塞尔发了狠，他下令全师无论在什么条件下，都必须成为第一支进驻贝尔格莱德的部队。

4月11日上午9点左右，帝国师穿过弗尔沙茨（Vrsac）以北地区，但所有轮式车辆都陷入无限打滑的泥潭之中。经过侦察，帝国师下属摩托车营沿着铁路路堤和堤坝继续向前，并在当天进入贝尔格莱德东北不远处的潘切沃（Pancevo）。师属德意志团下属各营也于下午5点30分抵达阿利布纳尔，踏上了通往贝尔格莱

在南斯拉夫作战的帝国师部队。照片左侧是一名摩托车传令兵，右边则是两名下级突击中队成员。

在南斯拉夫作战的帝国师部队。照片左侧是一名摩托车传令兵，右边则是两名下级突击中队成员。

德的高速公路。帝国师也终于成为第41军第一个完成首要作战目标的部队。现在，他们距离贝尔格莱德也只剩下一步之遥，而且可预计的抵抗也是微乎其微。4月12日晚上，德国陆军最高统帅部（OKH）和第2集团军都已证实，三路攻击大军中抵达多瑙河东岸潘切沃的第41军距离贝尔格莱德最近（直线距离约15公里）。第14军的先头部队——第11装甲师则在该城以南遭到了南斯拉夫军队激烈的抵抗。

4月12日白天，赖因哈特军长很清楚，他当面的南斯拉夫军队早已筋疲力尽，濒临崩溃，因此下令帝国师继续向当面敌军施压，不给其任何喘息之机。但帝国师下属步兵团的官兵早已在一路上过膝，甚至没过大腿的泥泞中耗干了最后一丝体力，根本无力执行继续追击的命令。赖因哈特随后取消了这道命令，让帝国师在多瑙河北岸休整待命。显然，后面一道命令没有传达到该师摩托车营2连连长高级突击中队长（上尉）弗里茨·克林根伯格（Fritz Klingenberg）手中。这同时也成就了帝国师战史上最成功、最大胆的一次冒险行动。

当天早上，克林根伯格和带领他的摩托车突击连沿着潘切沃的多瑙河河岸向贝尔格莱德快速挺进。克林根伯格非常希望能够一举突入该城，但汹涌的河流显然难住了他和他的手下。因为轻装前进的他们没有携带任何架桥设备或者橡皮艇之类的渡河工具，根本无法发起正面突击。幸运的是，他们在北岸发现了一艘汽艇。随后，克林根伯格带着他的几个排长、2名士官以及5名士兵乘船抵达了南岸。一上岸，克林根伯格就下令2个人回去呼叫增援，同时带领剩下的6个人继续向贝尔格莱德进军。没多久，他们就碰上了一支20多人的南军队伍。结果克林根伯格他们没开一枪就俘虏了这些士兵。在路上，这7名大胆的德军又通过短暂的交火缴获了几辆南斯拉夫卡车，这下终于不用就靠两条腿跑路了。克林根伯格与手下进入市中心后，立即扑向了南斯拉夫国防部大楼，但这座大楼在经过空袭后早已空无一人。克林根伯格只好又带着手下打听着去了德国大使馆，那里倒是开放着的。下午5点，当克林根伯格发现大使馆的旗杆光秃秃的时候，他命令手下升起了一面巨大的纳粹国旗——斯瓦斯蒂卡，并宣布占领该城。

贝尔格莱德市长闻讯赶来。克林根伯格抓着这个机会，声称自己是好几支装甲部队的先头部队，同时要求前者下令城内外所有部队立刻停止抵抗，如果不这样做，德国空军就会发起另一场毁灭性的空袭。贝尔格莱德市长完全被这番虚声恫吓吓蒙住了。晚上7点，城内的南斯拉夫士兵放下了武器向这支仅有7人的德军小分队投降。4月13日一早，克林根伯格小分队的其中一员带着德国驻贝尔格莱德大使专员的急件赶到了豪塞尔的师部。这名摩托车兵告诉豪塞尔，（克林根伯格的）摩托车巡逻队已经夺取了贝尔格莱德，他的命令已经执行完毕。此前，帝国师甚至认为这支小分队已经被全歼了。最终，克林根伯格因为这次勇敢的行动获得了骑士十字勋章。从此以后，只要提到他，大家都会想起他就是那个只身夺取贝尔格莱德的人。

4月17日，德国和南斯拉夫在贝尔格莱德签订了停战协议。该协议规定南斯拉夫武装力量无条件投降，并于4月18日开始生效。此后，帝国师返回了罗马尼亚的蒂米什瓦拉驻地，但不久后又前往奥地利的萨尔茨堡（Salzburg）休整、训练。当希腊也落入德军之手后，纳粹德国几乎征服了整个欧洲大陆。帝国师官兵上下都在猜测下一步会不会前往非洲，因为隆美尔将军正率领非洲军团在那里取得一个又一个惊人的胜利。

但是，非洲地区注定和党卫军部队无缘。因为距离全面入侵苏联的"巴巴罗萨"行动已经剩下不到数周了。

第五章　东线：1941—1942

如果说波兰、法国以及巴尔干半岛战役只是让党卫军初经风雨的话，波澜壮阔的东线战场就是对他们的真正考验了。同其他德国师团一样，帝国师在这一系列的残酷试炼中变得逐渐成熟，最终成为真正的精锐部队（阿道夫·希特勒警卫旗队师和髑髅师的成长历程也大体如此）。1941年初时，党卫军只有这3支部队。但到了战争末期，党卫军已经急剧膨胀到38个师，近98万人。可以说，几乎在欧洲的各条战线上都可以看到党卫军部队作战的身影。不过，真正称得上精锐的少之又少，而帝国师就是其中最耀眼的一支（出身于党卫队特别机动部队系统的帝国师可以说最正统）。

为了进攻苏联，德军一共成立了3个集团军群。南方集团军群由龙德施泰特元帅指挥，在普里皮亚以南进攻，主要任务是占领乌克兰及其首都基辅。“阿道夫·希特勒警卫旗队”摩托化步兵团就在南方集团军群麾下第1装甲集群听命。北方集团军群由冯·李布元帅指挥，该集团军群将以东普鲁士为进攻基地，计划夺取波罗的海三国以及列宁格勒。髑髅师就隶属于其麾下的第4装甲集群。这3支集团军群中实力最强大的中央集团军群，由冯·博克元帅指挥，该集团军群下辖两个步兵集团军（第4和第9集团军）和两个装甲集群（第2和第3装甲集群），其主要任务就是击败白俄罗斯境内的苏军，挺进莫斯科。

德军第2装甲集群的指挥官就是著名的“闪电战”创始人海因茨·古德里安。此外，古德里安还拥有一批才智卓越的下属，他统帅的装甲部队几乎全是一时之选——盖尔·冯·施韦彭堡的第24军（摩托化）、冯·菲廷霍夫-谢尔的第46军（摩托化）、约阿希姆·莱姆尔森的第47军（摩

进入东线战场的帝国师部队，注意车辆前方的“G”和帝国师标志。“G”是古德里安名字首字母，代表帝国师属于古德里安的装甲集群，此外，车辆上的战术移动手段识别标志表示该车属于营部车辆。

托化）、瓦尔特·施罗特的第12军。“帝国”（摩托化）步兵师就隶属于该集群的第46军。除此之外，第46军还下辖第10装甲师以及“大德意志”步兵团（摩托化）。

不可讳言的是，国防军（陆军）还是瞧不起半路出家的党卫军部队。因此，帝国师通常只能执行一些单调乏味的任务，例如警戒侧翼，巩固装甲师突破的区域。几乎没有担任过任何关键性的作战任务，但仅仅在4个月后，展现出锋芒的帝国师就成为德军中不可或缺的部队之一，可以说，东线这个巨大的熔炉锻造了帝国师。

德军最高统帅部在制订进攻计划时，始终坚信自己能够在冬季到来前结束战争，因此没能准备足够的冬装和冬季装备（坦克车辆的防冻液、防滑齿/链），结果前线部队在当年年底遭遇前所未有的严寒时（零下40度），竟然迟迟得不到足够的冬装，导致大量非战斗减员，严重削弱了军队战斗力。

1941 年 6 月 22 日，帝国师跟古德里安的第 2 装甲集群下属第 46 军开始入侵苏联。

另一个大问题是地形。按照作战计划，帝国师首先需要穿过巨大的普里皮亚季沼泽。沼泽地附近主要都是砂土路，砂石很容易跑进车辆齿轮之间磨损金属部件，甚至毁坏发动机。此外，师属的车辆常常被迫越野行驶，因为东线条件良好的公路实在是屈指可数。德国第12集团军参谋长冯·格里芬伯格在制订作战计划时对此评价道：“……从波兰的布格河以东—桑河（San）一线……有限的道路严重制约了我军的机动……河流经常泛滥并导致附近成为洪泛区。这一不利因素越往东走就变得越加突出，特别是普里皮亚季沼泽及其广袤的森林地区，以及别列津纳河（Beresina）……”

因此，德国人发现东线战场与西欧完全不同，法国和低地国家拥有良好的公路网和铁路扩展系统。在东线，只有很少的全天候公路，铁路主干线更是一只手就数得过来。于是，各铁路沿线和重要的公路交叉口就成为苏德两军主要的争夺目标，帝国师大多数时候在从事夺取或者防守这些战略要津的任务。其实，不仅仅是帝国师的车辆无“路”可走。在苏联的西部省份（加盟共和国），可供装甲师和摩托化步兵师行进的高速公路非常稀少，而且通常非常狭窄，经常造成德军纵队发生巨大的交通堵塞。由于装甲部队拥有更高的道路优先权，所以帝国师的士兵与许多国防军步兵师一样，每天通常需要徒步行军近70公里。再加上还要同顽强的苏军后卫部队交战或应付后者的反攻，因此士兵们的体能和意志都遭到了极大的考验。

头几周的时间里，德军普通士兵对东线的概念就是他们不停地经过一片又一片金黄色的向日葵田或玉米地，这些单调、无聊的画面几乎是他们一天生活的写照。只是偶尔苏军狙击手从田野里打来的冷枪才让他们意识到现在是在进行战争，而不是徒步旅行。当然，这并不是说苏军已经放弃抵抗了。相反，在许多地方他们的抵抗相当顽强，甚至在绝望的形势下也会战至最后一枪一弹，决不投降。这与西线战场完全不同。党卫队地区总队长兼武装党卫军中将马克思·西蒙（Max Simon）就曾在一份报告中写道："……一般来说，在东线战役初期，我们（德军士兵）对敌人一无所知……"西蒙是髑髅师建立时的元老，任髑髅第1步兵团团长，后接替阵亡的特奥多尔·艾克成为该师第二任师长。

在"巴巴罗萨"行动的头一个月里，帝国师官兵冒着烈日，忍受着连日的徒步行军，穿过沼泽地以及干燥的大草原，跟随第2装甲集群一路穿过别列津纳河以及第聂伯河，然后在叶利尼亚（Yelnya）突出部与苏军激战。党卫队的机关报——《黑色军团报》首席编辑君特·达尔肯（Gunter d'Alquen）曾去前线采访帝国师。当时是下午，在法国可以说正是悠闲的下午茶时间。豪塞尔师长笑着问达尔肯要不要来一块叶利尼亚蛋糕。达尔肯欣然接受并且认为这一定是一块他从未吃过的俄罗斯风味的蛋糕。结果让他大吃一惊的是，豪塞尔给他的是一块没涂任何奶油的黑面包，上面只撒了一点谷粒大小的糖。这在某种程度上显示了前线党卫军部队和本土那些普通党卫队在生活质量上的区别。

党卫队机关报——《黑色军团报》的首席编辑君特·达尔肯。

从叶利尼亚突出部撤出后，帝国师跟随古德里安的装甲集群南下，参加了合围基辅的战斗。随后，帝国师再次北上，跟随其他陆军部队一起向莫斯科突击，并于10月13日抵达博罗季诺（Borodino）。此后，帝国师又参加了夺取伊斯特拉（Istra）城内大教堂的战斗。伊斯特拉是莫斯科的卫星城之一，距离莫斯科仅仅24公里。此后，帝国师未能再前进一步。到了1941年12月，气温已经下降到德军所能忍受的最大限度。德军锐气丧失殆尽，不得不陷于停顿，而越来越多的苏军则源源不断地在他们前面出现。希特勒此前气势如虹的"台风"行动全面失败。

1941年底，帝国师不得不参加了一系列残

辽阔的俄罗斯平原常常使士兵们每天的任务就是不停地向前行军。

酷的防御战。先是伊斯特拉—鲁扎河（Rusa）防线。然后又北上增援伏尔加河畔的勒热夫的德国第9集团军。1942年3月，除了奥斯滕多夫战斗群仍在东线作战外，帝国师余部返回德国本土休整。奥斯滕多夫战斗群则在6月份撤出前线与大部队会合。至此，帝国师已经在东线鏖战了整整一年。

现在，让我们把时间倒退到东线战争爆发前。帝国师当时正在奥地利的萨尔茨堡休整。帝国师师属炮兵团的一名士兵回忆了当时的情况：

早在1941年5月初，和平悠闲的气氛就一下子不见了。师里所有单位的指挥官都被叫去特劳恩湖畔的格蒙登（Gmunden am Traunsee）开会。会议的主要内容就是即将到来的针对俄国的战争。在（对俄战争）通告正式发布后，没有人再高呼“万岁”，大家都在为即将对抗这个庞大帝国而显得忧心忡忡。到了6月初部队开始往东运动时，部队内更是谣言四起，其中有一条甚至是会让我们穿过俄国进入印度！我们在卢布林（Lublin）下车，然后穿过波兰大片的森林抵达布格河地区。在当地扎营后，我们被严令不许生火。其间，我的一些密友给我们带来了一些啤酒。

“台风”行动中的一名帝国师的士官。

下级突击中队长（少尉）金德尔（Kindl）和连部的一些人住进了布格河边上几栋废弃的

穿过普里皮亚季沼泽地区某个森林向前推进的帝国师一部。

农屋。从那里，他们可以清楚地观察东岸的情况。金德尔他们发现敌军工兵正忙着在布雷，而其他人则用望远镜不断地监视着西岸（的我们）。连里的炮兵观测组则开始辨认敌军的炮兵阵地并将它们标注在地图上。6月21日晚，我们连同其他所有东线部队进入了攻击阵地待命。次日凌晨4点15分，我军数千门大炮发出了怒吼。炮击结束后，连长带着连部跟随步兵一起渡河，并在对岸建立了首个指挥部。敌军的抵抗相当脆弱，我们可以非常确定，这次进攻肯定出乎俄国人的意料。猛烈的炮击似乎预示着一个好的开始，但当我们开始进攻时才发现，怪不得敌军的防御形同虚设，因为他们根本不需要放什么人去守，前面不过是一片看不见尽头的沼泽地而已。

1941年6月21日12点05分，随着“多特蒙德”口令的下达，德军“巴巴罗萨”行动正式展开。按计划，帝国师所在第46军（摩托化）担任第2装甲集群的总预备队，因此必须等到第47军（摩托化）将布格河上的桥梁占领以后，才跟着装甲集群的左翼前进。因此，6月26日，第46军的前锋部队也抵达塔尔塔克（Tartak）附近战区，开始执行填补第24军和第47军之间空隙的任务。之后，古德里安就可以把第24军完全抽调出来，继续向明斯克东南的博布鲁伊斯克推进。当进入战区的命令最终下达到帝国师的时候，白俄罗斯有限的几条高速公路已经被瓜分干净，全师只好呈步兵纵队徒步前进。但有些聪明的连队经常搭上驶往前线的“便车”，节省了不少力气。直到6月28日时，帝国师才接到了第一个攻击任务，强渡西特瓦（Citva）和杜科拉（Dukora）之间的河流。

当帝国师的主力展开阵型准备完成这一任务时，另一支由师属摩托车营、侦察营、高炮以及工兵部队组成的战斗群已经沿着1号高速公路抵达了斯卢茨克（Sluck）区域。但到了后来，行动演变成了一次完全计划外的救援行动，帝国师为此还投入了刚刚组建的突击炮连。总共有3辆突击炮在斯塔尔济卡（Starzyca）小村投入到对抗苏军的战斗中。这3辆突击炮的名字分别是“约克”“齐特恩”和“席尔”。6月29日，苏军起先被赶出了小村（斯塔尔济卡），但没多久他们又卷土重来，破晓时，苏军越过党卫军的警戒哨，包围并切断了摩托车营的退路。在这场战斗中，德军第一次体会到了俄国人的顽强。帝国师的一名士兵后来回忆说：“……甚至就连伤员也拿起武器朝我们的背后开火。我们必须非常非常小心，这跟我们在西线的战斗完全不同！”以下是前往小村执行援救任务的突击炮部队的战后报告：

“德意志”团3营奉命在绰号“约克”的突击炮支援下解救被围在斯塔尔济卡小村的友军。敌军在道路两侧布置了坦克和大量的步兵阻拦我们。走在战斗群最前列的“约克”首先向2辆敌军坦克开火，第一辆被击中起火燃烧后，第二辆直接被乘员遗弃了。为了掩护我们的步兵前进，突击炮紧跟着又向道路两侧的树林开火，逼迫树林里的步兵后撤。救援部队很快就抵达了小村并与摩托车营建立了联系。在此期间，又有3辆敌军坦克从东面杀了过来。“约克”立即前出接敌。刚刚把这3辆坦克打得失去行动力，埋伏在树林边缘的敌军反坦克炮又突然开火，并且打飞了“约克”挂在车体上的备用履带和右护轮板（非加装的侧裙板）。突击炮跟着又掉头迎战这些反坦克炮，并很快干掉了其中4门。在返回后方补充弹药后，“约克”又干掉了1辆从西北方向开来的坦克。在这之后，"约克"又跟随一支侦察小队前去占领一座桥梁。尽管这座桥已经被敌军提前炸毁，但在师属工兵修好这座桥前，"约克"在另一辆突击炮"吕佐夫"的支援下牢牢地把敌军压制在了远处。没多久，"席尔"和"奇特恩"也加入了保卫桥梁的行列。随后，"席尔"奉

利用浮艇及其他设备渡过东线某处河流的帝国师士兵。

1941年6月29日，帝国师另一支由摩托车营、侦察营等部队组成的战斗群正在快速向斯卢茨克挺进。照片中的SdKfz233装甲车就属于侦察营1连。而左侧摩托车后的战术标志表明他们属于摩托车侦察中队。

命支援“德意志”团1营夺取小镇谢廖耶维察（Serhioyevicza）。遗憾的是，当前锋部队抵达时，撤退的敌军已经炸毁了当地的桥梁。不过，“席尔”随后炮击了撤退的敌军纵队，并且击毁了4辆坦克。

这份报告最后总结道：“……我们可以清楚地观察到800米外敌军的运动情况，不过由于当时夜幕已经开始降临，无法精确地瞄准目标。尽管如此，我们还是打了20发炮弹出去……第二天早上我们发现，额外又有8辆轻型坦克被击中并且遗弃在树林之中……”

当“约克”还在支援“德意志”团1营作战时，“吕佐夫”已经杀出了一条通向布罗杰兹（Brodez）的道路，并且在城外的高地上居高临下轰击正在通过别列津纳河上一座150米长的木桥撤退的苏军车辆和步兵纵队。“吕佐夫”又紧跟着冲散了溃兵直接驶上了木桥。当它走到桥中央时，苏军工兵炸毁了木桥，“吕佐夫”当即掉入水中，幸好车组乘员们安然无恙，只是都变成了落汤鸡。从此以后，突击炮就成为德军近距离支援步兵作战的最重要武器。不过严谨的德国人还是制定了突击炮作为步兵支援武器的守则：首先，突击炮是一种防御性武器，在战斗前的小规模接触中不得过早暴露自身的存在，为了确保战术上的突然性，应该在夜间进入集结区域并做好伪装。第二，由于突击炮的任务是压制敌方的近程支援兵器，应该尽可能集中使用，不得分散来对付步兵自身能解决的目标，否则就无法完全发挥其火力优势。在支援步兵进攻时，突击炮不得领头前进，应该在步兵的侧翼或后方负责掩护。不过在实际战斗中，德军士兵通常都会“灵活”地遵守这些守则。

向斯卢茨克方向挺进的帝国师摩托车营。

根据古德里安的回忆，他于7月4日造访了第10装甲师和帝国师的师部。古德里安在半路上还遇到了第46军的指挥官菲廷霍夫-谢尔，后者问古德里安“大德意志”步兵团的位置，古德里安只好告诉他第4集团军已经把它转成了预备队，所以还在巴拉诺维奇地区。在帝国师师部，豪塞尔师长向古德里安报告，师属摩托车营在苦战之后，已经在布罗杰兹附近占领了一个桥头堡阵地。在雅克齐兹（Yakchizy）的别列津纳河上的桥梁已被炸毁，车辆已不能通过。该师的工兵除了正在进行修复的工作，还要使车辆能行驶于沼泽地的桥头而不至于崩陷。古德里安随后亲自视察了工兵们的工作，并且发现他们都很努力。豪塞尔向古德里安保证，将

帝国师的突击炮连，边上是 SdKfz252 和 SdKfz250 半履带装甲车。1941 年夏天时，除了装甲车外，帝国师还额外获得了 1 个突击炮连。正式名称是 SS"帝国"突击炮连，一开始这个连被划给师属炮兵团管辖，但人员却是从德意志团 2 连和元首团 5 连抽调的。这个突击炮连装备 8 辆 III 号突击炮，主要是Ⅲ号突击炮 A 型或 B 型，也可能有 C/D 型。编制有可能是 4 个排，每排两辆，或者是 3 个排，每排两辆，加上连部两辆。

帝国师突击炮连装备的Ⅲ号突击炮，每一辆都有一个名字。照片中的这辆就叫"齐特恩"号。

在7月5日清晨完成所有工作。

帝国师师属炮兵团的海德·鲁尔（Heid Ruehl）也回忆了“巴巴罗萨”行动头几周他们通过普里皮亚季沼泽的情况（这个巨大沼泽地的面积几乎与整个英国国土面积相当）：

我是跟（炮兵团）9连连长，高级突击中队长（上尉）艾兴贝格尔（Eichberger）和他的连部一起前进的。穿过沼泽地的经历真是糟糕透了，我们不得不从一个草丛跳到另一个草丛，因为地面上有许多湖草、碎叶、泥土混合的漂浮层。这些漂浮层的厚度、强度和支撑力都不一样。我们有时候必须放下步枪和背囊，然后轻轻躺下，再寻找攀扶干燥地面或其他附着物，以避免陷入沼泽之中。这还不是我们唯一的麻烦，我们还经常遭到成群结队的巨蚊的攻击。这些该死的东西相当贪得无厌。通过无线电，我们向前方2公里处的一片森林边缘进行了一次炮击，因为我们相信俄国人的防线就设在那里。此处地势偏高，因此俄国人拥有良好的视野。但艾兴贝格尔连长还是通过电台成功地指挥他的连完成了任务，我们的炮兵表现十分优秀。实际上，这一地区的俄国人还是给我们造成了不小的麻烦，这当然已是后话了。

坐在“齐特恩”号上的是下级突击中队长海因茨·克洛克。照片摄于1941年6月22日。

穿过森林边缘几百米后，我们抵达了一条路况良好的公路。在这里，连里的大部队也很快追上了我们。我们接着向布列斯特–立陶夫斯克驶去。据说这座城市及其要塞正被一股相当顽固的俄国人据守着。我们师并没有停留，而是马不停蹄向明斯克方向扑去。在此期间，我们的所有车辆上都涂上了白色字母“G”，以表明我们是古德里安将军麾下第2装甲集群的一部分。我们师的任务主要就是掩护沿着高速公路迅速突击的国防军装甲师的两翼安全。敌军为了逃生，常常会躲进道路附近的树林或者森林。我们这些跟在装甲师之后的部队常常会遭遇这些溃兵或者散兵游勇，而且他们从某种程度上也拖慢了我们前进的步伐……

我们在穿过莫吉廖夫（Mogilev）后，开始驶向下一个目标——斯摩棱斯克。8连的队伍走在最前面。我们在路上经过了一个被敌人消灭的国防军150毫米炮兵连，周围没有任何敌军的

帝国师摩托车营的士兵，照片摄于7月2日。

帝国师师属炮兵团 2 营装备的 105 毫米榴弹炮。

跟在第 10 装甲师侧后推进的帝国师摩托车营的士兵，他们的任务就是向布罗杰兹发起进攻。

1941 年 7 月 4 日，在别列津纳河地区作战的德意志团团属步兵炮连。

休息中的一名摩托车兵，从他头顶着的毛巾来看，1941 年的夏季非常炎热。照片摄于别列津纳地区。

踪迹，也听不到任何动静。到了晚上，在月光的照耀下，我们的车队一览无遗：走在车队最前面的是连长的小汽车，然后是连指挥车以及连部的卡车。由于步兵推进得太快，我们（炮兵）可以说已经完全孤立了。当车队经过一个小山谷时，敌军一发反坦克炮炮弹突然击毁了全连最有价值的目标——1辆500升的油罐车。紧跟着，四周传来震天的“乌拉”声，子弹像下雨般地向我们袭来。这时候，我们平时恪守的铁一般的纪律和刻苦的训练终于体现出了效果。不需要任何命令，我们就自动拿起武器结成刺猬型防御阵地与敌人乒乒乓乓打了起来。我们一边猛烈开火，一边向冲过来的敌人投掷手榴弹，就像那些经验丰富的步兵一样。一枚俄国人的手榴弹从空中飞了过来，直接落到了金德尔的脚边。我赶紧大声向他预警，金德尔以迅雷不及掩耳的速度滚进了边上的凹坑。幸运的是，这只是一枚哑弹，否则他还是要倒霉。这时候，一个勇敢的炮组半跪着架好了他们的火炮，开始在100米的距离上平射敌军，这大大缓解了我们的压力。此时，其他的炮组和后面的运输人员也赶过来加入了战团。当其他友军看到我们在燃烧的油罐车时，还以为我们都已经完蛋了。我们派出了一个摩托车传令兵求救，但直到第二天早上7连才赶了过来，不过那时候我们已经不需要什么帮助了。

当第一缕晨光出现的时候，我们才知道到底发生了什么。俄国人弃守了莫吉廖夫，但我们刚好挡在了他们的预定撤退道路上。我们的侦察巡逻队从下一个村子带回了一些食物，包括俄国人的口粮。实际上就是一片拳头大小的黑面包和差不多大小的劣质糖块。但就这两样东西迅速让我们的胃里升起了一股暖流，那真是一种前所未有的感觉。天黑后，我们再次构筑了“刺猬型”阵地……有些炮兵在稻草下面发现了俄国人遗弃的几瓶伏特加酒。不过在我看来，就是最能喝酒的人也无法喝下这些纯的伏特加酒，即使是在勾兑了其他酒水以后。当我坐在那里发呆的时候，我突然听到一阵嘈杂的脚步声，就像平日里的军营一样。“二级小队长（技术军士）德雷斯勒（Dressler）带领4辆牵引车以及从慕尼黑预备团的15名补充兵前来报到！”他还给我们带来了10瓶三星白兰地。接着，德雷斯勒再次接管了他的老1排，我们都

1941 年 7 月 7 日左右，正在某个小村给伤员包扎伤口的元首团士兵。

行军途中的元首团官兵。

帝国师师属炮兵团 4 营的 Kfz15 汽车，该营的营长就是高级突击中队长（上尉）卡尔·克罗伊茨。他后来成为帝国师师属炮兵团团长以及最后一任师长。

1941年7月8日，向东挺进的元首团10连的车辆纵队。该连的连长是高级突击中队长(上尉)奥托·迈尔。奥托·迈尔在1943年成为SS第9"霍亨施陶芬"装甲师下属SS第9装甲团团长。

很高兴他能"回家"。

第二天早上，我们师的任务已经变更为掩护全力沿明斯克—斯摩棱斯克高速公路向叶利尼亚突击部队的北翼。我们在斯摩棱斯克再次遭到了敌军的顽强抵抗。8连被配属给了克林根伯格的摩托车营，并在叶利尼亚以北的乌沙科沃（Ushakova）作战。在与克林根伯格简单商议后，全连移动到了一个距离乌沙科沃小镇500米远的射击阵地。连部于夜间穿过小村并在我们前方300米的一处树林边沿的坑洼地驻扎了下来。为了探明敌军的虚实，我们向树林的不同区域打了一些炮弹，但奇怪的是没有任何反应。不过到了第二天，情况就完全变了。天刚刚亮，敌军猛烈的反击炮火就逼着我们后撤了炮兵阵地，连部也从之前的坑洼地转移到了村子中间。我们接着又向树林中敌人可能集结的地区进行了一轮炮击。通过炮队镜我们发现，敌军正在源源不断地从火车上卸下援军，只是这些铁路线都在我们的炮火射程之外。

叶利尼亚防御战

7月11日，帝国师跟随第46军在莫吉廖夫以北的什克洛夫（Shklov）渡过了第聂伯河。根据作战计划，第46军将沿着戈尔基—波奇诺克（Gorki-Pochinok）的路线攻击叶利尼亚，以保护第2装甲集群的右翼不受莫吉廖夫地区苏军的攻击。当天，帝国师成功地在什克洛夫地区的第聂伯河东岸建立了一个桥头堡阵地。7月13日，古德里安亲自监督了帝国师实施的渡河行动，并且与豪塞尔师长和菲廷霍夫-谢尔军长进行了会谈。古德里安要求帝国师向斯摩棱斯克以南的莫纳斯特尔希纳（Monastirshtchino）的推进一定要迅速，同时还需要谨慎地搜索。根据德国空军的报告，苏军可能企图在戈尔基西南的地区向第聂伯河实行突破。

7月14日，古德里安下令第46军和帝国师向戈尔基发动进攻，他本人更是随同部队一起前进。经过一系列苦战，该军才抵达了戈尔基及其南面的姆斯季斯拉夫尔（Mstislavl）。由于苏军的猛烈炮火，进攻的第10装甲师损失颇重。与此同时，苏军西方面军就在铁木辛哥元帅的指挥下向德军发起了猛烈反击，试图阻止德国人渡河。7月16日，德军第47军麾下的第29步兵师（摩托化）占领了斯摩棱斯克，率先完成了第2装甲集群的战略目标。与此同时，霍特的第3装甲集群也急速向斯摩棱斯克楔入。以西方面军为主的50万苏军随时有陷入包围的危险。如果德军可以歼灭这路苏军，实际上就等于完全打开了通往莫斯科的大门。

7月17日，帝国师成功攻抵姆斯季斯拉夫尔。7月18日，第10装甲师已经向叶利尼亚方向突进了10公里；帝国师则进抵库西诺（Kusino）；"大德意志"步兵团则在莫纳斯特尔希纳东南方的希斯拉维奇（Chislavitchi）以西。当天，苏军继续对古德里安的第24军和斯摩棱斯克发起了反击，叶利尼亚也有新的反攻行动发生。与此同时，第3装甲集群请求古德里安能够协助他，从南面向叶利尼亚以北的多罗戈布日（Dorogobuzh）发动进攻。因此，第46军在7月21日时接到命令向这个方向发起进攻。中央集团军群指挥部曾希望能够调动帝国师前往多罗戈布日。7月19日，第10装甲师经过激烈的战斗，夺取了熊熊燃烧着的小城——叶利尼亚。不过该城还保留着相当一部分的抵抗力量，其中包括地下掩体和藏匿长达几个星期的反坦克战壕。它们从多罗哥布日地区一直延伸到乌扎河（Usha）东岸和杰斯纳河（Desna）南部。

1941年7月11日，帝国师跟随第46军在莫吉廖夫以北渡过了第聂伯河。

7月21日，元首团的1个营经过激战抵达多罗戈布日—叶利尼亚公路，在乌沙科沃附近高地形成了一道向北的封锁线。7月22日，第10装甲师和帝国师奉命在叶利尼亚附近抵御苏军的反击。其中帝国师的任务就是从叶利尼亚东北地区开始，首先进攻波若吉诺（Pronino）和125.6高地。整个早上，第10装甲师在调整叶利尼亚附近防守阵地时不断遭到苏军密集阵型的进攻。最后，第10装甲师还是粉碎了这些进攻并重创了苏军，随后进行的反击中一些被突破的缺口也被肃清。该师随后向敌人发起攻击，突破了具有掩体的敌防线纵深，进抵叶利尼亚东南方向。

与此同时，帝国师在第10装甲师的左翼发起了进攻。让帝国师全体官兵没想到的是，这次叶利尼亚之战整整持续了四周之久，其惨烈的程度让每一名活着的老兵至今无法忘怀。叶利尼亚坐落在杰斯纳河畔，可以说是一座标准的俄国西部小城，但它对苏德双方来说都是意义重大的战略要地。德军可以将这里作为威胁莫斯科的桥头堡——叶利尼亚距离莫斯科仅300公里，城东的高地更是控制着通往莫斯科的公路。此外，叶利尼亚还是一个重要的十字路口。对苏军来说，无论如何都必须拔除这个直接威胁莫斯科的“叶利尼亚突出部”。执行这一任务的正是朱可夫大将，这是他就任苏军预

在东线推进中的帝国师纵队，从照片上看，前方似乎已经接敌。

备队方面军司令员后首次作战行动。

在这四周时间里，帝国师官兵同其他德军部队一起承受了苏军无数次猛烈的反击，激烈程度更是前所未见。德军士兵往往必须忍受几个小时的（喀秋莎）火箭炮或者火炮的攻击。这让德军官兵充分意识到，随着他们日益逼近莫斯科，苏军的抵抗也愈来愈强烈。

上午9点15分，帝国师向苏军发起了一次标准的钳形攻势，德意志团在右，元首团在左，髑髅第11步兵团则作为预备队准备随时扩大突破口。此外，德意志团还得到了第10装甲师部分坦克的支援。打头的德意志团1营和2营在没做炮火准备的情况下，就越过出发线发起了进攻。因为从7月22日开始，德军炮兵弹药短缺的问题就十分严重，就连次日补给能否到位也无法保证，因此只能适当地节约弹药了。

苏军凭借在高地上构筑的良好的战壕防御体系，居高临下向排成细细散兵线的德意志团官兵猛烈地倾泄火力。进攻的几个步兵连在经过最初的慌乱后，很快就稳住了阵脚。迅速重组后，党卫军士兵们敏捷地穿过苏军洒下的弹雨继续向前发起了突击。他们并没有急躁地硬冲苏军正面防线，而是不断搜索防线上的弱点，再集中发起突击。到了晚上，德意志团这些筋疲力尽的步兵连发现，他们终于站在了高地的山脊顶上。左翼的元首团没有跟随德意志团同时发动进攻，直到临近中午的时候，该团才发起突击。而进攻模式与它的姊妹团德意志团一般无二。到了晚上，他们也成功地突破了苏军的主防线，推进至叶利尼亚东南铁路线附近的切穆特（Tschemuty），晚上9点左右又攻克了125.6高地。虽然顺利完成任务，但全师也为此付出了沉重的伤亡代价。

被押往后方的苏军战俘，从车辆后方的战术标志来看，照片中的部队属于帝国师的一个摩托化步兵连。

当天晚上，苏军再次投入了生力军。7月23日清晨6点，苏军就以密集纵队向刚刚建好防线的帝国师发起了凶猛反击。切穆特和波若吉诺两地迅速燃起了激烈的战火。中午时分，帝国师终于控制住了战场的局势，而苏军则因损失惨重而败退。不过朱可夫可不是吃素的，帝国师随后遭到了来自不同方向上优势兵力的巨大压力，被迫撤回格林卡（Glinka）铁路车站（叶利尼亚西北）北部地区。古德里安于当天亲自赶到第46军战区视察，他对此回忆道：

……于是我赶到第10装甲师那里，费迪南德·沙尔（第10装甲师师长）中将对叶利尼亚周围的形势向我做了一个生动的报告。他的部队在一天之内就击毁了50辆敌军坦克，但是却仍然攻不下俄国人坚固的防御阵地。沙尔承认他已经损失了三分之一的作战车辆，弹药的供应则要从300公里以外的地区运来。

最后，我又转到帝国师那里，该师的位置在叶利尼亚以北。在前一天，该师还收容了1100名战俘，但是从叶利尼亚到多罗戈布日之间却无法再前进一步。我一直到最前线视察，看到了勇敢的克林根伯格上尉所率领的摩托车营，我主要目的是亲自看看那个地区的地形和情况。经过这一次视察后，我决定命令各部暂停对于多罗戈布日的攻击，等候"大德意志"

步兵团的到来。

帝国师师属炮兵团的海德·鲁尔也回忆了叶利尼亚地区的战斗以及摩托车营奋战的情况：

俄国人在叶利尼亚周围不断动用坦克和步兵向我们发起进攻，甚至已经突破到了我们的炮兵阵地。我们的一名担架员就因为用手榴弹干掉了一辆敌军坦克而获得了一级铁十字勋章。他把手榴弹从敌军坦克打开的炮塔舱盖中扔了进去。“轰”的一声，结束了！我们的炮手就像疯了一样开火，最终打退了俄国坦克的第一波攻势，但俄国人很快就纠集起更多的部队卷土重来。这样，我们的摩托车营就承受了巨大的压力。敌军密集的炮火就像鼓点一样敲打在地面上，这种感觉是我们从来没经历过的。

在叶利尼亚地区战斗的帝国师士兵。

我们的摩托车营以惊人的勇气和无畏的气概打退了俄国人的无数次进攻。但由于损失惨重，他们最终不得不被工兵营换下了前线。在摩托车营的帮助下，我们终于挡住了敌军前进的步伐，虽然只是暂时的。很快，我们的弹药就消耗得差不多了，因此上级命令我们只能射击那些非常确定或者有价值的目标。

根据古德里安的命令，经过连番恶战的帝国师开始转入防御。但叶利尼亚地区的战斗热度并没有因此而减轻。苏军开始不断加强“大德意志”步兵团当面部队的实力，7月23日整个上午苏军都在执行坚决的进攻，步兵排成密集的阵型向该团的机枪阵地发起冲锋。此外，苏军还试图从东西两翼包抄“大德意志”步兵团。7月24日到26日，苏军不顾伤亡地一波又一波冲击着“大德意志”步兵团的防御阵地。苏军坦克也伴随着步兵展开攻击。每当一处突破口被堵住，就有报告称其他地点又被突破。

7月24日下午，苏军在德军乌沙科沃防线上打开了一个缺口，使得整个北部防线陷入了危机。晚上，豪塞尔师长当机立断地投入了全师最后的预备队——师属工兵营，该营官兵在3辆突击炮，1个反坦克炮排的支援下被当做步兵投入了阵地战。海德·鲁尔后来回忆了乌沙科沃小村之战：

这个典型的俄国小村就坐落在一道山脊之上，这道山脊从西面向东南方向延伸。距离小村最东端200米的地方，有一棵孤零零的大树，非常显眼。这棵树所在的位置就是125.6高地。下级突击中队长（少尉）金德尔（8连连长）的小型指挥部就设在树的附近，该指挥部包括一名无线电操作员和一名电话操作员。有一小群步兵负责保卫他们的安全。8连的炮兵阵地则在距离乌沙科沃西南2.5～3公里的地方，他们负责给国防军的部队以及我们自己的步兵提供炮火支援。

我们已经在这里待了2天了，并且打退了俄国步兵的无数次进攻。有几次这些俄国人距离金德尔的指挥部只有一步之遥，导致后者只能呼叫炮火进行拦阻弹幕射击。由于原本负责保卫工作的那群步兵全部跑去打俄国人了，因此根本顾不上金德尔他们的安全。于是上级突击中队长(中尉)许尔克(Schuelke)下令我带上一挺机枪去保护(金德尔)指挥部的安全。接到命令后,我立刻就背起机枪出发了,副射手哈森克普夫(Hasenkopf)则拎着几盒弹箱跟在我后面。俄国人的火炮一直在开火,但小村的房屋替我们挡住了大部分炮弹。我们冒着弹雨向那棵标识着125高地的大树走去。抵达后,下级突击中队长(少尉)金德尔向我们挥手示意,并希望我们把机枪架在他右侧30米的某个地方。

这时候,一门很可能是152毫米口径的俄国重炮(德军管这种口径的大炮叫做“黑母猪”)开始瞄准那棵大树开火了,每3~4分钟打一发。第3发炮弹就落在我们前方10米远。在炮火的掩护下,俄国人终于爬到距离我们只有50米的地方。由于处在背光的位置,因此可以很清楚地看到那些爬过来的俄国人,我通过几个短点射把他们打得抬不起头来。但敌军距离我们实在太近了,金德尔根本无法下令后方火炮开火,因此他带着无线电操作员离开了指挥所。当他从我身边经过的时候,还大声命令我继续开火压制敌军。就在这个时候,我听到了152毫米炮弹飞过来的呼啸声,这发炮弹直接砸在了指挥所上。金德尔当即失去了一条腿,操作员则当场死亡。之后,我们一边穿过燃烧的小村后撤,一边用机枪和手榴弹压制后面的敌军,不让他们追上来。金德尔在这个时候还想着疏散受伤的同志,实际上,他自己在被送往急救站的路上就已经伤重不治了。

不幸中的万幸是,我们的右侧是安全的,因为那里主要是一片长满柳树的沼泽地。我们借着地图向我们的炮兵阵地跑去,同时还得用机枪和手榴弹对付在后面阴魂不散的追兵。很快,手榴弹就扔完了。我们干脆一口气打了一个长连射,逼得那些俄国人全部趴在地上。趁此机会,我们赶紧向炮兵阵地跑去。等我们赶到的时候,正好看到最后一辆牵引车拖着火炮扬长而去。原来炮兵连早已奉命从乌沙科沃附近的阵地撤退了。但我们并不是孤独的,路上有许多带着伤员和其他同志的摩托车经过,他们或单车,或三五成群地向村外驶去。所有人看起来都筋疲力尽,满脸灰尘。俄国人突破了我们脆弱的防线,许多伙计都没能逃出来。我们前面出现了几辆装甲侦察车,其中一辆挂着我们师长的官阶旗,党卫队地区总队长豪塞尔就站在炮塔上。他向我和其他幸存者询问了一下前线的战况。在用望远镜观察了一会乌沙科沃后,他通过无线电下令斯图卡俯冲轰炸机轰炸了小村。

在叶利尼亚突出部作战的一个帝国师机枪组。

1941 年 7 月 22 日,在叶利尼亚地区作战的元首团 3 营。

无论是能够碰到“老爹”豪塞尔，还是一个小时后看到成群的斯图卡轰炸机，都让我感到非常高兴。当我抵达连阵地后，发现他们正同空军一起轰击乌沙科沃小村。炮兵和空军的支援极大地缓解了我军在白天剩下的时间以及晚上的压力。我的连长通知我可以安心地睡上一觉了，至少战况已经有所缓和。第二天早上，我军就在坦克和突击炮的支援下重新夺回了小村。

帝国师师属炮兵团8连的罗曼·盖格尔（Roman Geiger）也回忆了一段在乌沙科沃战斗中发生的情况：

我们连负责为在乌沙科沃作战的摩托车营提供炮火支援。我们被告知，由于战斗的激烈和惨重的人员伤亡，高级突击中队长（上尉）克林根伯格手下的每一个人都被投入了前线。就连我们8连的副官——高级小队长比尔洛伊格布（Bierleugeb）都被派到乌沙科沃左面的高地上接替原本跟随摩托车营的前进炮兵观察员建立前沿观察哨了。我们连的3号和4号火炮主要朝着西北偏北方向，支援在格列季纳（Gredina）的我军步兵。与此同时，1号和2号火炮炮口则朝着东北偏北方向，支援摩托车营的同志。到了第二天结束的时候，我们的弹药存量就下降到了一个危险的水平。因此，上级开始命令我们节省使用。我记得某天清晨，大约是4点钟的时候，天才开始微微发亮，当我刚刚准备从散兵坑里爬出来的时候，我们连的其中一名司机突然跑了回来，他看起来疲惫极了，而且还负了伤。他告诉我们，我们连的前沿观察哨被突破了，比尔洛伊格布也负伤了，就躺在一辆斯太尔卡车边上的壕沟里。接着司机整个人就崩溃了。连长立刻召集大家并问谁愿意到前线把比尔洛伊格布救回来，同时还命令我去找几挺机枪和弹箱过来。连里的每一个人都抢着过去。最终，我们爬上了1辆6轮大卡车，但并不是所有人，因为还需要有人留下来操作火炮。

我爬上了车顶，把机枪架在驾驶室上面，准备应付任何紧急情况，上级突击中队长（中尉）许尔克和军士长德雷斯勒坐在驾驶室里，另外5个同志则坐在卡车里。我们连长命令我们能开多远就开多远，直到遇敌。随后，我们启程向5公里外的格列季纳开去。我们直接把卡车开进了村子，并且在敌军开火前冲过了村内的第一批木屋。司机接着迅速把卡车开到了一处有掩护的地方，我则不停地扫射出现的敌军。这时候，我们的那名军官大叫道：“所有人全部跳车！一挺机枪去路左边，另一挺去右边！剩下的人跟着我！”我注意到敌人的重火力主要来自马路右侧的一个小凹地中，我立刻拿起机枪转移阵地，希望能够找到一个可以直击他们的地方。我的副射手则拎着2盒弹箱跟在我

正在渡过叶利尼亚某处河流的帝国师部队。

后面。我在新的射击位置打了几个短点射后，就停止了射击。虽然站起来可以很好地看见敌人，但趴下来就打不到了。最后我们又返回了原先的机枪点。

等回来的时候，我们发现已经有2名同志阵亡了，上级突击中队长（中尉）许尔克下巴被一发子弹穿过，德雷斯勒接过了指挥权。他命令我穿过附近一道栅栏，然后把机枪架在上面压制那个小凹地里的敌军。他觉得这样可能会管用一些，但结果仍然不行。最后，德雷斯勒干脆把枪管架在我的肩膀上，站着射击凹地里的敌军，我则紧紧拽着两脚架，避免枪管因为后坐力而上下晃动。就在这个时候，敌军的火力点突然哑了，原来国防军的2辆Ⅳ号坦克赶了过来，我们向它们拼命挥手，这2辆坦克随后碾过一道栅栏向敌军所在方向驶去。德雷斯勒爬上其中一辆坦克，然后半蹲在炮塔后面为坦克指示目标。没多久，所有隐藏在暗处，特别是干草垛里的俄国兵就陆续走出来投降了。

最后，我们把阵亡同志的尸体搬上了卡车，受伤的同志则被送往急救站治疗。我的战友施特里茨尔（Stritzel）在闭上双眼时我只来得及握了握他的手，他在临死前还让我给连里的战友问好。我们在司机口中的壕沟里找到了比尔洛伊格布副官的尸体，他的脖子中了一发子弹……

虽然危机重重，但帝国师和"大德意志"步兵团这两支部队的官兵仍骄傲地战斗着。每天都有大量苏军坦克被击毁。例如，24日当天，帝国师就有一门50毫米Pak38反坦克炮恰好处于通往多罗戈布日道路的一个关键点上，道路从这里开始变得陡峭。没多久，8辆苏军坦克突然从远处杀了过来。反坦克炮炮长三级小队副（中士）罗斯纳（Rossner）决定把这些坦克放到50米的距离再开火，他下令首先打掉领头那辆，然后再干掉末尾的坦克，最后再慢慢吃掉困在中间的6辆。炮手们很快就打掉了第一辆，但第二辆竟然是1辆喷火坦克，它立刻向炮手们喷出了巨大的火柱，但未能成功。紧跟着，这辆喷火坦克的苏军乘员们就跳出坦克，恶狠狠地朝炮手们冲了过来。罗斯纳立刻带领手下拿着工兵铲和手榴弹毫无惧色地迎了上去。就这样，坦克兵和炮兵这两个技术兵种拿

在叶利尼亚地区的元首团一部。

着各种工具展开了近身肉搏战。最终，德国人取得了胜利。罗斯纳接着又带领炮组成员们返回炮位，消灭了剩下的所有坦克。

当然，即使是德军的50毫米反坦克炮也不是可以随意击穿苏军重型坦克的。在这种情况下，帝国师的官兵们更是证明了他们无所畏惧的勇气。当反坦克炮无法击穿的时候，他们奋勇跳上坦克，用手枪伸进观察窗射击，或者投掷汽油弹点燃坦克。仅在7月25日，德军就摧毁了78辆苏军坦克。尽管如此，德军在叶利尼亚

元首团的摩托车兵，照片摄于叶利尼亚地区。

在叶利尼亚突出部战斗的一门帝国师步兵炮。

叶利尼亚防御战期间，元首团的突击大队长（少校）奥托·库姆在为战斗期间表现优异的士兵授予二级铁十字勋章。

自身也损失惨重。古德里安被迫投入第47军下属的第17装甲师前往支援。不过，原本计划的由第17装甲师和"大德意志"步兵团联合对多戈罗布日的进攻被下令推迟。但第17装甲师的到来还是保证了乌沙科沃西面的安全。从7月27日到31日，朱可夫继续下令部队进攻。7月29日到30日晚，乌沙科沃成为双方争夺的焦点，陆军的1个工兵营在小村坚守2天后就被调回做预备队了。在接下来的3天里，第10装甲师一部和帝国师的2个营被国防军第268步兵师（隶属第4集团军的第7军）替换。

虽然第268步兵师赶到增援，但战况依然没有好转。帝国师仍然无法撤出前线，而是留下来继续战斗。从8月1日—6日，第46军奉命以第268步兵师、帝国师和"大德意志"步兵团固守叶利尼亚突出部。由于兵力分散，且部队得不到休整。在苏军永不停歇的进攻下，部队从军官到士官以及士兵的伤亡非常惨重，武器装备损失也很大。有些步兵连已经减员到50～80人。至8月8日，帝国师已经在无任何支援的情况下在叶利尼亚抵挡苏军约20个师的进攻和重炮轰击长达18天之久。此外，与帝国师并肩作战的"大德意志"步兵团也蒙受了巨大的伤亡损失。

7月22日到8月8日这四周的血战中，第46军损失为4252名军官、士官和士兵。其中帝国师共计有376人阵亡、1260人负伤以及27人失踪。叶利尼亚突出部之战是帝国师一次真正唱主角的战斗，而不是担任什么掩护装甲师侧翼的无聊任务。帝国师在这里完成了向真正精锐的蜕变。那些幸存活下来的老兵都将是以后党卫军部队中的精华，甚至前往别的党卫军部队担任团长，乃至师长一职。

南下基辅

8月10日起，帝国师同"大德意志"步兵团一道在叶利尼亚西北方休整。在此期间，官兵们一直在猜测帝国师下一个目标将会是何处：是继续向莫斯科突击？还是北上列宁格勒或者南下进攻基辅？最终，帝国师还是奉命参加了第二次世界大战中最大规模的合围战——基辅会战。

早在“巴巴罗萨”行动之初，德军最高统帅部给南方集团军群下达的命令就是占领乌克兰的首府基辅。因此，该集团军群主力——第1装甲集群、第6和第17集团军以基辅为主要方向，对苏军西南方面军发起突击。第11集团军、罗马尼亚第3集团军以及匈牙利的一些部队则从卡缅涅茨-波多利斯基以南，进攻苏军南方面军，掩护整个作战行动的南翼。经过乌曼会战，德军开始沿着第聂伯河的宽大正面向前推进，于8月下旬抵达基辅与克列缅丘格之间的一线。现在，苏军只剩下基辅了。而根据斯大林的要求，苏军必须“采取一切可能和不可能的措施保卫基辅！”

8月8日，只有奥布斯特费尔德的第29军接到了向基辅发起进攻的命令，但毫无进展。不久之后，由于德国中央集团军群已经深入至斯摩棱斯克一线，苏军的西南方面军就变成处在了前者的深远后方。到了8月20日，中央集团军群和南方集团军群向东突击的两支前锋已经形成齐头并进之势，几乎成了一条直线，两者相距约550公里，直线中线距后方也大约是550公里。这样，苏军西南方面军就全部被包围在整个三角形区域内，这对德国人来说是一个千载难逢的机会。于是，希特勒毅然决定变更中央集团军群和南方集群军群的部署，全力合围基辅地域的苏军西南方面军。为此，德国陆军总部决定抽调古德里安的第2装甲集群部分部队南下，协助南方集团军群完成这一任务。

古德里安本人对此毫不热衷，他坚持德军的主攻方向应该仍是莫斯科，但遭到了希特勒的当面驳斥。在这种情况下，古德里安只能退而求其次，希望上层能够撤销肢解他的装甲集群的计划，以便他能集中所有的装甲力量，快

帝国师所在第46军起先并没有配属给古德里安，而是留在了罗斯拉夫尔地区担任预备队。这张照片摄于8月17日。

速消灭敌军，在恶劣天气到来前结束战斗。不幸的是，他连这点愿望都没能实现。中央集团军群将帝国师所在的第46军抽了回去，留在第4集团军后方（罗斯拉夫尔—斯摩棱斯克地区）担任预备队。因此，古德里安的第2装甲集群只剩下第24和第47军可用。

8月24日，百般无奈的古德里安签署了攻击命令："8月25日，第2装甲集群以第24军为右翼，第47军为左翼，向南发起进攻，一举渡过杰斯纳河和谢伊姆河（Seim）向巴赫马奇（Bakhmach）—科诺托普（Konotop）—别洛波利耶（Belopolye）铁路实施突击……第24摩托化军重点从斯塔罗杜布（Starodub）两侧，向诺夫哥罗德-谢韦尔斯基（Novgorod-Severskiy）实施突击，而后，在诺夫哥罗德南面渡过杰斯纳河和谢伊姆河，向科诺托普实施突击。"

8月25日凌晨5点，第2装甲集群于行进间向南发起了进攻。虽然古德里安取得了一定的成功，但兵力也开始捉襟见肘。8月26日时，他曾经请求让第46军归建，但遭到了德国陆军总部的拒绝。8月30日，由于第2装甲集群两翼和正前方都遭到了苏军的重压，古德里安只得再次向上级请求调用第46军。中央集团军群指挥部这才做了让步，先是只准许调回"大德意志"步兵团，接着在9月1日又准许调动第1骑兵师（原属第24军），9月2日又批准从斯摩棱斯克调回帝国师。就这样，古德里安用挤牙膏的方式获得了2个师又1个团。其中"大德意志"步兵团将被派往诺夫哥罗德-谢韦尔斯基，帝国师和第1骑兵师将调动到第24军的右翼。帝国师预计于9月2日—3日两天内到达。

在德军向基辅发动的钳形攻势中，古德里安的第2装甲集群位于左翼。但此时，古德里安只能投入第24军，第47军则必须掩护整个左翼。而且这一安排来自中央集团军群指挥部的干涉，博克元帅不允许第47军在杰斯纳河以东实施进攻。9月3日，第2装甲集群接到的命令如下："敌人正从第2集团军左翼前方向东和东南方向撤退，第2装甲集群应以右翼（第1骑兵师、帝国师和第10摩托化步兵师）向该敌发起进攻，第24军（第3和第4装甲师）继续向巴赫马奇—科诺托普一线突击……而后第10摩托化步兵师由科罗普（Korop）桥头堡向南推进……"

鉴于事态紧急，帝国师在主力抵达前，就率先派出了一支由元首团、摩托车营以及其他支援单位组成的战斗群赶到了阿夫杰耶夫卡（Avdeyevka），并且冒着瓢泼大雨为第二天的进攻做好了准备。以下是古德里安的一段回忆：

9月3日，我在阿夫杰耶夫卡附近经过，看见了第10步兵师（摩托化）的后卫部队以及党卫军帝国师的摩托车营。敌人出现在它的西方，党卫军的摩托车营立即向他们进攻。起初，情况相当混乱，可是帝国师师长豪塞尔将军头脑很清楚，不久就整理出来了一个头绪。我在阿夫杰耶夫卡找到了这位师长，并且告诉他准备在9月4日向索斯尼察进攻。第5机枪营刚刚由罗斯拉夫尔到达此地，现在也交给他指挥……

从我的参谋给我的无线电里，我才知道第1骑兵师又已经拨归我指挥，其位置在党卫军帝国师的右方。我又去与该师的师长会商，要他负责保护第10步兵师（摩托化）的补给线……那天下午开始下雨，道路不久就变成了泥潭。帝国师三分之二的部队，都已经陷于泥泞之中，无法前进。

尽管阴雨连绵、道路泥泞，元首团还是于

随着雨季的来临，整个东线大地变成了一片泥泞。这对德军的机动造成了很大的困扰。

9月4日清晨5点在没有进行大规模炮火准备的情况下向苏军发起了进攻。最初一连冲击了3次，均受阻于苏军的猛烈炮火。高级突击中队长（上尉）海因茨·哈梅尔指挥元首团2营紧接着发起第4次冲锋，终于取得成功。此后，哈梅尔不顾两翼的威胁，继续向前突击，并于当天下午强渡乌代河（Uday），在河南岸攻入一个苏军师的师部，里面的人还没弄明白怎么回事就全当了俘虏。此外，2营还缴获了20门野战榴弹炮。哈梅尔这次大胆的突破也为黄昏前抵达乌代河畔的元首团3营创造了有利条件。这次进攻还解除了位于科罗普周围的第10步兵师（摩托化）的后顾之忧。苏军随后开始向谢伊姆河撤退。9月5日，帝国师夺取了科诺托普西面方向的一个重要十字路口——索斯尼察（Sosnitsa）。

9月6日拂晓，帝国师冒雨打响了强渡杰斯纳河的战斗，进攻的重点是拿下小城马科希诺（Makoshino）以及当地的铁路桥。古德里安更是亲自赶到帝国师战区，坐镇指挥。对此，他回忆道：

9月6日，我又是和SS帝国师在一起。他们正在马科希诺附近，向着杰斯纳河上的铁路桥梁进攻。……由于道路状况异常恶劣，所以全师的兵力还没有集中。在路上我经过了很多的单位，有的正在行军，有的在树林里面休息。他们的纪律很好，给我留下良好的印象，同时工兵们更高声地欢呼，他们对于现在又重新回到装甲集群里来，表示十分满意（不得不说的是，古德里安这位闪电战的创始人即使在党卫军中也拥有很高的声望）。

进攻开始后，担任前锋部队的元首团1营在梅纳（Mena）突入苏军纵队，并将其击溃。于是，帝国师打开了通往杰斯纳河畔马科希诺城的道路。苏军立刻出动2个重坦克排挡住了元首团的去路，企图从这里掩护部队撤过60米宽的河流。缺乏坦克和足够反坦克武器的帝国师被迫停止了进攻。古德里安随后请求空军支援，但元首团官兵所期待的俯冲轰炸机却一直没有出现。尽管如此，当时正待在元首团指挥部里的古德里安上将仍然命令部队于下午1点30分发起进攻。随着古德里安的一声令下，克林根伯格的摩托车营毫不犹豫，全速冲进了马科希诺城，并将顽强抵抗的苏军一步一步赶出城外。

元首团2营营长海因茨·哈梅尔（右2）。原德意志团团长比特里希成为帝国师师长后，哈梅尔接任了该团团长一职。

就在此时（下午2点30分），久等不到的俯冲轰炸机在城市上空出现了，27架斯图卡俯冲轰炸机不分青红皂白地对马科希诺进行了狂轰滥炸。无论摩托车营的官兵挥动信号旗还是发射信号弹，都没能阻止这次轰炸。炸弹就这样在进攻中的摩托车兵中间和苏军两个重坦克排的头顶爆炸了。摩托车营当即有10人阵亡，超过30人负伤。苏军同样也损失惨重，2个坦克排几乎全灭，火力大大减弱，被迫放弃了抵抗。此外，马科希诺的铁路桥倒没受什么太大的损伤。

趁此机会，下级突击中队长（少尉）弗兰克（元首团第14连连长）和上级突击中队长（中尉）伦特罗普（防空营2连连长）带领4名士兵驾驶着3辆摩托车穿过熊熊燃烧的街区直扑城南的铁路大桥。在桥北，他们及时排除了苏军炸桥用的炸药，然后一口气冲过桥，夺取了南岸桥头堡。苏军在意识到危险后，马上调集重炮和迫击炮一齐向大桥开火。弗兰克等人紧紧趴在地面上，一直坚持到夜幕降临，才迎来了第一批救援部队。

9月7日，帝国师终于粉碎了苏军在马科希诺附近的顽抗，德军各师也陆续抵达谢伊姆河南岸。9月9日，帝国师采用下属各团交替前进的方式沿着马科希诺—巴赫马奇公路发起了进攻。9月10日拂晓，由突击大队长（少校）奥托·库姆指挥的元首团攻入巴赫马奇（科诺托普以东）。9月12日，古德里安下令担任第2装甲集群前锋的第3装甲师越过洛赫维察（Lokhvitsa），进逼皮里亚京（Piryatin）。9月13日黄昏，第24军态势如下：第4装甲师占领了盖沃龙（Gayvoron），帝国师到达了博尔兹纳（Borzna）以南14公里的地方。第10步兵师（摩托化）缓慢地离开科诺托普，跟随第3装甲师向罗姆内（Romny）前进。

9月14日，第3装甲师与克莱斯特第1装甲集群下属的第16装甲师在卢布内（Lubny）胜利会师，拉上了基辅合围圈——德军3个集团军和2个装甲集群包围了苏军4个集团军。9月15日，第2装甲集群的第46和第24军都在最北面作战。由于第24军开始在罗姆内以东向南推进，第46军不得不担负起掩护东翼的任务，其右翼的第35军级指挥部还远在帝国师之后。9月16日，帝国师攻占了重要交通枢纽——乌代河畔的普里卢基（Priluki），从而堵死了苏军从这里撤退的道路。此时，由于罗姆内已经成为基辅被围苏军的突围重点，第10步兵师（摩托化）正在这里抵御着苏军数个师发起的突击。因此，在9月19日以前，帝国师也被加强到了东面的罗姆内地段作战。以下是参加过基辅会战的一名德意志团士兵的回忆：

9月7日清晨6点15分，连里开始下发昨晚送来的口粮。我们每12个人分一大块烤的长条面包，每个人大概能分到4小片薄薄的切片，总算是聊胜于无……9月8日下午4点，我们奉命向杰斯纳河进发……晚些时候，我们下车并开始徒步前进。我们穿过了昨天摩托车营夺取的铁路桥……9月9日凌晨2点，口粮送来了。至少我们有一些热食和足够的面包了。我们沿着铁路线一侧向前推进，俄国人打来的炮弹全部掉在了边上的沼泽地，而且很少爆炸。其中就有一发炮弹落在我和另一名同志中间，但我们俩都没事，就是他被爆炸的冲击波吓得不轻，但也还没到去后方医治的地步。此后，每当我催他前进的时候，他总是走蛇形路线……9月12日，我们沿着一段铁路路堤行军。走在枕木上是非常累人的……由于降雨和沼泽地地形，我们的鞋子就没干过……一枚手榴弹在我们队伍附近爆炸了，结果不知道怎么了，竟然引燃了排传令兵身上带的手枪子弹，瞬间这名传令兵就被烧成了火人，当场死亡。9月14日，灼热的太阳烤干了地面，我们的鞋子也变得滚烫……我们遭到了敌人的火力打击……到处都是我们的担架员……我们连已经有14人阵亡，17人负

照片中的反坦克炮和牵引车辆属于坦克歼击营3连。

伤了……我们的团长比特里希来了……据我所知，这并不是他第一次到前线来了解战况……我的战友盖尔（Gail）在被送回抢救的路上就牺牲了，他的阵亡深深震撼了我们，因为就在2天前他才通过电话得知，他已经当爸爸了……9月10日早上，我们自己煮了一些茶喝。尽管脚疼极了，但我们还在继续前进……在大雨中，我们终于与一支国防军装甲部队会合，这意味着我们终于合上了（基辅）包围圈。

我们冒着大雨与试图突围的敌人激战，周围的道路也因为雨水的冲刷，变得稀烂。我们通常需要不停顿地行军数天，但是得到的口粮却少得可怜。我们的后勤补给卡车还在30公里或者更远的烂泥地里挪动着。我们有许多同志只能穿着袜子前进了，因为他的鞋子已经烂成了碎片……现在到处传，我们将与一个国防军装甲师会师……我们的散兵坑里竟然蓄满了雨水，我们简直就是泡在水里睡觉。这雨就一直没停过……我们被告知，我们正在参加一次前所未有的歼灭战……我们穿过一个又一个村子，敌军沿途丢弃了大量的车辆和作战物资……9月21日，我们抵达了罗姆内。在这里，我们第一次喝到了啤酒……在好好吃了一顿后，我们立刻倒头大睡。当我们醒来的时候，发现当地的村民非常友善，我们经常拿一些罐头跟他们换热的牛奶和土豆。

9月24日，德军彻底封闭了基辅包围圈，苏军西南方面军4个集团军（第5、第37、第26、第21集团军）共43个师被合围，累计损失高达700544人，其中616304人阵亡、失踪或被俘。基辅会战期间，古德里安的第2装甲集群共俘敌82000人，其中帝国师俘虏了约12951人。此后，帝国师逐步撤出前线休整。在近3个月的激战中，仅德意志团的阵亡、负伤和失踪人员就高达1519人，元首团的损失数字也差不多。为了保持部队的战斗力，后方大量的预备役人员被送往前线。以下是他们其中一人，瓦尔特·施明克（Walter Schminke）的回忆：

师部的人把我们挑了出来。随后，一名上级小队长站在一个木台子上开始点名……他走到我的面前，然后问我的年龄。“20岁，上级小队长同志！”“很好，带着你的小组去摩托车营报道吧。从这里直走2公里，然后左转再走3公里，然后右转再走4公里，你会发现一个挂在树上的摩托车营驻地的指示牌。好了，去吧！"

我们既没有武器也没有指南针，更别说有谁带领我们。就这样，我和我的小组出发了……一路上，我们根本找不到什么路标识别方向，但最终我们还是找到了那棵传说中的大树以及摩托车营的哨兵。虽然他穿着俄国人的大衣，但我还是很快认出了他的皮带扣和P08手枪……营里为我们做了一顿特别的"欢迎宴"，其中的浓豌豆汤好喝极了……新部队的气氛非常好。吃饱以后，我们还可以买一些罐头食物、香烟、杜松子酒、梳子以及信纸。到目前为止，至少对我来说，前线的生活看起来还算不错。天黑的时候，我们抵达伏尔加河附近，这条河只有中等宽度。在河岸边，我们学会了营歌——"满面尘霜、远离家乡"。当我们36个人唱完这首歌的时候，河对岸传来了一片喝彩声，原来是俄国人。接着，他们也唱起了一首歌，我们也同样报以喝彩。这就是战争？后来，我们睡在了一间俄国学校教室的地板上。

第二天早上，我和我的迫击炮小组奉命伴随其他战友突击一个俄国人的防御阵地。我们的营长是只身夺取贝尔格莱德的英雄克林根伯格。我建议他说，我的迫击炮小组应该负责提供掩护炮火。还没等营长有什么表示，我就自说自话地命令我的人把迫击炮全部架在了他的身边。"20发速射！"我下令道，结果当打出第一发的时候，克林根伯格营长就跳了起来，他显然被近在咫尺的开炮声吓了一跳。他立刻问我，为什么把迫击炮放在离他这么近的地方，而且怎么不听他命令也没人通报射击参数就开火了！我当时也不知道自己怎么了，还傻乎乎地回道："没必要！"结果克林根伯格看我的眼神就像是要杀掉我，而其他军官也用仇视的眼神望着我，就好像我是敌对分子。但我们很走运，几乎每一发迫击炮炮弹都砸中了目标，直接掀翻了我们需要清除的敌军碉堡。现在已经不需要再发起突击了。克林根伯格只能无奈地表示，我们是走狗屎运了。我当即问他要不要让我们再打两发试试。他笑着说，不需要了，你们已经证明了自己的能力。这就是我的第一次战斗经历，我很难说当时有啥特殊的

跟随第2装甲集群南下基辅的帝国师摩托化纵队。

感觉，反正我知道那个地堡里的敌军感觉估计不怎么好受。

在此期间，德国陆军总部和中央集团军群已开始组织下一步针对莫斯科的攻势。

“台风”计划

8月下旬，对德军而言叶利尼亚突出部的形势已经极度危险。苏军在朱可夫的指挥下不断发动凶猛的冲击，而德军正面由于第2装甲集群马上又要南下基辅，甚至连当初夺占它的古德里安将军也对这个地方失去了兴趣，建议放弃该地。德军最高统帅部却认为这是进攻莫斯科的一块重要跳板，陆续调入数个步兵师防守，但最终失败。9月6日，苏军成功收复了叶利尼亚，消除了这个突出部。

同一天，希特勒也正式发出了向莫斯科进军的第35号训令：“鉴于正在对列宁格勒地区形成的包围态势，因此，在对南方和中央两个集团军群内翼之间的敌军（西南方面军）的作战中取得的初期战果，就为同铁木辛哥集团军群（德军通常把苏军的方面军称为集团军群，两者在编制上大体相等）进行决战打下了基础。为此，应集中使用侧翼不需要和能及时前调的所有陆军和空军部队。”这次行动代号被命名为“台风”。

为了执行这一任务，德军抓紧一切时间对中央战线进行了加强。按计划，中央集团军群将在最强大的航空部队支援下，使用最强的装甲部队，从两翼发动进攻，在维亚济马方向形成双重包围，在歼灭斯摩棱斯克以东的苏军集团后，夺取莫斯科。因此，中央集团军群辖内的装甲部队发生了一定的变动。第3装甲集群接收了原先属于第4装甲集群的第41军（摩托化）和第56军（摩托化）。第4装甲集群（原隶属于北方集团军群）则接收了第3装甲集群的第57军，来自预备队的第40军（摩托化）以及第2装甲集群的第46军（摩托化）。第2装甲集群则接收了来自第1装甲集群（原隶属于南方集团军群）的第48军（摩托化）。经过一系列变动后，德国中央集团军群共下辖3个集团军（第9、第2、第4集团军）和3个装甲集群（第2、第3、第4装甲集群），实力可谓空前绝后。

按照古德里安本人的意见，他是非常想把第46军留在帐下的。他认为不该把那么多的部队集中在中央的位置。尽管如此，他还是在罗

狗狗一直是德军士兵最喜欢的伙伴。照片中的这辆汽车应该属于帝国师某个团部。

斯拉夫尔把第46军以及帝国师和“大德意志”步兵团移交给了第4装甲集群。帝国师随后被编入第4装甲集群下属的第57军（该军于当年11月又被配属给了第4集团军）。

“台风”行动伊始，德国中央集团军群从北向南布置如下：第9集团军和第3装甲集群集中在了韦尔季诺（斯摩棱斯克东北）以及杜霍夫希纳（Dukhovshchina）地区。第4集团军和第4装甲集群作为中央突击集群，集结在了罗斯拉夫尔地区。战线最南边的则是第2集团军和第2装甲集群。古德里安的第2装甲集群由于距离主战线太远，因此将不参加北部和中央突击集团对莫斯科方向发动的钳形攻势，而是先期在南面发动一次辅助攻势。如果能够成功，德军将再次吃掉苏军3个方面军（西方面军、预备队方面军以及布良斯克方面军），使莫斯科成为一座空城。

10月4日下午5点30分，帝国师跟随在第10装甲师之后穿过莫萨利斯克（Mossalsk）向尤赫诺夫（Yuchnov，罗斯拉夫尔东北）发起了进攻。第10装甲师此时已经转至第4装甲集群的第40军麾下，帝国师也被临时配属给了该军。达成目标后，帝国师将转向北方。第40军要求帝国师不顾（右）侧翼威胁，全力夺取斯摩棱斯克通往莫斯科高速公路的交通要冲——格扎茨克（Gshatsk，现已因为这里诞生了一个著名人物而改名为“加加林”）和维亚济马之间区域，并在格扎茨克合上维亚济马的包围圈。因此，帝国师在10月份头几周的战斗都是围绕这个小镇展开的。

10月4日—5日，从罗斯拉夫尔向东北方推进的第4装甲集群陆续攻占斯帕斯-杰缅斯科（Spas-Demensk）、尤赫诺夫地域，从南面包围了苏军维亚济马集团。与此同时，霍特上将的第3装甲集群于10月6日包围苏军西方面军相当大一部分军队，从北面逼近维亚济马。随后，第4装甲集群经斯帕斯-杰缅斯科挺进至维亚济马，与从杜霍夫希纳杀来的第3装甲集群会合（第10装甲师于10月7日占领了没有任何兵力防守的维亚济马）。

10 月 2 日，德军正式展开了“台风”行动。帝国师也跟随在第 10 装甲师之后向尤赫诺夫方向发起进攻。

10月7日早上8点，在工兵清除雷场后，帝国师开始向格扎茨克发起了进攻。担任攻击前锋的是德意志团，该团得到了1个突击炮排、1个轻型高炮连、1个反坦克连以及师属炮兵团3营和额外1个炮兵连的支援。突击炮的任务主要是掩护全团侧翼的安全。下午2点20分，德意志团2营在突击炮的支援下很快夺取了沙拉波诺瓦（Sharaponova）西北的高地。1个小时后，该营又夺取了米克耶沃（Mikeyevo），并将向北追赶苏军。为了不让苏军有时间重组或建立稳固的防线，帝国师官兵又一鼓作气拿下了斯洛博达（Sloboda）和波托夫斯卡亚（Potovskaya）。下午晚些时候，德意志团1营士兵乘坐卡车越过2营开始向科缅卡（Kamyonka）推进。当他们抵达时，天空中也开始了飘起了雪花。虽然不是什么暴风雪，但在一夜之间，当地的泥土公路和田野变得泥泞不堪，在坦克和车辆的碾压下，很快变成了泥潭。许多车辆陷入泥坑中动弹不得。1营官兵只能全部下车，徒步完成剩下的行军路程。临近午夜时，1营抵达并攻占了科缅卡小镇。次日清晨，德意志团3营切断了斯摩棱斯克通往莫斯科的公路。至此，苏军西方面军的第19、第20集团军与预备队方面军的第24和第32集团军（部分）在维亚济马以西被德军合围。至10月13日，德军肃清了在维亚济马被围的苏军。根据德军统计，苏军总共有66.3万人被俘，损失了1242辆坦克和5412门火炮（当然这个数字是饱含水分的）。

10月8日上午，德意志团1营在右，3营在左，两个营的官兵沿着高速公路两侧向格扎茨克发起了进攻。这次进攻的首要目标是当地的铁路路堤。不久后，德意志团的一支侦察队成功渗入格扎茨克南郊。他们绕过苏军阵地，成功地伏击了一支运兵车队。而德意志团的2个营在遭到苏军对地攻击机的扫射前，一直推进得非常顺利。面对这一空中威胁，1营和3营被迫退入高速公路右侧的森林隐蔽。正当官兵们庆幸躲过一劫时，他们突然发现了苏军在森林里构筑的防御阵地。在肃清森林的战斗中，德意

10月7日，向格扎茨克推进的帝国师部队。

志团的士兵甚至发现许多苏军狙击手把自己绑在树上，以便双手握枪。

即使如此，苏军也没能挡住德意志团的进攻步伐。下午1点左右，1营和3营就杀入了格扎茨克。然而，格扎茨克附近的战斗一直持续到了10月12日。苏军显然不会轻易放弃这个战略要地。为了保卫首都莫斯科，苏军在同一天将西方面军和预备队方面军合并为西方面军，由朱可夫大将担任司令员。从10月7日起，苏军又从其他方面军和最高统帅部预备队抽调14个步兵师，16个坦克旅，40多个炮兵团以及其他一些部队加强到了莫斯科方向。

向格扎茨克推进的德军第4装甲集群。

面对苏军迫在眉睫的反击，在德意志团右翼展开的元首团计划向格扎茨克以东发起进攻，试图干扰苏军的部署。10月13日，元首团奉命沿着高速公路继续向前进攻。3营搭乘第10装甲师的坦克前进，1营和2营则乘坐自己的车辆跟在后面。下午，德军终于抵达了苏军的莫斯科外围防线。这道防线纵深达2公里，并且配备大量的反坦克障碍、坦克掩体（坦克在这些掩体中只露出炮塔）、贯通的战壕体系以及各种坚固的工事。此外，还有50名左右的苏军喷火兵保护着当地的路桥，在防线旁的森林边缘，苏军还部署了大量的坦克和前沿炮兵观察哨。当然，这些都是元首团的官兵打起来后才知道的。

第10装甲师的装甲前锋最后在一座高地前停了下来。元首团3营和2营立刻向附近树林派出了巡逻队。下午的晚些时候，豪塞尔师长赶到了元首团团部，并下令为次日进攻做好侦察和准备工作。随后，元首团的各营、连长就自己去实地寻找各自的最佳出发阵地去了。在森林的掩护下，3营和2营分别布置在公路左右两侧，1营则在后方约3公里的位置担任预备队。苏军随后对德军的集结区进行了猛烈的骚扰性炮击。夜里，不放心的豪塞尔再次赶到了高地，他告诉团长库姆，德意志团已经突入"莫斯科防线"，并要求全团连夜发起进攻。

侦察报告显示，高速公路以北，即3营前方更容易突破。因此，库姆团长下令1营前出至3营左侧，同时下令配属给该团的师属炮兵团2营也移动至道路左侧提供火力支援，进攻的2个营都必须有炮兵观察员随行。2营则在攻击开始后负责警戒公路两侧并为1营和3营提供火力支援。这次进攻从夜里一直持续到10月14日，元首团与刚刚从远东赶来的苏军红旗步兵第32师展开了惨烈的白刃战（该师隶属苏军第5集团军，曾在师长波洛苏欣上校的指挥下在远东的哈桑湖畔与日军作战并立下了卓越的战功）。到了晚上，元首团终于突破了苏军防线，与德意志团建立了联系（苏军防线被打开了一道约4公里的缺口）。

当元首团还在和苏军这支著名的远东部队进行激烈肉搏的时候，团属第16工兵连就已经沿着公路继续向前了。抵达一座桥梁后，工兵们开始冒着苏军猛烈的炮火进行排雷和拆除桥上炸药的作业。这时候，却发生了一件令人震惊的意外事件。豪塞尔师长在距离元首团团部仅300米的地方侦察这座桥梁时，被突然开火的苏军坦克打成重伤。虽然幸免于难，但豪塞尔失去了左眼和部分下巴。“老爹”豪塞尔一直在党卫队特别机动部队以及帝国师中享有崇高的威望，这场事故不仅震惊了师里的每一个人，而且搅乱了军心。德意志团团长威廉·比特里希随后接过了师长一职。

在格扎茨克以东的博罗季诺（Borodino）古战场（1812年9月7日，俄法两军在博罗季诺村附近所进行的一次最大规模的会战，法军统帅拿破仑指挥部队取得了胜利，但未能歼灭俄军主力）附近，第10装甲师和帝国师同红旗步兵第32师和坦克第18、第19以及第20旅各分队迎头相撞。第10装甲师的坦克在苏军T-34坦克的攻击下损失惨重，这再次证明德军早期的坦克根本不是T-34中型坦克的对手。尽管如此，在德军的两翼猛攻之下，苏军还是于10月18日放弃莫扎伊斯克（Mozhaisk）后撤。

1941年10月，在格扎茨克附近指挥部队作战的帝国师师长豪塞尔（中）。

在莫扎伊斯克小村的德意志团官兵。

从10月6日开始，帝国师就一直毫不停顿地向莫斯科逼近。伴随着恶劣的天气和糟糕的道路条件，师里出现了大量的非战斗减员：许多士兵由于无法吃到热食，而出现了严重的冻伤以及胃病，这极大地削弱了部队的战斗力。在该师一份送往柏林党卫队指挥总局的报告中写道：“……在接下来的几天里，能否提供温暖的住处已经成为任何一次进攻的先决条件……”

10月21日，被加强给元首团的摩托车营越过莫扎伊斯克，夺取了城东数公里处的一个重要交叉路口——谢尔科夫卡（Schelkowka）。德意志团与第10装甲师一部于22日攻占了莫扎伊斯克。不久后，德意志团奉命向该城东南的米哈伊洛夫斯科耶（Mikhaylovskoye）和普希金诺（Pushkino）两地发起攻击。该团官兵刚刚出城就遭到了苏军喀秋莎火箭炮（德国人通常称其为斯大林的管风琴）的炮击。经过恶战，德意志团夺取了距离米哈伊洛夫斯科耶不远的奥佳科沃（Otyakovo），并在晚些时候顺利完成了预定任务。

在莫扎伊斯克以南10公里有一处叫做鲍里索沃（Borisovo）的小镇，国防军一个步兵师的师属侦察营曾从南面攻占了该镇，但在苏军的凶猛反击下又退了出来。现在，拿下鲍里索沃的重任就落到了元首团肩上。与此同时，库姆还必须派出1营和摩托车营负责保证谢尔科夫卡十字路口的安全。

鲍里索沃坐落在一条自然向北延伸的山脊上，南端则通向一处河谷。苏军除了在小镇外围构筑了坚固的防御阵地外，还在东面部署了大量的火炮准备随时支援这里的守军。稍作准备后，2营在左，3营在右，两个营并肩发起了进攻。不久后，进攻的几个连就被苏军的侧射火力压制在谷底无法前进一步。负责支援这次进攻的师属炮兵团2营在阿道夫·文德尔（Adolf Wunder）的指挥下开始集火射击，敲掉了苏军一个又一个防御据点。2营和3营乘势冲进了小镇，并与南面的那个国防军侦察营建立了联系。

与此同时，元首团1营和摩托车营在突击炮的支援下正在谢尔科夫卡苦苦支撑。苏军投入了精锐的摩托化步兵第82师（该师在战争爆发前驻扎在现蒙古共和国的巴彦图门市，后被改编为近卫机械化红旗第6军），力图夺回谢尔科夫卡小村以及这个重要的交叉路口。根据一份资料记述，面对气势汹汹的苏军，这些18到20岁的小伙子们提着工兵铲，拿着手雷以及刺刀迎了上去。在这场残酷的白刃战中，许多年轻的士兵永远地倒了下去。要知道，他们中许多

"台风"行动中，几名帝国师的摩托车兵正在注视着第10装甲师的坦克向前推进。

人是光着脚在零下15度的野外作战的（德国人的鞋子由于连续的雨雪天气已经烂了）。

连绵的秋雨使许多河流决堤，大片大片的地区变成黏如胶状的沼泽，在路上行进已经变得不可能。此时的帝国师仍在奋力向莫扎伊斯克以东约25公里的一个公路交叉口靠拢，这里是通往鲁扎（Rusa）以及沃洛科拉姆斯克（Volokolamsk）两地的必经之路。不幸的是，帝国师不得不暂时停了下来，听任烂泥的摆布：从莫扎茨克到莫扎伊斯克约15公里的路段上挤满了各式车辆，道路上的稀泥常常没到车轴，甚至排气管的位置。就连半履带的牵引车在这种路面上也没能逃过一劫。士兵们在泥泞中一步一滑，被弄得疲惫不堪。全师上下就这样在莫扎伊斯克及其东面停顿了下来，所有人都在期盼冬天早日来临，这样至少路面会变得硬一些，士兵们也不用睡在烂泥上，反正总比现在强点。苏军则赢得了改善防线，补充军队以及调集预备队的时间。

在这段时期的战斗中，帝国师的第3个步兵团——髑髅第11步兵团由于损失惨重而解散，残余人员分别并入了德意志团和元首团。髑髅第11步兵团的几个营长都希望有朝一日该团能够重建，同时继续在帝国师麾下作战，只是他们的希望最终还是落空了。11月3日，第一次寒潮到来，气温再次降至零度以下。德军已经无法提供足够的冬装、温暖的军营以及足够的口粮——补给列车已经无法开上来了。

11月12日，帝国师紧跟在第10装甲师的先头部队之后，抵达利特基诺（Litkino）。此后的连续几天夜里都出现了暴风雪天气。11月17日，德军向莫斯科发动了"台风"行动中最后一次大规模攻势。中央集团军群的作战计划与10月份大体相同：第2装甲集群从南面和东南面，第3和第4装甲集群从北面和东北面分别合

围莫斯科，第4集团军负责正面进攻，第2和第9集团军则分别在南面和北面保障各进攻集群侧翼的安全。所有人都相信这是最后一次进攻了，因此德军士兵在进攻初期士气非常高。

攻势开始后，比特里希师长下令元首团穿过并攻占森林另一边一个叫做戈罗季谢（Gorodishche）的小村，该小村就位于一条通往伊斯特拉（Istra）的公路边上。这对该团来说，可不是一项轻松的任务。苏军从远东调来的1个装备精良的步兵师正据守在此处，他们在森林中修建了牢固的防御阵地。为了削弱敌军，库姆团长下令2个6管火箭炮连对森林进行了密集射击，但效果却差强人意。负责进攻的1营和3营都表达了不愿强攻的意向，因此，库姆只能下令2营在2辆突击炮的支援下从北面迂回包抄戈罗季谢小村。到了11月20日晚上，元首团终于拿下了小村并肃清了森林中的敌军。随后，元首团抵达西尔科沃（Silkowo）小村。11月22日，帝国师开始攻击尼科拉斯科耶（Nikolskoye）地区。当地的守军很快就丢弃了所有重武器开始溃退。次日，元首团沿着旧的沃洛科拉姆斯克—莫斯科的驿道和铁路路堤夺取了格列波沃（Glebovo），推进至距离伊斯特拉（莫斯科外围的卫星城之一）只有十几公里的高尔基（Gorki）小村。德意志团随后则越过元首团阵地，继续向前进攻。12月25日，帝国师奉命与左翼的第10装甲师一道向伊斯特拉发起进攻。元首团直属的第15摩托车连在2辆突击炮“欧根亲王”和“约克”的支援下突然夺取了伊斯特拉河（该河由南向北从伊斯特拉城的西面流过，几乎包围了半个城）上的一座桥梁，同时在对岸建立了一个小的桥头堡阵地。这些都发生在25日的下午。夜幕降临时，元首团3营成功通过了伊斯特拉大桥，库姆也在桥东面的一个防空壕里建立了前进指挥部。

值得一提的是，尽管得到了髑髅第11步兵团残余人员的补充，元首团每个连的平均战斗人员数量已经下降到了24人。2营被迫解散，5、6、7、8四个连的老兵分别被1营和3营接收（与此类似的还有德意志团1营）。原2营营长哈梅尔后来成为德意志团的团长。为了加强进攻力量，德意志团2营被临时加强给了库姆的元首团。11月26日清早，元首团1营和德意志团2营这支混合队伍从桥头堡阵地出发，向伊斯特拉城发起了进攻。不过他们很快就被从远东赶来的苏军步兵第78师的机枪火力赶了回来。到了中午，元首团3营从当地大教堂再次向市区发起了突击。与此同时，第10装甲师的第69装甲掷弹兵团也从北面包抄了过来。到了晚上，伊斯特拉小城终于落入德军手中。11月27日，帝国师在伊斯特拉东面的维索科沃（Wyssokowo）建立了一道警戒线，莫斯科几乎就在眼前了。但该防线随后遭到了苏军不断的炮击和轰炸。11月29日，气温已经下降到了零下32度。帝国师冒着暴风雪，仍以每天5～6公里的速度向前挺进。

12月1日晚，德国中央集团军群指挥官博克元帅打电话给哈尔德，表示自己的部队的作战力量已经被大大削弱，再也不能进行战斗了。次日，德军第258步兵师的1个侦察营突入莫斯

1941年12月，帝国师所在的伊斯特拉附近，这已经是该师在东线的第一年挺进到的最远的地方了。

科城郊的希姆基（Khimki）。据说从那已经可以看见克里姆林宫的塔尖，但第二天这支小分队就被苏军击退，这是德国人第一次也是最后一次看到克里姆林宫。12月3日，博克再次通过电话告诉总参谋长哈尔德："因为侧翼跟不上去，第4集团军的先头部队又撤了下来……"

12月4日，德军又做了最后一次尝试。中央战区的德军在攻占了一些不大的地段后，次日就退回了自己的出发阵地。当天，帝国师的摩托车营1连抵达了莫斯科市外的电车终点站，但恶劣的天气让他们在接下来的3天里都无法作战。同一天，古德里安的第2装甲集群也未能夺取图拉，被迫停止进攻。12月5日对苏德双方来说，是最关键性的一天：德军在莫斯科前方的半圆形战线上全面停止了。

与此同时，苏军却发动了酝酿已久的反攻。12月5日黎明，苏军加里宁方面军的左翼部队首先对德军发起了反击。次日，苏军西方面军和西南方面军的右翼突击集群也在空军的支援下转入反攻。当天早上7点，帝国师的防线就遭到了苏军的猛攻。在德意志团的机枪扫射下，苏军仅在第一轮攻势中就丢下了数百具尸体，但像这样的密集攻击持续了整整一天。

12月11日，在伊斯特拉以西至鲁扎河以西战斗的德意志团官兵。

12月9日，帝国师终于接到了上级下达的撤退的命令。12月10日至11日夜间，帝国师主力撤过了伊斯特拉西岸。谨慎的苏军并没有立即跟上，帝国师遂利用这段时间建立了一道防线，只是在这里没待多久，就又退到了更西面的鲁扎河防线。随后，全师官兵在这里度过了1941年的圣诞节和1942年的新年。德意志团的海德·鲁尔回忆了12月初帝国师打得最远的一次战斗：

我们3营占据了斯大林诺（Stalino）北部的火车站和一个工厂。前一天，2营和3营在3辆突击炮——"布吕歇尔""吕佐夫""德芙林格"的支援下经过苦战夺取了克廖科沃（Kryokovo）。我们的营长克勒格（Kroger）也在这场战斗中头部中枪，当场阵亡……12月2日，我们团的前锋已经挺进至维索科沃东面不远处的列宁诺（Lenino），并沿着列宁诺—罗日杰斯特韦诺（Rozhdestveno）公路两侧发起进攻。在小镇西面的树林中，我们再次遭遇了敌军坚固的战壕防御体系。战斗期间，被敌军迫击炮炸断的树枝、树干砸伤了许多同志，包括我们的团长舒尔茨（Schulz）以及2营和3营的指挥官（1营因为损失惨重已经解散）。不过，无论是舒尔茨团长还是2营营长都拒绝撤下火线，仍带伤指挥战斗直至天黑。列宁诺的战斗一直持续到了下半夜。深夜11点，2营奉命从西面不惜一切代价夺取小镇。当6连在突击炮的伴随下

1941年冬天，帝国师师属突击炮连的III号突击炮B型，从侧面可以看到车名叫"Seydlitz"。

突入小镇时，发现俄国人已经不见了……拿下列宁诺这个立足点后，我们距离莫斯科市中心仅剩下17公里，而且这里还是他们的一个巴士（电车）终点站。

帝国师官兵在圣诞节当天享用的“大餐”就是“冰镇”豌豆汤以及冻得像铁块一样的面包。鞋子和袜子早就穿烂了，但是由于后勤补给困难，根本领不到新的。唯一值得欣慰的是，新的冬装总算是通过空军Ju-52运输机空投过来了。当然，它们大部分被丢到了苏军的阵地上。

苏军冬季反攻开始后不久，德国第4装甲集团军以及第9集团军已经被逼到了格扎茨克、勒热夫一线。1942年1月初，苏军加里宁方面军突破了德军在勒热夫以西的防御，开始向南面的瑟乔夫卡（Sychevka）推进，这里正是莫德尔将军（第9集团军）的指挥部所在地。苏军第29集团军（加里宁方面军）也在德国第9和第16集团军的结合部取得突破，挺进至别雷（Belyy）一线，深入到了德国第9集团军和第4装甲集团军的后方，导致后者几乎被合围。由于后退无望，这2个集团军只能继续坚守斯摩棱斯克—维亚济马—勒热夫—奥列尼诺铁路构成的大四边形区域，没有其他路可走。

1月16日，帝国师奉命从鲁扎河防线撤至格扎茨克以西阵地。德军希望通过以缩短防线的方式腾出更多的兵力执行其他更紧急的任务。尽管过去的几周时间里一直在撤退，但帝国师仍然保持了高昂的战斗意志。在德意志团发往师部的一份电文结尾中写下了这么一句话：“……一股令人难以置信的勇气弥漫在部队之中……”也许，普通士兵还未对摇摇欲坠的纳粹政权彻底绝望，对战局更为了解的中高层军官才会对“难以置信的勇气”更加感慨。

就当时战局而言，面对苏军来自东面和北面的猛攻，德军除了在勒热夫西北陷入困境外，还是比较容易阻挡的，但要防住苏军加里宁方面军在几乎被切断的德军2个集团军（第4、第9集团军）后方实施的不间断的冲击，则要付出超人的努力才行。苏军第29集团军主力在别雷站稳脚跟后，立刻向斯摩棱斯克发起了突击，同时在德国第9集团军下属第6军和第23军左翼之间打开了一个宽达16公里的缺口。于是，第9集团军指挥官莫德尔上将计划动用刚刚配属给他的帝国师以及这两个军封闭这一突破口，甚至包围并歼灭这支苏军集团。

根据这一计划，元首团在徒步从格扎茨克撤出后，转乘平板列车赶赴勒热夫以南50公里的瑟乔夫卡。德意志团则乘坐车辆先期抵达了瑟乔夫卡西北一线。比特里希师长的师部也随之转移到了当地。1月21日，在第一天的反击中，摩托车营就损失了4名军官以及70士官和士兵。此时温度已经下降到了零下52度，德意志团2营在刚刚投入反击后不久，就出现了大量的冻伤，比特里希师长只能叫停了这次反击。不久后，莫德尔上将下令比特里希拿出一个团加强给第6军用于封闭勒热夫以西突破口的行动。于是，这一重任就只能落在了还没打光的元首团头上了。

1月24日，德军第6军首先以左翼的兵力投入了反击。1月25日拂晓，元首团奉命越过第6军在24日占领的阵地，抵达勒热夫西北的伏尔加河大弯曲部（类似“U”字形），然后面朝东北方向防守伏尔加河两岸，这一段防线大约6公里长。与此同时，第9集团军其他部队将负责歼灭被元首团切断后路的苏军部队。由于需要夺回瑟乔夫卡和勒热夫之间部分铁路线，因此元首团临近午夜时才抵达预定阵地。随后，1营开始在伏尔加河左岸（西）建立防线，3营则在右

面对近零下50多度的低温，所有执勤的哨兵都必须穿成这样。

岸（东）设防。

此时伏尔加河已经完全封冻，别说人，就连重型坦克都可以自由通过。在伏尔加河右岸和3营阵地之间有一个叫做克列皮尼诺（Klepenino）的小村，大约有30栋房屋。小村右面则是一大片冰雪覆盖的开阔地，3营的左翼防线就在开阔地远端，右翼则靠着伏尔加河。3营相当于部署在了"U"字形河曲部的内侧靠右的位置。在小村和3营阵地之后分别有两片树林，库姆的团部就设在这两片树林之后（距离3营防线约800米），而元首团的主防线则从1营前方的伏尔加河北岸经克列皮尼诺村北一直延伸至3营阵地前。此时的元首团即使是算上团属的重武器单位、通信人员和团部一共也只有650人。每个营的实力已经下降到2个步兵连和1个机枪连（即重武器连）残部。团属的步兵炮连也只剩下1个轻型和1个重型排，反坦克连只有2个37毫米反坦克排。第15和第16连早已解散。

抵达防线后，各连官兵立刻着手在冰冻的地面上炸开坑洞布设地雷和炸药。机枪巢和步枪火力点则每隔200米布置一个。即使是如此稀松的布防，全团也拿不出一兵一卒建立纵深防御。从1月26日起，元首团的官兵们冒着零下54度的严寒，日夜不倦地阻击着苏军，打退了一次又一次进攻。元首团3营营长舒尔茨（Schulz）在指挥战斗时阵亡。10连连长博勒尔（Boller）随后接过了营长一职。对于元首团来说，最危急的时刻就是苏军投入坦克进攻的时候，3营在克列皮尼诺有2门50毫米的Pak反坦克炮，1营在营部有1门88毫米防空炮。几天后，布置靠前的那门50毫米Pak反坦克炮就被数辆苏军坦克碾平了，另外一门在很短的时间内就更换了3次炮组，但这门反坦克炮一直坚持开火。最终，苏军留下20辆左右的坦克残骸后撤了。由于这门50毫米反坦克炮是埋在地下的（只露出炮管和上半个炮盾），加上牵引车根本不可能开上火线，因此它根本无法转移阵地，只能在自己射界范围内尽最大努力支援步兵作战。3营能在初期挡住苏军一波又一波攻势，这门反坦克炮功不可没。

在此期间，莫德尔将军几乎每天都会想尽一切办法亲自赶到元首团视察，这让所有人都意识到这里对于莫德尔乃至整个集团军的重要性。因此，元首团官兵自始至终都保持着斗志。有一次，苏军出动10辆坦克和大约1个营的兵力突破了元首团1营的防线，待在散兵坑的1营士兵在放坦克过去后，立刻拿起武器进入阵地挡住了后面的步兵，而那些失去步兵掩护的苏军坦克则在德军炮兵阵地前被悉数击毁。元首团就依靠这种方式挡住了苏军一次又一次冲击。

德军第251步兵师下属第459步兵团2营营长冯·雷库姆（Von Recum）中校在回忆勒热夫之战时提到："第459步兵团团长菲舍尔（Fischer）上校告诉我，在战斗最激烈的地段，友邻的1个党卫军重机枪连一直打到了最后一个人。"

2月17日，奥托·库姆团长接到了新任师长党卫队地区总队长兼武装党卫军中将马蒂亚斯·克莱因海斯特坎普打来的电话，后者告诉库姆，他的团将在次日被换防，被包围的苏军也已经被全部消灭。此外，库姆还因为勒热夫之战的优异表现获得了骑士十字勋章。2月18日，元首团与国防军的一个步兵师换防后撤了下来。在这几周残酷的战斗中，苏军总共在元首团防线上丢下了近15000具尸体和70辆左右的坦克，却依然没有突破该团的防线。而元首团的650人中有150人阵亡，剩下的大部分因为负伤或冻伤退出了战斗。当库姆在帝国师师部向莫德尔报告时，莫德尔说："你的团现在还剩下多少人？"库姆向窗外指了指，说道："我的团就在外面！"那儿一共站着35个人。

当然，也不是说元首团仅靠几百人就挡住了苏军上万人的攻势。这显然是不可能的，实际上总共有7个营一个接着一个被配属给了元首团，投入到勒热夫以西的防御战中。帝国师师属突击炮连也在1月28日打光最后1辆突击炮后，加入元首团当起了步兵。2月1日，突击炮连的32名士官和士兵加入元首团，其余的则被送往维也纳的装甲兵学校接受深造。

1942年2月的最后一周，帝国师在勒热夫以西转入预备队，随后被调回法国休整。但仍有一批部队留了下来，组成奥斯滕多夫战斗群（大约2个营的兵力）继续在东线战斗。这一期间，党卫队指挥总局陆续给元首团补充了近3000人，并以冬季之战中的老兵为核心，组建

1942年2月1日，帝国师的突击炮连因为损失惨重而解散，其中3名士官和士兵加入元首团继续作战。照片中的这名士兵就来自师属突击炮连。

了"元首"装甲掷弹兵团。

1943年3月，奥斯滕多夫战斗群再次赶到了勒热夫以西的伏尔加河河曲某处。从3月17日至4月8日，苏军再次发起了猛攻，试图渡过伏尔加河。苏德双方围绕当地每一个小村、每一片树林、每一座制高点展开了激烈的争夺。尤其是在一个叫做"长靴森林"的地方，更是爆发了最激烈的战斗。因为苏军把这里选作了他们突击集团的出发阵地。刚刚补充进帝国师不久的新兵格奥尔格·施温克（Georg Schwinke）就在3月23日的"长靴森林"之战中负伤。当时，德意志团的摩托车分队刚好与一支苏军在附近迎头相撞。施温克对此回忆道：

……远处全是穿着褐色大衣的俄国士兵，那情景真是可怕极了！因为这些人并不像往常一样狂叫着冲过来，而是就这样无声无息地涌了过来……当我们在一片废墟的碎石间隐蔽好后，长官告诉我们，必须放敌人到面前20米处才能开火。我们照做了，俄国人开始一排排地倒下，很快堆起了一道尸墙。这时候我们发现，他们大多数连武器都没有，只有很少一部分人有步枪。俄国人的第二波攻势同第一波差不多，也是没几个人有步枪，我们很轻松地就把他们全部打倒了。接着俄国人又发起了第三波、第四波、第五波冲击，这下我们吃不消了，弹药很快就见底了。我们的无线电员不停地呼叫增援，但无论是援军，还是炮火支援，或者是坦克、飞机，什么都没有出现。现在我们只能跟敌人肉搏了。堪堪打退敌人攻击后，俄国人的坦克出现了！这些庞然大物一边用主炮和机枪向我们开火，一边笨拙地向我们开来。这下完蛋了，我们什么都没了，连门反坦克炮都没有。很快，我们的迫击炮和重机枪也停止射击了，因为他们也没弹药了。我们的无

线电员继续请求增援，但什么也没有，上级只是严令我们坚守到最后，防止敌军切断主公路。

仿佛是听到了我们的召唤，空军的斯图卡战机出现了。我们赶紧在地面上铺开了斯瓦斯蒂卡旗帜（德国国旗）用于对空识别……这些飞行员干得真不错，俄国人的坦克一辆接着一辆被打爆。在我把脸埋在雪地之前，我看见一枚炸弹呼啸着从1辆俄国坦克的顶部砸了进去，然后就可想而知了……这时候，我们再次听到了坦克履带的嘎嘎声以及引擎的轰鸣声，但声音是在我们背后发出的。哦，这是我们的坦克，我们的步兵，我们的突击炮！

突然，一枚航空炸弹在我们掩体附近爆炸了。我的头一下子嗡了起来，就像有个蜂巢在我脑子里一样，感觉糟极了。我的头受了轻伤，脑壳上还插了几块碎弹片。此外，在白天的战斗中我的右腿还中了一枪，所幸伤势不重。但受伤也不全是坏处，在稍后反击伊万们的行动中，我由于跑不快，而被留下来看守雪橇。倒霉的是，他们承诺1个或2个小时就有人来接替我，实际上到第二天才有人换我回去。当我走到连部的时候，长官问我怎么一瘸一拐地走路，然后他试图脱下我的长靴，但我的脚和腿已经完全肿了起来，根本脱不下来。最后他只能用刀子把靴子割开，然后又割开我腿脚上的肿块，把里面的脓血放了出来……很明显，我冻伤了。在敷了一些冻疮药后，我自己又步履蹒跚地离开了这座倒霉的"长靴森林"，独自向后方的急救站走去……

1942年3月25日凌晨2点，苏军又发动了一次新的攻势。在接下来的一周里，奥斯滕多夫战斗群约10公里宽的防线遭到了多次冲击，但都被击退。4月上旬，随着春季泥泞时期的到来，苏军的攻势逐渐减弱。从4月到6月10日，奥斯滕多夫战斗群一直在中央战区的奥列尼诺（Olenino）—涅利多沃（Nelidovo）之间从事防御作战。3月30日，德意志团在"长靴森林"进行了最后一次作战行动。6月12日，奥斯滕多夫战斗群从东线撤出，返回西线与大部队会合。

1942年5月期间，根据希特勒的命令，帝国师名称正式从"Reich"变更为"Das Reich"。6月1日，党卫军指挥总局以SS第4步兵旗队（4.SS-Infanterie-Standarte）团部以及2营为核心组建了SS"兰格马克"团（Langemarck），原摩托车营的老兵则归入这个团的1营。

返回本土休整后，帝国师开始了最大规模升格改编。帝国师先是在德国，后又转移到法国北部。鉴于党卫军各部在东线战场上第一年忠诚的表现，帝国师、警卫旗队师、髑髅师开始各自配备一个新的装甲营。1942年2月，帝国师还在东线作战的时候，配属给该师的"帝国"装甲营就已经开始组建。到了3月至4月间，这个营直接被转隶给了维京师，更名为SS"维京"装甲营。1942年4月20日，党卫军指挥总局又给帝国师重新组建了一个新的装甲营。

1942年10月，帝国师奉命组建一个完整的装甲团。原先的"帝国"装甲营直接变更为"帝国"装甲团1营，而2营的人员则来自因人数不够，未能组建完成的SS"兰格马克"团。这个团在解散后，人员全部转为"帝国"装甲团2营。

除此之外，1942年11月15日，帝国师装甲团还额外获得了一个装备虎式坦克的重装甲连。全连共有10辆虎式坦克和12辆Ⅲ号坦克M型。配备Ⅲ号坦克M型也是因为刚开始虎式坦克数量不足，同时也为了让虎式坦克能够专心对

1942 年年中，党卫队指挥总局以 SS 第 4 步兵旗队（团）为核心组建了兰格马克团。担任该团 2 营营长的就是克里斯蒂安·蒂克森。1 营则是雅各布·菲克的摩托车营。照片中的欣里希·舒尔特（左）是 SS 第 4 步兵（旗队）团团长。

付装甲目标。

帝国师还以原先那个突击炮连的人员为核心，组建了“帝国”突击炮营，下辖3个连，主要装备Ⅲ号突击炮G型（也有可能有F型）。

师属反坦克营——“帝国”坦克歼击营下辖3个连，其中1连和2连是牵引式反坦克炮，第3个连则装备黄鼠狼Ⅱ型坦克歼击车，5月和6月是黄鼠狼Ⅱ型坦克歼击车搭载75毫米Pak40反坦克炮，后替换成9辆黄鼠狼Ⅲ型坦克歼击车搭载76.2毫米的Pak36（r）反坦克炮。

除了坦克和装甲车外，“元首”装甲掷弹兵团3营也因为全部接收了Sd.Kfz.251半履带车而实现了机械化，成为师属SPW营。

1942年7月初，元首团被派往法国的勒芒（Le Mans）执行占领任务。不久后，帝国师其他部队陆续前往法国与元首团会合。11月8日，盟军登陆北非（火炬行动），由于地中海的轴心国部队频频受到同盟国海军的威胁，希特勒下令发动“安东”行动，换句话说就是彻底占领维希法国。11月11日，帝国师随同其他部队一起参加了占领行动。11月27日，帝国师一部紧急赶往土伦的法国军港以阻止法军舰队的自沉行动。

作为占领军，帝国师在法国一直待到了1943年1月，直到一次新的危机降临在德国人头上……

第六章　重夺哈尔科夫

进入1943年，纳粹德国无论在东线还是北非战场都连遭重挫。隆美尔的非洲军在阿拉曼战役中差点全军覆没，而保卢斯将军的第6集团军也在斯大林格勒陷入了苏军的包围圈。1943年2月2日，被希特勒晋升为元帅的保卢斯带领残存的第6集团军官兵向苏军投降。对于德军来说，悲剧仍未终结。在南俄罗斯广阔的大地上，新的危机已经出现。

早在1942年底，苏军就出动3个方面军发动了一次冬季攻势。苏军的这次反击不仅志在击碎德国人为第6集团军解围的最后一丝希望，更是野心勃勃地计划将解围部队顿河集团军群乃至B集团军群，包括高加索集团军和第4装甲集团军在内，共计近100万人和大量的武器装备一口吞下。实际上，就连高加索地区的A集团军群都面临着后路随时可能被切断的危险。德军整个南线形势变得岌岌可危。从1943年1月起，实力强大的苏军在伏罗希洛夫格勒至别尔哥罗德

帝国师下属"德意志"装甲掷弹兵团一部的合影。照片摄于该师在法国的训练时期。

（Belgorod）之间德军防线上撕开了条近300公里的口子，防守这里的主要是罗马尼亚、意大利和匈牙利等仆从国的军队，他们面对汹涌而来的苏军往往一触即溃。取得斯大林格勒战役战略性胜利的苏军信心和士气大增，其下一阶段的战略目标就是推进到第聂伯河一线，切断甚至歼灭整个南方集团军群（即改编过后的顿河集团军群）。

1943年初，党卫军装甲军开始在法国组建。帝国师在作为占领军的同时，开始进行整编并升格为装甲掷弹兵师（其实力已经等同于装甲师，师属装甲团还额外配备了1个虎式重坦克连）。与此同时，希特勒亲自下令由SS“阿道夫·希特勒警卫旗队”、SS“帝国”以及SS“髑髅”三个装甲掷弹兵师组成的党卫军装甲军立刻以最快速度赶赴东线，准备向正在猛攻南方集团军群的苏军发起反击。1月9日，党卫军装甲军率先登上被称为“闪电运输”的军列，这些军列比其他开往东线的列车拥有更快的速度，同时还享有道路的优先使用权,而帝国师官兵就坐在这些军列最前面的车厢里。鉴于事态紧急，还没等师主力抵达，首批下车的官兵就组成了一个战斗群率先投入了战斗。这支战斗群包括SS “元首”装甲掷弹兵团1营以及团直属的第14（防空）连、第16（工兵）连的1个排，以及2个野战炮连和1个高炮连。随后，他们被加强给了第6装甲师，负责防守亚历山德罗夫卡（Alexandrovka）周边地区。1月22日，战斗群冒着风雪踏上了前往战区的道路。德军上级承诺，只要帝国师主力一抵达哈尔科夫，这支战斗群就立刻归建，然而实际上直到3月7日战斗群解散后，这些人才得以返回大部队。

1943年1月28日，帝国师主力以及警卫旗队师陆续赶到哈尔科夫以西的集结地。次日，党卫军装甲军奉命接管了库皮扬斯克（Kupiansk）—沃洛科莫夫卡（Wolokomowka）之间的奥斯科尔河（Oskol）桥头堡阵地。接下来几天里，党卫军装甲军又完成了对周围地形的侦察并与从奥斯科尔河以东退却的意大利军队残部和德军第298步兵师、第320步兵师及部分警察战斗单位残部取得了联系。不久后，党卫军的高级指挥官们获悉苏军的西南方面军、南方面军以及沃罗涅日方面军已经在德国南方集团军群的防线上撕开了一个巨大的缺口，同时解放了大量的领土，这其中包括重要的交通枢纽——库尔斯克。根据德军的情报部门的消息，紧追意大利和罗马尼亚溃军不放的苏军2个方面军真正目标是第聂伯河。

1943年1月底，“德意志”装甲掷弹兵团直属第16（工兵）连连长海因茨·马赫尔（Heinz Macher）就在战场上碰到了“可爱”的意大利人。他回忆道：

在冒着严寒，艰苦跋涉数百公里后，我们终于住进了温暖的兵营……不幸的是，我们在一些房子里碰到了意大利人。他们这个集团军在斯大林格勒被俄国人打得抱头鼠窜。他们与大部队（意大利第8集团军）失去联系后，从伏尔加河方向逃到了这里。现在，这伙人占据了原定属于我们的房子。我们不得不把一名意大利上尉和他的俄国情人从床上拖下来……

作为一名老兵，海因茨·马赫尔敏锐地感觉到，这说明德军在后勤方面已经出现了较大的问题。他接着回忆道：

关于口粮配给，有时候连里的运输分队还得自己派出卡车去拉补给。那些卡车根本无法运送足够的补给物资。这是偶然现象么？肯定不是！

尽管在1月间苏军的攻势由于补给线拉得过长而逐渐失去了冲击力。但受到胜利鼓舞的斯大林和苏军大本营认定德军正在大规模向第聂伯河撤退，一心打算乘机将德国A集团军群和B集团军群围而歼之，彻底击溃德军的南翼战线。因此，面对已经突破顿涅茨—旧别利斯克（Starobelsk）—瓦卢伊基（Waluiki）一奥斯科尔河上游一线并继续向西突进的苏军，德军唯一可用的机动部队就只剩下党卫军装甲军了，其窘境不言而喻。

“德意志”装甲掷弹兵团第16工兵连连长海因茨·马赫尔。照片中可以看到马赫尔获得金质近战章，金德意志以及橡叶骑士十字勋章。

按照希特勒最初的计划，整个党卫军装甲军将用来发动一次大规模反击——旨在消灭快速推进中的苏军。但面对日益逼近哈尔科夫的苏军集团，党卫军装甲军不得不作为救火队立刻投入战场。根据党卫军装甲军1月29日下达的命令，帝国师将负责奥斯科尔河—顿涅茨河之间的扇形区域，南部边界主要包括兹米约夫（Smijew）—库皮扬斯克（含该地）一线；北到舍别基诺（Schebekino）—沃洛科诺夫卡（Wolokonowka，含该地）一线。随后，帝国师与苏军发生了小规模接触。

在此期间，“元首”装甲掷弹兵团（缺1营）主要驻守在大布尔卢克（Veliki Burluk）区域：2营沿奥斯科尔河布防。“德意志”装甲掷弹兵团则防守卡缅卡（Kamenka）西南的树林地带至奥利霍瓦特卡（Olchowatka）一线。帝国师的任务就是阻断向顿涅茨河以东进军的苏军。在奥利霍瓦特卡镇东面，该团布置了两个营用于防守博尔基（Borki）以西的高地通往科辛卡（Kosinka）的道路。

2月1日左右，苏军出动了近一个师的兵力攻击了“德意志”装甲掷弹兵团2营和3营的阵地。面对苏军压倒性的优势，帝国师官兵不得不撤出了奥斯科尔河的桥头堡阵地，以免被切断后路。接下来的几天，帝国师官兵一直在与苏军进行着激烈的突击与反突击。但苏军还是在帝国师大部与师属侦察营防线之间形成了一个巨大的突出部，导致帝国师不得不投入“帝国”装甲团1营以及完全机械化的“元首”装甲掷弹兵团（SPW）3营来消除这一突出部的威胁。尽管帝国师在局部取得了一些成功，但由于两翼也被突破，只能不断向西边打边撤，迟滞苏军进攻速度。

苏军大本营的意图已经非常明显，夺回乌克兰重镇——哈尔科夫。为此，苏军将已经连续激战3个月，早已疲惫不堪的部队再次投入了进攻。2月2日，苏军的坦克第3集团军、第69集团军首先发起了进攻。2月3日，第60、第40集团军也开始进攻。在哈尔科夫以南，苏军于2月5日结束前就抵达了丘古耶夫（Chuguyev）地域的北顿涅茨河。匆忙成立的德军兰茨战役集群（Armee-Abteilung Lanz）接到了撤至顿涅茨河一线的命令，警卫旗队师也接到了在佩切涅基（Petschenegi）周围建立防线并收拢被击溃的德军残部的命令。事实表明，党卫军装甲军投入反击的时机还是太迟了，他们不得不被用来遏制和封堵防线上一个又一个缺口。结果，作为德军最高统帅部哈尔科夫前线最强力的一支预备队，党卫军装甲军在还未完全就位的情况下，被迫采用添油战术不断把下属的一批批部队投向战场中央。

2月7日，苏军的钳形攻势突破了党卫军装

抵达哈尔科夫地区的还有帝国师装甲团直辖的第 8 重装甲连的虎式坦克。照片中这辆虎式坦克战术编号“822”，并且仍装备着运输履带。从西方休整地赶到基辅，花费了帝国师大约 10 天的时间。

甲军两翼的防线。其中南翼的铁钳在警卫旗队师右翼和第320步兵师左翼之间打开了一个近40公里的缺口。在党卫军装甲军的北翼——别尔哥罗德东北一线，只有几个严重虚弱的国防军部队据守。2月8日，苏军已经在该城东面与德军“大德意志”摩托化步兵师和第168步兵师交火。2月9日，苏军夺取别尔哥罗德，俘虏了1000名德军。这样，苏军第69和第40集团军已经从北面对哈尔科夫构成了严重的威胁。按照这一局势的发展，哈尔科夫被围也只是时间问题。现在摆在德国人和党卫军装甲军面前的问题是继续死守还是尽速撤离——稍有犹豫，这支新锐的装甲军就有可能湮灭在苏军的洪流之中。

当天，从北面进攻的苏军第69集团军击退了帝国师，占领了沃尔昌斯克（Woltschansk）。在哈尔科夫以南的党卫军装甲军被迫于夜间开始逐次从北顿涅茨河向哈尔科夫方向撤退。在这一过程中，帝国师的官兵必须顶着暴风雪，踩着没过大腿的积雪在乌克兰大地上痛苦跋涉。因此当帝国师下属各部退到顿涅茨河西岸的时候，此前被他们拖住的坦克第3集团军也乘机强渡北顿涅茨河抵达西岸。因此，德军不得不继续后撤以收缩防线。帝国师随后撤到了哈尔科夫以东地区。

同一天，豪塞尔军长接管了哈尔科夫城的指挥。由于髑髅师还没有抵达前线，哈尔科夫城北和东北的防御任务被交给了帝国师，警卫旗队师则防守哈尔科夫以南地区。但在这之前，豪塞尔必须封闭警卫旗队师和第320步兵师防线之间的缺口。如果能够成功，不但可以一举消除苏军南翼铁钳的威胁（近卫骑兵第6军），而且可以救出遭到包围的第320步兵师。因此，豪塞尔下令在哈尔科夫以南梅列法（Merefa）组建一个战斗群。与此同时，警卫旗队师也接到命令，要求他们将所有营撤回顿涅茨河西岸，以便缩短防线并腾出部分兵力组建梅列法战斗群。

1943年2月，在哈尔科夫地区行军中的"帝国"装甲团2营4连连副的座车"402"号Ⅲ号坦克M型。

2月10日，豪塞尔把前进战术指挥部设在了梅列法。当天，帝国师师长格奥尔格·克普勒（Georg Keppler）脑溢血再次发作，只能将指挥权交给了装甲团团长赫尔伯特-恩斯特·瓦尔（Hebert-Ernst Vahl）。因此，这支"突击群"（即梅列法战斗群）只能交由警卫旗队师师长泽普·迪特里希指挥，该"突击群"的任务是阻止苏军继续向哈尔科夫推进。同时，空军也得到命令，尽全力支援迪特里希突击群在哈尔科夫南部的作战。"突击群"将排成三路发起进攻：右路是库尔特·迈尔的"警卫旗队"装甲侦察营；中路是"元首"装甲掷弹兵团和"警卫旗队"装甲团1营；左路则是SS第1装甲掷弹兵团1营，由该团团长弗里茨·维特（Fritz Witt）亲自指挥。

2月11日，由帝国师和警卫旗队师组成的这支混合战斗群在零下40度的严寒和漫天的暴风雪中投入了战斗。德军成功地打了苏军一个措手不及。在斯图卡俯冲轰炸机的支援下，战斗群成功切断了苏军的南翼铁钳，并且重创了近卫骑兵第6军。至2月16日时，损失颇重、仍保有士气的战斗群终于与更南面的320步兵师取得了联系，稳定了梅列法以南的防线，消除了德军一侧的威胁。完成这一任务后，战斗群才各自解散，并返回原编制。

与此同时，苏军沃罗涅日方面军已经从三面包围了哈尔科夫：第40集团军从西北，第69集团军从东，坦克第3集团军则从东南。哈尔科夫以南的洛佐瓦亚（Losowaja）—哈尔科夫的铁路则被西南方面军的第6集团军切断。期间，哈尔科夫的一个重要卫星村——兹米约夫也落入苏军之手，但另外两处要地——哈尔科夫以东和东北的罗甘（Rogan）以及捷尔诺瓦亚（Ternovoya）仍牢牢地掌握在帝国师手中，渗透进该处的苏军也被一一击退。参加过这段时间战斗的帝国师老兵仍清晰地记得苏军士兵常常在没有炮火的支援下，成群结队地高喊着"乌拉"向己方阵地发起了一波又一波冲击。这些勇敢的苏军士兵很快就遭到了德军新式MG42机枪的无情扫射，阵地上顿时尸横遍野。

尽管如此，面对苏军悍不畏死的猛攻，德军仍不得不逐渐退守至哈尔科夫城内，现在只剩下了哈尔科夫以南的一条狭窄通道可供逃生。就在这一形势下，希特勒仍通过兰茨战役集群向党卫军装甲军下达了"死守哈尔科夫直至最后一人"的命令（兰茨战役集群下辖党卫军装甲军以及劳斯军）。显然，任何一个有军事常识的将领都会认为这是一道毫无意义、完全是意气用事的命令。由于别尔哥罗德的失守，豪塞尔的西北翼几乎承受了苏军的所有压力。与此同时，另一路苏军则突破了德军东面的防线杀入城区。面对苏军咄咄逼人的攻势，哈尔科夫的陷落已经不可避免，而党卫军装甲军更是到了生死存亡的关头。根据2月12日下午4点40分，豪塞尔同集团军群参谋长之间的一份电话记录，前者在电话中强调："敌军正从东面、东北以及北面三个方向发起全线进攻……必须立刻后撤……就算战斗到最后一个人，也不过多守2到3天而已。还不如乘现在后撤并炸毁有价值的目标。"这一请求毫不意外地遭到了希特勒的拒绝。尽管没有得到批准，但豪塞尔已经决定无视这道命令。这不是一个轻松的决定，作为前线指挥官的豪塞尔反抗希特勒的命令需要很大的勇气，但他还是做到了。

不过，豪塞尔的参谋长维尔纳·奥斯滕多夫却不这么想，他不希望军长背上抗命不遵的罪名。2月15日下午1点，奥斯滕多夫在帝国师师部接到了豪塞尔打来的电话，“喂，是奥斯滕多夫么？我正在‘德意志团’的阵地上……我刚刚下达了突围（出城）的命令。”奥斯滕多夫说道：“地区总队长！元首可是再三强调死守（哈尔科夫）……”豪塞尔当即回道：“我说了算！”

事实证明，豪塞尔所做的决定为下一步反击起到了非常积极的作用。由于主动后撤，德军新的防线大大缩短，缺口被重新堵上。党卫军装甲军也摆脱了防守任务，成为德军下一阶段行动的进攻矛头。随着该军的第三个师——髑髅师休整补充工作的完成，党卫军装甲军在几天后将再次投入到反击之中。而苏军在占据哈尔科夫后，仍不顾疲劳和拉到极限的补给线，继续向顿涅茨河以南突击，试图歼灭整个南线德军。

豪塞尔的撤退命令下达后，德军全体官兵都迅速达成了一条共识——那就是哈尔科夫城内的食物存储中心绝不能落入俄国人手中。海因茨·马赫尔对此回忆道：

战斗日志显示我们连在2月14日没有任何行动。大家可以睡上一会，但必须时刻保持警戒。当我在刮胡子的时候，我突然注意到窗户外面有一些不寻常的景象。战友的欢呼和笑闹声伴随着一队重型运输卡车车队的抵达声传进我的耳朵里。紧接着，另外一支车队也开了过

1943年2月，在哈尔科夫地区作战的“帝国”装甲团团长座车“R11”号Ⅲ号坦克J指挥型。

来。当天吃早饭的时候，西格弗里德·迈尔（Siegfried Meyer）用银色托盘端了一杯香槟酒给我，（这么奢侈的行为）搞得我当时以为他是不是疯了。我的连副官这时走了过来，并告诉他带领我的手下跟当地居民一起打劫了哈尔科夫的食物存储站。我们所有在城里的卡车都参加了这一"行动"。小伙子们搬回的东西数量让人瞠目结舌，而且都是之前我们想也不敢想的食物或日用品。有香蕉干、杏子、桃子、熏鲑鱼、鱼子酱、巧克力、护肤霜、剃须皂、香烟、雪茄、避孕套、甜酒、橘味白酒（原产于法国）、马爹利干邑、轩尼诗干邑、法国香槟等。除了这些，我的副官还让小伙子们带回了一些生活必需品，诸如盐、糖、面粉、肥肉、培根、火腿等。此外，一些卡车甚至拖回了整片的猪肉（每片等于半头猪）。

在存储站，连里的小伙子为了找食糖，划破了一个又一个麻袋，结果里面不是盐就是面粉。你可以想象里面混乱的情景。最后，我的副官组织了一支押送队把东西拖了回来。在接下来的时间里，我们靠这些东西"滋润"了好长一段时间。

1942年秋，前往自己的老部队帝国师视察的豪塞尔，此时他已经升任党卫军装甲军军长。

2月15日，苏军开始强攻哈尔科夫。帝国师的一个装甲营通过一次坚决反击，把突入城郊西北端的苏军逐了出去。但在罗甘和其他地区，苏军相继得手。在帝国师某处防线，苏军一次就出动了近40辆坦克，很快就取得了突破。由于苏军距离城市愈来愈近，从波尔塔瓦到哈尔科夫的帝国师后勤补给道路现在也处于炮火覆盖之下。与此同时，德军在城内控制的阵地也只剩下了一条狭窄的走廊，并且不断遭到苏军的炮击。同样面对后勤补给问题的苏军用了一个最原始的办法——每名步兵必须携带一发炮弹赶赴前线。此后，苏军的炮兵连开始不间断地向德军最后的逃生走廊倾泻炮火。

当天下午1点和5点50分，豪塞尔等人都收到了"死守哈尔科夫直至最后一人"的命令。下午的晚些时候，苏军从哈尔科夫东南突入了城区。当地的游击队或平民也迅速加入了战斗的行列，开始频繁袭击德军经过走廊的车队。面对如此令人绝望的局势，豪塞尔毅然下达了从南面撤出哈尔科夫并在乌代河（Uday）后重组的命令。正是豪塞尔的这一抗命决定，才让曼施泰因元帅有了进行下一步反击的本钱。此时，苏军的进攻力量已经开始衰竭，而德军却陆续开始兵力集结。

随着帝国师后卫部队沿着走廊杀出哈尔科夫，苏军收回了乌克兰的第二首都——基辅，但这仅仅是暂时的。曼施泰因很快把党卫军装甲军加强到了哈尔科夫的西南区域，准备开始其策划已久的全面反击。当然在这之前，党卫军装甲军下属各单位首先必须重组或者合并。例如帝国师的装甲团在前段时间的战斗中已经损失了近50%的战力，只能合并成1个混编营。

1943年2月的后半月，德国南方集团军群面对的形势是：苏军仍在缓慢而坚定地向前推进。沃罗涅日方面军在哈尔科夫以南向西推进；西南方面军由南向西直扑第聂伯彼得罗夫斯克；南方面军则沿着同一轴心前进，并准备渡过第聂伯河建立桥头堡阵地。此时，整个南方集团军群（下辖第4装甲集团军，兰茨以及霍利特战役集群）正据守着克拉斯诺格勒（Krasnograd）至哈尔科夫以南以及罗斯托夫一线。为了重新夺回哈尔科夫，曼施泰因元帅首先需要摧毁逼近第聂伯河的苏军突击集群。只有清除这一威胁，才能为未来的反击打好基础。

2月17日，豪塞尔通过军内通报对全军将士连日来的奋战进行了表扬："警卫旗队、帝国、髑髅三个装甲掷弹兵师第一次肩并肩地投入战斗。在这几周内，全体官兵克服了不同单位、军种之间混编带来的混乱——这种混乱尤其加重了指挥官的负担，上下一心全力以赴，最终取得了本次防御战的决定性的胜利。"

从2月19日到3月4日，曼施泰因的哈尔科夫反击战在第聂伯河与顿涅茨河之间展开。在浓雾、暴雪和刺骨的寒冷中，党卫军装甲军再次投入了反击。虽然每个掷弹兵连的人数已经下降到了60人，但这些活下来的都是经验丰富的老兵。他们是取得胜利的重要基础，一些伤员甚至拒绝被撤下火线。党卫军装甲军右翼的帝国师的任务将是攻击苏军步兵第6师，后者正奉命夺取克拉斯诺格勒以及通往该地的公路一线。德军将在斯图卡俯冲轰炸机的支援下，狠狠楔入苏军进攻集团的侧翼纵深。

2月19日早晨，帝国师率先打响了曼施泰因

位于奥利霍瓦特卡的帝国师"德意志"装甲掷弹兵团的团部，注意照片左侧旗帜中的"Deutschland"字样。

反击的第一枪。根据计划，党卫军装甲军将首先摧毁克拉斯诺格勒以西和西南方向的苏军，其首要目标就是夺取该地以南的佩列谢皮诺（Peretschschepino）。海因茨·马赫尔再次回忆了"德意志"装甲掷弹兵团在这次行动中的一个片段：

能见度下降到了只有1000米左右，前方的地形开始平缓倾斜……同志们开始把弹药箱、机枪以及一些重武器，例如迫击炮等放在雪橇上。我们早在法国休整的时候，就准备好了这些长得像爱斯基摩小艇的雪橇……在抽完最后一口烟后，摩托车兵们出发了。高射炮的炮兵们也在忙碌着检查最后一次弹带。排雷小组的工兵们则用刺刀开始探雷，因为探雷器的电池在这种低温下早就没电了……工兵们或跪或趴地在雪地上用刺刀小心翼翼地东戳西戳着。最终，他们在雷场中开辟出了一条通道。早已等得不耐烦的团长立刻挥舞着手臂大喊道"向前"。进攻终于开始了……

2月19日中午，帝国师推进到了克拉斯诺格勒东南的十字路口一线，苏军从西南及东面发起的反击也被一一击退。午夜时，佩列谢皮诺落入德军之手，帝国师随后又拿下了德米特里耶夫（Dmitrijewka）以南的高地。次日凌晨5点，"元首"装甲掷弹兵团3营营长凯泽带领部下在师属装甲团坦克的伴随下，越过"德意志"装甲掷弹兵团继续向前进攻。师属装甲团8连的虎式坦克在这次进攻中击毁了5门反坦克炮，车长保罗·埃格（Paul Egger）因此获得了一枚金质德意志勋章。下面是他的金质德意志勋章推荐报告：

第8重装甲连的保罗·埃格，后来他也获得了骑士十字勋章。这张照片摄于战后。

1943年2月20日，"帝国"装甲团2营攻击佩列谢皮诺期间，埃格驾驶的坦克出色完成了突破敌军防线任务。在进攻阵形中，埃格走在了全营队伍的最前面，并连续击毁了敌军5门76.2毫米反坦克，其中2门被（虎式坦克）直接压毁。正是他的出色表现，我们才能顺利完成当天的攻击任务，为后续反击打下基础。

在斯图卡俯冲轰炸机的支援下，帝国师于早上7点攻占了古比尼察（Gubinchicha）。中午11点左右又通过苦战拿下了马尔耶诺夫卡（Marjenowka）以及尼古拉耶夫卡（Nikolajewka）。在攻击扎切皮洛夫卡（Satschepilowka）过程中，帝国师还得到了装甲列车的支援。下午2点，帝国师终于抵达新莫斯科斯克，德军第52步兵团仍在城中坚持抵抗。德军这次反击非常及时，承受不住压力的苏军开始向北撤退。当天夜里，元首亲自发来了嘉奖电报。士气大振的帝国师在接下来的两天里狂冲猛进90公里，逼得苏军节节败退。

2月22日，帝国师向60公里外的巴甫洛格勒（Pavlograd）方向发起了进攻。"德意志"装甲掷弹兵团的一名士兵回忆了当天发生的一个战斗片段：

……爬上卡车后，我们奉命向巴甫洛格勒发起了进攻。据我们排长说，路上已经没有敌人了，最多路两旁还有一些俄国佬的散兵游勇。我们在车后放了不少地雷，如果它们爆炸

1943年2月12日至16日，第8重装甲连同师主力一起开始撤出哈尔科夫。照片中就是正在撤离的“811”号，车长是约阿希姆·舍恩陶贝，8连1排排长。

从1943年2月24日起，第2“帝国”装甲掷弹兵师出动部分兵力向洛佐瓦亚发动了进攻，力图迅速夺取该城。

了……此外，我们还带了一些空心装药的手榴弹用于近距离对付俄国坦克……凌晨2点45分，宣读了元首的命令……必须取得决定性的胜利……我们肯定会遭到围攻。大约3点，在引擎的轰鸣中，我们发起了进攻。好吧，至少天气还不错。夜空非常干净，明天一定是个好天气……我们遭到了左右两侧的火力打击。

上午9点10分，我们得知俄国人向第聂伯河方向投入了一个完整的步兵团，他们还得到了5辆坦克的支援。我们迅速下车并占据了射击阵地。"伊万"们向我们蜂拥而来……突然，3架"斯图卡"出现在了我们头顶。我们的连长赶紧发射了信号弹，它们立刻向俄国坦克扑去……我们随后击毁了它们漏掉的最后一辆坦克。

我们在前进中损失了2门火炮，还遭到了俄国骑兵的冲击。入夜后，我们建立了全向防御阵地，同时派出了巡逻队。我们必须时刻保持警惕。所有人都不允许抽烟，只能喝上两口冷咖啡。夜里也不允许生火取暖，我们都被冻坏了……

对于帝国师来说，2月22日可以算是最成功的一天，"元首"装甲掷弹兵团在坦克的支援下守住了巴甫洛格勒。下午的晚些时候，师属摩托车营一部又向东推进到了更远的地方，与SS"维京"装甲掷弹兵师（以下简称维京师）建立了联系，并在其左翼展开（维京师当时隶属于德军第40装甲军）。

与此同时，哈梅尔战斗群（即加强的"德意志"装甲掷弹兵团）向南边的巴甫洛格勒—锡涅利尼科沃（Ssinelnikowo）的铁路线方向推进。下午2点30分，帝国师经过激战夺取了萨伊捷沃（Saizewo）。4点42分，"帝国"装甲团一部与锡涅利尼科沃的第15步兵师取得了联系，并于入夜后开始稳固防线。

2月23日，帝国师一部在铁路线和巴甫洛格勒—锡涅利尼科沃的公路线以东清剿苏军残部，剩下的部队则继续向东面有着苏军重兵把守的马里耶夫卡（Mariewka）方向推进，并于下午与守军发生激战。

2月24日早晨，帝国师在巴甫洛格勒北郊击退了一股包括大量T-34坦克在内的苏军步坦集群。中午12点45分，得到加强的"元首"装甲掷弹兵团向北面的维尔布斯科耶方向推进，德军打算从这里渡过萨马拉河（Ssamara）。下午2点，在斯图卡俯冲轰炸机的支援下，"元首"装甲掷弹兵团经过血战控制住了小村的东部和北部。当哈梅尔团长准备继续进攻时，先头部队突然遭到了来自500米外高地上的火炮袭击。原来开火的是向东北方推进的髑髅师的一支特遣队。"元首"装甲掷弹兵团立刻向他们发出信号："别开火，我们是帝国师前锋一部！"而这支髑髅师部队的回复却让人啼笑皆非："我们正在攻击有价值的目标！"

幸运的是，由于联系及时，除了人员受到惊吓外，没有其他损失。下午4点，帝国师和髑髅师都得到了最新的命令，紧跟苏军撤退的脚步向新尼克科斯基（Nowonikokski）—尤里耶夫卡（Jueijewka）一线推进。"德意志"装甲掷弹兵团将从南面的巴甫洛格勒撤回执行这一任务。当天结束时，德国第4装甲集团军成功阻止了苏军向第聂伯河方向的推进，同时斩断了其在巴甫洛格勒以南的进攻矛头（苏军冒进的第6集团军已经陷入德军包围之中）。德国人开始逐渐掌握了战场的主动权。

为了帮助友军（西南方面军），北面的沃罗涅日方面军从2月21日起又投入第69集团军、坦克第3集团军向南突击，试图攻占克拉斯诺格勒，从后方包抄党卫军装甲军。但由于苏军投入的兵力有限，再加上德军的顽强阻击，未能成功。

2月25日，帝国师和髑髅师奉命一道向洛佐瓦亚发起进攻。这个小镇是当地一处重要的铁路交通枢纽，因此防守这里的是苏军近卫第1集团军一部。上午8点45分，在穿过马纳亚和捷尔诺夫卡山谷后，帝国师拿下了热姆丘日诺耶，并重创了当地守军。大约下午2点，帝国师攻抵洛佐瓦亚南郊，由于道路泥泞，车辆行进遇到了极大的困难。与此同时，该师还接到了次日的任务：夺取洛佐瓦亚北面和东面的高地，“德意志”装甲掷弹兵团则做好向帕纽季诺方向进攻的准备。

2月26日凌晨2点，帝国师就开始向洛佐瓦亚方向进行渗透。天刚刚亮，德军就在坦克的支援下向该城发起了总攻。担任前锋的“元首”装甲掷弹兵团在冲入小镇后与守军展开了激烈的巷战。下午2点30分，赫尔伯特-恩斯特·瓦尔代理师长决定将“德意志”装甲掷弹兵团投入东南方向以保护全师侧翼的安全。

2月27日，洛佐瓦亚周边的战斗不断升级，德军击退了苏军数次反击。2月28日，帝国师将主攻矛头转向了西北方，首要目标就是拿下耶夫列莫夫卡（Jefremowka）和别列卡（Bereka）以东的高地。党卫军装甲军在2月份投入战斗以来一直在碰到类似的地形。当党卫军装甲军拿下耶夫列莫夫卡附近的制高点后，警卫旗队师防线就能够与肯普夫战役集群防线连成一片。

从2月28日夜至3月1日，虽然持续不断的暴雨弄得地面泥泞不堪，极大地阻碍了帝国师的突破速度，但“元首”装甲掷弹兵团一部还是成功夺取了彼得罗夫斯基（Petrowskij），随后又在克拉斯诺巴甫洛夫卡附近的克拉斯诺耶（Krassnij）—红十月村的公路追上了苏军的后卫部队。位于右翼的“德意志”装甲掷弹兵团的任务是穿过阿列克谢耶夫卡（Alexejewka）夺取别列卡，该团得到了装甲团第8重装甲连2辆Ⅲ号坦克和2辆虎式坦克的支援。进攻于上午8点展开。仅仅20分钟后，德军就抓获了第一批战俘。

但到了阿列克谢耶夫卡，“德意志”装甲掷弹兵团遭到了苏军T-34坦克和一些反坦克炮的顽强阻击。虎式坦克立即击毁了3辆T-34坦克。在随后的交火中，又干掉了10辆以上的苏军坦克。“帝国”装甲团8连的下级小队长海因茨·特劳特曼（Heinz Trautmann）回忆了战斗的情况：

SS第2装甲团团长，党卫队区队长（大校）赫尔伯特-恩斯特·瓦尔。由于党卫军系统中缺乏有经验的坦克指挥官，因此帝国师在组建SS第2装甲团时，特地从国防军“借”来了第29装甲团团长赫尔伯特-恩斯特·瓦尔。这张照片中的瓦尔（照片左侧）已经佩戴了党卫队旅队长兼武装党卫军少将的军衔。

我们推进的速度很快，因为行军过程中遇到的抵抗十分微弱。一个Ⅳ号坦克连走在我们2辆虎式坦克前面，殿后的则是乘坐着装甲车的侦察营兄弟，他们将在突破防线后投入战斗。

一个小村出现在我们眼前，看起来非常安静。尽管如此，我们还是紧闭舱门，只通过无线电保持互相之间的联系。又向前推进了600米后，村子依然没有任何动静。Ⅳ号坦克这时已经排成了攻击队形，准备冲进村子。当第一批坦克靠近村口建筑时，原本死寂的村子一下子活了过来！有埋伏！领头的坦克炮塔被直接命中，还有2到3辆坦克起火冒烟，剩下的坦克试图掉头，却被打断了履带。该死的俄国佬把他们的火力点布置在建筑和围墙后，我们之前根本没法发现。

初战告捷，让俄国人士气大振，火力也加倍猛了起来。我们的Ⅳ号坦克连被困住了，虽然他们在奋力还击，但是混乱中根本无法确认敌人坦克和反坦克炮的具体位置，只能对着村里瞎打，看来我们的进攻失败了。

无线电台里传来了命令：“全部掉头！在低洼地处重新集合！”我们的先头（装甲）连损失了8辆Ⅳ号坦克，只有3辆成功后撤，其他坦克都遭到了俄国人火炮的直击。

现在该轮到我们上了，我们把虎式坦克开到了队伍的最前面，剩下的坦克则保持一定距离，跟在我们身后。侦察营的同志们依然留在低洼地里待命。我们穿过开阔地，前方横七竖八躺着的坦克残骸让我们的心情难以放松。很快，俄国人开始向我们集火了，不过这个距离上俄国人的火炮根本奈何不了“老虎”。不过，我们仍然无法确认敌人的位置。

就在这个时候，突然有3辆T-34坦克撞破了藏身的建筑冲了出来，似乎是想攻击我们的侧翼。我们立刻接到了速射的命令。我们于是迅速将炮塔转向左侧，然后停车射击。我们第一轮齐射就打爆了敌人领头的坦克。与此同时，炮手们已经瞄好了第二辆坦克：“开火！”我们的炮弹很可能打中了第二辆的油箱，剧烈的殉爆直接掀飞了炮塔，整个车子四分五裂。第三辆坦克可能是被同伴的遭遇吓傻了，竟然试图掉头逃跑，结果把脆弱的屁股露了出来，我们毫不客气地把它送上了天堂。

干完这一切后，我们又听到了坦克装甲板被炮弹击中后“砰砰砰”的声音。我们开始把注意力从那3辆T-34坦克的残骸上移开，仔细倾听车外的情况。这些击中我们的炮弹口径应该非常小，很可能是反坦克炮。我们用高爆弹逐一轰击远处小屋。无论如何，至少能给我们一点喘息之机。接着，我和另外一辆虎式坦克互相掩护着驶上了村中的主干道。其余的坦克跟在我们后面，彼此间保持着距离。与此同时，侦察营的半履带装甲车也开到了村外。掷弹兵们下车后，开始在虎式坦克前面呈扇形展开，掩护我们两翼的安全（德军在巷战中，通常会让掷弹兵在前方和两侧保护坦克安全和预警）。

掷弹兵们用手榴弹和冲锋枪把周围房子全部打起火，以防里面藏匿敌人。这下，我们终于发现了那些该死的反坦克炮了。俄国人直接把45毫米反坦克炮推进了屋子，通过窗户射击我们。很快，这些烦人的家伙终于消失了。我们（2辆虎式坦克）在驶过开阔地后，进入村子另一边的花园时，突然发现前方出现不少T-34坦克，它们正试图悄悄地溜掉。2辆虎式坦克几乎同时开火，仅仅几分钟后，8辆T-34就冒着浓烟躺在了村口。我们也终于明白俄国人为什么会出现在这里，原来前方100米左右有一座可供坦克过河的桥梁。

我们毫不犹豫地冲了上去，在过桥前又发现2辆敌军坦克，它们很可能是留下来掩护炸桥的。当然，它们的命运也就不言而喻了。在我们夺下这座桥梁的同时，侦察营的兄弟们也肃清了整个小村……

3月1日傍晚6点20分，帝国师向党卫军装甲军递交的报告如下：“别列卡以西高地已被我部占领。敌人正向东北方向逃窜，我师将继续进入树林地带追击。大约17时，‘元首’团进入耶夫列莫夫卡。战斗仍在进行，但据估计，敌人力量已经所剩无几。”

3月2日，帝国师与从克拉斯诺格勒方向攻来的警卫旗队师在帕拉斯科维亚（Paraskoweje）建立了联系。随后，新巴布里卡（Novababavaria）被拿下。入夜后，耶夫列莫夫卡也落入德军之手。数量可观的苏军被围在了耶夫列莫夫卡—奥霍恰耶（Olchotschaie）—帕拉斯科维亚的包围圈中。几天后，这批苏军被彻底歼灭。海因茨·马赫尔回忆了期间一个片段：

我的连在夺取某个小村的近战中冲在了最前面。上级突击大队长（中校）哈梅尔就跟我待在一起。糟糕的是，我们俩手榴弹都用完

在哈尔科夫地区作战的第8重装甲连的“821”号虎式坦克，是2排排长座车。

了。最近的车辆离我们至少有50米，根本没机会跑到那里拿手榴弹回来，因为没有人能够掩护我们——所有人都自顾不暇，我和团长完全被孤立了。就在我们前方5米远的一个弹坑里，有两个俄国士兵正在勇敢地战斗着。哈梅尔和我必须马上做点什么。我们两人各自捡起了地上的石头或冰块，然后奋力向那两个俄国人砸去。他们很自然地认为这是手榴弹，并低头闪避。就利用这段时间，我们一跃而起，三步并作两步冲进了弹坑，俘虏了这2个倒霉蛋……后来，我向哈梅尔表达了团长不应该冲在最前面的想法。哈梅尔却说：“只要能拿到近战勋章，我愿意冒任何风险。”

不到几天的时间里，苏军一度势不可挡的进攻狂潮开始倒退。在留下23000具尸体，615辆坦克和354门火炮后，苏军被迫退到了顿涅茨河的东岸。此外，德军还抓获了9000名俘虏。德国南方集团军群所面临的危机终于过去，曼施泰因的装甲矛头将直指哈尔科夫。与此同时，党卫军装甲军也结束了对苏军西南方面军的追击，转而扑向了沃罗涅日方面军的坦克第3集团军。

3月5日，帝国师夺取了奥霍恰耶和克拉万斯科耶（Karawanskoje），随后继续向新沃多拉加（Nowowodolago）方向推进。3月6日，“帝国”装甲团一部在新沃多拉加西北部展开。3月7日晚，帝国师装甲战斗群渡过姆扎河（Msha）并在对岸建立了一座桥头堡。此时，整个帝国师也只有8辆Ⅲ号坦克和6辆突击炮可用，这极大地限制了帝国师的攻击能力。3月9日，帝国师又从瓦尔基返回了自己的作战区域，同时向哈尔科夫以西的柳博京（Ljubotin）推进。次日，帝国师又拿下了克罗季什（Korotitsch），哈尔科夫已经近在咫尺。

在苏军拼力抵挡帝国师的同时，警卫旗队

师在北面连战连捷，不断向前推进。这严重威胁到了帝国师当面苏军的侧翼安全，后者被迫开始收缩防线。次日，豪塞尔开始考虑向哈尔科夫发起最后的冲击。党卫军装甲军希望能够率先夺回该城，为4月20日的元首生日献上一份厚礼。为了执行这一任务，帝国师组建了哈梅尔战斗群（"德意志"装甲掷弹兵团），该战斗群还得到了髑髅师一部的加强。

3月11日早上8点，哈梅尔战斗群向哈尔科夫城外的萨柳季诺（Saljutino）发起了进攻。到了中午，哈梅尔战斗群的攻势由于遇到苏军的反坦克阵地陷入停顿。入夜后，哈梅尔命令"德意志"装甲掷弹兵团3营通过步兵渗透战术才突破了苏军防线。但德军在通过反坦克阵地后又遇到了反坦克壕沟。直到凌晨5点15分，德军坦克才通过用炸药炸平的反坦克壕沟，准备进入城区。与此同时，"元首"装甲掷弹兵团战斗群突破了苏军在哈尔科夫以南的防御阵地，切断了乌德—梅列法的公路。从目前来看，夺取哈尔科夫的荣耀已经无可争议地落在了党卫军装甲军3个师的头上。

3月12日，哈梅尔战斗群向哈尔科夫火车站方向重新发起了进攻。党卫军掷弹兵在坦克的支援下，硬是依靠蛮力在苏军步兵炮和坦克的顽抗下杀出了一条血路，消灭了一个又一个抵抗据点。快到中午时，哈梅尔战斗群的官兵终于看到了哈尔科夫火车站，眼见胜利在望，哈梅尔团长却突然接到了来自党卫军装甲军的急令，要求战斗群立刻撤出突破口，准备包抄仍在哈尔科夫城东和东南与德军第48装甲军对峙的苏军部队。放弃来之不易的战果后退，让包括哈梅尔在内的全体官兵产生了极大的抵触情绪。也许是考虑到一线官兵们的心情，党卫军装甲军给帝国师发去一封颇具"诗意"的电文：

即使任务令人沮丧，
我们依然高唱着欢快的歌儿，

穿过哈尔科夫城区的哈梅尔战斗群的部队。

饮着甘甜的美酒，

因为我们是最优秀的战士！

稍后，帝国师作战参谋发给装甲军的回电虽然也“诗意”十足，却总是感觉有那么一点淡淡的不甘：

为什么变更目标这种事总是发生在我们帝国师身上，

你们不觉得应该“成全”一下哈梅尔的愿望么？

他的军队强大而富有生命力：

他们可以像闪电一样撕破敌人的防线去干掉该死的俄国佬。

虽然目标变更使我们有些吵闹。

不过，这一切很快就会过去。

帝国师也并没有生气：

作为一名士兵，“服从命令”就是我们的一切。

即使我们有时看上去有些抱怨，

但我们始终信仰——“忠诚乃吾之荣誉”。

哈梅尔战斗群转移之前，德军必须穿过一处反坦克壕沟，并建立桥头堡阵地以策安全。哈梅尔随后把这个任务交给了团属第16（工兵）连连长马赫尔。德军经过侦察发现，苏军占据了这处反坦克壕沟后方地势较高的建筑群，守军因此可以获得非常良好的射界，并且几乎每一栋房屋都被苏军改造成了坚固的火力点。

3月13日凌晨2点40分，在一阵短促而精准的炮击后，第16工兵连发起了进攻。没多久，他们就遭到了苏军火力的凶猛打击。马赫尔带领手下冒着机枪和迫击炮的火力一口气冲进了反坦克壕沟，用匕首和工兵铲同守军展开了肉搏。2点53分，稍事休整后的工兵们端着冲锋枪大声怒吼着冲向了壕沟之后的建筑群，同时把手榴弹从窗户扔进苏军据守的屋子。拿下最前面的几栋建筑后，全连迅速散开，1个排在左，1个排在右，1个排在中间推进，第4个排则担任战场预备队，随时加强到某个方向。4点20分，尽管苏军进行了顽强的抵抗，甚至决死地反扑，但马赫尔的连还是为全团进入哈尔科夫城中心打开了一条安全的通道。1个半小时后，“元首”装甲掷弹兵团3营在坦克的伴随下也杀了过来，成功掩护了哈梅尔战斗群向哈尔科夫东北角的突击行动。

下午3点，哈梅尔战斗群成功推进至罗谢沃（Lossewa）东面高地一线，于天黑前抵达哈尔科夫东南的罗甘火车站。不过，由于推进速度过快，大部分车辆都快没油了。3月14日凌晨2点，哈梅尔战斗群在坦克的打头下，夺取了沃西什切沃（Wossyschtschewo）附近的209.3高地。不久后，战斗群的坦克在这里消灭了苏军27门反坦克炮、8门火炮以及数个机枪巢，拔掉了苏军一个重要据点。下午的晚些时候，帝国师一部从罗甘火车站出发，向西北方向的捷尔诺瓦亚发起进攻。

3月15日，哈梅尔战斗群从罗甘尼火车站出发向东肃清铁路沿线的苏军。而帝国师大部分可用的坦克，包括3辆虎式坦克在内都加强给了库姆战斗群（“元首”装甲掷弹兵团为核心组建），准备支援该部夺取位于罗谢沃的国营拖拉机厂。天刚蒙蒙亮，在经过短暂的火炮准备后，库姆战斗群渡过了乌德河，向位于奥斯诺瓦（Ossnowa）郊外脆弱的苏军阵地发起了进攻，这里距离罗谢沃的国营拖拉机厂西南方已经很近了。大约1个营的苏军仅进行了象征性的抵抗就消失了。抵达拖拉机厂外围后，德军与占据了这个复杂厂房大部分阵地的苏军展开了残酷的巷战。双方为每一条小巷，每一栋房屋进行了殊死搏斗。当天下午，警卫旗队师侦察营沿着哈尔科夫—丘古耶夫公路攻击前进，在拖拉机厂与库姆战斗群建立了联系。

3月16日拂晓，经过一夜的准备，库姆战斗群在坦克（包括2辆虎式坦克）和突击炮的协助下，对拖拉机厂内的苏军阵地发起了进攻。这一进攻还得到了第55火箭炮团2营以及师属炮兵的支援。到了上午9点，德军终于肃清了全部拖拉机厂之敌。随后，库姆战斗群又向哈尔科夫东北方的韦谢洛耶（Wesseloje）发起突击。下午的晚些时候，库姆战斗群进入涅波克里托耶（Nepokrytoje）。次日，帝国师接到了夺取哈尔科夫以北的别尔哥罗德的命令。

3月17日凌晨4点，帝国师准时发起了进攻，库姆战斗群在右翼，哈梅尔战斗群在左翼。清晨6点45分，得到师属装甲团2营剩余坦克加强的库姆战斗群夺取了韦谢诺耶和韦索基（Wyssokij），苏军进行了象征性的抵抗后就退向了东和北两个方向。下午1点，随着涅恰耶夫卡（Netschajewka）和博奇科夫卡

在哈尔科夫地区作战的"帝国"装甲团1营3连的"313"号Ⅳ号坦克G型。

正在向哈尔科夫市中心推进的"帝国"装甲团的Ⅲ号坦克M型。可以清楚地看到坦克后部黄色的狼之钩师徽，推测可能属于4连。

（Botschkowka）两个小村被攻克，帝国师和阿道夫·希特勒警卫旗队师通往别尔哥罗德南郊的道路终于被打通了。3月19日，党卫军装甲军攻陷了重镇——别尔哥罗德，再次抵近顿涅茨河，第三次哈尔科夫战役的胜利果实也离德国人更近了一步。3月20日和21日，德军终于肃清了顿涅茨河西岸之敌。

经过长达6周的残酷战斗，党卫军装甲军以伤亡近三分之一的高昂代价，协助国防军部队重新夺回了哈尔科夫并重创苏军数个方面军，稳定了德军岌岌可危的形势，暂时避免了东线的崩溃。

下面是几个帝国师官兵讲述的夺取哈尔科夫后发生的三个小故事。安东·费劳（Anton Fehlau）是帝国师师属炮兵团的成员。他回忆了一个非常有趣的故事：

我们连奉命派出1辆重型卡车前往野战炊事连驻地。在那里，我们装了满满一车刚刚出炉的烤面包，并奉命把它运往哈尔科夫城内的补给点。中途休息的时候，我们很自然地拿起车上的面包嚼了起来。周围的房屋的窗户都挂着百叶窗，里面的住户可能都跑光了。就在这时候，一个老人从其中一栋屋子里走了出来。他走到我们的面前，希望我们能施舍一些吃的给他。我想也没想，就扔给他一整条面包。这下坏了，所有屋子的门突然都打开了，许多人向我们涌来，他们还以为我们是来分发面包的。我们赶紧发动引擎溜之大吉。让人哭笑不得的是，当我们抵达目的地后，才被告知原来这批面包就是用来赈给当地百姓的。

马赫尔的第16工兵连的埃瓦尔德·埃姆（Ewald Ehm）则讲述了另外一个故事：

每到吃饭的时间，当地的小孩子就会一声不吭地围在我们的战地炊事车前，用一双双充满饥饿的眼睛望着我们的食物。没人能够忍心赶走他们。马赫尔连长决定做点什么。他让我找到炊事班的厨师，并请他们用吃剩下的食物做成稠一点的汤分发给这些孩子。我非常肯定的是，许多同志已经省出口粮来接济孩子们了。

海因茨·马赫尔则讲述了最后一个搞笑的故事：

3月，在我们重新夺回哈尔科夫后，那些“金色的野鸡”们（党卫军对德国占领区的纳粹官员的蔑称）于4月份返回了城市。这些穿着褐色制服，手臂上绣着金边斯瓦斯蒂卡（即纳粹的“卐”字标志）的官老爷们无一例外地坐着小轿车，还带着他们的金发小女朋友。这些“鸡”们随后还想返回他们原来的“高级住宅”，不过这些地方早已被我们这些露宿多日的党卫军士兵住满了。我们很快“友好”地通过拳头告诉那些“绅士”谁才是这里的主人……而那些女士们也开始明白，谁才是真正的男人。

接替库姆成为元首团团长的西尔维斯特·施塔德勒。

哈尔科夫战役后，帝国师发生了一些人事变动。3月18日夺取别尔哥罗德战斗期间，原先接替脑溢血的克普勒临时担任帝国师师长的赫尔伯特-恩斯特·瓦尔在战斗中负伤。库尔特·布拉扎克（Kurt Brasack）开始接手指挥帝国师（布拉扎克此前担任师属炮兵团团长），直到3月29日新任师长瓦尔特·克吕格尔到任。“元首”装甲掷弹兵团团长库姆也返回柏林参与另外一个党卫军部队的组建工作（SS第5山地军），他的团长一职由2营营长西尔维斯特·施塔德勒（Sylvester Stadler）接任。帝国师原先的摩托车营也解散，同时并入师属侦察营之中。此外，豪塞尔的党卫军装甲军番号也变更为党卫军第2装甲军（SS第2装甲军），第1的番号则预留给了希特勒的爱将泽普·迪特里希。4月22日，帝国师奉命前往新的集结地集结，准备参加即将发动的“堡垒”行动。

第七章　从库尔斯克到第聂伯河

“堡垒”行动

曼施泰因元帅指挥的这次哈尔科夫反击战，将南线的德军从土崩瓦解的边缘挽救了出来。由于苏军中央方面军在此前的反击中冲在最前面，而两翼未能跟上，因此在德军防线上以库尔斯克为中心形成了一块巨大的突出部。接下来的春季泥泞让战事渐渐平息了下来。苏德统帅部开始各自筹划1943年春夏战局的作战方案。

希特勒为此制订了一个野心勃勃的进攻计划，希望能够重创苏军，振作一下摇摆不定的盟友的信心，同时抢在西方盟国登陆欧洲大陆前稳住东线的局势。这个代号为“堡垒”的进攻计划非常简单，动用中央集团军群和南方集团军群从突出部南北两翼实施钳形攻势，切断突出部内苏军6个集团军与后方的联系并将其歼灭。此次攻势的主要目的是最大限度地削弱苏军的有生力量，好让德军能够抽调部分驰援西线，应对盟军即将发起的登陆。希特勒正确地判断出1943年将是德国“单线”作战的最后一年，因此他必须为东线争取一点喘息的空间，等回头收拾掉西方盟国后，再集中全力在东线作战。

德军为此投入了68万4900名官兵，以及2828辆坦克和突击炮。在突出部北面，克卢格元帅的中央集团军群区域，负责主攻的第9集团军下辖第47、第41、第46装甲军以及第20、第23步兵军，其中第41和第47装甲军（包括第2、第9、第18和第20装甲师）共有1081辆坦克和突击炮。不过，担任主要突击的仍是曼施泰因元帅的南方集团军群：第4装甲集团军麾下拥有SS第2装甲军（下辖“警卫旗队”“髑髅”“帝国”三个装甲掷弹兵师）、第48装甲军（下辖第3、第11装甲师和“大德意志”装甲掷弹兵师），共计1235辆坦克和突击炮。此外还有肯普夫战役集群下属第3装甲军的3个师（第6、第7和第9装甲师）及各非师属装甲单位来保护霍特的东面侧翼不受反击，肯普夫麾下共有512辆坦克和突击炮。那么，仅从坦克数量上就可以看出南线是德军进攻的重点。

当然，不是所有将军们都相信发动夏季攻势是什么好主意，以装甲兵总监古德里安上将为代表的一些德军将领就坚决反对这次攻势。在最初的几次会议上，最高统帅部参谋长威廉·凯特尔（Wilhelm Keitel）居然叫嚣基于“政治因素”德军也应该发动一次大规模夏季攻势，这让古德里安上将火冒三丈：“我们拿下库尔斯克与否，对于全世界而言，不过是一件无关痛痒的事情。”

根据古德里安的回忆，希特勒当时的答复

也反映了他摇摆不定的心态，“你说得对，一想到夏季攻势我就反胃。”种种的内外交困，让希特勒意识到一旦失败，他所谓的“千年帝国”就可能随时倒塌。古德里安上将则认为将宝贵的装甲部队投入到这样一次代价高昂的攻势中必将造成巨大的损失，他为恢复装甲单位所付出的心血将付之东流。于是他提议放弃进攻，让苏军先进攻，待其冲劲耗尽后再依靠强大的装甲预备队发动反攻。

尽管古德里安坚决反对而希特勒本人也举棋不定，“堡垒”作战的筹划和准备工作并未停滞。德国最高统帅部无疑仍然坚信德军能够突破苏军防御。毕竟在之前历次夏季攻势中，德军装甲师都能迅速突入苏军战役甚至战略纵深处。既然一直以来德国陆军都能战胜拥有数量优势的敌人，这次又怎会成为一个例外？因此，希特勒和他的将军们对这次攻势寄予了厚望，希望能够重新夺回东线的战略主动权。为此，德军把东线大部分重组、补充后的装甲部队以及空军部队部署到了别尔哥罗德和奥廖尔（Orel）地区附近。

指挥“堡垒”行动南线作战的曼施泰因元帅。

按照德军最高统帅部的最初计划，攻势将于5月10日发动。不过，这一时间被一再推迟。原因之一就是诸如豹式坦克、虎式坦克和费迪南重型坦克歼击车等新装备还需要时间交付部队和通过磨合并形成战斗力。

而在苏军方面，凭借情报机关的出色工作，他们几乎能同步得到德军发动进攻的日期。情报上的优势使得苏军得以从容地在整个库尔斯克突出部精心布置防御。苏军计划待德军进攻受挫后，所有6个方面军（西方面军、布良斯克方面军、中央方面军、沃罗涅日方面军、草原方面军和西南方面军）将立即由防御转入进攻，给予德军致命一击。由于德国中央集团军群实力强劲，而且他们所占据的位置威胁着莫斯科，苏军认为这里将是德军的主攻方向，因此把最精锐的部队安排在库尔斯克北部，朱可夫元帅也在此指挥，以协调西方面军、布良斯克方面军和中央方面军3个方面军的动作，但事实上德军的主攻方向将在库尔斯克的南部。

德军的“堡垒”行动从1943年7月5日开始，直至7月17日以全面撤退告终，SS第2装甲军以及其他德军部队在近两周的攻势中损失惨重，其间的普罗霍罗夫卡坦克大决战更是被称为“德国第4装甲集团军的死亡冲刺”。

1943年6月19日，SS第2装甲军下达了取消休假的命令，全体官兵都清楚，一场新的攻势就要展开了。根据德国第4装甲集团军下达的命令：“……堡垒行动当天，装甲集团军将突破敌军位于别尔哥罗德—科罗维诺（Korovino）之间的第一道防线……迅速突破第二道防线后，再消灭来犯的敌军坦克预备队……拿下奥博扬（Oboyan）并向东建立掩护，同时开始向库尔斯克方向突击……肯普夫战役集群负责保护（集团军）东面侧翼的安全，因此，肯普夫战役集群将以左翼的第6装甲师穿过别尔哥罗德和萨贝尼诺（Stabynino）向

即将对抗德国南方集团军群冲击的苏军沃罗涅日方面军司令瓦图京大将。

普罗霍罗夫卡方向发起进攻……SS第2装甲军将负责突破别廖佐夫（Beresoff）—扎杰尔诺耶（Sadelnoye）之间的敌军防线……其下属的1个师将在夺取茹拉夫利内（Shuravliny）后，打开别尔哥罗德通往雅科夫列沃（Yakovlevo）的道路……随后，SS第2装甲军将进攻位于卢奇基（Lutschi）—雅科夫列沃的敌军第二道防线……坚守当地并做好渡过普肖尔河（Pssel）的准备，同时集中力量转向北面的普罗霍罗夫卡。”

这期间，德军开始了大量补充新装备的工作。帝国师下属SS第2炮兵团的海德·鲁尔对此回忆道：

……为了支援我们的师属装甲团，我们新装备了两种自行火炮，105毫米的胡蜂式自行火炮和150毫米的熊蜂式自行火炮……为了熟悉新装备和尽快形成战斗力，我们展开了大量的训练工作，但这些新装备带给我们两个难以解决的新问题——油料以及备件！

1943年6月29日夜，SS第2装甲军下属各师开始陆续进入集结地，同时在20公里宽的战线上展开：警卫旗队在左，帝国师在中，髑髅师则在右侧稍稍靠后的位置。7月1日，SS第2装甲军发布了第17号命令，其中帝国师的任务是集中兵力攻击左翼的敌军阵地，而后向北穿过别廖佐夫及西面阵地，然后在卢奇基强行打开突破口。顺利达成突破后，立刻准备转向东北全力夺取普罗霍罗夫卡。

为此，国防军的教导火箭炮团（缺第2营）被加强给了帝国师。此外，第8航空军也将出动战机为该师推进提供空中支援，其攻击目标包括别廖佐夫以及东北方向的所有敌军阵地和军

“堡垒”行动期间，“帝国”装甲炮兵团9连装备的150毫米“熊蜂”式自行火炮。

事目标（桥梁除外）。俯冲轰炸机还将为师先头部队提供近距离空中支援。

帝国师所获详细命令如下：

> 师属掷弹兵务必于H+15至H+50（H为攻势开始时间）炮火准备期间进入预定攻击阵地。H+45至H+50将进行最后一次更大规模的炮火准备，然后全师将向别廖佐夫及其以西高地发起进攻。从南边，最好从西边（别廖佐夫侧后方）夺取别廖佐夫后，主力部队应从西侧绕过别廖佐夫后继续向北推进，夺取244.7和233.3高地，扩大突破口。
>
> 师属装甲团将紧跟掷弹兵之后，当工兵部队从雷场中开辟出道路并且填补好反坦克沟壕后，全团将投入所有装甲力量向纵深突破。师属装甲团投入进攻时间将不得迟于夺取别廖佐夫之后。
>
> 244.7和233.3高地夺取后，立刻向敌军第二道防线挺进。在246.3高地取得突破后，再沿高地向前突击，并在涅恰耶夫卡（Netschajewka）和卢奇基之间扩大突破口。

7月3日，帝国师开始进入别尔哥罗德—托马罗夫卡（Tomarovka）铁路线以南的预定集结

1943年4月20日，帝国师举行了盛大的授勋仪式，为在哈尔科夫反击战中的有功人员进行了表彰。左1就是新任师长瓦特尔·克吕格尔。

地。7月5日午夜过后不久，德军各一线部队都宣读了希特勒的告士兵书："今天你们将开始一场伟大的进攻战，这次作战将对整个战争的胜负产生决定性的影响……你们的胜利将比以往更加有力地在全世界巩固一条信念，即对德国武装力量的任何抵抗都是徒劳的……今晨的强大突击，将使苏军震惊并彻底震动。你们应懂得，一切都可能取决于这次会战的结局。"

为了让全体官兵意识到这场战斗的重要性，帝国师第7任师长瓦尔特·克吕格尔特地在当天的训词中强调："元首在期待我们的成功，祖国和亲人也在期待我们的成功。逝去同志的英魂将与我们一同战斗！我们将与他们一道获得最后的胜利！"

根据命令，帝国师将首先夺取苏军前沿阵地东北2公里的别廖佐夫小村。预定的攻击时间还没到，担任先头部队的"德意志"装甲掷弹兵团3营的各突击小组就在装备喷火器的战斗工兵的伴随下，匍匐穿过两军战线上无人地带，避开巡逻的哨兵后，悄悄地在苏军的前沿哨所之后潜伏了下来。突击队员们静静地，一动不动地等待着进攻的命令。当动手的信号发出后，12个喷火小组立刻从背后向苏军前沿哨所喷出一道道浓烈的火焰，瞬间就消灭了这些前沿哨兵。当然苏军也不是傻子，凌晨1点30分，苏军突然对德军实施了一次抢先炮击，目的就是阻止德军消灭自己的前沿哨所。尽管这次炮击持续时间很短，但还是有不少炮弹落在了正在集结的"德意志"装甲掷弹兵团头上，造成了该团的首批伤亡。这次炮击也让德国人明白，他们的进攻企图已经完全暴露。

凌晨3点30分，德军的火炮开始向别廖佐夫以及小村西面和南面的丘陵倾泻炮火。半个小时后，12架斯图卡俯冲轰炸机又飞临小村上空并投下炸弹。当最后一枚炸弹落到地面后，

威斯利塞尼营长带领“德意志”装甲掷弹兵团3营主力发起了突击。苏军立刻毫不示弱地加大炮击力度，同时派出一队坦克搭载着步兵向“德意志”装甲掷弹兵团暴露的侧翼发起了反突击。3营10连连长赫尔穆特·施赖伯（Helmut Schreiber）见状立刻带领手下的1个排迎了上去，掷弹兵们开始向坐在坦克上面的苏军步兵开火，同时开始向坦克的发动机室投掷手榴弹和炸药包。在施赖伯排的猛烈打击下，苏军步兵被迫跳下坦克寻找隐蔽，而失去步兵保护的苏军坦克最终只能停下了下来并掉头后撤。施赖伯在重组他的连队后，迅速占据了别廖佐夫南面一个山坡的反斜面。经过激战，10连抵达了别廖佐夫前方的一个反坦克壕，但很快就被苏军猛烈的炮火和机枪火力压制得抬不起头来。利用这一机会，两个连的苏军步兵向反坦克壕内的掷弹兵发起了反击。双方士兵挥舞着工兵铲、刺刀甚至拳头展开了生死相搏。根据一名士兵回忆，当天战斗让他印象最深的就是空气中潮湿的青草味道，混杂着衣服上的汗臭味以及苏军战壕里无烟火焰和玛呵尔加（Mahorka，俄国人用烟草的叶柄做成的烟末，闻起来像烧红的锡）留下的呛人味道。尽管全连奋勇抵抗，但部分阵地还是被苏军突破。

在2营战区，官兵们在跃出阵地后不久就被前方苏军碉堡里的步兵火力和重迫击炮压制得动弹不得。虽然虎式坦克或者突击炮可以轻易地击毁这些碉堡，可惜的是，无论是师属装甲团的坦克还是突击炮，此时还在后方泥泞的道路和雷场中挣扎。重装甲连的一个炮手尤里乌斯·欣里希森（Julius Hinrichsen）后来回忆了最初进攻时的一个片段：

凌晨4点，我们发起了进攻。当我们爬上高地时，除了烟尘和薄雾外什么也看不到。但当我向后看去的时候，我发誓那一幕壮观的景象我一辈子也无法忘记：我从来没见过那么多坦克和装甲车为了一次进攻集中在一起。我们的连长高级突击中队长（上尉）齐默尔曼的坦克走在了队伍的最前面。没多久，无线电台里突然传来了一声大喊：“有田鼠（意指地雷）！”我们刚刚转弯，就发生了一次剧烈的爆炸！到底发生了什么？机电员和驾驶员都受了伤，齐默尔曼立刻跳了出去，然后爬上了其他坦克。而我和装填手则留在了坦克里。超过200辆坦克瞬间停了下来，我们的进攻一下子陷入了僵局。敌人从远距离向我们开火，空中也发生了激烈的厮杀。

高级小队长阿洛伊斯·韦伯，他也因为作战勇敢而获得了骑士十字勋章。

眼看得不到坦克支援的“德意志”装甲掷弹兵团进攻就要失速，高级小队长阿洛伊斯·韦伯（Alois Weber）带领他的工兵排冒着苏军猛烈的炮火用火焰喷射器消灭了一排碉堡并干掉了数个机枪点。成功后，韦伯又带着手下继续突向苏军防御纵深，但苏军的炮火却挡住了跟在这个工兵排身后的援军。尽管随时可能被切断后路甚至被包围，韦伯仍然带着人往苏军炮兵

“德意志”装甲掷弹兵团3营10连连长赫尔穆特·施赖伯，这是他获得骑士十字勋章后拍的照片。

阵地深处猛冲。大部分向“德意志”装甲掷弹兵团开火的苏军炮兵连都部署在别廖佐夫以北的茹拉夫利内森林，一些远程炮火则来自沃尔斯克拉（Worskla）河西岸。

与此同时，下级小队长海因茨·布赫霍尔德（Heinz Buchhold）的工兵排已经突入反坦克壕并试图填出一段通道。这时候，苏军步兵冲了过来，工兵们起先用喷火器把他们赶了回去，但苏军很快又卷土重来。幸运的是，炮兵连连长上级突击队中队长（中尉）约瑟夫·卡斯特（Josef Kast）恰巧就紧跟在突击步兵身后。卡斯特在意识到这一危险后，立刻建立了一个临时炮兵观测点。每一次当苏军进攻布赫霍尔德的工兵排时，卡斯特就呼叫自己的连进行一次炮击。最终，招架不住的苏军退了回去，并且再没有发动过进攻。

除了这些小股单位取得突破外，“德意志”装甲掷弹兵团大部分突击连都被来自沃尔斯克拉河西岸和茹拉夫利内森林的苏军炮火压制住了。师属炮兵团曾试图对森林进行炮火覆盖，但效果不佳。克吕格尔师长只能请求空军的支援。中午11点左右，斯图卡俯冲轰炸机群对茹拉夫利内森林边缘地带进行了狂轰滥炸。虽然此后苏军炮火有所减弱，但从没有断过。

利用苏军火炮被空军骚扰的机会，工兵们爬出反坦克壕开始清理围绕在别廖佐夫周边的地雷。高级小队长汉斯·吕费特（Hans Ruffert）的工兵排被加强给了“德意志”装甲掷弹兵团2营。他带领手下冒着炮火为2营在雷场中开辟出了一条通道，仅吕费特本人就起出了18颗地雷。2营在攻至别廖佐夫村外环形反坦克壕后，又被战壕后方一座苏军机枪碉堡压制住了。吕费特匍匐爬到碉堡附近后，把两枚手榴弹从机枪射击孔里扔了进去，为掷弹兵打开了通道。此后，汉斯·比辛格尔带领的2营终于得以攻入小村边缘。同一时刻，施赖伯带领他的工兵连也从苏军阵地前两侧的缺口冲进了小村。不久后，别廖佐夫的抵抗最终崩溃，守军开始放弃小村向北撤退。

喷火工兵小组中的汉斯·胡贝（Hans Huber）回忆了当天战斗的情况：

敌人的炮火逼得我们四处寻找掩护，而且越来越猛！真是感谢上帝，我们身上的火焰喷射器太重了……没多久，我们发现我们连的2排打出了一发信号弹，这意味着他们在小村抢下一个立足点了。我们的小组长（Kiesel）变得焦急起来，他下令我打开火焰喷射器走在最前面开路。不管有没有人，每经过一段敌军战壕或据点，我都先喷上一管子再说。说句实话，使用这种毁灭性武器的感觉是很奇怪的。看见那些敌人活生生地被高温的火焰吞噬，那情景真是可怕极了。很快，我从头到脚也被火焰喷射器漏出的油弄得脏兮兮的。更糟的是，被战壕墙壁顶回来的火焰还灼伤了我的脸，我几乎看不见任何东西了。当然，敌人也经受不住这种恐怖的武器，我们最后抓获了许多俘虏。

下午1点30分，小村的最后一股抵抗力量被肃清，威斯利塞尼的3营抓获了至少130名俘虏。稍事休整后，3营又接着向别廖佐夫以北2.5公里的233.3高地发起了攻击。几乎就在掷弹兵们发起进攻的同时，一队苏军T-34坦克也从高地向3营发起了冲击。尽管掷弹兵们击毁或弄瘫了7辆，但从前天夜里就毫不停顿战斗的掷弹兵体能已经接近了极限，再也无力发起像样的进攻了。因此，克吕格尔师长于下午2点30分下令一直担任预备队的SS第3“德意志”装甲掷弹兵团1营投入战斗。维丁格带领1营官兵越过233.3高地南面的2营和3营向山顶发起了进攻。与此同

进攻首日，在某个小村中暂停的帝国师掷弹兵。

时，通过卡斯特连长以及其他炮兵观察员的引导，SS第2炮兵团的火炮开始猛轰高地。此外，斯图卡俯冲轰炸机群也在山顶来回盘旋，随时准备轰炸山顶的目标。这里值得一提的是，在炮火中损失惨重的战斗工兵此时正在忙着为后方的坦克和突击炮清理别廖佐夫村外的第二道雷场。也就是说，1营的这次进攻依然得不到任何装甲部队的支援。

在前线指挥战斗的1营营长奥托·维丁格（左1），照片摄于1943年。

维丁格在带领手下冲到山脚后，就不幸踩上了密集的反步兵地雷。1连连长触雷身亡，多名排长重伤。维丁格只好亲自带领几个连发起了冲锋，经过残酷的白刃战，233.3高地于下午4点落入1营之手。在组织防御的时候，维丁格营长被飞来的弹片击中，重伤撤下了战场。1营随后的进攻也因为群龙无首被迫停止。在“堡垒”行动的首日战斗中，帝国师的掷弹兵们在没有得到任何坦克支援的不利条件下一共推进了8.5公里。尽管如此，全师距离苏军第二道防线仍有数公里之遥。因此，克吕格尔师长决定次日再发起攻击，夺取苏军第二道防线以及该防线上关键的246.3高地。

7月5日夜，“元首”装甲掷弹兵团前出至预定攻击阵地，准备执行次日的攻击任务。“德意志”装甲掷弹兵团得到了暂时休整的机会。傍晚6点，师属装甲团终于抵达别廖佐夫以北，但也仅止于此，因为前方的雷场仍没有完全清除。在总结帝国师第一天战斗的时候，SS第2装甲军军长豪塞尔认为造成进攻如此“吃力”的主要原因就是后方的交通堵塞，导致装甲部队迟迟跟不上来。因此他下令军属的战地宪兵营立刻接管217.1高地和别廖佐夫之间的交通管制，做好交通疏导工作。

帝国师原计划于7月6日早上7点30分向246.3高地发起进攻，但持续了整个上午的暴雨让战区内原本就糟糕的道路条件变得更加恶劣。因此，帝国师作战参谋（1a）格奥尔格·迈尔（Georg Maier）只能向豪塞尔军长报告，全师最快也得在9点30分左右才能发动进攻。他同时提醒豪塞尔，道路的泥泞和拥堵很可能造成负责支援的炮兵部队无法及时跟上。此外，空军也下达了无法在黎明后提供空中支援的通知。

上午9点30分，包括1个6管火箭炮营在内的

“元首”装甲掷弹兵团1营营长阿尔弗雷德·莱克斯。

师属炮兵团开始对246.3高地进行了狂轰滥炸。空军的斯图卡俯冲轰炸机也飞临上空敲掉了一个又一个高地上的苏军碉堡。10点30分，炮火准备刚停，“元首”装甲掷弹兵团2营官兵就踩着没到膝盖的烂泥向高地冲去，紧随其后的是莱克斯（Lex）营长带领的1营。同前一天的“德意志”装甲掷弹兵团的遭遇差不多，2营官兵在山脚下也遭到了苏军猛烈的机枪扫射，迫击炮的炮弹也雨点般地落了下来。掷弹兵们只能四处寻找隐蔽。此外，山脚下的地雷也造成了不小的伤亡。这时候，阵地上再次响起了大家耳熟能详的声音——“工兵向前！”这时候，突击炮部队终于赶了上来，并随后干掉了数个挡住掷弹兵去路的苏军防御据点。中午12点25分左右，“元首”装甲掷弹兵团终于拿下了高地。

帝国师的作战参谋（1a）格奥尔格·迈尔。

在苏军防线上打开突破口后，克吕格尔师长立刻向缺口处投入了师属装甲团的坦克和“元首”装甲掷弹兵团3（SPW）营，自行火炮部队紧跟在攻击纵队后面，坦克歼击营的黄鼠狼Ⅲ型坦克歼击车则负责掩护两翼的安全。下午1点40分，师属装甲团2营营长蒂克森报告他的装甲部队已经绕过卢奇基南村，抵达该村以北1公里的232高地。与此同时，“元首”装甲掷弹兵团也同卢奇基的守军发生了激战。下午2点40分，卢奇基落入德军之手。

同一时刻，“德意志”装甲掷弹兵团也在SS第2装甲军的东（右）翼陷入苦战。该团在师属装甲侦察营的支援下试图夺取捷杰列维诺（Teterewino）南村以南的彼得罗夫斯基（Petrowskij）。每次掷弹兵们通过艰苦的白刃战夺下小村的一块地方，立刻就会被苏军坦克和步兵发起的反击赶出去。雅各布·菲克指挥的装甲侦察营的轻型装甲车根本无力对抗苏军的坦克，急需坦克的支援。但此时的师属装甲团的坦克和突击炮营的突击炮都在卢奇基附近与苏军坦克和步兵激战，自顾不暇。下午，德国空军报告他们发现一股不明实力的苏军坦克部队正在穿过北顿涅茨河。随后，侦察机又报告说发现苏军约90辆坦克、30门火炮（牵引）以及超过50台各型车辆出现在了彼得罗夫斯基以南4公里的克留科沃（Krjukowo）。后来通过审讯俘虏才得知，这支苏军部队属于近卫坦克第2军下属的近卫坦克第26旅。

“帝国”装甲侦察营营长雅各布·菲克。

这一情报给SS第2装甲军敲响了警钟，这支实力强劲的苏军装甲部队显然试图从侧翼包抄帝国师的后勤补给线以及警卫旗队师的后方。与此同时，蒂克森的装甲战斗群也在打退苏军最后一次反击后，向捷杰列维诺北村方向推进。随后，战斗群在突击炮营和“元首”装甲掷弹兵团3营的掩护下，兵不血刃地拿下了捷杰列维诺北村以南的奥泽罗夫斯基和加里宁（Kalinin）小村，守卫这两个小村的苏军在此前就已撤向了北方。

7月7日黎明前，师属装甲团接到了当天的任务，该团将从奥泽罗夫斯基出发，协同警卫旗队师的装甲团一起夺取捷杰列维诺北村。根据空中侦察报告，苏军有不少坦克盘踞在小村和村东南的树林里。因此，克吕格尔师长下令突击炮营立刻进入阵地，掩护全师东翼的安全。根据豪塞尔判断，苏军近卫坦克第5军将再次攻击捷杰列维诺北村的警卫旗队师，近卫坦克第2军则会攻击帝国师和髑髅师之间的防线缺口。

凌晨3点30分，帝国师再次发起了进攻。不久后，苏德两军的数百架战机也为了争夺制空权而爆发了激烈的战斗。有一队苏军的战斗轰炸机穿过德国空军的防线，攻击了卢奇基附近的"元首"装甲掷弹兵团阵地。苏军的小型炮兵观测机更是四处乱飞。7日当天，无论是帝国师还是警卫旗队师都有击落苏军伊尔-2攻击机和炮兵观测机的报告。

清晨6点，"帝国"装甲团的坦克沿着高速公路进入捷杰列维诺北村郊外。直到此刻，装甲团仍没有遇到什么像样的抵抗。然后，空军的侦察机很快就在捷杰列维诺东南数公里的亚斯纳亚波利亚纳（Jasnja Poljana）小村发现了一股苏军装甲部队。此时的装甲团总共拥有92辆坦克，包括7辆虎式坦克和15辆缴获的T-34坦克。看来，苏军近卫坦克第5军一部仍在捷杰列维诺北村和装甲团之间活动。上午10点30分，大约有30辆T-34坦克从西边杀了过来。经过苦战，这部分苏军坦克于中午左右开始向亚斯纳亚波利亚纳小村后撤。根据情报，这些坦克很可能属于近卫坦克第22旅。这里值得一提的是，苏军近卫坦克第5军在经过两天的激战后就只剩下100辆左右的坦克，而7月5日时这个数字可是200辆。逃进亚斯纳亚波利亚纳小村的苏军坦克还没来得及喘口气，就遭到了德国空军的突袭。最终只有20辆坦克从村北逃了出去。随着苏军坦克在空袭下溃退，"帝国"装甲团几乎不费吹灰之力就拿下了捷杰列维诺北村。

与此同时，师属的两个装甲掷弹兵团也没

"帝国"装甲团3（坦克歼击）营10连装备的T-34坦克。

闲着，他们一整天都在保护全师东面侧翼的安全。其中"元首"装甲掷弹兵团和师属侦察营一直在与髑髅师交界处的彼得罗夫斯基地区作战。当天，侦察营在炮兵团一个炮兵营的支援下肃清了彼得罗夫斯基以北的苏军并夺取了捷杰列维诺北村。"元首"装甲掷弹兵团3营则准备穿过加里宁，向其以东的别尔哥罗德—普罗霍罗夫卡铁路线发起进攻。下午的晚些时候，炮兵团的1个炮兵营对捷杰列维诺南村和铁路线之间的苏军据点进行了一次炮火准备。天黑前，"元首"装甲掷弹兵团3营乘坐着半履带装甲车向别列尼希诺（Belechino）火车站杀去。这次进攻严重威胁到了近卫坦克第2军侧后方的安全。双方的战斗从傍晚一直持续到深夜。

天黑以后，师属装甲团在捷杰列维诺北村建立了防线，"元首"装甲掷弹兵团则在加里宁到彼得罗夫斯基以北约8公里的防线上掩护着全师东翼的安全。国防军的第627工兵营负责屏护彼得罗夫斯基的帝国师南边与髑髅师的交界处。"德意志"装甲掷弹兵团也沿着捷杰列维诺北村建立了防御阵地。此时的SS第2装甲团仍拥有88辆坦克，包括6辆虎式坦克和14辆T-34坦克。

7月8日黎明，苏军的对地空攻击机开始活跃起来，试图阻滞德军的行动和集结。SS第2装甲军当天的任务是在继续掩护东北方的同时，从西和西北方向协助被苏军阻挡住而失去冲击力的第48装甲军。因此，"帝国"装甲团将在警卫旗队师装甲营右侧向西发动进攻。帝国师最初计划从南翼抽调出整个师属侦察营用于掩护装甲团的右翼安全，但由于空中侦察显示，大批苏军坦克出现在了帝国师的东边，因此克吕格尔师长决定只抽调一个连加入装甲团协助第48装甲军，侦察营其余部队则继续留在原地。

尽管受到苏军坦克的侧翼威胁，帝国师还

"堡垒"行动期间，1943年7月，正在集结中的帝国师装甲纵队，伴随坦克前进的是SS"元首"装甲掷弹兵团3（SPW）营的半履带车。近处可以看到5连的"535"号，在它前面应该是"532"号。

是根据命令向索洛京卡河（Ssajotinka）发起了进攻。天亮后不久，师属装甲团2营的88辆坦克开始在捷杰列维诺北村附近集结。同他们一起出发的还有“元首”装甲掷弹兵团3营以及炮兵团1个营（装备胡蜂式自行火炮）和1个自行高炮连（37毫米）。上午8点，帝国师的这支装甲战斗群准时向索洛京卡河发起了进攻。

进攻起初非常顺利，装甲团的坦克和搭载着掷弹兵的半履带车迅速穿过了捷杰列维诺北村西北面的开阔地。随后部队沿一条溪流向北行进。这条溪流是普肖尔河向南的一条汊流，长约10公里，沿途坐落着不少村镇，其中最南边的是小马奇亚基（Mal.Majatschki）村，而北边最大的镇子就是格列兹诺耶（Gresnoje）。装甲战斗群的坦克和半履带装甲车随后就在该镇附近渡过了小溪并抵达西岸，期间没有遇到任何苏军的抵抗。从这里向西3公里有一个小村叫做维谢雷（Wesselyj），在小村东北和南两个方向分别是239.6高地和227.4高地。

此时在南边，警卫旗队师的坦克与苏军反坦克炮的交火声已经远远传来。帝国师装甲战斗群的坦克也在239.6高地前遭到苏军反坦克炮的袭击，这些守军应该属于苏军坦克第31

“堡垒”行动期间，在库尔斯克战场上指挥战斗的“帝国”装甲团团长赖岑施泰因（右2），左1戴墨镜的是2营营长蒂克森，在赖岑施泰因身后的是团部副官洛伦茨（右1）。背景处是装甲团团部的指挥车“R11”号。

军的部队。面对苏军雨点般的炮弹，“帝国”装甲团团长汉斯-阿尔宾·冯·赖岑施泰因下令部队后退重组，掩护负责支援的自行火炮营建立射击阵地。师属炮兵团3营营长弗雷德里希·艾希贝格尔（Friedrich Eichberger）立刻下令各连迅速进入射击位置，然后对239.6高地展开了齐射。胡蜂式自行火炮的105毫米榴弹瞬间就抹平了高地上的苏军阵地。炮击的硝烟还没散尽，师属装甲团的坦克和半履带车上的掷弹兵就端着机枪，揣着手榴弹冲了上去。中午11点，冯·赖岑施泰因团长向师部报告239.6高地已被攻克，战斗群正继续向西边的科切托夫卡（Kotschetovka）以及索洛京卡河进发。

与此同时，配属给战斗群的侦察连也在上午过半的时候抵达普肖尔河南岸。他们随后在东面5～6公里的米哈伊诺夫卡（Michailovka）小村发现了近200辆装甲车辆的苏军纵队，其中大部分是坦克。这批部队很可能属于苏军坦克第10军，他们的任务就是向南夺回捷杰列维诺北村。侦察连在报告这一发现后，继续沿着与装甲团平行的方向向前驶去，中午左右，侦察连抵达了红十月村（Krassny Oktjabr）附近的一个高地群。在这里，他们看到了正在科切托夫卡以东与苏军坦克部队战斗的装甲战斗群。连里的官兵很希望髑髅师的部队能够从南边跟上来，但是什么也没发生。正如髑髅师师长普里斯所害怕的那样，苏军对北进的髑髅师进行了拦腰一击，导致后者进攻受阻。

在科切托夫卡以东作战的帝国师装甲战斗群不断遭到苏军小股坦克集群的骚扰，有一支T-34坦克部队甚至在冯·赖岑施泰因把注意力集中在正面战场的时候，试图冲进战斗群的侧翼。经过苦战，装甲战斗群终于打退了苏军并进抵索洛京卡河河岸，完成了任务目标。就在这时，冯·赖岑施泰因团长收到了豪塞尔军长的急电，要求战斗群立刻转向东面。帝国师所部又一次在即将达成目的或已经达成目的的情况下被责令朝相反的方向进发了。好在大家都已习惯，倒也没什么怨言。

当装甲战斗群在索洛京卡河一线战斗的时候，帝国师的右翼遭到了苏军4个坦克军的攻击。坦克第10军（165辆坦克）沿普罗霍罗夫卡公路向捷杰列维纳北村方向袭来，新近抵达的坦克第2军（168辆坦克）则在坦克第10军左翼展开。在南面更远处，近卫坦克第5军（100辆坦克）正在全力进攻帝国师据守的亚斯纳亚波利亚纳和别列尼希诺两个小镇，近卫坦克第2军（140辆坦克）则在苏军战线的最左端支援近卫坦克第5军的进攻。在苏军近卫坦克第2军对面只有一些工兵战斗单位和少数几个榴弹炮连在防守帝国师南部防线的缺口，形势可以说相当不妙。

苏军这次攻势希望彻底粉碎德军在捷杰列维诺北村—亚斯纳亚波利亚纳以北以及彼得罗夫斯基（帝国师和髑髅师防线结合部）的防线。一旦成功突破，苏军装甲部队将立刻席卷德国第4装甲集团军的右翼，包围并切断SS第2装甲军的退路。面对这些苏军坦克的只有帝国师的两个装甲掷弹兵团和大约12辆突击炮。此外还有1个坦克歼击车连和一些Pak38、Pak40反坦克炮。

由于此时警卫旗队师和帝国师的装甲部队都被抽调去协助第48装甲军的进攻，如果苏军这批近600辆坦克的庞大部队能够协调一致地进攻，那么重创甚至吃掉整个SS第2装甲军都不是什么难事。可惜的是，由于指挥失误、地形不利（道路泥泞）、联络不畅等种种因素，苏军这4个坦克军就这样在没有任何协同情况下发起了这次反击。

上午9点20分，坦克第10军首先向捷杰列维诺北村发起了进攻。此时帝国师的装甲部队正在向索洛京卡河一线机动，而髑髅师的部队也没跟上来，原定与该师换防的第167步兵师还没就位。就在这个危急时刻，警卫旗队师的2辆虎式坦克竟然挡住了坦克第10军的进攻步伐，不得不说德军运气实在太好了。坦克第2军原定是负责支援近卫坦克第5军发起进攻的，但他们直到下午1点15分还在从普罗霍罗夫卡的公路向预定战区赶路。眼看无法按时完成集结，坦克第2军只好在还没有完全集结完毕的情况下，按照先到先打顺序把一个个坦克旅分批投入了战斗。苏军近卫坦克第5军也没能准时发起进攻，原计划于上午10点向别列尼希诺发起的进攻一直拖到中午11点25分才发动。

尽管如此，帝国两个装甲掷弹兵团还是承

"堡垒"行动期间，正在进攻中的帝国师的装甲战斗群，照片中可以看到6连的"612"号和"623"号Ⅳ号坦克G型。

受了巨大的压力。从中午开始，帝国师以东战线爆发了大规模激战。在空军战机尤其新式的Henschel 129攻击机的支援下，“德意志”和“元首”两个装甲掷弹兵团的掷弹兵硬是挡住了苏军这次看似凶猛，实则乱糟糟的攻势。

7月9日天还没亮，德国空军的侦察机就发现帝国师防线以东的苏军活动频繁，德军的前沿观察哨和监听站也监听到了大量坦克机动的声音，只是晨雾限制了进一步的观察。唯一能肯定的是，苏军正在借助拂晓的掩护调动和部署部队。天边闪出第一丝光亮后，德军发现不少苏军车辆正穿过小村和树林向东行驶。空军侦察机也发现了一队队苏军坦克穿过加里宁和亚斯纳亚波利亚纳以东的树林。这表明苏军正在为当天早上的攻势在别尔哥罗德—普罗霍罗夫卡铁路线以东集结。

克吕格尔师长首先把装甲团放置在了主防线（加里宁）之后2公里处的奥泽罗夫斯基地区，装甲维修连则利用这段时间拼命抢修在战斗中受损的坦克（装甲团在奥泽罗夫斯基一直待到了7月12日）。在南翼，帝国师的防线已经与167步兵师接壤，髑髅师已经在换防完毕后机动到了SS第2装甲军的北翼。根据空军提供的情况，苏军进攻帝国师和第167步兵师防线结合部的彼得罗夫斯基小村看来已经是毫无疑问的事情了。因此，克吕格尔师长将1个掷弹兵连加强给了据守此处的第627工兵营。

不久后，为了掩护在北顿涅茨河上的架桥行动，苏军多个炮兵连对德军防线进行了不间断的猛烈炮击，希望能够阻止德军的破坏。苏军坦克部队也开至河边掩护工兵作业。师属炮兵团在发现这一情况后，立即进行了干扰性炮击。据前沿观察哨的报告，他们可以听到每次炮弹落下后苏军工兵的惨叫声。即使如此，勇敢的苏军工兵还是成功完成了架桥工作。

此时在苏军的对面，“德意志”装甲掷弹兵团3营防守着捷杰列维纳北村，“元首”装甲掷弹兵团则据守在加里宁地区。天亮后不久，“德意志”装甲掷弹兵团的前哨阵地就发现苏军的坦克和其他战斗车辆穿过斯托罗热沃耶森林（Storoshevoje），出现在了伊万诺夫斯基-维谢洛克（Ivanowskij-Wysselok）小村。没多久，25架苏军战斗轰炸机编队从东方飞过“德意志”装甲掷弹兵团上空，轰炸了在加里宁以南的“元首”装甲掷弹兵团团部。几分钟后，另一个编队大约30架苏军战机轰炸了奥泽罗夫斯基附近扎营的师属侦察营，造成了该营不小的人员伤亡，此外还损失了不少车辆和重武器。让官兵们气愤的是，德国空军在此期间竟然未作任何打击。

接下来发生的事情很快就说明了苏军轰炸机在“元首”装甲掷弹兵团头上如此卖力的原因——轰炸一结束，苏军坦克和步兵就沿一条通向加里宁小村的峡谷向该团的1营发起了突袭。德军炮兵对峡谷进行了炮击，试图打乱苏军的进攻阵型，结果未能如愿。但“元首”装甲掷弹兵团伪装良好的反坦克阵地却成功挡住了苏军坦克的进攻。

上午8点40分，苏军第二波攻势在“德意志”装甲掷弹兵团3营防线上展开。3营官兵先用迫击炮、20毫米高射炮以及各种步兵火炮把搭载在苏军坦克上的步兵赶下来，再用反坦克炮一一敲掉失去步兵保护的坦克。有一部分苏军坦克成功冲进了小村，但由于德军炮火赶跑了后方的步兵，这些坦克随后被全部击毁。

帝国师之所以能挡住苏军的坦克攻势，完全要归功于大量装备的反坦克炮。SS第2装甲军的记录显示，帝国师在7月9日总共拥有58门包含黄鼠狼型坦克歼击车在内的自行或牵引式反坦克炮。这就是帝国师能够在没有坦克支援

"堡垒"行动期间，"元首"装甲掷弹兵团3营的一处前进指挥部，营长是文岑茨·凯泽（右），背景处是一辆苏军遗弃的丘吉尔式坦克。

下独自打退苏军攻势的原因所在。中午11点25分，苏军出动10辆T-34坦克在几个步兵连的支援下攻击了位于涅恰耶夫卡小村附近的"元首"装甲掷弹兵团阵地。这次进攻很快就被师属炮兵团击退，此后苏军再也没有发动过任何进攻。

7月10日清早，"德意志"装甲掷弹兵团3营进入警卫旗队师右后方，负责掩护整个装甲军侧翼的安全，这大大削弱了全师本就不多的进攻力量。因此，帝国师在当天的主要任务就是守住现有防线。这条防线主要面对着由北向南的别尔哥罗德—普罗霍罗夫卡。与此同时，第167步兵师开始陆续接过帝国师南半段的防线，并与"元首"装甲掷弹兵团换防。师属装甲团仍在奥泽罗夫斯基担任预备队，装甲团经过两天的战斗，装备已经从94辆的总数下降到33辆Ⅲ号坦克、15辆Ⅳ号坦克以及1辆虎式坦克和7辆T-34坦克可用，此外还有7辆指挥坦克。

帝国师的装甲战斗群的一名小队长正下车帮助一名苏军伤员包扎伤口。

根据帝国师在7月10日上交给SS第2装甲军的日报，师属各前沿警戒哨所发现苏军在整条战线上活动频繁，特别是在北方的别列尼希诺附近。实际上，这些部队应该属于正在调离原先阵地的苏军坦克第10军和近卫坦克第5军。

同一时刻，苏军坦克第2军与近卫步兵第93师换防，进入近卫坦克第5军阵地驻守。很显然，苏军正在大规模调整部署。

德军方面，第167步兵师仍在缓慢地接过帝国师南翼的防务。下午过半的时候，该师终于接管了“元首”装甲掷弹兵团的大部分阵地：第331掷弹兵团在别尔哥罗德以北与肯普夫战役集群的第168步兵师建立联系。在防线中部，第315掷弹兵团占据了维斯洛耶（Wissloje）一线的阵地。该师的第三个团——第339掷弹兵团直到天黑后很久才完成换防任务，因此“元首”装甲掷弹兵团最后一批装甲掷弹兵连到次日清晨才转移至新防线。

这次换防工作由于苏军的异常活跃而变得十分缓慢，而且苏军也意识到了当面的德军一定在进行着什么调动。因此多次出动小股坦克部队在没有空中和炮火的支援下对帝国师防线展开渗透和侦察。导致帝国师的官兵根本无法太太平平地把自己的战壕交接给赶来的第167步兵师。

原定掩护警卫旗队师右翼的“德意志”装甲掷弹兵团3营由于出发较晚，始终没能跟上警卫旗队的进攻步伐。因此警卫旗队师的右翼始终是暴露着的，苏军立刻抓住了这一机会，从斯托罗热沃耶森林向行进中的警卫旗队师SS第2装甲掷弹兵团发起了数次侧击，搞得该团团长胡戈·克拉斯一头恼火。到了7月10日结束时，“德意志”装甲掷弹兵团3营仍落后警卫旗队师的前沿阵地2公里之遥。即便如此，警卫旗队师和帝国师还是在普罗霍罗夫卡西南和南边打垮了当面的苏军步兵第183师等部，顺利向前推进。

此外，髑髅师的行动也同样一波三折。该师冒着大雨和泥泞击退苏军第99坦克旅，成功渡过普肖尔河建立了一个桥头堡阵地。但由于苏军的猛烈反击，扩大桥头堡的行动只能推迟到次日。

7月11日，帝国师仍在进行昨天没完成的换防工作，“元首”装甲掷弹兵团将该师南翼防线至加里宁小村部分交接给了第167步兵师，并

掩护掷弹兵投入战场的“帝国”突击炮营的Ⅲ号突击炮，注意车体后部的伪装师徽。

“帝国”装甲团直属重装甲连的代理连长卡尔-海因茨·洛伦茨，上任当天就阵亡了。

随后占据了原先“德意志”装甲掷弹兵团的阵地，后者则把前线扩张到了斯托罗热沃耶附近，准备向普罗霍罗夫卡方向靠拢。接过帝国师的防线后，第167步兵师一部也积极做好了次日在别尔哥罗德以北进攻北顿涅茨河西岸的准备，以支援在河东面作战的第3装甲军（肯普夫战役集群）。

当天下午，“元首”装甲掷弹兵团与“德意志”装甲掷弹兵团成功换防。后者立刻沿着伊万诺夫斯基-维谢洛克小村附近的普罗霍罗夫卡高速公路和铁路线发起了进攻。下午1点，苏军一部也绕过斯托罗热沃耶北部，沿着山谷向捷杰列维诺北村的警卫旗队师的SS第1装甲掷弹兵团右翼发起进攻。“德意志”装甲掷弹兵团2营奉命立刻打退这次进攻。在取得最初的成功后，2营的掷弹兵在斯托罗热沃耶以北陷入苏军坦克和步兵的围攻，战斗一直持续到了深夜。

在两个装甲掷弹兵团身后，师属装甲团和突击炮营仍在养精蓄锐等待新的进攻。其中突击炮营仍拥有27辆突击炮可用。第2装甲团则剩下61辆坦克可用，其中包括34辆Ⅲ号坦克，18辆Ⅳ号坦克，1辆虎式坦克和8辆T-34坦克。

最后值得一提的是，装甲团直属的虎式重坦克连在7月11日连续更换了两次连长。7月11日上午10点，原重装甲连连长齐默尔曼在指挥战斗时手臂负伤，不得不退出了战场。来自装甲团团部连的卡尔-海因茨·洛伦茨成为重装甲连代理连长。

但这位连长却在中午12点就阵亡了，他的座车被一发炮弹击中右侧车体。因为此事，装甲团团长冯·赖岑施泰因严厉指责了8连的渎职和其余车长的怯懦。洛伦茨是冯·赖岑施泰因的爱将在整个装甲团里都不是什么秘密，赖岑施泰因团长之所以委派洛伦茨担任重装甲连的代理连长就是为了帮助他获得骑士十字勋章。这也解释了为什么洛伦茨刚刚上任就这么“勇猛”。这一事件也导致了重装甲连在相当长的一段时间内没有获得任何表彰和嘉奖。

普罗霍罗夫卡大决战

7月11日，SS第2装甲军指挥官保罗·豪塞尔在接到向普罗霍罗夫卡方向进攻的命令后，立刻制订了次日的作战计划：

1.位于普肖尔河北岸桥头堡的髑髅师下属装甲群首先突破东北面苏军近卫步兵第155团（近卫步兵第52师）阵地，拿下226.6高地，接着沿河向东北突击，直扑卡尔塔谢夫卡（Kartashevka）—普罗霍罗夫卡公路，并掩护警卫旗队师的左翼。然后博赫曼（Bochmann）的装甲群（博赫曼时任髑髅师下属SS第3装甲团2营营长）向北突击，在彼得罗夫卡（Petrovka）渡河，杀入普罗霍罗夫卡西北的苏军后方，制造混乱。

2.警卫旗队师右翼加强有1个装甲营的SS第1装甲掷弹兵团先拿下北面的斯托罗热沃耶树林（Storozhevoe）、斯大林斯科耶农场（Stalinskoe，十月国营农场的分场）和亚姆基（Iamki）。加强后的SS第2装甲掷弹兵团战斗群和加强的侦察营则待髑髅师偷袭得手、当面苏军阵脚大乱后发起进攻，与该师一道前后夹击，将其消灭，随后进占普罗霍罗夫卡，同时拿下城西北的252.4高地。

3.帝国师随后将向东挺进，拿下普罗霍罗夫卡西南约10公里处的维诺格拉多夫卡（Vinogradovka）和伊万诺夫卡（Ivanovka）之间的高地，突破苏军防线，然后向南面的伊万诺夫卡发起冲击，从而为由南翼突击普罗霍罗夫卡创造条件。

与此同时，苏军也在筹划反击。7月10日夜里，苏军大本营决定组建两个突击集团于12日发起反击：

1.第69集团军的1个步兵军、近卫第5集团军的两个步兵军和近卫坦克第5集团军的4个坦克军、1个机械化军在新洛济（Novye Lozy）、别列尼希诺、普罗霍罗夫卡、波列扎耶夫（Polezhaev）、维肖雷（Veselyi）和科切托夫卡（Kochetovka）一线投入反击；

2.近卫第6集团军2个步兵军、坦克第1集团军的2个坦克军和数个旅在梅洛沃耶（Melovoe）、诺文沃耶（Noven' koe）、克鲁格利克（Kruglik）、卡林诺夫卡（Kalinovka）一线投入反击。同时近卫第7集团军的步兵第49军也将在209.6高地、格列米亚奇（Gremiachii）及其拖拉机站和202.8高地一带发动小规模进攻。这些部队将得到空军第2和第17集团军的掩护。从苏军投入的兵力及进攻方向来看，显然是想一举围歼普罗霍罗夫卡方向上的德军突击力量。

这辆帝国师的半履带牵引车正经过一辆被击毁的丘吉尔式坦克。这些都是西方盟国根据租借方案援助给苏军的。

7月12日早上8点30分，在对德军阵地进行猛烈的炮火准备后，苏军近卫坦克第5集团军首先向警卫旗队师的阵地发起了突击。10点30分，豪塞尔军长看到警卫旗队师在十月国营农场死死顶住了苏军坦克第18军首轮攻击，而髑髅师在普肖尔河弯曲部也进展顺利，决定抓住战机，向该军侧翼发起反击，同时以帝国师的侧翼部队拿下斯托罗热沃耶，最终突向普拉沃罗特。但帝国师在斯托罗热沃耶遭到苏军坦克部队的顽强抵抗，仅仅占领了西面的树林。

中午11点15分，在短促的炮火准备后，苏军近卫坦克第2军按计划向亚斯纳亚波利亚纳—奥泽罗夫斯基一线发起了进攻。苏军坦克刚刚突入德军防线就遭到了部署在共青团国营农场和伊万诺夫斯基-维谢洛克附近的德军6管火箭炮齐射打击。与此同时，25架德军飞机轰炸了苏军先头部队的坦克纵队。苏军随后试图歼灭亚斯纳亚波利亚纳村南面树林边缘的德军炮兵，帝国师则利用这段时间建立了强大的反坦克防御。

下午1点30分，苏军又投入近卫步兵第183师进攻加里宁—奥泽罗夫斯基—232.0高地一线，但由于未能和近卫坦克第2军协调一致，因此没有取得任何进展。当天近卫步兵第93师也冲击了德军第167步兵师在捷杰列维诺和索申科夫（Soshenkov）之间的阵地，在斯莫罗季诺（Smorodino）东北凿开一个口子；另一部在索申科夫方向一直冲到顿涅茨河畔，在东岸建立了防御。但德军随即发起反击，肃清了斯莫罗季诺附近的苏军，并以第627工兵营监视苏军，防止其冲向彼得罗夫卡（Petrovka）。

下午2点左右，"元首"装甲掷弹兵团1营在亚斯纳亚波利亚纳经过2个小时的苦战击退了苏军一个坦克旅的冲击。2点05分时，"元首"装甲掷弹兵团2营左翼防线在加里宁小村又遭到近卫坦克第4旅约40辆坦克的冲击，另外还有近10辆坦克进攻了该营的右翼。苏军达成了部分突破，有3辆T-34坦克冲到了加里宁的东面，但随后就遭到了德军第167步兵师和"帝国"突击炮营的阻拦。克吕格尔师长还调来装甲团部分坦克发起了突击，将这3辆T-34坦克全部击毁。苏军总共有约21辆坦克在帝国师这次反击中被击毁或失去行动力。

下午3点，在挫败了近卫坦克第2军的进攻后，克吕格尔师长决定在空军的支援下发起反击。施塔德勒随后指挥"元首"装甲掷弹兵团与第167步兵师下属第339掷弹兵团一起在坦克掩护下投入了反击。苏军先后顶住了德军一次坦克突击和40架"斯图卡"及12架意大利马基MC.200的狂轰滥炸。下午5点至6点，姗姗来迟的苏军伊尔-2攻击机又"帮助"德军轰炸了己方阵地。傍晚6点过后，苏军开始撤回别列尼希诺火车站和伊万诺夫卡一线。"德意志"装甲掷弹兵团2营在装甲团的掩护下从西、北两个方向攻击了斯托罗热沃耶，经过一个小时苦战，几乎合围了苏军一个坦克旅，后者冒着炮火从东北面夺路而逃，其主力于6点撤回己方战线，少数人在村中抵死奋战到晚上8点。另外德军一部还控制了维诺格拉多夫卡北面，威胁到了近卫坦克第2军在伊万诺夫卡的炮兵阵地甚至指挥所的安全。

晚上8点，损失惨重的苏军近卫坦克第2军被迫停止进攻，转入防御。为此，该军还放弃了费尽全力占领的3～4公里深的土地，撤回了出发阵地。参战的94辆坦克中损失了54辆，另有162人阵亡或失踪。就在帝国师发起反击的同时，警卫旗队师也攻击了普罗霍罗夫卡前方，位于亚姆基（Yamki）小村的苏军一部，最终迫使他们退向了普拉沃罗特（Provorot）。近卫坦克第5集团军司令员罗特米斯特罗夫得知斯托罗热沃耶和维诺格拉多夫卡失守后才明白SS第2装甲军是要从南边突向普罗霍罗夫卡，为了避免集团军主力被围，他立即下令坦克第2军于晚上8点出动主力向捷杰列维诺北村发起进攻，为坦克第29和第18军的进攻创造有利条件。

战斗于下午7点20分打响，由于苏军准备不够充分，兵力薄弱，仓促从行进间发动进攻，因此没有取得什么进展，在付出很大损失后于晚上9点30分左右转入防御。其中仅坦克第99旅就损失了7辆T-34坦克和1辆T-70坦克。帝国师师长克吕格尔也决定次日视情况再选择防御或进攻。

1943年7月12日，准备参加反击德军战斗的苏军近卫坦克第5集团军所属的坦克第29军在普罗霍罗夫卡西南制砖厂附近的出发阵地上。

“堡垒”行动期间，在库尔斯克战场上与苏军作战的帝国师的T-34坦克。

这样，到晚上9点30分左右，双方均停止了战斗行动，准备次日再战。普罗霍罗夫卡的南面战场也完全平静了下来。总结当天的战斗可以发现，苏军两个坦克军总共在帝国防线上投入了146辆坦克，而后者也将全部的61辆坦克、27辆突击炮和12辆坦克歼击车都投入了防御、反突击和反击的战斗中，双方合计246辆坦克、突击炮和坦克歼击车。苏军损失73辆坦克，其中烧毁44辆。到傍晚时，装甲团的虎式坦克和突击炮可用数分别下降了1辆和3辆，但由于维修人员的出色工作，不少坦克在最短的时间内被修复，重新投入战场。

当日南面最大规模的坦克战应该是下午2点30分时，近卫坦克第2军下属的近卫坦克第25旅的47辆坦克与“帝国”装甲团9连的8辆T-34和突击炮营的27辆突击炮之间的战斗，双方合计有82辆战车参战，结果苏军完败。

当7月12日的普罗霍罗夫卡之战落下帷幕后，苏军的滋味是相当不好受的。德军不仅在该方向上牢牢守住了防线，同时还对苏军进攻部队造成了重创。苏军最终决定以近卫第5集团军在一个坦克旅和一个机械化旅的支援下歼灭普肖尔河北岸的髑髅师部队；第69集团军和特鲁法诺夫集群歼灭突入肖洛科沃、勒扎韦茨和雷金卡地域的德军第3装甲军部队；而近卫坦克第5集团军主力则利用上午进行休整，待下午再转入进攻。

7月13日上午10点，苏军近卫步兵第33军

“元首”装甲掷弹兵团团长西尔维斯特·施塔德勒与豪塞尔在一起。

在普肖尔河北岸发起了进攻，目标是拿下波列扎耶夫和226.6高地。鉴于苏军来势凶猛，加上昨夜的大雨让后方补给线成了烂泥塘，髑髅师果断决定放弃前沿部分阵地，依托226.6高地固守。苏军中路近卫步兵第95师直扑这一高地，经过1个多小时激战，把髑髅师的1个装甲掷弹兵营从山头撵了下去。3分钟后，髑髅师又派SPW营过来增援，结果也被苏军炮兵打了个灰头土脸，髑髅师损失了8辆半履带车，苏军宣称打坏了7辆坦克。不久后，髑髅师又出动1个突击炮连赶来支援，还是没能夺回阵地。中午12点，髑髅师的装甲团终于赶到了，他们和掷弹兵一起花了半个小时重新占领了226.6高地。而苏军右翼的近卫步兵第97师沿河谷突向维肖雷后遇到德军激烈抵抗，始终无法取得任何进展。左翼的近卫步兵第42师顺利拿下波列扎耶夫，接着参加了226.6高地南面的战斗。战斗中，髑髅师下属SS第3装甲团的6辆坦克突破他们的防线，试图扑向普罗霍罗夫卡-卡尔塔谢夫卡公路，但被该师预备队打退。

在瓦西里耶夫卡—十月国营农场—亚姆基—斯托罗热沃耶东北面之间的中央战场上，苏军把近卫第5集团军和第69集团军的步兵放在第一梯队设防，而将近卫坦克第5集团军4个坦克军的剩余坦克放在二线，此外近卫空降兵第9师的近卫空降兵第26团构筑了第三道防线。而在斯托罗热沃耶—别列尼希诺—列斯基一线则以近卫坦克第2军的几个坦克营和近卫坦克第5军的近卫摩托化步兵第6旅在一线设防，以两个步兵团防守第二阵地。

7月13日凌晨3点35分，由于担心德军突入普拉沃罗特，罗特米斯特罗夫命令坦克第2军于上午8点发起进攻，拿下斯托罗热沃耶，然后转入防御。实际上，由于种种原因，苏军坦克在10点30分才发起进攻，其中一个摩托化步兵旅直到下午2点才赶到战场。苏军各坦克旅没有任何火炮支援，又不等步兵跟上就乱哄哄地一拥而上，而SS第2装甲军在夜间早已做好了防御工作，不仅利用地利合理布置了炮兵阵地，甚至在阵地前沿布设了雷区。苏军坦克兵再次在党卫军防线面前撞得头破血流。

上午9点，苏军一个步兵营在7辆坦克的掩护下攻击了亚斯纳亚波利亚纳小村的"元首"装甲掷弹兵团2营阵地。尽管掷弹兵们进行了顽强抵抗，苏军还是在1个小时后成功突破2营防线杀入小村。幸运的是，下级小队长库尔特·阿姆拉赫尔（Kurt Amlacher）带着3辆黄鼠狼式坦克歼击车从伏击阵地击毁3辆坦克，并将苏军步兵赶了回去。在警卫旗队师战区，德军的进攻也在苏军反坦克炮和T-34坦克的打击下，未能成功。

下午1点15分，SS第2装甲军接到第4装甲集团军指挥官霍特上将的命令，要求在髑髅师打退苏军冲锋后，全军将主攻方向转移到帝国师地段上，突破苏军防御，拿下普拉沃罗特西南的制高点，为随后占领该地创造有利条件。克吕格尔师长请求上级对进攻地域进行航空侦察，并派出"斯图卡"提供近距离空中支援，得到的回复却是由于天气恶劣、跑道泥泞，侦察机和俯冲轰炸机无法起飞。可此时的帝国师已经被苏联空军轰炸了整整一个上午。无奈之下，克吕格尔只能命令"德意志"装甲掷弹兵团从伊万诺夫斯基-维谢洛克南面的树林向别列尼希诺以北进攻，"元首"装甲掷弹兵团则向维诺格拉多夫卡以西的几个高地发起冲击。攻击时间定在了下午4点30分。

然而到了下午4点，近卫坦克第5集团军下属4个坦克军率先发起了进攻，苏军在18～20公里宽的地段上共投入了154辆坦克和自行火炮，其中94辆为T-70轻型坦克，但他们多次发起的

1943年7月，“帝国”装甲团团部的“R14”号Ⅲ号坦克，应该是团传令官的座车。

冲锋均被警卫旗队师击退，不过由于髑髅师未能按计划渡河攻击，因此没有转入进攻。帝国师在天黑前夺取了伊万诺夫卡—维诺格拉多夫卡之间的谷地，师属装甲团在穿过突破口前进时只遇到微弱的步兵抵抗，但由于夜幕降临，他们不敢冒险，于是停止了前进，准备次日再战。

7月14日，帝国师接到的任务是穿过维诺格拉多夫卡—伊万诺夫卡一线继续推进，夺取普肖尔河东岸，进而从普拉沃罗特出发拿下普罗霍罗夫卡。清晨6点左右，帝国师和第167步兵师从三个方向对苏军步兵第48军发起了猛攻，其中“德意志”装甲掷弹兵团从伊万诺夫斯基—维谢洛克和亚斯纳亚波利亚纳—加里宁地域分别向维诺格拉多夫卡和别列尼希诺冲击，而第167步兵师则从索巴切夫斯基进攻伊万诺夫卡和列斯基，帝国师的目的是首先控制住普拉沃罗特南面的河流。

位于别列尼希诺的苏军近卫坦克第4旅刚好将阵地移交给摩托化步兵第4旅，前者在留下一个坦克营协防后，主力打算赶赴维诺格拉多夫卡西南替下近卫坦克第25旅。当部队正以行军队形离开村子时，“元首”装甲掷弹兵团1营和3营的掷弹兵突然发起了突袭。苏军在经过最初的慌乱后，立刻展开了顽强抵抗。下午1点30分，帝国师报告已经拿下大半个村子。2点45分，装甲团也加入了战团，终于打破了战局，将苏军逐出别列尼希诺。

此后从维诺格拉多夫卡附近赶来的一股德军试图截杀突围的苏军，但没有成功。整个晚上，帝国师装甲战斗群都在不断地向普拉沃罗特及其以北的高地渗透，这里将为警卫旗队师向北进攻提供一块绝佳的跳板。

7月15日，帝国师在普拉沃罗特外围再次受困于雷场还有苏军的伏击，未能取得进展。晚上8点50分，警卫旗队师在得知帝国师距离通往普拉沃罗特的公路（南北走向）仍有4公里之遥后，立刻停止了进攻的步伐。与此同时，苏军

这张帝国师的Sd.Kfz.231重型轮式装甲车的照片非常有趣，它的伪装师徽是贴上去的，而不是用涂写的方式。该车应该属于“帝国”装甲侦察营，三名维修人员看起来正在检修发动机。

步兵第48军开始后撤，以避免陷入SS第2装甲军和第3装甲军形成的包围圈。随后，苏军第69集团军打退了德军所有的进攻，双方的战线也逐渐稳定下来。

7月16日—17日，德军在侧翼遭受攻击的情况下，开始全面撤退。7月10日，英美盟军登陆意大利的西西里岛，德国最重要的盟友——墨索里尼随时可能垮台。因此，希特勒决定派SS第2装甲军赶赴意大利，不过最终成行的只有警卫旗队师，该师在向帝国和髑髅两师移交所有重装备后，全员前往意大利补充休整。

7月18日，"大德意志"装甲掷弹兵师也被调往中央集团军群。此后，曼施泰因元帅再没有实力继续他的"堡垒"攻势，德军的最后一次试图夺取战场主动权的攻势至此终结。当天，德军取消了"罗兰"行动，SS第2装甲军也奉命撤至别尔哥罗德以西重新集结，并准备通过铁路系统转移至新战区，"堡垒"行动至此终结。

坚守第聂伯河

1943年夏季，正当库尔斯克大会战打得如火如荼的同时，苏军也将注意力转移到了其他战场，以期撼动库尔斯克的局势。位于曼施泰因的南方集团军群右翼的北顿涅茨河和米乌斯河地区成为了苏军的目标，驻守在这里的是德军第1装甲集团军和第6集团军，后者在原第6集团军覆灭之后于1943年3月重建，由卡尔-阿道夫·霍利特上将指挥。7月17日，米乌斯战役打响，苏军西南方面军发起米乌斯河战役，目标直指德军第6集团军。这次进攻并不顺利，双方一直激战至7月底，即使在主攻地段，苏军也只能楔入德军防线5～6公里，并在斯捷潘诺夫卡（Stepanowka）-马里诺夫卡地域建立起一个不大的登陆场。当然，德军也付出了相当惨重的代价。

7月下旬，当第6集团军在米乌斯河苦苦支撑的同时，曼施泰因开始撤离库尔斯克前线，并于7月25日将帝国师、髑髅师和第3装甲师转交给了第6集团军。"一夜暴富"的霍利特上将一下子拥有了对抗苏军的本钱，第6集团军立刻做好了反击的准备：SS第2装甲军将和第24装甲军一起进攻斯捷潘诺夫卡和马里诺夫卡方向；第29和第17军则分别掩护南北两翼。霍利特上将的反击方案很简单：突入苏军防线，并尽可能快地深入12公里，占领高地，包抄苏军后方。由于地形的关系，为了更有效地使用装甲力量，德军决定将所有坦克集中于西北和北方两个突击方向上。两个攻击箭头在穿过数个高地后，平行冲向桥头堡。

在主攻方向以北的SS第2装甲军任务就是夺

豪塞尔（佩戴望远镜者）正在与帝国师的军官们商讨战局。在豪塞尔左边的是"德意志"装甲掷弹兵团海因茨·哈梅尔（左三）。

取山谷两边的高地，从这些高地上可以随时轰击桥头堡内的苏军。这一想法相当理想，而且也不会出乎苏军意料，因为7月19日时，第6集团军下属的第23装甲师已经做过类似的尝试，只不过惨败而归。现在，这一任务就落到了SS第2装甲军头上。髑髅师将夺取斯捷潘诺夫卡以东的213.9高地。这个山头扼守着苏军桥头堡后方的道路交汇点，可以说是战役成败的关键之一。在此高地周围，苏军遍布地雷、铁丝网。大量伪装良好的反坦克炮，以及直接开进战壕的T-34坦克组成强有力的交叉火力网，等待着进攻者付出惨重的代价。

1943年7月30日8点10分，德军清除米乌斯河桥头堡的战斗正式打响。德军第24装甲军在主动方向南段进展顺利。主攻北边的髑髅师也按时发起了进攻，“髑髅”装甲团以虎式重坦克连打头，其他各型坦克在后，在“特奥多尔·艾克”装甲掷弹兵团的伴随下开始冲击苏军第一道防线。起先，髑髅师没遇到任何像样的抵抗。但当接近213.9高地时，遭到了苏军的反坦克火力网的密集打击，坦克四周也全是雷区，根本无法机动规避。最终髑髅师的3次进攻都毫无进展。

上午9点，帝国师的进攻也在斯捷潘诺夫卡以南的230.9高地受阻，苏军在这里布置了一个反坦克防御带。此外，苏军还把大量的地雷埋在了向日葵地和谷地里，结果导致许多“帝国”装甲团的坦克不幸“中标”。经过一个多小时的激战，230.9高地才被攻克。中午11点45分，帝国师又向拥有两座主峰的223.7高地发起了进攻。快到下午2点时，该高地落入德军之手。经过苦战，帝国师又在天快黑的时候夺取了230.9高地北面以及斯捷潘诺夫卡西北角部分阵地。虽然取得了比主攻的髑髅师还要更大的战果，但SS第2装甲团却付出了近一半坦克退出战斗的代价，堪称惨胜。

从当天夜里到31日清晨，苏军发动了十几次反击，但都被德军在坦克的掩护下击退。苏军损失了大约60辆坦克。凌晨1点，斯捷潘诺夫卡附近再次爆发激战，天亮后，苏军又从202高地发起反击，在付出惨重代价后，再次被德军打退。

“德意志”装甲掷弹兵团第16工兵连连长海因茨·马赫尔对此战回忆道：

……我们奉命进攻米乌斯河上的斯捷潘诺夫卡。我们连的2个排被加强给了2营……根据命令，我们全部爬上了斯捷潘诺夫卡前方的一处缓坡。山脚底下就是2营设立的急救站。路过的时候，我大声告诉医官阿克斯曼（Axmann）博士赶紧准备好绷带，我15分钟后就会被送回来。阿克斯曼当即回道：“你疯了是吧？”几分钟后，一发152毫米炮弹的弹片击中了我的左手臂，在我们排的担架员帮我简单包扎后，我继续留在了火线。5分钟后，我左膀子再次被152毫米的炮弹溅伤并且伤到了我的神经。当我被摩托车送到急救站的时候，阿克斯曼医生的表情真是精彩极了……

炮兵团的海德·鲁尔也回忆了米乌斯河之战的一个片段：

在一次进攻中，我作为前进炮兵观察员（FOO）乘坐着Ⅱ号炮兵指挥坦克跟随部队一起前进，周围都是装甲团的虎式坦克。没多久，我们遭到了一些俄国152火炮的直射，不少虎式坦克被击中并瘫倒在路面上，这次进攻就这么完蛋了……

随后，我奉命把指挥坦克开进前线后方的

1943年8月，站在SdKfz251半履带车上指挥战斗的海因茨·哈梅尔团长。

一个山谷，并将该车充当呼叫后方炮火支援的信号中继站掩护掷弹兵的进攻……我们顶在最前面的掷弹兵大概不到1个排，敌人就在50米外的一排松树附近，估计他们应该还有一个监听哨在更近的位置……因为我呼叫的弹幕距离我方战线如此之近，指挥官吓了一大跳。当炮弹从头顶呼啸而过时，掷弹兵们像一群比目鱼似的紧紧贴在地上……尽管炮击开始后我们就和后方炮兵连失去了无线电联系，但冲锋的时候还是如同演习一样轻松……

当我奉命返回后方时，我莫名其妙地发现车子挨了一发炮弹，肯定是藏匿在山谷边缘某处小高地上的敌人干的。很快，我惊讶地发现，山谷边缘有13辆T-34坦克在熊熊燃烧……一名步兵士官告诉我，领头的那辆T-34坦克第一发打中了我们指挥坦克的车体，但接着我方的坦克和突击炮就在他们打出第二发前把他们全部送去见上帝了……第二天，我们再次负责支援掷弹兵攻击米乌斯河桥头堡。不久后，我停在几辆被击毁的俄国坦克前休息。这时候，1个掷弹兵排的排长，上级小队长特费尔（Toepfer）走到我面前，然后大家互相点起了香烟。突然，他就死在了我的臂弯里，附近并没有人开枪。后来赶到的医官告诉了我他的死因，原来战斗中一块手榴弹弹片插进了特费尔的太阳穴，但他坚持要求等到战斗全部结束后再返回后方就医，结果耽误了医治时间……

8月1日，SS第2装甲军把主力集中到了右翼，即帝国师战区，并打算从这里进行决定性的突破。清晨，德军集中600门大炮、6管火箭炮以及大量飞机，对苏军防线狂轰滥炸。巨大的弹幕几乎覆盖了整个战场。在硝烟的掩护下，帝国师的士兵迅速穿过开阔地，越过带刺铁丝网，把手榴弹扔进苏军的壕堑和掩体。装甲团的坦克也乘势向山脊冲去。上午8点45分，

1943年8月，在米乌斯前线作战的"帝国"装甲团2营的"514"号Ⅲ号坦克。

经过加强的“元首”装甲掷弹兵团夺取了203.4高地。在补充过弹药和油料后，帝国师装甲战斗群继续向奥尔霍夫奇克河（Olchowtschik）方向发起突击。下午4点，帝国师抵达马里诺夫卡（Marinovka）以南2公里。晚上10点30分，费多洛夫卡（Fedorovka）也落入德军之手。

当天夜里，帝国师奉命次日从马里诺夫卡的桥头堡向东北方发起进攻，夺取194.3高地南坡。稍后，该师右翼部队将沿着194.3高地东面山脊一直推进到先前的主防线为止，左翼则推进至213.9高地南坡，同时肃清马里诺夫卡周边之敌。

8月2日天亮后，帝国师与左翼的髑髅师建立了联系，同时成功夺取了马里诺夫卡。在清除了米乌斯河西岸2公里处最后一个敌军盘踞的高地后，德军终于在上午10点30分恢复了米乌斯河防线。

第四次哈尔科夫之战

早在库尔斯克战役期间，苏军就决定在德军与自己脱离接触的同时就发起库尔斯克南部大反攻——“鲁缅采夫统帅”行动。苏军这次进攻的目的就是突破德国南方集团军群的左翼防线，夺回别尔哥罗德和哈尔科夫交汇处的交通枢纽。与此同时，苏军的草原方面军也将组织3个多兵种合成的集团军猛攻顿涅茨河东岸。这一行动原定于7月23日展开，但由于沃罗涅日方面军在库尔斯克战役中蒙受了惨重的损失，因此进攻日期又被延迟到了10天后的8月3日。

8月1日上午10点30分，当米乌斯地区的战斗正进入关键阶段时，SS第2装甲军的参谋长施托莱（Stolley）接到了来自德国南方集团军群的命令，要求帝国师、髑髅师和第3装甲师尽快准备好转移至哈尔科夫地区。德国情报部门获悉别尔哥罗德和托马罗夫卡（Tomarovka）之间，仅40公里长的地段上，苏军沃罗涅日方面军集中了4个集团军：近卫第5集团军，近卫第6集团军，坦克第1集团军，近卫坦克第5集团军。

8月3日凌晨5点，苏军正式展开了“鲁缅采夫统帅”行动。苏军这次攻势让德国人大为震惊，德军最高统帅部原以为在库尔斯克，尤其在普罗霍罗夫卡的攻势中受到严重损失的沃

在哈尔科夫以西战斗的“帝国”装甲团直属重装甲连的“S21”虎式坦克。这一次，德国人永久丢失了这座重要城市。

罗涅日方面军和草原方面军已经元气大伤，至少要到8月底才能重新组织力量发动进攻，但苏军在大本营的严令下，迅速组织起力量发起进攻。人数上处于劣势的德军多处战术防御阵地在苏军的重击下相继崩溃，德军第4装甲集团军和肯普夫战役集群之间被冲开了一个巨大的缺口。

8月5日，别尔哥罗德落入苏军草原方面军手中。紧接着，苏军又出动3个集团军的兵力对托马罗夫卡以西发起攻击。8月6日，坦克第1集团军的前锋部队就已经突破了德军的脆弱防线，抵达博戈杜霍夫（Bogoduchoff）外围。次日，苏军在夺取该城后，继续向西南方向高歌猛进。博戈杜霍夫是当地一个非常重要的铁路枢纽，一旦落入苏军之手，德军第4装甲集团军和肯普夫战役集群之间就面临被分割的危险。

为了协助曼施泰因的南方集团军群稳住防线，SS第2装甲军和陆军第3装甲军开始由顿巴斯调往哈尔科夫方向。8月5日，帝国师开始乘火车前往哈尔科夫。次日，帝国师一部在哈尔科夫以西的柳博京（Ljubotin）下车。髑髅师也将随后抵达战区。为了保住哈尔科夫，德军开始不断地在南北两翼聚集援军。

8月7日，帝国师先期抵达的部分部队沿佐洛切夫（Solotschew）—多尔日克（Dolshik）—210.6高地—罗戈相卡（Rogosjanka）一线建立了扇形防线。但包括装甲团在内的师主力此时仍在赶来的路上。当晚，苏军在40辆坦克的支援下攻击了罗戈相卡集体农庄以北的213.8高地，并成功地把德军前哨阵地向南逼退。这部分苏军坦克部队应该属于攻占博戈杜霍夫的坦克第1集团军，帝国师随后与他们发生了小规模接触。

8月8日，帝国师成功击退了坦克第1集团军的数次进攻。8月10日夜里，帝国师前往博戈杜霍夫东南集结。该师将同髑髅师、维京师以及第3装甲师和第6装甲师一道向苏军发起反击。曼施泰因计划利用第3装甲师和维京师吸引住苏军主力，然后用帝国师和髑髅师从左右两翼包抄坦克第1集团军。8月12日，帝国师沿马克西莫夫卡（Maximovka）以南的铁路线两侧向米罗柳波夫卡（Miroljubovka）方向发起了反击。经过激战，苏军坦克第1集团军和近卫坦克第5集团军损失惨重，于次日转入防御。8月14日，德军的反击逐渐开始减弱。与此同时，为了减轻坦克第1集团军和近卫坦克第5集团军的压力，苏军命令集结在博戈杜霍夫以西的近卫第6集团军于12日投入了进攻。这次进攻不但成功进抵哈尔科夫—波尔塔瓦铁路线，而且还严重威胁到了德军第3装甲军后方的安全。

8月14日，帝国师装甲集群悄悄前往基扬（Kijany）附近集结，准备同髑髅师一起向西面（左翼）的近卫第6集团军发起反击。8月15日，在两个党卫军装甲掷弹兵师的突袭下，近卫第6集团军被迫全面后撤。8月16日夜，位于帝国师左翼的髑髅师悄悄在科隆塔耶夫（Kolontajev）地区渡过梅尔拉河（Merla）向苏军发起了猛攻。8月17日下午，帝国师也接到了夺取穆拉法（Murafa）东北181.1高地的任务。下午3点，得到虎式坦克加强的师属工兵营向181.1高地发起了进攻。与此同时，师属装甲团2营也向卡恰洛夫卡（Katschalovka）发起突击，得手后又夺取196高地。在此期间，德军击退了一次苏军的反击，并击毁了4辆T-34和1辆KV-1坦克。

8月18日，帝国师守住了新防线并击退了苏军所有的反击。此后，苏德双方的部队都因为筋疲力尽而停顿下来，博戈杜霍夫反击战至此结束，德军暂时阻止了苏军对哈尔科夫的攻击。当帝国师跟随其他部队与沃罗涅日方面军激战的时候，苏军另一支方面军——草原方面军正在拼命向哈尔科夫方向突进，该方面军下属的第53集团军通过激战抵达乌德河北岸，直接迂回到了哈尔科夫的西面，这一机动导致守卫哈尔科夫的德军面临着退路随时可能被切断的危险。

由于曼施泰因元帅本来就决心放弃哈尔科夫，因此他首先把重点放在了解除这一威胁上面，原先防守哈尔科夫西部的帝国师以及其他一些部队都被投入到了阻滞苏军第53集团军突破的战斗之中。8月19日，“元首”装甲掷弹兵团在虎式坦克的支援下打退了苏军的数次进攻。

8月20日，实施进攻的苏军草原方面军终于获得了最重要援军——近卫坦克第5集团军。抵达乌德河北岸后，近卫坦克第5集团军立刻向南岸的德军发起进攻，但在德军密集的反坦克火力下未能成功。但到了晚上，苏军工兵拼死在乌德河上架起了一座可供坦克通过的浮桥。8月21日，近卫坦克第5集团军终于通过了乌德河。这一突破，几乎让哈尔科夫的德国守军陷入绝境。被逼无奈之下，德军只能将帝国师和第3装甲师残部投入决死反击。

8月21日，帝国师与第223步兵师换防，同时前往柳博京地区，以预防苏军从佩列谢斯奇纳亚向克罗季奇（Korotitsch）方向的突破。下午2点，SS第2装甲团开始向亚历山德罗夫卡（Alexandrowka）—科维亚吉（Kowjagi）—奥古利奇（Ogulzy）火车站一线的新行动区域出发。帝国师将在这里加入埃哈德·劳斯（Erhard Raus）上将的第11军，此时守卫哈尔科夫地域的肯普夫战役集群也被改编为第8集团军，指挥官也从肯普夫更换成了沃勒。

8月22日，帝国师向近卫坦克第5集团军发起了凶猛的反击。虽然“帝国”装甲团2营从库尔斯克战役到现在一直没有得到休整和补充，但幸运的是，在法国换装豹式坦克的1营终于赶到了战场，该营（缺1个连）总共装备了71辆豹式坦克。凌晨2点，得到2连豹式坦克支援的“德意志”装甲掷弹兵团被加强到了柳博京附

1943年8月22日，在伏击苏军的战斗中，1营的豹式坦克击毁了23辆苏军坦克，其中“211”号的车长，也就是2连1排排长米勒克单车就击毁了其中7辆。照片近处这辆就是伪装完毕，准备迎击苏军的“211”号豹式坦克D型。

近的第3装甲师战区。不久后，大批苏军坦克出现在了德军阵地前，豹式坦克利用厚实的倾斜前装甲和威力巨大的KwK42 L/70火炮与苏军坦克展开了近距离肉搏。3个小时的战斗过后，豹式坦克总共击毁或打瘫了23辆坦克以及大量的卡车和反坦克炮。当天，装甲团1营总共击毁了53辆坦克或战斗车辆。

同一天，曼施泰因元帅也违抗了希特勒要求死守哈尔科夫到最后一兵一卒的命令，下令德军再次也是最后一次撤离哈尔科夫。根据帝国师8月22日的一份统计报告，从8月6日到22日，全师总共击毁或缴获了6架飞机、271辆坦克、6辆自行火炮、2辆侦察车、3门火炮、4辆喀秋莎火箭炮、4门高射炮、230门反坦克炮、47门迫击炮、162挺反坦克枪、313挺机枪、324把冲锋枪以及大量的卡车和马车及其他作战物资。

8月23日，师属装甲团1营的豹式坦克再次挡住了近卫坦克第5集团军的攻势。与此同时，"元首"装甲掷弹兵团则在装甲团2营的支援下在克罗季奇进行着艰苦的防御战。德军第8集团军最后一批部队撤离哈尔科夫后，紧追不舍的苏军也加大了向西的追击力度。奥托·维丁格所著的《帝国师》一书中对1943年8月24日发生的战斗记载如下：

至8月23日午夜，敌人轰击元首团阵地的炮火就没有中断过。混杂着"斯大林管风琴（喀秋莎火箭炮）"震耳欲聋齐射声的炮击一直持续到天亮。炮击刚一结束，敌人冲锋枪和机枪的声音就紧跟着响了起来，简直天衣无缝。

在炮火的掩护下，俄国人分别出动45辆坦克和30辆坦克向元首团阵地发起了钳形攻势，紧随其后的是25辆满载着步兵的运输卡车。他们大概认为德军的防线已经不堪一击，所以让步兵直接跟在了装甲部队的后面。现在是高级突击大队长（中校）卡尔·克罗伊茨的师属炮兵团和火箭炮营表现的时候了。克罗伊茨一声令下，5个炮兵营和1个火箭炮营的最后一次掩护性炮击如台风般咆哮着掠过战场，狠狠地砸在敌军集结地带。一些敌军单位被直接从地面上抹掉，剩下的也损失惨重。

师属坦克歼击营营长阿斯巴尔（Asbahr）的手下也击毁了不少敌军车辆。装甲团2营营长蒂克森的Ⅳ号坦克群的加入也让元首团获得了一丝喘息之机：高级突击中队长（上尉）凯斯滕（6连连长）在危急关头带领9辆Ⅳ号坦克迎战敌军60辆坦克，最后大获全胜。战场上只留下29辆熊熊燃烧的敌军坦克残骸。

新组建的豹式坦克营的加入，也是帝国师能在左翼的初期战斗中取得成功的重要因素之一。克尼普的突击炮营也让7辆T-34坦克退出了战场。而重装甲连的1辆虎式坦克更是在几分钟内就干掉了4辆敌军坦克。俄国近卫坦克第5集团军的这几次进攻，也使得帝国师的"击杀数"进一步上升。

8月25日，沃罗涅日方面军开始追击撤离阿赫特尔卡（Okhtyrka）的德军第4装甲集团军。9月2日，苏军拿下了哈尔科夫西北的苏梅（Sumy），并向以西的罗姆内（Romny）和普里卢基方向推进。与此同时，苏军草原方面军也在哈尔科夫以西全力打击德军第8集团军。8月29日，近卫坦克第5集团军和第53集团军夺取了柳博京，打开了通向波尔塔瓦（Poltava）的道路。9月初，苏军又拿下了柳博京南面的梅列法，目标直指克拉斯诺格勒（Krasnograd），此处距离波尔塔瓦仅一步之遥。

9月7日，曼施泰因在面对自己右翼依然崩溃、左翼万分危急的情况下，下令南方集团军群开始向第聂伯河撤退，打算利用宽阔的河面和西岸的峭壁来阻滞苏军进攻的步伐。在此期间，帝国师一直从事着防御作战，并归入第3装甲军编制。9月11日夜里，帝国师退向了姆扎河防线。

9月12日，“帝国”装甲侦察营在科洛马克（Kolomak）的防线遭到了苏军一个坦克旅的攻击。大约80辆T-34坦克冒着暴雨出现在了侦察营的阵地前。营长立刻命令所有人蜷缩在战壕中，苏军坦克开过去后，再出来打击后方跟进的步兵。这一战术德国人早在1941年就用得滚瓜烂熟了。不过这次苏军却没有让他们如愿，T-34坦克在开入侦察营阵地后并没有立即突向后方，而是在战壕上来回反复碾压，逼得侦察营官兵只能平躺在战壕中，不敢抬头。与此同时，苏军步兵也乘机压了上来。为了打退这股敌军，侦察营干脆呼叫后方炮火直接覆盖己方阵地。这一举动彻底把苏军步兵震撼了，后者只得退了回去。

1943年8月底，在失去哈尔科夫后，德军开始向第聂伯河撤退。照片中的豹式坦克D型就属于“帝国”装甲团1营，编号不详。注意其后侧挂负重轮的特征。

而之前突入阵地的苏军坦克旅则遭到了装甲团1营霍尔茨（Holzer）战斗群的伏击。经过激战，该战斗群隐蔽良好的豹式坦克总共击毁了78辆苏军坦克，直接打残了这支苏军部队。9月15日，帝国师继续边打边撤，然后在科洛马克—布洛夫科夫（Brovkoff）公路两侧建立防线阻击苏军。9月18日，帝国师撤到了克列缅丘格附近，德军也在这一天开始大规模撤过第聂伯河，因此在该地区仅有一座桥梁可供帝国师撤退之用。

1943年9月科洛马克地区，中间拿着望远镜的是“元首”装甲掷弹兵团团长施塔德勒，他右边举着望远镜的是3营营长赫尔穆特·肯普费，右1是团传令兵。

与此同时，在曼施泰因南翼，草原方面军也在拼命追击第8集团军，同时朝第聂伯河推进。而要冲向第聂伯河就必须拿下波尔塔瓦，因此这座城市再次成为双方争夺的焦点。德军在破坏了该城及其两侧跨越沃尔斯克拉河的桥梁后，又增派了帝国师赶往此处增援。9月20日，帝国师在波尔塔瓦建立了一个桥头堡阵地以掩护第8集团军的后撤行动，同时负责殿后的师属两个装甲掷弹兵团和侦察营也开始向这个桥头堡靠拢。

9月22日，近卫第5集团军开始强攻波尔塔瓦，而德国第8集团军也开始利用这段时间从克列缅丘格撤过第聂伯河，负责掩护该集团军撤退的就是帝国师临时隶属的第11军。师属突击炮营2连连长沃尔夫冈·罗德尔（Wolfgang Rohder）带领部下一直坚守沃尔斯克拉河上的最后一座桥梁，直到师主力撤过第聂伯河。为此，罗德尔获得了骑士铁十字勋章，以下是他的战斗经历：

1943年9月20日，2连接到了保卫波尔塔瓦地区沃尔斯克拉河上最后一座大桥及附近区域的命令，直到桥被炸毁……下午2点左右，即将炸桥的信息传了过来，突击炮部队也接到了迅速撤过大桥的命令。下午5点，殿后部队总指挥施塔德勒下令突击炮排立刻过桥撤退……其中1辆突击炮被敌军反坦克炮击中，已经抵达对岸的罗德尔于是开着一辆边三轮摩托冒着枪林弹雨又冲了回来。他在被击伤的突击炮前停下，然后和驾驶员一起用手枪驱逐那些试图切断尚未过桥友军退路的俄国步兵……

罗德尔决定带着手下两个人就地防御，而摩托车手则回去通知突击炮连过来增援。在河西岸有一门37毫米高射炮，罗德尔把它拖到桥上30米处……这时候，俄国人终于穿过村里的庭院和房子，出现在了70米外的地方并朝他们开火。此时一个工兵连连长大声告诉罗德尔："守住大桥，我会带4个爆破组过来！"等突击炮连返回后，罗德尔在东岸建立了一个半圆形防线。突击炮的火力压制住了俄国追兵。大约15分钟后，高级突击中队长（上尉）弗莱舍尔（Fleischer）和他的4个爆破组赶到了……在突击炮的掩护下，放置炸药的工作顺利完成。一切妥当后，罗德尔带领突击炮连又撤回了西岸。等最后一辆突击炮过桥后，沃尔斯克拉河大桥在几声巨响中轰然倒塌，而那些看见突击炮过桥后就一路追来的俄军先头部队也和大桥一起化为了灰烬……

沃尔夫冈·罗德尔佩戴骑士铁十字勋章时拍摄的照片。

9月24日—25日夜间，德军后卫部队陆续进入桥头堡阵地，并继续抵抗了几天。其中帝国师的首批部队于24日从克列缅丘格撤到了第聂伯河左岸，但殿后部队仍在与苏军追兵激战。

由于苏军已经在格列别尼（Grebeni）周围抢占了几个小的桥头堡阵地，不断投入伞兵和装甲部队增强实力，扩大登陆场。这让帝国师未来的行动——特别是第聂伯河的防御作战变得相当棘手。9月28日，帝国师发动了一次进攻，目的是夺回第聂伯河弯曲部的几处高地。苏军已经控制住了此地，并且将其作为宽大登陆场的支撑点。"元首"装甲掷弹兵团的第一次突击在苏军猛烈的炮火和机枪火力打击下惨败，直到施塔德勒团长把3营和第15摩托车连投入进攻，才把苏军的格列别尼登陆场稍稍压缩了一点点。随后，德军第8集团军和第11军又下令"元首"装甲掷弹兵团彻底消灭格列别尼登陆场，但遭到了施塔德勒的反对，施塔德勒强调他的团实力已经下降到了只有500人，根本无法执行这一任务。这里值得一提的是，这不是施塔德勒最后一次质疑上级的命令，在1945年3月的巴拉顿湖反击战中，施塔德勒再次与上级发生了冲突，而且这位上级就是现在的第8集团军指挥官沃勒步兵上将。后者甚至试图将施塔德勒送上军事法庭。

9月30日，反对无效的施塔德勒只能下令全团进入格列别尼地段肃清周边苏军阵地。2营进攻失利后，3营第11（SPW）连在2辆喷火坦克的支援下又发起了冲锋。该连的霍尔斯特·赫尔波斯海默（Horst Herpolsheimer）对此回忆道：

我们的半履带车火力全开地从藏身的灌木林中驶出，紧紧跟着正朝敌人喷射烈焰的喷火坦克向前突击。我们的2连接着攻击了正前方的树林，将敌人赶了出去，并一路穷追，夺取了登陆场西北面的阵地，与9连和10连已经下车的掷弹兵会合。上级觉得敌人在我方攻击地段没有重型反坦克武器，因此命令我们11连粉碎敌人防线，夺取格列别尼，同时与敌登陆场另一侧的部队取得联系。为此，团里还从12连抽调了1门反坦克炮和2辆半履带装甲车加强到我们连。这次进攻还将得到炮兵的支援。

由于连续地激战，下级突击中队长（少尉）诺伊德克（Neudeck）的第11连实力也就比一个排略微强点了，但我们还有高级小队长施泰格尔（Staiger）指挥的5辆半履带装甲车，还有一些我带领的来自营部的成员。我们在各车拉开较大间距的情况下向敌军发起了冲锋……穿过敌人阵地后，我们前方是一大片向日葵地，中间有一条小路通向村口。就在沿着小路前进时，我们遭到两侧和村内的火力伏击。俄国人把手里的家伙都用上了，他们甚至还从对岸运来一门大口径反坦克炮。在这样一片开阔地，又是敌人登陆场之中，谁要掉头撤退那就跟自杀没什么区别。我们别无选择，只能硬着头皮顶着敌人的反坦克炮向前冲。第一辆半履带车中弹停了下来，第二辆在旁边经过时没留神打滑翻车了。此时我们坐的车也到了这里，诺伊德克连长想开过去继续前进，但我跟他说白痴才这么干，于是他下令剩下的车辆停止前进，掷弹兵下车。我们在壕沟中建立了环形防御，不久后，又收拢了一些轻伤和没受伤的同志，并在小路两侧架设了机枪。我们后面的一辆半履带车打算掉头跑路，但中弹起火。此后，我们右面的敌人在极近的距离上朝我们开火，左边的敌人也开始不断逼近。

我们这个战斗群一开始有40个人，现在只剩下25个了。这时候，敌人迫击炮的一次轰击让我们产生了更多的伤亡。一名担任前进观察员的士官接过了一挺机枪。随后，我们的机枪手和冲锋枪手开始向敌人倾泻弹雨，同时我们还在不断地变换射击位置，以防敌人发现我们人手不多了。俄国人一时间拿我们一点办法都没有。但就算如此，我们中间也没人觉得能活命，于是我们所有人都打定主意决不投降，死战到底。有一挺机枪子弹打光了，我赶紧爬到翻倒在路边的半履带车里瞅了瞅，找到了一些沾满鲜血的子弹带。战斗是如此紧张，以至于我们差点忘了无线电的事了，电台操作员也拿起枪充当狙击手。连长把他叫来，让他联系营里。无线电员没联系上营指挥部，但还是设法跟10连接上了，10连的通信人员答应向营里传达我们阵地的消息。

到这时，俄国人已经渐渐沿着小路杀了过来。到天黑前，敌人已经接近到可以投掷手榴弹的距离了，我们甚至可以听到他们高呼“乌拉！乌拉！”的声音，这意味着他们要冲锋了。我们也为最后的死战做好了准备。当敌人冲过来的时候，我们集中火力拼命向他们扫射。此外，还时不时发射照明弹，看看敌人是否在匍匐接近。就在形势陷入绝望之际，我们听到了马达的轰鸣声，天空中划过异样色彩的光束，突然传来尖叫声，是我们的喷火坦克。

1943年9月25日，在克列缅丘格地区两座铁桥撤过第聂伯河的帝国师的虎式坦克。这辆虎式坦克明显出了故障，靠着两辆18t牵引车拖曳前进。

在小路左右50米处，我们的两辆战车一边缓缓前进，一边向敌人喷出死亡的火焰。他们靠拢过来，我们巩固了阵地。指挥官也赶来组织回收我们的半履带车。这些车每一辆都中弹多处，其中一辆已经烧成了废铁，只能放弃。重伤员和死者被安置在一辆车中，随后我们动身出发，但此时我们仍难以置信自己这一个小小的战斗群面对优势之敌居然顶了那么长时间。次日我们奉命再次出击。然而就在出发前，我们又接到命令前往另一地段，并且不仅要进攻，还要夺取村庄，与友军会合。

从9月底到10月初，虽然德军基本上顺利撤过了第聂伯河，但尾随而至的苏军也从多个地段强渡过河，建立了大大小小20多个桥头堡阵地，曼施泰因元帅的第聂伯河防线还没建好，就已经变得千疮百孔。在此期间，帝国师归入第24装甲军编制，除了师属装甲团外，师里其他部队都参加了拔除卡涅夫（Kanev）和格列别尼（Grebeni）桥头堡的行动，前者则前往基诺沃格勒（Kirovograd）休整、补充装备。

基辅危机

此时在曼施泰因的南方集团军群北翼，苏军趁德军向这一段第聂伯河撤退的机会，一举在基辅南北两侧的大布克林（Velikii Bukrin）以及柳捷日（Liutezh）建立了桥头堡阵地。10月15日，为了应对这一威胁，德军开始在基辅两翼增兵，其中帝国师就跟随第24装甲军被部署在了大布克林登陆场附近。次日，近卫坦克第3集团军从大布克林桥头堡出发，向德军发起了猛攻。事先已经察觉到苏军意图的德军立刻进行了顽强抵抗并重创了苏军。10月24日，苏军只能停止进攻，同时把主攻矛头转向了北面的柳捷日桥头堡。11月3日，苏军突然从柳捷日桥头堡发起进攻，措手不及的德军于2天后丢失了基辅。

苏军在夺回基辅后，装甲矛头继续向南深入。为此，帝国师接到了紧急集结的命令。11月6日，SS第2装甲团的先头部队率先抵达白采尔科维（Belaja-Zerkow）附近（基辅西南80公里）。这里是德国第8集团军的重要补给通道，也是连接曼施泰因南段战线的要地，同时也可以作为德军向基辅发动反击的据点。此时，德军所有军事和行政组织都在忙着撤离基辅，苏军的装甲前锋随时可能合围这里。

11月7日，苏军近卫坦克第3集团军通过奇袭拿下了法斯托夫。帝国师一部随后投入到遏制苏军装甲部队的突破行动之中。当天，该师收到的战场情报如下：

苏军夺取基辅后，继续向西、北两个方向推进。11月6日，苏军夺取瓦西里科夫（Wassilkov）。11月7日，苏军攻克法斯托夫。苏军接着派出大量坦克和步兵沿着瓦西里科夫向南推进；另一路坦克部队和机械化步兵则从梅特尼察（Mytniza，瓦西里科夫西南）向西南方突击。苏军同时还派出部队沿着法斯托夫方向穿过普利谢茨科耶（Plisetzkoje）的铁路线西北的车道向北进攻。此外，还有一些小规模的苏军坦克部队出现在了科瓦列夫卡（Kovalevk）以北的法斯托夫—白采尔科维公路附近。

1943年11月，在法斯托夫地区作战的SS第2装甲团1营的豹式坦克。

法斯托夫的失守让德军失去了一个重要交通枢纽。无奈之下，德军只好先将第25装甲师投入战场。该师随后发动的法斯托夫反击战却未能成功。11月12日午夜前不久，帝国师向白采尔科维—法斯托夫的铁路线发起了一次反击，试图封闭第25装甲师防线上的缺口。大约凌晨1点，帝国师成功占领了铁路线并与第25装甲师一部建立了联系。

由于基辅西南和以西的交通要津——法斯托夫和日托米尔都落入苏军之手，因此德军决定从别尔季切夫（Berditschev）发动一次大规模反攻，准备直插基辅突出部根部，阻止苏军西进。德军甚至希望能够夺回基辅以及第聂伯河沿线。苏军在基辅方向的进攻矛头似乎正在减弱，曼施泰因乘机动用第48装甲军沿日托米尔—法斯托夫一线发起反击。

11月15日，帝国师作为第48装甲军一部在右翼投入了这次反击战。11月20日，德军成功地夺回了日托米尔，但随后的进攻却在苏军顽强抵抗下陷入停滞。11月21日—22日，帝国师奉命移动到了日托米尔以东地区。11月24日，帝国师在抵达德军刚刚夺回的日托米尔后，开始向东面的科罗斯特舍夫（Korostyschev）—拉多梅什利（Radomyschl）一线进发，并在抵达新战区后归第7装甲师节制。按计划，帝国师将沿科罗斯坚（Korosten）—别尔季切夫—拉多梅什利一线向苏军发起反攻。此时SS第2装甲团仅剩下9辆Ⅳ号坦克、2辆虎式坦克以及7辆豹式坦克和2辆指挥坦克可用。

11月25日凌晨5点，帝国师按时发起了反击，德军试图通过这次反击重新夺回科罗斯坚（Korosten）。在涅格列波夫卡周围，实力严重受损的SS第4“元首”装甲掷弹兵团和被拆分的师属侦察营的进攻一度受挫。天黑后，苏军还在坦克的支援下发起了反突击，但被击退。虎式重坦克连的下级小队副施特伦（Streng）对此回忆道：

大约深夜11点，寒风呼啸着拂面而来，空气中还夹杂着一股焦糊的味道。突然，远处传来了一阵阵引擎的轰鸣声，无数红色的信号弹划破黑暗的夜空，敌军夜袭！防线上到处都传来俄国坦克的怒吼声，它们仿佛从地狱爬出来的魔鬼一样出现在了200米开外，我们甚至可以清楚地看到它们主炮开火后炮口冒出的火光。到处都是厮杀声，爆炸产生的火光照得黑夜如同白昼。起先，在火光中我们只能辨识出3辆俄国坦克。不对，是5辆……接着是6辆，它们逐渐开进了我们的射击范围。开火！1辆坦克发生了剧烈的殉爆，各种零件在爆炸中飞上了半空，浓烟升腾翻滚似蘑菇云。没有人能够说清楚我军的坦克在哪里战斗，俄国人的坦克在哪里战斗。唯一能够分辨出不同的只有坦克引擎不一样的轰鸣声。

战场形势一片混乱，仅靠我们1辆虎式坦克什么也做不了。午夜很快就过去了，当我们在凌晨3点把第4辆俄国坦克打成一团火球时，俄国人退了。刚才还热火朝天的战场，此时慢慢平静了下来。俄国人的夜袭被我们彻底粉碎，他们的步兵甚至没能跨过我军第一道散兵坑。所有敌军坦克都被我们营的Ⅳ号坦克连击毁。

当我们在次日早晨返回后方的连部时，我们碰到了元首团团长，他请求我们继续留在他们团的防线上。就算是我们这辆引擎出了故障的虎式坦克，他也希望能够留下来当固定炮台用。

我们又返回了前线，并在一处山坡的反斜面建立了射击阵地。当晨雾渐渐散去后，前方低洼地的俄国步兵露了出来。与此同时，在我们前方出现了蓝灰色的烟雾带，被这一信号召唤来的德军炮火呼啸着飞过头顶。前方敌军防线在我军强大的弹幕中土崩瓦解。

12月1日，帝国师脱离第48装甲军序列加入第42军编制，同时在拉多梅什利东南方向建立了防线。由于苏军第60集团军左翼在日托米尔——拉多梅什利公路以北站稳脚跟，威胁着德军第48装甲军的侧翼。曼施泰因决定先消除这个威胁。因此，德军计划于12月6日发动代号为“基督降临节”的行动，第48装甲军将奉命突袭日托米尔——拉多梅什利苏军的右翼，从西向东实施攻击。第42军任务则是在攻击前一天增加炮击和巡逻次数以吸引苏军注意，使其相信德军主攻方向是泰泰雷河（Tetere）方向。第二天，第42军将从南面向拉多梅什利发起进攻，协同第48装甲军夺取该城。此后，帝国师一直协同国防军部队在拉多梅什利方向作战。

12月8日，德军经过苦战终于从西面突入拉多梅什利。由于帝国师的战斗力量已经下降到了让人无法忍受的程度，因此全师可能撤出前线休整的消息已经流传了颇长一段时间。12月13日，这一消息终于被证实，但该师所有仍具备战力的单位将继续组成一个战斗群留在东线战斗。

12月16日，帝国师的部分人员和装备陆续前往日托米尔火车站登车。3天后，在东线不间断苦战近一年的帝国师官兵们终于踏上了回家的旅程。

从12月17日，仍然留在东线的帝国师一部分单位组成了帝国师装甲战斗群，担任指挥官的是原师参谋长佐默（Sommer）。这个装甲战斗群包括混编而成的“帝国”装甲掷弹兵团，主要下辖SS第3“德意志”装甲掷弹兵团1营，SS第4“元首”装甲掷弹兵团2营以及2个装甲掷弹兵团各自直属的第13、第14连残部组成的1个重步兵连，SS第2炮兵团3连的1个排，SS第2高炮营一部、SS第2装甲侦察营的1个反坦克排，1个混合工兵连（“德意志”装甲掷弹兵团第16工兵连提供了2个排，“元首”装甲掷弹兵团第16工兵连提供了1个排），SS第2装甲团剩余坦克编成的2个装甲连，SS第2突击炮营剩余的7辆突击炮组成的“帝国”突击炮连，1个炮兵营（1个150毫米榴弹炮连，1个105毫米榴弹炮连），1个加强的侦察连（1个装甲车排、2个摩托车排、1个重摩托车排）。此外，帝国师装甲战斗群还得到了来自国防军的第7装甲侦察营、第25装甲侦察以及1个陆军工兵营的加强。

原计划让魏斯担任“帝国”装甲掷弹兵团的团长，但最终团长一职还是交给了维丁格。12月20日，帝国师其余部队开始通过铁路启程前往法国，最后一列火车于12月24日离开日托米尔。当天，帝国师装甲战斗群参加了拉多梅什利保卫战。

12月25日，帝国师装甲战斗群开始穿过泰泰雷河后撤。1944年1月5日，帝国师装甲战斗群在损失了大部分坦克后，经过旧康斯坦丁诺夫（Staro Konstantinov）进入普罗斯库罗夫（Proskurov）地区休整。1月底，德军经过苦战，终于在日托米尔以西的舍佩托夫卡（Schepetowka）挡住了苏军的攻势，稳固了周边的防线。到了2月中旬，拥有5000人的帝国师

1944年12月，在乌克兰日托米尔至拉多梅什利之间某处森林里行军的“帝国”装甲战斗群。12月15日的时候，根据装甲战斗群报告，帝国师仅剩下6辆Ⅳ号坦克、4辆豹式坦克和5辆虎式坦克可用。照片中跟在Ⅳ号坦克之后的是“S33”号和“S13”号。

装甲战斗群已经在苏军的1943—1944年冬季攻势中损失了1121人，每个营的战斗力已经下降到了原来的60%。

1944年2月14日，帝国师装甲战斗群抽调出5辆坦克前往斯卢奇河（Slutsch）上游的柳巴尔（Liubar，在舍佩托夫卡和别尔季切夫之间）附近支援第19装甲师作战。从3月8日起，残存的帝国师部队又集中在一起组成了帝国师团级战斗群继续在东线作战，剩余的坦克也组成了1个混编连。该连包括1个Ⅳ号坦克排、1个豹式坦克排、1个虎式坦克排。此外，还装备了一些突击炮。就在前一天，帝国师的这些部队还被加强给了第19装甲师，参加了旧康斯坦丁诺夫周围的行动。

1944年4月8日，帝国师团级战斗群抵达加利西亚省的卡尔塔诺夫切（Kartanovche）并转入预备队。4月4日，帝国师团级战斗群接到了解散并前往西线的命令。从4月20日—27日，帝国师团级战斗群在东线的最后800名幸存者分别乘火车前往法国的图卢兹（Toulouse），最终与大部队会合。

第八章　血战诺曼底

驰援112高地

1944年1月—4月，仍留在东线作战的帝国师残部陆续返回西线与大部队会合。与此同时，几个在战斗中受到重创的营、团也相继前往法国南部的图卢兹和蒙托邦地区休整补充。3月7日的统计显示，帝国师师长海因茨·拉默丁手上一共只有2500人。更糟糕的是，新生的帝国师将失去一支最重要的装甲力量——虎式重坦克连。这个连将被抽调走并扩编为SS第102重装甲营，该营将由SS第2装甲军直辖。不久后，形势开始有所好转：大约有9000名新兵从德国本土赶了过来并补充进该师，不过他们中大多数都是18或19岁的年轻人，没有任何实战经验。拉默丁师长最后只好用以老带新的办法让这些新兵尽快融入这个集体。驻防法国南部的帝国师最初任务是应对盟军可能从地中海地区里维埃拉发起的登陆，但英美军队却从未做过这样的打算，他们的目标是法国的诺曼底。

1944年6月1日时，帝国师仍缺乏足够的人员和装备。按照编制标准，全师应该拥有3000辆卡车。随着德国战争机器的疲态渐露，法国的抵抗组织逐渐活跃起来。其间针对德军士的袭击事件显著上升。从3月份到D日（6月6日），帝国师大约有100多名官兵在这类袭击中死亡或被绑架，还有相当数量的人负伤。在盟军登陆诺曼底的消息传来之后，帝国师马上转入了一级戒备。6月7日，为了提高部队机动性，帝国师又转入二级戒备，这样就可以就地征用民用车辆。随后，该师的首批轮式部队开始向盟军登陆场进发，履带车辆则通过铁路系统运往战场。

帝国师滞留东线的战斗群最后一任指挥官维丁格。

由伦敦发出的指示要求法国抵抗组织将德国人全部留在法国中部的卢瓦尔河（Loire）以南。因此，拖延帝国师的行军速度成了抵抗组织对诺曼底的最大贡献之一，后者的特别行动处起了很大的作用，他们在该师出发前就有计划地摧毁德军的燃料库，破坏车辆，炸毁铁路线，组织一系列小规模的伏击。此外，帝国师的调动情报还通过无线电传回了伦敦，英国皇家空军乘机发动了几次空袭，其中最大的一次就在昂古莱姆。

当SS第2装甲团的坦克在蒙托邦全部装载在平板列车上后，光等火车头就耽误了近4天时间，铁路货运的编组站也遭到了轰炸。当第一列火车于6月11日抵达卢瓦尔河的时候，他们发现当地仅有一条单向轨道可用。6月23日，帝国师通过铁路运输的主力才完全抵达战场——这段原本5天就应该走完的路却整整花了17天的时间，从而导致该师无法在盟军登陆的第一时间投入反击。

1944年春季，在帝国师举行的东线战斗群归建的欢迎仪式上，拉默丁师长正在与维丁格交谈。

在帝国师前往诺曼底战场的过程中，由于抵抗组织屡次骚扰和暗杀，因此爆发了震惊世界的阿讷河畔奥拉杜尔小村惨案。那么德国人和法国人的关系真的如此恶劣么？美国的OSS（office of strategic services,战略情报局，即后来的中央情报局CIA的前身）曾将一份绝密文件从伦敦直送到了罗斯福总统所在的白宫办公室桌上，文件标注的时间是6月14日，其内容全是"根据绝对可靠的情报来源撰写的"。在文中记述了一名未提及姓名的法国人在诺曼底乡村进行了数天的采访和访问的全过程。

由于燃料短缺的问题长期困扰着德军并极大地限制了德军的机动能力，为此德国占领政府下达了严格的油料限制命令，对此广大法国农民颇有微词。但总体上看，在诺曼底乃至整个法国长达4年的占领中，德国占领军的表现是非常有组织和纪律性的，基本上没有任何滋事扰民的严重事件发生，该地区的农民的生活基本得到保障，衣食无忧。在较大城市的餐厅中食品敞开供应（尽管价格不菲），文件中甚至还提到了位于巴约的雄狮酒店（Lion Dor）地下酒窖中所储存的红酒醇香无比。

在政治方面，文件表述了如下观点：戴高乐将军被法国众多地下抵抗组织所尊敬和崇拜，但作为单体的个人而言，贝当元帅也并不为广大民众所痛恨，人们认为他（贝当）只是一个可怜的老头而已。在当地的某个市长办公室里，在登陆后也不过是将他（贝当）的照片换成了福熙元帅的而已。

SS第2装甲炮兵团的安东·费劳回忆了他和战友经历的一个小故事：

1944年的法国战役期间，我在SS第2装甲炮兵团的150毫米榴弹炮炮组服役。当一次压制敌人的炮击之后，我们才发现弹药已经所剩无几了。实际上，我们不得不打光最后一发炮弹来阻止敌人坦克的进攻。后来，我们接到了转移阵地的命令，所有火炮都在没有任何敌军干扰的情况下随着主力安全撤走了。

我和连长以及一小部分战友留了下来，此外还有几名伤员和一些炮兵装备和仪器。我们都在盼望着卡车能早点回来把我们带走。快到中午的时候，卡车司机终于来了，可他是步行来的。他的卡车在路上遭到了盟军战斗轰炸机的攻击，幸运的是他只受了轻伤。但坏消息是不会再有卡车经过我们这里了。我们每一分钟都有可能遭到攻击，我们不能坐以待毙，为了伤员和设备，一定要想办法离开。

我们附近有一个农场，于是我们派了3个人去"要"了些大车。尽管敌军炮弹不断地在周围爆炸，农场的农民们还是帮我们给大车套上马匹，我们走的时候，留在我们后面的农民显得非常悲伤，不仅是因为他们最好的马匹在收割庄稼的时候被强行带走，而且这还发生在盟军马上就要到的时候。我们一定归还的承诺只是个安慰而已，其实连我们自己都觉得这是句空话。一回到营地和部队会合，我们就把伤员和设备装上大车，并在设备上盖上树枝。我们3个马车驭手摘掉钢盔并脱下制服，让自己看起来像法国平民，因此我们一路上没受到任何盟军飞机的袭扰就抵达了新阵地。马和大车都转交给了后勤部队，然后我们就归队了。

我们在这个地方待了几天，但是战局一日多变，使得我们离借马和大车的那个农场越来越远。有一天，连副官问我们是否愿意把这些还给农民。“不过那里可不安全！”他告诉我们，“这也就是为什么连长不想命令你们这么做的原因。明天咱们要继续撤退，所以今天中午，最迟到今天晚上是把这些东西都还回去的最后机会了。”于是我们3人准备先采取行动，然后再向连部报告。我们先回到后勤部队把马喂好。然后副官给了我们一份过时的敌情通报和一张简陋的地图。“你们要去的地方没有稳定的战线，所以那里有没有敌军也是不确定的。”随后他在模糊的地图上指出一条路线，这条路线还处在敌人持续不断的炮火袭击中。最后他告诉我们游击队占据了这个地区的许多农场。

我们临近傍晚才出发，赶了2个小时大车才抵达一个被树林环绕的偏远农场，我们打算在这里喂下马。天已经开始黑了，从农场里传出来一些男人用法语交谈的声音。我们把马拴好，小心翼翼地朝一个农舍前进。这些人一定是游击队，但想悄无声息地通过这个农场是不可能的。我们可不希望背后中弹而死，但是也确实需要喂马的草料和水。我们悄悄地打开一扇门，看到一群年轻人围坐在一张桌子旁抽烟、喝酒。我们的突然出现使他们没有时间去取自己的武器。但为了显示和平的意图，我们没有把冲锋枪举到开火的位置，尽管每个人都准备了两颗卵形手榴弹，以便在紧急情况下使用。

我们的通信兵来自阿尔萨斯（Alsace），因此法语说得很好，他先对这伙人表示欢迎并指出他们犯的错误。“你们怎么能一个哨兵都不放就在这里吃喝呢？”他接着问，“你们是平民，但是携带武器，明天这个地方就会告别战争，你们真的想死在最后一天吗？”这伙人当中的一个回答在这附近已经好些天没见到德国兵了，所以他和他的战友们确信德国人已经都撤走了。造成他们如此松懈还有一个原因，就是这些游击队员都喝了太多酒。我得提一下，其实我们和这些法国小伙子一样害怕。这时一个老头进来了，明显是这个农舍的主人。我和这老头一起出去给马喂水，并搜集了一些填饱它们下一顿的草料。我的战友们很快就过来帮忙，大家都安全离开了那个危险的地方。炮弹的爆炸声越来越响，说明我们走对路了。不久之后，炮弹就开始落到离我们非常近的地方。前面肯定是个十字路口，密集的炮火覆盖，让马儿害怕得发抖。我们无法继续前进了，也不能走回有游击队控制的地方，况且也不能这么就把马原地放了。作为老兵，我们知道炮火肯定有间歇的时候，炮火停息之后，我们就拽着马缰迅速通过被炮弹炸得坑坑洼洼的路面。尽管弹片在周围呼啸，10分钟之内我们还是通过了危险地带。我们全身都被汗湿透，膝盖不住地颤抖，只能停下来休息了一会。我们又小心翼翼地走了2个小时，这些马开始意识到它们就在家附近了（老马识途？），因此步子变得

1944年5月，在法国蒙托班地区重建训练中的SS第2装甲团。照片中戴着墨镜的就是团长蒂克森。

轻快起来。它们带我们来到一个马厩，是一个完全黑暗得不可能被发现的地方。农夫和他的妻子被我们弄出的噪声吵醒了，然后下了楼，看到他们的马又回来了特别高兴。这对夫妇是这么热烈地感谢我们，以至于大家都怀疑是不是应该把送马路上的危险说出来，但总算是送到了。农夫和他的妻子给我们食物，并且让我们在谷场里面美美地睡了几小时。睡觉的时候农夫守着并在适当的时候叫醒我们。当我们离开的时候，农夫的妻子给我们装了不少食物，而农夫自己则陪我们走了一段，指出回去的近路。我们到连上的时候，已经快到中午了，只看到阵地的位置又改变了。我们跳上一辆卡车，很高兴能再次"回家"。

6月14日，帝国师前锋一部抵达了栋夫龙（Domfront）以南的集结地。在途中他们遭到了盟军战斗轰炸机的袭击，这是一种全新的恐怖体验。虽然帝国师的老兵们对苏军低水平的空中支援早有体验，但东线可没有这种在空中巡逻，同时像出租车般随叫随到的空中支援力度。这些盟军战斗轰炸机奉命摧毁德军防线后方一切移动的目标。根据一些回忆录记载，甚至单个的德军士兵也会遭到盟军飞机的扫射。头几次遇到空袭的惨痛经历使得德国人对伪装武器车辆以及永远隐蔽在树林中养成了本能。帝国师在与盟军飞机的第一次亲密接触中，就有16辆卡车被炸毁。6月下旬，维丁格成为SS第4"元首"装甲掷弹兵团团长，原团长施塔德勒在移交职务后，成为SS第9"霍亨施陶芬"装甲师师长。

6月19日—20日，尽管SS第2装甲炮兵团1营（全部装备自行火炮）、SS第2高炮营、SS第2装甲团一部抵达了预定集结区，但集结行动仍没有完成，一些装甲掷弹兵营仍滞留在图卢兹地区。不过此时的帝国师经过陆续补充，装甲实力已经上升到了211辆（79辆Ⅳ号坦克、78辆豹式坦克、12辆38t底盘的自行高射炮以及42辆Ⅲ号突击炮），接近满编。此外，SS第2装甲团还在7月6日时接收了5辆Ⅳ号坦克指挥型。

鉴于前线危急的局势，德军西线总指挥部决定抽调帝国师一部先期投入战斗。也就是说，"帝国"这支精锐部队还没来得及集结完毕，就被拆散使用了。6月26日晚上，第7集团军下令该师抽调1个炮兵营和1个装甲营支援位于圣洛东南12公里托里尼（Torigni）地区的德军第2伞兵军。此外，还抽调一个战斗群前往增援形势危急的卡昂战场。这支战斗群包括SS第4"元首"装甲掷弹兵团的团部、1个通信排，SS第4"元首"装甲掷弹兵团1营、团属第13（步兵炮）连、14（防空）连、15（摩托车侦察）连、16（工兵）连和SS第3"德意志"装甲掷弹兵团1营，由维丁格统一指挥，整个战斗群约2500人。他们将临时归入国防军第2装甲师参加对维莱-博卡日—卡昂公路的反击。

这次反击要从6月26日英军发起的"赛马场"行动说起。卡昂城作为诺曼底地区的交通和铁路中心，拥有极其重要的战略地位，盟军只要越过卡昂城，就可以突破树篱地带挺进一望无际的法莱斯平原（Falaise），直驱巴黎。因此该城成了盟军登陆当天最重要的目标，而执行这一任务的更是在北非风头尽出的英国蒙哥马利上将。此外，盟军在情报战上也取得了成功，使德军误以为盟军登陆地点是离英国本土最近的加莱海岸，而且情报显示德国人在诺曼底也都是些二线部队，战斗力十分有限。

D日登陆后，英军也未遇到非常强烈的抵抗，卡昂似乎唾手可得，但蒙哥马利却打错了算盘，他的老对手：德军在西线负责诺曼底地区防务的是“B”集团军群指挥官隆美尔元帅，隆美尔在意识到卡昂城的重要性后，迅速把防御重点布置在卡昂城周围，英国和加拿大联军首先遭到了德军第21装甲师的反击，这支北非战役后重建的部队几乎打到了英军滩头阵地。接着又遭到刚刚抵达前线的SS第12“希特勒青年团”装甲师和国防军精锐——装甲教导师的顽强抵抗，卡昂的血战正式拉开序幕。在三支德军精锐装甲师的抵抗下，盟军几乎停滞不前。

为了打破这一僵局，英军统帅蒙哥马利上将决定发动代号“赛马场”的攻势。英国第8军将负责主要的攻击任务，其计划是在希特勒青年团师左翼和装甲教导师的右翼防线接口处突破，主力穿越希特勒青年团师的防线后夺取德军背后奥东河上的几座桥梁，攻占附近的高地，尤其是112高地。只要越过112高地就可

在卡昂地区指挥英军作战的蒙哥马利上将，德军几乎把所有装甲师都集中到了英军进攻方向。

以直抵奥恩河，进入卡昂背后的法莱斯平原地区，同时完成对卡昂的包围，迫使德军撤退。为此，英军投入了第15步兵师、第11装甲师以及第43步兵师。若第8军进攻顺利，英国第1军下属的加拿大第3步兵师将同时夺取卡昂郊外的卡尔皮凯机场。

6月26日，英军正式发起了“赛马场”行动。6月27日晚上，英军就突破了希特勒青年团师脆弱的防线，两路攻击部队一路占领并穿过了奥东河上的桥梁，抵达112高地山脚，另一路不久之后也将到达。攻势发起仅2天，英军就在德军防线上形成了一个约3公里宽、纵深约8公里的“苏格兰走廊”的突出部（由英军第15“苏格兰”步兵师担任首轮突击而得名）。这个突出部的顶端就是112高地，同时英军的增援部队还在不断地涌入走廊。为了保卫112高地，切断英军的“苏格兰走廊”，德国第7集团军这才下达了抽调维丁格战斗群驰援卡昂战场的命令。6月27日拂晓，维丁格战斗群抵达装甲教导师防区——蒙村以南（维莱-博卡日东北5.5公里）。按计划，维丁格战斗群本该跟随第2装甲师的豹式坦克营一同展开反击的。但在6月27日午前，德国第7集团军指挥官弗雷德里希·多尔曼（Friedrich Dollmann）上将认为局势已经大大缓和，因此在上午10点10分左右上报B集团军群指挥部，声称帝国师的（维丁格）战斗群可以停止前进，原定同期增援的警卫旗队师的一个装甲掷弹兵团（SS第1装甲掷弹兵团）也不必急于从奥恩河以西赶赴一线战场。下午1点30分，多尔曼上将下令已经赶到装甲教导师防线的维丁格战斗群暂缓反击。所以最后在当天上午投入反击的只有第2装甲师的1个豹式坦克连（4连）。

到了下午，英军在112高地前取得了巨大进展。下午4点左右，SS第1装甲军（下辖装甲教

"赛马场"行动中的英军部队，边上是一辆被击毁的豹式坦克，属于希特勒青年团师下属的SS第12装甲团。

导师、第21装甲师、希特勒青年团师）指挥官迪特里希请求立刻投入警卫旗队师、帝国师各自的战斗群进行反击，第7集团军这才明白局势已经不像之前那么乐观，希特勒青年团师已经无力阻止英军源源不断的进攻了。1个小时后，第7集团军指挥部在上报B集团军群后，同意了SS第1装甲军的请求。集团军指挥部在当天的作战日志中记载，为了遏制英军的突破，第7集团军批准了将警卫旗队师和帝国师各2个装甲掷弹兵营以及第2装甲师1个装甲营配属给SS第1装甲军的请求，同时命令这批部队于6月27日至28日夜间发动反击。在接到第7集团军的新命令后，装甲教导师长拜尔莱因中将才向维丁格战斗群转达了次日反击的命令。由于"走廊底部"的罗赖在白天时落入英军第49步兵师的手中，维丁格战斗群的任务是天亮后从奥东河北岸向东攻击"苏格兰走廊"右侧以及东北面罗赖的英国守军，缓解希特勒青年团师在格兰维尔至奥

1944年夏天，在法国战场上作战的帝国师，从这辆半履带车上看，狼之钩的师徽再次出现在全师的装甲车辆上。

东河之间（走廊顶端）的巨大压力。

6月27日晚上8点，SS第1装甲军正式命令刚刚赶到战场警卫旗队师的弗莱战斗群和帝国师的维丁格战斗群发动一次钳形攻势，从两翼彻底切断“苏格兰走廊”，孤立并消灭突出部顶端的英军部队。深夜11点，SS第1装甲军又报告反击将延迟至28日清晨发动。

6月28日，当希特勒青年团师和英军第11装甲师在112高地上角力的时候，德军试图切断“苏格兰走廊”的行动也开始了。弗莱战斗群在第21装甲师坦克一部的支援下从走廊以东发起了反击。与此同时，在苏格兰走廊的西边，维丁格战斗群发现预定的出发阵地格兰维尔已经被英军1个营占领。在格兰维尔的南边，另一个英军步兵营也越过了卡昂公路，拿下了勒瓦尔特鲁小村。当然，这些英军还不知道，已经有一支德军战斗群（维丁格战斗群）出现在他们的右翼，目标则是他们身后的蒙德兰维尔。到昨天为止，还有一些德军散兵在蒙德兰维尔村里坚持战斗。在豹式坦克连（国防军第2装甲师）的支援下，左路的SS第3“德意志”装甲掷弹兵团1营向泰塞勒-布雷特维尔（Tessel-Bretteville）和罗赖扑去。右路的SS第4“元首”装甲掷弹兵团1营则负责夺取格兰维尔以及蒙德兰维尔。

下午2点30分，SS第3“德意志”装甲掷弹兵团1营与守卫布雷特维尔的英军苏格兰泰恩边民团1营和第4/7禁卫龙骑兵团B中队（相当于坦克连）的谢尔曼坦克发生激战。老练的德军掷弹兵在坦克的支援下很快就拿下了小村。当英军撤出布雷特维尔后，后方的支援炮火向维丁格战斗群发射了数千发炮弹，猛烈的炮火让德军在当天剩下的时间里无法前进一步。在这场短暂的遭遇战中，苏格兰泰恩边民团1营就伤亡了126人，由于受到了炮击，SS第3“德意志”装甲掷弹兵团1营的人员损失也差不多。让英国人惊讶不已的是，即使在英军猛烈的炮火下，受伤的党卫军士兵仍然冒着炮火从容不迫地救护受伤的同伴，将他们抬离战场。

在维丁格战斗群的右翼，SS第4“元首”装甲掷弹兵团1营在坦克的支援下，沿着卡昂公路直扑格兰维尔。他们很快就在公路北面发现了英军卡梅伦苏格兰来复枪团9营，而在公路南边不到1公里处，维丁格战斗群又发现了瑟福斯高地团7营以及支援这2个步兵营的第9皇家坦克团（A中队和B中队）。SS第4“元首”装甲掷弹兵团1营立刻以少数兵力牵制瑟福斯高地团7营，主力向格兰维尔杀去。利用树篱地形和狭窄的乡间小路，他们很快与英军展开了贴身近战，这让措手不及的英军损伤惨重。

SS第4“元首”装甲掷弹兵1营在把卡梅伦苏格兰来复枪团9营逼退后，还分出部分兵力掩护豹式坦克沿着公路快速突向蒙德兰维尔和科莱维尔。奥康纳中将的英国第8军此前并没有得到德军发起反攻的预警和情报，更不可能意识到两个德军战斗群的目标是他们身后的蒙德兰维尔。英国人甚至一开始都不知道跟他们交手的是哪支德军部队。“苏格兰走廊”两翼都陷入了混战，从穆昂到格兰维尔，所有的乡间小路、果园、农场都在发生激烈的战斗。察觉出形势不妙后的英军奥康纳中将立刻下令暂停向奥恩河推进，等肃清了两翼敌军后再继续按原计划进攻。

随着英军将注意力转向两翼，维丁格战斗群和弗莱战斗群的反击也被迫中止。从英军第49步兵师随后提供的罗赖地区作战报告可以看出匆忙投入战斗的维丁格战斗群部分失败的原因：

在布雷特维尔特地区艰苦的战斗之后，我

们遇到敌人的猛攻，我们只能撤退至泰塞勒-布雷特维尔地区重新集结……我们现在才知道那是德军刚刚抵达的党卫军第2装甲师，他们原本应该在圣洛附近……他们于前一天来到我们师前方和左翼，很快敌人在工兵领头下发起了攻击，“元首”装甲掷弹兵团在左，“德意志”掷弹兵团在右……尽管友军部队在加夫吕东北方俘虏了25名“德意志”装甲掷弹兵团的士兵，但是敌人仍在不停地对蒙德兰维尔发起攻击，但这显然并不是一次协调一致的行动，因为德军的行动明显杂乱无章……

尽管德军的反击没能从两侧切断这条“苏格兰走廊”，但英军的注意力也完全被这两个战斗群所吸引，从而使希特勒青年团师有足够的时间调集部队在奥东河南岸展开，挡住了英军第11装甲师进攻，英国人原先可以在这天越过112高地抵达奥恩河的。6月28日夜里，SS第2装甲军（下辖SS第9“霍亨施陶芬”装甲师、SS第10“弗伦茨伯格”装甲师）终于完成了23天的长途跋涉，由遥远的加利西亚赶到卡昂战场，实力陡增的德军终于在局部取得了兵力优势。

按照计划，霍亨施陶芬师将在奥东河北岸的格兰维尔和努瓦耶（Noyers）之间集结，

警卫旗队师的弗莱战斗群指挥官阿尔贝特·弗莱（中）正在与部下研究6月28日的反击方案。弗莱时任SS第1装甲掷弹兵团团长。

于次日分两路攻击英军“苏格兰走廊”里所有部队的补给中心舍村（Cheux）以及穆昂（Mouen）—卡尔皮凯一线，力图与驻守卡尔皮凯机场的希特勒青年团师下属SS第25装甲掷弹兵团会师。此举将沿对角线将苏格兰走廊切成两半，而已经划给霍亨施陶芬师的维丁格战斗群将负责掩护该师靠罗赖方向的侧翼安全，并消灭当地的英军。弗莱战斗群将在次日继续从东南方攻击“苏格兰走廊”，弗伦茨伯格师则在112高地西南面的埃斯凯和埃夫勒西（Evrecy）之间集结，全力攻击英军“苏格兰走廊”的顶端，占领英军在加夫吕（Gavrus）和巴隆（Baron）两处的桥头堡阵地，夺回112高地。不过比较遗憾的是，当两个装甲师都抵达战场时，直属SS第2装甲军的SS第102重装甲营由于种种原因还在赶来的路上，这将使德军的反击缺少一支重要的装甲力量。如果德军反击成功，整个突出部将被切断，“走廊”里的英军将孤立无援直至被德军完全吃掉。

6月29日中午，预定掩护党卫军第2装甲军侧翼安全的维丁格战斗群率先发起了进攻。他们从布雷特维尔出发，目标仍是罗赖小村。英军第70步兵旅下属的达勒姆轻步兵团11营就驻守在罗赖，达勒姆轻步兵团10营则守在罗赖附近的110高地至罗赖村南之间。维丁格的手下很快就和英军缠在了一起。不久后，霍亨施陶芬师也向舍村发起了猛攻。最终，英国人还是依靠火炮的优势挫败了德军这次势在必得的反击。在罗赖，英军两个步兵营也在炮火掩护下联手把维丁格战斗群赶了回去。看来，如果不清除来自侧翼（罗赖）的威胁，德军的反击很难成功。

6月30日，霍亨施陶芬师只能改变战术，试图从英军防线的结合部取得突破，但进攻没多久就被英军猛烈的炮火挡住了。在当天剩下的

时间里，交战双方都开始向对方防线进行毁灭性的炮击，各自的伤亡也同样惨重。德军的阵亡人员中还包括SS第4“元首”装甲掷弹兵团1营营长迪克曼（Diekmann）。

当晚，接替多尔曼上将成为第7集团军指挥官的豪塞尔在给B集团军群发电时说道：“SS第1装甲军和SS第2装甲军的反攻由于敌军空前猛烈的炮火和海军舰炮的轰击而暂时停止，敌人在预定目标区域的顽强抵抗也使我们的反攻毫无成果。”

7月1日，SS第2装甲军指挥官比特里希并不知道英军在奥东河南岸的桥头堡实际上已经空无一人了——蒙哥马利上将因为党卫军第2装甲军的出现以及德军的顽强抵抗实际上已经中止了赛马场计划。比特里希仍然命令SS第2装甲军再次发动反击。早上6点左右， SS第9装甲团在团长奥托·迈尔（Otto Meyer）指挥下在师属两个装甲掷弹兵团和维丁格战斗群的伴随下突破了英军部分防线，占领了格兰维尔村的一部分。不久之后，德军攻击部队就停在了罗赖的山谷前，因为他们遭到了英军第49步兵师和第55/97皇家反坦克团的17磅反坦克炮的阻击，英军随后还组织了272门火炮猛轰德军的前进道路。根据英军战史记录：“德军1天内发动了4次猛烈的进攻，大部分都被我军的炮火压制所阻止，最后一次德军甚至还没出发就遭到了我军的打击而终止。”不过，英军损失同样也不轻，其中有1个营就损失了132人。当晚，英军在谢尔曼坦克和喷火坦克的支援下发动了一次反击，把渗透进来的德军部队逐了出去。霍亨施陶芬师下属的SS第20装甲掷弹兵团当天共损失了328人，其中51人阵亡。而负责保护霍亨施陶芬师在罗赖侧翼的维丁格战斗群损失更为严重，在英军第24枪骑兵团（坦克营编制）的坦克反击下，他们不得不丢下伤员匆忙撤退。经此一战，德军士气受到了严重打击，霍亨施陶芬师和维丁格战斗群都反映“敌军的炮火简直让人无法忍受”。随后，德军不得不放弃反击，转而巩固现有防线。

此后，蒙哥马利又发动了一次对112高地的进攻，但在SS第1装甲军和SS第2装甲军的顽强抵抗下再次失败。

6月29日—7月1日的战斗中，维丁格战斗群总共损失了642人，其中108人阵亡。7月2日，从加莱海岸姗姗来迟的第277步兵师接替了维丁格战斗群，后者则前往圣洛和佩里耶之间的勒梅尼勒-维戈（le Mesnil-Vigot）与大部队一起转入集团军群预备队。

弗伦茨伯格师掷弹兵在112高地上抓获的英军俘虏。

诺曼底战役中，帝国师几乎没有作为一支完整的师战斗过。尽管要求帝国师从法国南部赶赴战场的命令签发已经快1个月了，SS第3“德意志”装甲掷弹兵团2营、SS第4“元首”装甲掷弹兵团2营、SS第2装甲侦察营的1个连、SS第2装甲炮兵团3营、SS第2装甲工兵营1个连以及所有的师属单位仍滞留在图卢兹，没有一个能够在7月17日前抵达战区。此外，德国人在诺曼底面临的另一个困难就是物资补给问题，尤其是前线部队的口粮。由于补给卡车经常被盟军的战斗轰炸机击毁，因此一线的部队经常挨饿。以下是帝国师一名士兵回忆他们连的副官是怎么给他们"改善"伙食的：

1944年6月，我们常常必须在晚上才能向战区行军。在经过一夜的紧张行军后，我所在的第11连沿着一条典型的诺曼底小路散开休息。我们的车辆停放都保持了很大的间距并且用树叶进行了伪装；这是一个至关重要的预防措施，因为盟军的战斗轰炸机非常活跃，他们会攻击任何沿着道路移动的目标。

我们的口粮总是千篇一律，唯一能改善伙食的就是从附近农家买来的黄油和乳酪了。当然，这些农民也很乐意做我们的生意，因为他们根本没法去集市卖掉这些东西，盟军的飞机会无差别攻击任何在路上移动的物体。大家已经好久没吃过肉了，我们的副官也注意到了这一点。我们都相信一个好的副官可能能搞定一切。果然，我们的副官想到了一个好主意，他埋伏在一辆公共汽车残骸附近，这是较早前一次空袭留下的，盟军经常把这些车辆误认为攻击目标。军士（副官）拿着手枪，等着下次空袭的到来。等盟军飞机用机炮和机枪猛烈扫射了一通后，他直接到附近的田野打死了一头牛，然后拖着死牛走过农场。农民当然认为是美国空军杀死了他的牛，并且很乐意把牛的尸体卖给了我们。我们都为能吃上肉而感到高兴。正如我说的那样，好的军士能搞定任何事情。

拉艾-迪皮之战

1944年7月初，美国第1集团军已经夺取了卡朗唐和瑟堡，完成了最初登陆任务的一部分。现在，美军总共有4个军出现在了诺曼底战场：第8军（刚刚抵达）、第7军（参加了科唐坦半岛之战）、第19军（刚刚抵达）以及第5军（在奥马哈海滩登陆，已经战斗了近1个月）。

而与这些美军对峙的德军第243、第77步兵师以及第91机降师经过连番的恶战，实力已经缩编成3个中等规模战斗群，他们的师长也不是阵亡就是被俘。不过，这三个残破的师很快得到了两个新锐师的增援：第353步兵师，该师于6月18日抵达佩里耶地区，人数大约为11500人；SS第17"戈茨·冯·贝利欣根"装甲掷弹兵师，该师于1943年10月3日组建，但直到11月15日才真正开始运作。作战人员大多来自补充营和招募来的志愿人员。由于组建较晚，至1944年6月1日时，戈茨·冯·贝利欣根师总共约有17321人，士兵超编741人，但军官缺编233人，士官更是缺少1541人，缺编程度达到了40%。更糟的是，全师上下有近三分之一的士兵只经过22周的训练，其余的也只有25周，并且作为单兵最好的反坦克武器——"铁拳"竟然装备不足，这大大降低了该师的单兵反坦克能力。而且问题还不止这些，这个装甲掷弹兵师竟然跟其他部队一样非常缺乏运输车辆，1944年5月15日的统计显示，全师一共只有257辆卡车以及各种牵引车，战争初期的不少德军步兵师都比这要阔气些。师装甲营只有42辆突击炮，并且缺乏指挥车。直到8月12日，SS第17装甲营才领到3辆Ⅳ号坦克指挥型。

为了尽快形成战斗力，戈茨·冯·贝利欣根师把SS第17装甲侦察营、SS第38装甲掷弹兵团和1个加强的炮兵营组成了一个机动战斗群，用于随时投入战斗。此外，这个师的师长就是帝国师的元老——维尔纳·奥斯滕多夫。盟军登陆后，只有侦察营率先动身前往战场，他们于6月8日抵达圣洛和巴约之间的巴勒鲁瓦（Balleroy），途中曾被盟军的战斗轰炸机骚扰过，但是损失轻微。随后，6个装甲掷弹兵营中的4个，先后挤在各种车辆上前往诺曼底战场，剩下的2个营则骑着自行车紧随其后。6月10日，先头部队就赶到了前线与美军接火，所以该师也是最早赶到诺曼底战场的增援部队之一。6月15日，奥斯滕多夫师长在卡朗唐之战中负伤，奥托·鲍姆随后接替了师长一职。

此外，在科唐坦半岛作战的还有来自第275步兵师的海因茨战斗群（约1个团的实力）以及冯·德·海特（Von De Heydte）少校的第6伞兵团，这些部队统一归属第84军指挥。

德国人在美军登陆初期就丧失了先机。第353步兵师反击失败，戈茨·冯·贝利欣根师也没能在6月13日夺回卡朗唐。从6月18日起，第84军开始着手沿科唐坦半岛的底部建立防御。第243步兵师以及第91机降师的残部沿着草甸沼泽边缘建立了第一道防线，这两支部队加起来总共不超过3500人，他们得到了海因茨战斗群和一些东方部队（即投诚的乌克兰人、波兰人、格鲁吉亚人、俄罗斯人组成的部队，毫无战斗力）的支援。德军第二道防线，即主防线就设在拉艾-迪皮（La Haye-du-Puits）至东面的戈尔热草甸沼泽（Gorges）一线。由西向东分别是巴赫尔战斗群（第77步兵师残部）、第353步兵师的第941掷弹兵团和第942掷弹兵团（位于拉艾-迪皮和戈尔热草甸沼泽之间）以及戈茨·冯·贝利欣根师（在戈尔热草甸沼泽另一侧）。第三道防线则叫做“水防线”，以莱赛（Lessay）为起点，沿艾河（Ay）、塞韦斯河（Seves）、托泰河（Taute）这三条河流建立。

盟军在登陆初期是可以轻易击败这些德军残部取得胜利的，但美军显然把主要精力放在了夺取瑟堡这个重要港口上，只留下第82空降师和第101空降师牵制德军第91机降师和第353步兵师，实际上这两个师早已不堪一击。7月2日，美军米德尔顿少将的第8军（下辖第79步兵师、第82步兵师、第90步兵师）已经做好了向南进攻的准备。

在科唐坦半岛的底部，除了最西边的波尔巴伊（Portbail）有一些高地外，其余都是沼泽牧场地形。在东面，戈尔热草甸沼泽又形成另外一道“水障”。在这两个沼泽地之间有一个极其重要的战略要津——拉艾-迪皮小镇。该镇向北可通圣索沃尔-勒维孔特（Saint-Sauveur-le-Vicomet），向东可达卡朗唐，向南连接着莱赛，西面则直通波尔巴伊。小镇四周高地环绕，北面有121以及131高地，东面有122高地，84高地则坐落在西南面，是天然的防御地形。在122高地的山顶，德军甚至可以直接观察到美军在犹他滩头的一举一动。这些高地同时也为德军前进炮兵观察员提供了良好的观察点。

SS 第 17“戈茨 · 冯 · 贝利欣根”装甲掷弹兵师师长奥斯滕多夫正与第 6 伞兵团团长冯 · 德 · 海特少校研究战况。1944 年 6 月，这两支部队联手在卡朗唐地区与美军激战。

7月3日，米德尔顿少将的美国第8军向拉艾-迪皮发起了进攻：第82空降师居中，沿普雷托特（Pretot）向拉艾-迪皮小镇发起进攻，右翼的第79步兵师则从波尔巴伊沿公路从西面向该镇发起进攻，2个师的分界线是圣索沃尔-勒维孔特—拉艾-迪皮公路。左翼的第90步兵师任务是从东北面夺取122高地及其南面的博库德雷（Beaucoudray）小村。尽管遭到了德军3个残破师的顽强抵抗，美军还是推进至拉艾-迪皮—利

美国第8军军长特洛伊·米德尔顿少将。

塔尔（Lithaire）—圣若尔（St-Jores）公路线以北。

7月6日，中路的美军第82空降师在利塔尔以北600米处的高地上停了下来，等待与第8步兵师换防后返回英国休整。该师自登陆以来，虽然战功赫赫，但自身也遭受了惨重的损失。以师属第325机枪步兵团为例：该团在D日前拥有2973名官兵（135军官、2838名士官和士兵）；到了7月2日发动进攻前夕，该团仅剩下1300人可用（55名军官、1234名士官和士兵）；4天后，第325机降步兵团的战斗人数已经下降到了997人（41名军官、956名士官和士兵），几乎损失了近三分之一的作战力量。现在，该团人数最多的连仅有57人，最少的则只有12人，而师里其他团的损失数字也比第325机降步兵团好不了多少。

在西面（右翼），美军第79步兵师于当天下午出动3个团（第313、314、315）向拉艾-迪皮和该镇西南方的84高地发起了进攻。最终，第315步兵团成功地占据了84高地的山顶。在东面（左翼），第90步兵师成功夺取了122高地的北坡，南坡却仍然掌握在德军手中。当天，该师下属第359步兵团的1个营在战斗轰炸机和炮兵的支援下，越过北坡向德军发起了全面进攻，后者不得不全面后退以收缩防线。到了天黑的时候，第90步兵师大约有4个营爬上了122高地的山顶。为了扩大战果，第357步兵团又派出3个连冒着大雨夺取了122高地东南面的博库德雷，在德军防线上开辟出了一道"走廊"。由于该地理位置相当重要，德军立刻组织了强有力反击。夜里11点15分（英国时间），火炮和迫击炮炮弹不断地落在"走廊"上。德军随后在博库德雷小村包围了第357步兵团的2个连。

7月7日，美军第90步兵师出动1个步兵连在2队中型坦克的支援下试图解救被围在博库德雷的友军。这个连在半路就遭到了德军迫击炮的伏击，所有的军官和士官不是阵亡就是负伤。在没人指挥的情况下，该连被迫于下午退了回去。而被围的2个连中有1个在当天向德军投降。尽管如此，第90步兵师还是守住了122高地的山顶，同时控制住了高地东北面的所有山坡。为了彻底拿下利塔尔以南的这座高地，美军第90步兵师师长兰德勒姆（Landrum）除了留下1个连担任预备队外，把手头所有部队都砸了进去。而在德军方面，守卫122高地的现在只剩下格勒施克（Groschke）上校的第15伞兵团。这个团的伞兵大多是刚刚补充进来的新兵，许多人连基础训练都没有完成。就在这一危急时刻，维丁格战斗群赶到了战场。

原来，帝国师在7月4日时就转入了第84军编制。当天上午8点，帝国师奉命立刻抽调一个战斗群增援拉艾-迪皮。次日夜里，维丁格战斗群从佩里耶出发，经莱赛（向北）于次日清晨抵达拉艾-迪皮并加入第353步兵师编制。与此前

在卡朗唐地区作战的德军第6伞兵团的伞兵与SS第17"戈茨·冯·贝利欣根"装甲掷弹兵师的掷弹兵。

的112高地之战时不同，维丁格战斗群的编制已经发生了很大的变化，该战斗群现在下辖SS第4“元首”装甲掷弹兵团团部、SS第4“元首”装甲掷弹兵团3（SPW）营、第14高炮连、第15摩托车侦察连（实际实力仅有1个排）、第16工兵连、SS第2装甲侦察营、SS第2突击炮营以及SS第2装甲炮兵团2营。SS第4“元首”装甲掷弹兵团1营由于损失惨重，正在进行战地休整。而赫尔伯特·舒尔策的2营仍滞留在蒙托邦地区，未能赶到战场。

维丁格在从第353步兵师师长马尔曼（Mahlmann）中将那里了解到战况后，立刻开始着手部署防御工作：SS第4“元首”装甲掷弹兵团3营进入第353步兵师左翼防线（84高地），准备对抗美军第79步兵师；SS第2装甲侦察营则部署在该师右翼122高地的西部边缘，同时警戒向北利塔尔方向。SS第2装甲炮兵团2营在112高地西南方韦利（Vesly）和洛纳（Laulne）之间建立了炮兵阵地。SS第2突击炮营则在莫博克（Mobecq）地区担任机动预备队。此外，SS第3“德意志”装甲掷弹兵团3营也作为援军一部抵达122高地附近。

7月6日午后，陆续进入阵地的维丁格战斗群各部遭到了美军战斗轰炸机的袭击，SS第2突击炮营营长罗德尔也在空袭中负伤。此外，SS第3“德意志”装甲掷弹兵团3营对122高地的反击也由于美军的火力压制而最终失败。次日下午5点（当地时间），该营加入德军第77步兵师残部并在突击炮的支援下重新向122高地发起了反击。傍晚时分，SS第3“德意志”装甲掷弹兵团3营官兵成功地将美军第90步兵师赶回了122高地西面，卡朗唐—拉艾-迪皮铁路线以北。在西面，美军第79步兵师前一天的乐观情绪也彻底不见了。SS第4“元首”装甲掷弹兵团3（SPW）营和SS第2装甲侦察营在火炮的支援下向84高地发起凶猛的反击，党卫军掷弹兵们很快就夺回了山顶。美军第79步兵师的2个团在坦克的支援下才勉强挡住德军的进攻。第79步兵师师长威奇（Wyche）少将原本打算当天通过一次突袭直接拿下拉艾-迪皮小镇的，结果在帝国师的反击下不但计划泡汤，而且还不得不退下了84高地。更糟的是，该师在当天的战斗中损失了近1000人。

1944年7月9日，美军进入拉艾-迪皮小镇（注意后面的路牌），拉艾-迪皮之战至此结束。

7月8日，美国第8军距离他们最初的目标——莱赛还有一半的路程要走，而且必须先拿下拉艾-迪皮及其两侧的84和122高地，才能完成这一任务。德军在战斗中再次表现出了惊人的战斗意志和技能，美军俘虏的大多数都是所谓的“东欧志愿者”，真正的德国人非常少。而且，除了第82空降师表现出了精锐部队的素质外，第79和90步兵师的表现都差强人意，即使在人数占优的情况下，也没能让守在拉艾-迪皮的德军后退半步。在维丁格战斗群抵达后，两个师的进攻更是全面受挫。到当天为止，美国第8军损失了近15%的作战力量，其中各步兵团的损失平均达到了40%。以第90步兵师为例，该师在前5天的战斗中总共前进了6公里，但却损失了近2000人，几乎相当于每前进3米就有一个人倒下。

当天，海因茨·维尔纳指挥SS第4"元首"装甲掷弹兵团3营向84高地的美军一侧发起了反击，但在猛烈的炮火压制下失败。在拉艾-迪皮，守在镇内的第353步兵师工兵营人数已经下降到了30～40人，营长皮尔曼（Pillman）也在战斗中失踪。随后，美军第79步兵师出动1个步兵营冒着德军的机枪火力和狙击手的冷枪，于夜里抵达拉艾-迪皮的镇中心。7月9日中午，第79步兵师终于占据了整个小镇并将防务转交给了刚刚赶到的第8步兵师。德军第84军则在122和84高地以南建立了一道新的防线，拉艾-迪皮之战至此结束。

美军发起进攻两天后，就被挡在了桑特尼一线。照片中美国第7军军长柯林斯少将（右）正在与第1集团军司令布莱德雷（中）以及盟国远征军总司令艾森豪威尔汇报战况。

死战桑特尼

当美国第8军于7月3日向拉艾-迪皮发起进攻的时候，柯林斯少将的第7军（下辖第83、第4、第9步兵师）也在中路发起了进攻，他的目标是卡朗唐西南14公里的佩里耶，而挡在美军前面的就是德军第6伞兵团以及戈茨·冯·贝利欣根师。冯·德·海特少校的第6伞兵团自D日登陆以来就与美军激战不断，现在只剩下1个营的实力，并且还丢了卡朗唐。戈茨·冯·贝利欣根师曾经在6月14日打到距离卡朗唐仅几百米的地方，但最终被美军击退。在这次反击战中（6月12日—14日），戈茨·冯·贝利欣根师总共有233人阵亡（包括4名军官）、777人负伤（包括17名军官）、86人失踪（包括4名军官）。到6月28日为止，该师总共损失了1096人，但仍有16976人可用（6月30日统计）。

7月4日，美国第7军沿卡朗唐—佩里耶公路向后者发起了进攻。由于进攻区域狭窄（在卡朗唐—佩里耶公路两侧都是巨大的草甸沼泽），柯林斯少将并没有让手下3个师像第8军那样齐头并进发起进攻，而是在第83步兵师首先打开德军防线缺口后，再投入第4步兵师扩大突破口。这一战术尽管取得了非常好的效果，但顽强的第6伞兵团和戈茨·冯·贝利欣根师还是把美军挡在了卡朗唐和佩里耶中间的桑特尼小镇。7月7日，柯林斯的好运来了，美国第19军下属的第30步兵师和第3装甲师在他的左翼投入了进攻。当天早上，第30步兵师在圣洛以北的圣弗蒙（Saint-Fromond）—艾雷勒（Airel）一线渡过了维尔河（Vire）。这样一来，美军不但可以进逼圣洛，而且随时可以包抄戈茨·冯·贝利欣根师的（右）侧翼。

这一成功极大地鼓舞了柯林斯少将，他下令第83步兵师与第4步兵师在当天夺取桑特尼并挺进佩里耶，为集结在卡朗唐周围的第9步兵师腾出展开空间。这次进攻还得到了大量炮兵和100架轰炸机的支援，然而第83和第4步兵师在付出了数百人伤亡的代价后仅仅前进了几百米。根据美军记录，防守的第6伞兵团和戈茨·冯·贝利欣根师的装甲掷弹兵利用树篱地形拼死抵抗，即使面对绝境也不愿意投降。美军在7日的战斗中仅仅抓获了17名德军战俘，甚至不少美军士兵都开始相信这场该死的战争也许要持续10年的传言了。

实际上，在桑特尼—圣安德烈-德博翁（Saint-Andre-de-Bohon）一线防守的德军早已是强弩之末了，戈茨·冯·贝利欣根师师长鲍姆最后的预备队已经被消耗干净，第6伞兵团、海因茨战斗群（第275步兵师）以及安格斯工兵营（安格斯工兵学校）也全部成了残废。德军第84军不得不投入了他们所有的预备队，包括他们手上的王牌帝国师。除了维丁格战斗群于6日增援拉艾-迪皮战区外，SS第3“德意志”装甲掷弹兵团团长威斯利塞尼也奉命组建了一支战斗群并立刻投入右翼战场（美军的维尔河桥头堡）。此外，德军还从东面的卡昂战区抽调了精锐的装甲教导师增援圣洛地区。这个师之前在东面的瑟勒河畔蒂利小村拖了英军整整一个月的时间。

7月8日，当美军第3装甲师准备从艾雷勒—圣弗蒙地区渡过维尔河的时候，德军也做好了反击的准备。威斯利塞尼战斗群将向美军的圣弗蒙发动一次小规模的反击，目标是勒德塞尔（Le Dezert）和圣弗蒙之间十字路口处的40高地。威斯特塞尼的战斗群下辖SS第3“德意志”装甲掷弹兵团团部、SS第3“德意志”装甲掷弹兵团1营、团属第13步兵炮连、第16工兵连、SS第2装甲工兵营以及SS第2装甲团6连的15辆Ⅳ号坦克。此外，在当地作战的海因茨战斗群部分部队和安格斯工兵营也被并入了战斗群。由于战场形势一片混乱，威斯利塞尼战斗群没能与这两支正在与美军第30步兵师对抗的部队取得联系。戈茨·冯·贝利欣根师一部倒是在勒德塞尔以西的奥梅森林（Hommet）面向东北建立了一道防线，掩护住了威斯利塞尼左翼的安全。随后，威斯利塞尼战斗群下属的SS第2装甲工兵营在布罗索（Brosow）营长的指挥下占领了勒德塞尔—圣弗蒙—艾雷勒的D8公路，防止美军从这里突向圣洛或者佩里耶。SS第3“德意志”装甲掷弹兵团1营则由东向南建立了一道防线，但该营随后遭到了美军战斗轰炸机的攻击，舒斯特（Schuster）营长也在战斗中阵亡。尽管遭到威斯利塞尼战斗群的反击，美军还是牢牢守住了圣弗蒙桥头堡并且还取得了少许进展，D8公路以北的圣让德代（Saint-Jean-de-Daye）小镇就在前一天落入他们手中。随后，美军第3装甲师A战斗群（CCA）的坦克和装甲车辆也在艾雷勒地区与第30步兵师的步兵一起渡过了维尔河，SS第2装甲团6连在与美军第3装甲师A战斗群的战斗中损失了5辆Ⅳ号坦克。

SS第2装甲工兵营营长，高级突击中队长（上尉）西格弗里德·布罗索。

与此同时，SS第2装甲团主力从佩里耶东北2公里的圣塞巴斯蒂亚-德雷德（St-Sebastien-de-Raids）向桑特尼发起了进攻。领头的豹式坦克正是4连的下级小队长恩斯特·巴克曼（Ernst Barkmann）。战斗中，巴克曼完成了他的第一个战绩——击毁了1辆谢尔曼坦克，但他和连里的其他战友随后在美军猛烈的炮火打击下不得不跳车四散寻找隐蔽。此外，戈茨·冯·贝利欣根师也在当天遭到了惨重的损失，师属SS第37装甲掷弹兵团2营营长奥皮菲齐斯（Opificius）头部中弹身亡，1名军官和2名士兵试图去抢救他时，直接被炮弹炸成了碎片。SS第17装甲侦察营也只剩下了三分之一的作战力量，但仍坚守在桑特尼前线。

7月9日，威斯利塞尼战斗群再次向美军第30步兵师发起了进攻，并且重创了该师的第120步兵团。这次进攻引起了美军的恐慌，为了稳定局势，美军向德军防线倾泻了大量的炮火。原定南下进攻的第743坦克歼击营的3辆坦克也紧急北上增援。在炮火的掩护下，美军第30步兵师士兵又夺回了之前失去的阵地。随后，该师沿着维尔河向圣洛以北的蓬埃贝尔（Pont-Hebert）发起了进攻，第3装甲师的B战斗群也在同时抵达了蓬埃贝尔以西1.4公里的莱欧旺（Les Hauts-Vents）。当天的晚些时候，SS第2装甲团也撤出了前线，为即将赶到的装甲教导师坦克让道。

7月10日，美国第7军再次发起了猛烈的进攻，终于在桑特尼小镇取得了一个立足点。帝国师随后撤往西南方的雷德（Raids）重组，SS第2装甲团则在消灭了第83步兵师1个营后重新夺回了桑特尼以东圣安德烈-德博翁小村。当天晚上，柯林斯少将的第三个师——第9步兵师抵达了战场，而守在桑特尼一线的戈茨·冯·贝利欣根师则几乎打光了，两个师属装甲掷弹兵团加起来只剩下1000人左右。

7月12日，从拉艾-迪皮方向赶过来的维丁格战斗群也投入到桑特尼以南的战斗之中。与此同时，SS第2装甲团4连的恩斯特·巴克曼又击毁了2辆谢尔曼坦克，击瘫1辆。7月13日，巴克曼通过望远镜发现了美军正试图在树篱的掩护下发起一次进攻。巴克曼后来回忆道：

我立刻对炮手波根多夫（Poggendorf）

1944年7月初，在圣弗蒙地区（小镇西面就是卡朗唐至圣洛N174国道）被击毁的SS第2装甲团2营6连的"622"号和"625"号。近处的"622"号Ⅳ号坦克J型的后装甲板上可以看到黄色的帝国师狼之钩的师徽。从库尔斯克战役时开始使用到1943年年底的伪装师徽则不再出现了。这两辆坦克应该是帝国师与美军第30步兵师第117步兵团的战斗中损毁遗弃的。照片拍摄于1944年7月9日，边上的谢尔曼坦克来自美军第743坦克营。

喊道："11点钟方向……穿甲弹……距离400米……"

我们先是听到树篱后传来哗啦一声，然后一辆有点发圆的"谢尔曼"车体露了出来……它的身后还跟着差不多5辆以上的坦克。第一发穿甲弹击中了领头坦克的车体。浓烟立刻从打开的炮塔舱盖中冒了出来，其余的坦克则被迫停了下来，我们紧接着第二发又打坏了领头坦克一侧的履带。美军用来掩护自己行动的篱墙被打开了一个人形大小的洞。这辆"谢尔曼"现在已经被浓烟环绕……第三发打中了炮塔。第4辆谢尔曼坦克用它的车载机枪猛烈地扫射我们，但仅仅在豹式坦克的防磁装甲上留下了一点点锯齿状的印子。这个时候，竟然还有1辆谢尔曼坦克傻乎乎地把自己车体侧面露了出来，我的第4发炮弹直接灌进了这辆坦克的车体，3名敌军坦克乘员从车里跳了出来，到处寻找隐蔽。

10分钟后，一名掷弹兵跑来告诉巴克曼，美军已经出现在了他的背后，而且还有反坦克炮。巴克曼立刻下令穿过小树林撤退，刚好堵住了美军的先头部队。"高爆弹,400米！"第一发炮弹打断了一棵树的树顶，第二发则直接击中了一群美军步兵。巴克曼的机电员也脱下耳机，端起了机枪准备对付靠近的美军步兵。突然，一发穿甲弹越过这群美军头顶飞了过来，幸好被炮塔弹开了。巴克曼的炮手立刻还击并打中了那门反坦克炮，但美军另外一门反坦克炮却打穿了他们的炮塔，导致坦克起火。除了炮手，所有人都在第一时间跳了出来。在大火吞噬坦克内部前，巴克曼从车长指挥塔的舱盖中把炮手拽了出来。

7月14日，巴克曼还参加了解救连里其他

在桑特尼地区作战的SS第2装甲团1营4连的"431"号，站在豹式坦克前的就是4连连长奥尔特温·波尔（右1）。

4辆被围坦克的行动。由于他的坦克还没修好，巴克曼的车组只能跳上了另外一辆坦克。结果巴克曼发现，这辆坦克的前任车长在车内的血迹都没被清理干净。开着这辆豹式坦克，巴克曼又干掉了3辆以上的谢尔曼坦克。快到中午的时候，蒂克森团长走到巴克曼坦克前指着远处说："远处那个房子里有我们的伤员，去把他们带回来。"随后，3辆坦克全速冲到了800米外的小屋处将伤员带了回来。

同一天，巴克曼的豹式坦克被一发105或者150毫米口径的榴炮弹击中，砸坏了履带。幸运的是，等他返回后方维修站的时候，他原来的"424"号已经被修好了。

7月15日，SS第2装甲团的弗里茨·朗安克单人击毁了5辆谢尔曼坦克。1个月后，朗安克获得了骑士十字勋章。两天后，德军在美军的强大压力下放弃圣洛后撤。美国第1集团军终于攻占了这座几成废墟的城市。

"眼镜蛇"行动

7月24日，盟军登陆后的第7周，美军终于沿英吉利海峡建立了一条东西走向，从科蒙（Caumont）至圣洛再到莱赛的战线，这是美军原计划登陆后第5天就必须达成的目标。虽然这一成绩不怎么样，但布莱德雷还是为他的部下找到了战机。虽然德军兵力与美军人数差不多，但是后勤补给已濒临崩溃，部队也已经筋疲力尽。美军还有一个优势就是：大约6到8个德军装甲师都聚集在卡昂周围对抗英加联军，而他们面前的德军装甲部队却少得可怜。

还有一个事情让美军士气大振，那就是美国第1集团军已经打到了树篱地形的边缘。越过这些土地肥沃、绵延起伏的乡村，树篱包围的已经是大片平坦的牧场，道路越来越多，其中很多都是柏油马路，有的甚至是双向四车道。美军已经推进到了圣洛—佩里耶公路一线，这条高速公路又长又直（N800国道）。已经筋疲力尽的装甲教导师正守着这条破碎的战线，它面对的则是美军第9、第4和第30步兵师。

因此，美军决定以圣洛—佩里耶公路为起始点，对装甲教导师防线一侧实施地毯式轰炸。他们希望通过轰炸彻底抹掉公路南侧大约2公里宽、6公里长（与公路平行方向）的一块长方形区域。轰炸及炮火准备结束后，3个美军步兵师将在坦克的掩护下从正面向前推进，以马里尼—圣吉尔一线为主要目标，然后再投入3个师的生力军，越过领先的3个步兵师蛙跳前进，最后向西旋转向库唐斯和更南边的格兰维尔进攻。如果这一计划能够实现，美军将彻底冲出树篱地带，撕开德军在诺曼底的整个左翼防线，为巴顿的第3集团军向纵深突击打开突破口，这次行动代号为"眼镜蛇"。

在发动"眼镜蛇"行动前，美国第1集团军司令布莱德雷试图与他的东半部分防线（N800国道）连成一片，他的第8军已经远远落后于时间表：莱赛和佩里耶仍在德军手中，塞韦斯河畔圣日耳曼和拉瓦尔代（La Varde）这两个突出部也依然没有消除。拉瓦尔代在马尔谢雪（Marchesieux）以北约1公里处。菲克指挥的戈茨·冯·贝利欣根师一部就守在这里。在塞弗斯河畔圣日耳曼小村，德军一些伞兵在帝国师的突击炮和履带车辆的伴随下守在村里。因此，布莱德雷决定发动"眼镜蛇"行动前首先抹平这两个突出部。

美军最初计划于7月18日向塞弗斯河畔圣日耳曼小村发起进攻，但一直推迟到了7月22日。7月22日拂晓，美军第90步兵师下属第358步兵团向该村发起了进攻。由于天气不佳，进攻的美军步兵没有得到空军战斗轰炸机的支援，沿

“眼镜蛇”行动前夕，所有美军士兵都按命令丢下了多余的个人装备，减轻重量，以期能够取得快速突破。

途的开阔地形也给防守的德军第6伞兵团和帝国师一部提供了绝佳的视野和射界。美军第358步兵团1个突击营在渡过沼泽地和河泛区的时候，移动缓慢的步兵无疑是德军最佳的标靶。最终，这个营在损失了近一半的兵员后才勉强建立了一个桥头堡阵地，但后续的部队却因为德军的火炮和迫击炮的持续阻击以及重机枪的交叉火力未能跟上。天黑后，桥头堡内的这个步兵营人数已经下降到了400人左右，并且得不到任何炮火和坦克的支援。又累又怕的美军士兵士气大跌，其中一些士兵在没有接到命令的情况下，自行退往了后方，就连他们的营长也在夜里试图进入前哨阵地时迷了路。

但这个2公里宽，纵深约1公里的突出部还是引起了守在第6伞兵团左翼的维丁格团长的担心，他随后下令SS第4“元首”装甲掷弹兵团3营在SS第2装甲团几辆坦克的支援下于当晚9点30分发起了反击。面对德军凶猛的反击，再加上营长“失踪”（迷路），仅有少部分美军进行了英勇的抵抗，大部分士兵在恐慌中自行撤退了。一个小时后，战斗彻底结束。SS第4“元首”装甲掷弹兵团3营不仅夺回了白天失去的阵地，而且还俘虏了308名美军士兵。7月23日天亮时，美军第90步兵师师长接到了战报，他的部队总共有100人阵亡、500人负伤，此外还有200人被俘（经过调查，德军的数据更为准确，因此推测美军的负伤人数为400人左右，被俘人数则为300多人）。与此同时，美军对拉瓦尔代的进攻也没能成功。

未能消除这两个突出部，直接导致米德尔顿少将的第8军无法在左翼友军发动“眼镜蛇”攻势时同步发起进攻。因此，布莱德雷不得不把行动又推迟到了7月24日（原定是7月21日）。在美国第7军战区，威斯利塞尼的战斗群也依然坚守在蓬埃贝尔（Pont-Hebert）以西的迪斯格朗德堡（Chateau d'Esglandes）的突出部阵地上，威斯利塞尼和他的手下在这里一直坚守到了7月18日。

同一时刻，英军所在的卡昂战区，蒙哥马利上将发动了声势浩大的“古德伍德”行动，试图彻底击溃当面的德军防线。英军起初进展不错，但不久后又陷入了僵持之中。英国人排成一条长线的坦克纵队遭到了德军88毫米高炮和反坦克炮的迎头痛击。警卫旗队师装甲团豹式坦克的参战，更是让英军头疼不已。7月20日下午，整个战场下起了滂沱大雨，天气也热得让人难以忍受。坦克履带常常会陷入45厘米深的泥里。这些正好给蒙哥马利正式取消“古德伍德”行动提供了适当的借口。这次行动英国人总共付出了伤亡2600人和损失401辆坦克的代价，只占领了已成废墟的卡昂城，整天战线仅向前推进数英里，给德军造成了重大伤亡，但是“突破”连个影子都没有。那么，现在盟军的全部希望就要压在“眼镜蛇”行动之上了。

“眼镜蛇”行动开始后，美军士兵正在注视着己方轰炸机飞过自己上方前往轰炸德军防线。

7月25日上午9点38分，盟军大约550架战斗轰炸机在空军前进控制员（FAC）的引导下向德军防线飞去，飞临目标区上空后，P-47战斗机开始用机载的机枪和携带的火箭弹向公路南侧的德军阵地倾泻火力，并投下500磅的高爆弹，这种炸弹的威力甚至超过240毫米口径榴弹炮造成的伤害，而且飞行员可以在距离地面部队前沿不到300米的地方投弹。20分钟后，P-47战斗机开始给1500架B-17、B-27轰炸机让路。随后，这些重型轰炸机群足足在德军防线上空停留了1个小时，公路以南纵深约2500米的区域遭到了饱和轰炸，对德军防线造成了巨大的破坏，炸弹激起的泥土掩埋了装备和士兵，击毁了几乎所有的坦克，切断了电话线路，炸坏了无线电天线，迫使通信员躲进弹坑或战壕里。德军通信几乎全部中断，路面看上去如同月球表面，许多地方弹坑甚至是重叠的，密集的树篱也被炸得稀巴烂。美军当面的装甲教导师蒙受了巨大的损失，师长拜尔莱因中将回忆道：“整个地区，一个弹坑接着一个弹坑，所有的坦克车辆全成了一堆破铜烂铁。”至于部队的情况，将军认为根本无法形容，装甲教导师的一个营级指挥部直接被夷为平地，至少有70%的士兵“或死或伤，或疯或傻”。

中午左右，柯林斯少将的第7军下属3个师——第9、第4和第30步兵师向德军发起了进攻。当第一批美军士兵经过被炸烂的德军车辆、尸体碎块以及像无头苍蝇一样的幸存者时，他们也碰到了装甲教导师的老兵，他们依然依托坦克的掩护守在阵地上，仿佛挨炸的不是他们。到了7月25日天黑时，美军第4步兵师只向前推进了大约2公里，该师右侧的第9步兵师和左侧的第30步兵师也没取得多大战果。“眼镜蛇”行动的主要目标——圣洛—库唐斯公路，马里尼以及圣吉尔南面的卡尼西（Canisy）似乎仍遥不可及。当天，SS第2装甲团奉命撤向了（佩里耶—圣洛）N800公路以南3公里处，准备随时支援遭到重创的装甲教导师。

刚刚赶到卡昂以南的SS第1装甲团的豹式坦克。可以说，阿道夫·希特勒警卫旗队师的豹式坦克和空军的88毫米炮彻底阻止了蒙哥马利的“古德伍德”攻势。

7月26日，为了稳定已经被撕成碎片的防线，德军第84军决定立即投入第353步兵师的一个加强步兵团进入最危险的地段。第7集团军指挥官保罗·豪塞尔此时仍然不清楚装甲教导师的实际情况，因为所有的通信线路都被美军的大轰炸破坏了。就连帝国师师长拉默丁也在当天的美军空袭中负伤，SS第2装甲团团长克里斯蒂安·蒂克森随后成为代理师长。

战局开始渐渐对美军有利起来，美军第4步兵师在消灭德军一些小股抵抗后，突破了德军第353步兵师一部的防线，直接打进了装甲教导师炮兵团的阵地。右翼的第9步兵师倒是没什么进展，占据的地盘还没有前一天多。但另一侧的第30步兵师却于下午切断了圣洛—库唐斯的公路，同时向下一个目标——圣洛—卡尼西的公路发起了进攻。天黑时，他们完成了任务的一半。这一进展极大地鼓舞了美国第7军军长柯林斯少将，他决定让装甲师提前进场，扩大突破口。于是，美军第1步兵师奉命穿过第9步兵师防区，在马里尼为第3装甲师的B战斗群（CCB）打开一条通道。

同一时刻，SS第2装甲团也奉命增援遭到重创的装甲教导师防线左面的缺口。尽管美军空袭频繁，但全团还是顺利地抵达了预定区域。其中一些退向了佩里耶以南6公里的圣索沃尔-朗德兰（St-Sauveur-Lendelin），随后这批坦克又被派往东南方向的马里尼。下午，这批坦克（Ⅳ号坦克）在师属的两个装甲掷弹兵连的支援下与美军第1步兵师展开了激战。此外，他们还得到了第353步兵师一部和75毫米反坦克炮的支援。此时的SS第2装甲团除了8辆指挥坦克外，还剩下35辆Ⅳ号坦克和35辆豹式坦克可用。

在东面不远处，美军第2装甲师的A战斗群从圣吉尔一路推进至卡尼西后，又兵分两路继续向南突击，在德军防线上切开了一个深达12公里的口子。在西面，美国第8军下属的第79和第8步兵师从德军第243步兵师手中夺取了莱赛，同时击退了第91机降师的一个战斗群。为了避免被围，第84军被迫下令将（全军）左翼收缩至库唐斯，并在布雷阿勒（Brehal）和加夫赖（Gavray）建立第二道防线。美军的“眼镜蛇”行动终于取得了决定性突破。

7月27日，美军再次加大了突破力度。在东面，美军第2装甲师下属A战斗群一路在无人抵抗的情况下穿过勒梅尼勒-埃尔曼（Le Mesnil-Herman）挺进至勒梅尼勒-奥帕克（Le Mesnil-Opac）；右翼的B战斗群则从卡尼西出发，穿过基布（Quibou）抵达当吉（Dangy）。帝国师随即派出14辆坦克前往基布试图阻止该战斗群的突破，但没能成功。德军高层曾寄希望于装甲教导师能够挡住美军第2装甲师的突破，但这显然是一相情愿的想法，因为装甲教导师已经在大轰炸中消失了。在西面，美军第3装甲师B战斗群与第1步兵师下属的第1和第18步兵团成功推进至库唐斯以东7公里的地方，切断了帝国师以及戈茨·冯·贝利欣根师的退路，而后者经过1个多月的激战只剩下几千可战之兵了。德军先是在蒙屈东面由南向北建立了一道抵抗线。在发现有被围的危险后，德军立刻开始向南穿过美军的阵地或占据的圣洛—库唐斯公路后撤。值得一提的是，恩斯特·巴克曼的成名一战——"巴克曼之角"也由此上演。

就在前一天，巴克曼的"424"号豹式坦克上的化油器坏了，导致其在野外抛锚。当时根本没有时间把坦克拖到安全的地方，维修人员只能进行战地抢修。就在这个时候，盟军的4架战斗轰炸机突然冲了过来，由于坦克后侧的引擎盖是打开的，机载的加农炮炮弹直接打在了水冷系统和油箱上，引擎当即起火燃烧。维修人员在飞机离去后尝试灭火。更加神奇的是，经过连夜抢修，巴克曼的"424"号竟然又可以战斗了。

精锐的装甲教导师在"眼镜蛇"攻势初期就几乎已经不复存在，照片中这辆豹式坦克就来自该师的第6装甲团1营。

在返回了4连的新阵地勒洛雷（Le Lorey）后，巴克曼接到了向东面马里尼小村发起反击的命令。从南面驶出小村后，巴克曼沿着库唐斯—圣洛北的公路慢慢向前推进。随行的还有高级小队长海因策（Heinze）和机动运输分队的士官科尔特（Corth），他们两个就站在炮塔后面，随时注意着周围的情况。沿途他们碰到一些从前方撤下来的步兵和后方部队，其中一名国防军的连级军士长告诉他们"美国人正从圣洛杀过来"。海因策和科尔特在凝神倾听后，确实听到了前方不远处就有战斗的声音，于是两人跳下坦克徒步过去调查。很快，巴克曼他们就听到了几声枪响，接着海因策和科尔特就狼狈地跑了回来，其中一个人肩膀和胳膊还中了枪。看来美军确实沿着圣洛—库唐斯的公路杀过来了，巴克曼决定沿着乡间小路一直退到172高速公路的十字路口附近。

随后，巴克曼把豹式坦克停在了两排树篱之间的一棵巨大的橡树下面，这样坦克的两侧和上方就都得到了掩护。没多久，车体上有着白色五角星图案的美军装甲车辆从道路左边冒了出来（美军第3装甲师B战斗群），炮手波根多夫估算了一下它们的距离，大概是200米。然后他小心翼翼地把准心套住了这些涂着橄榄绿的车辆。豹式坦克的炮塔猛地抖动了一下，火焰随即从美军领头的车辆上冒了出来，后面的吉普车、半履带车和油罐车则开始慌乱地倒

SS 第 2 装甲团的豹式坦克，这张照片拍摄于 1944 年 7 月初。

车。装填手挽起衬衣的袖子，将一发又一发炮弹塞进炮膛。外面各种嘈杂声从通风系统传进了车内，就连主炮开火和退壳的声音都无法完全掩盖。

没一会，美军的油罐车就冒着黑烟歪倒在路旁，吉普车和半履带车这些轻型装甲车辆则全部被打得扭曲成了一团。巴克曼小心地观察周围。在左边，又有2辆谢尔曼坦克冒了出来。巴克曼很快用两发炮弹打爆了第1辆。尽管第2辆被击毁前向豹式坦克打出了两发炮弹，但都无法击穿豹式坦克倾斜的前装甲。此时的十字路口已经被美军车辆残骸燃烧的浓烟覆盖，根本无法视物。就在这个时候，美军的战斗轰炸机再次冒了出来，其中一发炸弹就落在距离巴克曼不到5米远的地方，爆炸产生的气浪差点掀翻了豹式坦克。另一发火箭弹则落在了坦克左边，击伤了主动轮。与此同时，机载的加农炮的炮弹也不断地打在几乎单枪匹马封锁住公路的豹式坦克之上。尽管如此，巴克曼仍在专心致志地向他看到的任何东西开炮。又有两辆谢尔曼坦克从侧翼向巴克曼开火，但炮弹只是擦了下豹式坦克的车体侧面。当巴克曼的炮塔转过来时，这两辆谢尔曼坦克很快就被送上了天。此后，伤痕累累的“424”号被一发直接命中的炮弹打断了履带。侧面的一块装甲板也被打掉了。经过连续的射击，豹式坦克的炮弹已经所剩不多，驾

SS 第 2 装甲团 4 连的恩斯特 · 巴克曼。

驶员的脖子也受了伤，正在不自禁地发抖和呻吟。随后，驾驶员试图打开舱盖跳车，但却卡住了。于是他扔掉耳机，拼命推动操纵杆，结果整个坦克斜了过来。巴克曼赶紧大声命令炮手波根多夫去让驾驶员安静下来。就在这时，又有一发炮弹击中了豹式坦克的侧面。

由于一侧的主动轮之前被击伤，驾驶员在返回座位后，想尽一切办法用另一侧的履带和主动轮把坦克倒进了一个反斜面。炮手波根多夫利用这段时间又干掉了另外一辆谢尔曼坦克。在此期间，海因策和科尔特并没有离开，而是就躲在附近替巴尔曼数着战绩，总共是9辆坦克。接着，巴克曼的坦克返回了勒内夫堡（Le Neufbourg）。直到这时，巴克曼他们才撬开了舱盖，救出了卡在里面的驾驶员和机电员。

当天，SS第2装甲团大约有10辆豹式坦克在库唐斯东北4公里处的康贝农（Cambernon）以北作战，主力则向南撤到了5公里外的贝尔瓦尔（Belval），然后是库西（Courcy）。此外，SS第2装甲团还有8辆坦克在蒙屈—圣索沃尔-朗德兰（St-Sauveur-Lendelin）一线担任后卫。2营大约有4辆Ⅳ号坦克在佩里耶以南被击毁，到了晚上，还有不少坦克在库唐斯以东、基布、当吉以及瑟里西-拉萨勒（Cerisy-la-Salle）被击毁。但大部分德军第84军的部队也在这天退向了布雷阿勒—加夫赖—佩西（Percy）新防线，不少部队就是从巴克曼所在的172高速公路后撤的。

7月28日，美军发动攻势的第4天，德军的溃败已成定局。在东面，美军第2装甲师A战斗群一部已经渡过了维尔河，B战斗群则抵达了加夫赖以北的圣但尼-勒加斯特（St.Denis-le-Gast）小镇，帝国师一部和戈茨·冯·贝利欣根师联手重创了该战斗群，但未能夺回该镇。此外，莱赛和佩里耶也在前一天落入美军第90步兵师之手。眼见形势一片大好，美军又投入了两个新锐装甲师：第6装甲师从莱赛出发，天黑后抵达了距离库唐斯不到4公里的地方。第4装

1944年7月或8月，在诺曼底N174国道附近被击毁的SS第2装甲团1营的豹式坦克，由于车辆起火燃烧，车体表面防磁也因此大面积脱落，无法确认编号或所属连队。照片摄于"眼镜蛇"行动期间。

SS第2装甲团团长蒂克森，在代理帝国师师长一职不到两天就阵亡了。由于当时不知道蒂克森是被俘还是阵亡，因此帝国师和戈茨·冯·贝利欣根师师长奥托·鲍姆，甚至试图通过与美军谈判并且愿意提供5万帝国马克赎金来赎回他。

甲师则从佩里耶出发，于当天结束时抵达库唐斯。他们的任务就是紧追向后撤退的德军第243步兵师、第91机降师、帝国师以及戈茨·冯·贝利欣根师残部，配合先期包抄后路的第3装甲师和第2装甲师将其彻底歼灭。

当天，2辆仍留在康贝农的SS第2装甲团豹式坦克被美军的巴祖卡火箭筒击毁。1营的另外15辆豹式坦克则试图向马里尼靠拢，由于道路已经被美军封锁，他们在第7集团军的命令下，被移交给了装甲教导师。在库唐斯以南10公里，帝国师代理师长克里斯蒂安·蒂克森在驾车返回他前一天设在特雷利（Trelly）的指挥部时，他的座车直接开进了特雷利东北面2.5公里康布里（Cambry）的一处美军巡逻队阵地。蒂克森遭到了美军机枪的扫射，当场死亡。鲁道夫·恩泽林随后成为SS第2装甲团团长，戈茨·冯·贝利欣根师师长奥托·鲍姆于次日兼任了帝国师师长一职。

7月29日，在美军第6和第4装甲师抵达库唐斯后，第3装甲师也从东面迂回到了萨维尼（Savigny）—瑟里西-拉萨勒（Cerisy-la-Salle）一线，第2装甲师则切断了德军的南面退路。直到此时，德军仍试图在最终防线（布雷阿勒—加夫赖—佩西）前建立一道缓冲线，并起名为“白色防线”。因此，帝国师在撤出库唐斯后迅速沿库西（Courcy）—龙塞（Roncey）建立了防御阵地，SS第4“元首”装甲掷弹兵团在北（由西向东分别是1营、3营、2营），SS第3“德意志”装甲掷弹兵则在东面布防（由北向南依次是3营、1营、2营）。当美军第2装甲师抵达此前蒂克森的阵亡地点康布里以及朗格龙勒（Lengronne）并继续向南的时候，帝国师、戈茨·冯·贝利欣根师残部、第6伞兵团的伞兵以及84军的残部都被关进了位于龙塞的口袋之中。此后，包围圈内的德军开始拼命向南面的加夫赖和东面的佩西方向突围。为此，SS第2装甲团3连和4连不得不丢弃了一些没油的豹式坦克。2连在天黑后想办法逃到了佩西。当天晚上8点，SS第2装甲团2营最后1辆Ⅳ号坦克在特雷利被击毁。

莫尔坦反击战

在7月下旬的战斗中，帝国师总共有193人阵亡、541人负伤以及112人失踪。从库唐斯/龙塞包围圈撤退期间，全师再次遭到了惨重的损失。SS第2装甲炮兵团1营几乎全灭，SS第2装甲团2营最少损失了30%的作战力量。面对盟军压倒性的火力和空中优势，全师只能冒着永不停歇的炮火和火箭弹从诺曼底的树篱地带向后撤退。

与此同时，美国第1集团军在7月30日发动了一次进攻。按照惯例，在“慷慨”地向德军防线扔了2万发炮弹后，美军在德军左翼防线上打开了一道缺口，迫使后者开始收缩防线。利用这个缺口，美国第3集团军下属第4装甲师快速推进，在36个小时内奔袭了40公里，夺取了法国布列塔尼半岛的大门——阿弗朗什，美军打开了通往法国腹地的大门，结束了树篱间的战斗。当8月1日夜幕降临的时候，美军渡过了蓬托博河（Pontaubault），进入布列塔尼。也在这天，美军正式组建了第12集团军群，由布莱德雷担任司令，下辖巴顿的第3集团军（包括第8、第15、第20、第12军）和霍奇的第1集团军（包括第5、第7、第19军）。总共5个装甲师，16个步兵师约40万人。蒙哥马利仅指挥第21集团军群，留下的兵力只有英国第2集团军和加拿大第1集团军，后者的司令为科里尔中将，于7月23日才成立，不过名义上，蒙哥马利仍管理美军直至9月份。

此时，德军西线总指挥冯·克卢格元帅收到来自第7集团军的一份"绝密"情报，详细描述了包括帝国师、戈茨·冯·贝利欣根师、第352步兵师等下属各部四分五裂、仓皇逃命的情况，德军在诺曼底的气数看来是到头了。

1944年8月初，美军进入阿弗朗什，横扫布列塔尼半岛。

根据美军的下一步作战计划，第21集团军群司令布莱德雷命令美国第1集团军攻占维尔—莫尔坦（Mortain）地区，第3集团军则占领圣伊莱尔（St-Hilaire）—富热尔（Fougeres）—雷恩（Rennes）一线，然后向西进入布列塔尼。布莱德雷原计划是在夺取阿弗朗什之后用巴顿的集团军横扫布列塔尼，包括其所有的港口，尽快减轻盟军的后勤负担。然而，布列塔尼除了部分港口外，已经无法充分利用。

1944年8月2日，在美军占领莫尔坦后，布莱德雷与蒙哥马利、邓普西（英国第2集团军司令）商议决定，要求巴顿只在布列塔尼留下最少兵力，而把其他主力向南，向东突击，扫清卢瓦尔河以北地区，然后按照蒙哥马利指示中所说的，"横扫小树林地带以南地区……向东直趋巴黎，并迫使敌军退回塞纳河（Seine）"。结果巴顿在72小时内就将手下的7个师通过了阿弗朗什仅有的一座桥和一条公路，横扫布列塔尼半岛。在阿弗朗什陷落后，克卢格元帅就立刻致电警告德军最高统帅部："我的侧翼完全崩溃，整个西线已被冲开。"此时，克卢格也十分明白，面对巴顿从阿夫朗什突破的威胁，唯一合理对策即为退到塞纳河之线。但是希特勒是绝对不肯听从这种意见的，在他看来，陆续到来新的"精锐"部队以及眼前的战场形势可以让德军发起一场全面的反击战。这次反击不但将切断巴顿集团军的交通补给线，夺回阿弗朗什，重新夺取瑟堡，甚至（如果运气足够好的话），可以将盟军赶下大海去。希特勒本人把这个命名为"吕希特"（Luttich）计划——即"列日"行动。

不久后，国防军最高统帅部的代表瓦尔利蒙特将军（Warlimont）就抵达了克卢格元帅的指挥部并带来了元首的命令——"吕希特计划"。按照计划，克卢格必须集中几乎所有的装甲部队，即整个诺曼底地区9个装甲师中的8个进攻阿弗朗什，另外，空军必须提供1000架飞机支援，当然这"1000架"包括所有能用的、纸面上的、戈林嘴里的、还有希特勒本人臆想的。按照希特勒的话说，每一辆坦克、每一架飞机、每一个人都要在维尔和莫尔坦之间，对阿弗朗什发动进攻，把突入布列塔尼和法国中部的巴顿集团军包围起来，再加以消灭，然后挥军北上夺取盟军的滩头阵地。这将是“可以彻底扭转战局的唯一机会”。

所有人，包括克卢格本人都认为希特勒疯了，在他看来，国防军最高统帅部的将军们显然都生活在月亮上，即使不考虑盟军占绝对优势的空军和炮兵力量，就眼前的部队来说，也没有可能取得胜利，因为克卢格和第7集团军指挥官豪塞尔都知道，他们根本不可能在奥恩河地区的防线（卡昂战区）崩溃前，把所有装甲力量集中起来发动攻击，即抽调SS第1装甲军（下辖阿道夫·希特勒警卫旗队师和希特勒青年团师）和SS第2装甲军（下辖霍亨施陶芬师和弗伦茨伯格师），一旦这样做了，在卡昂战区上防守的德军就真的成了“手无寸铁”的部队了，根本拦不住英国人。西线总指挥部的参谋长布卢门特里特（Blumentritt）将军后来回忆道：“所有的作战计划都是在柏林的大比例的地图上拍板的，柏林方面没有征求过在法国的任何一名将军的意见。”

西线总指挥克卢格元帅从战术角度出发，还是赞成将目标定在收复阿弗朗什的，但只是为了能在那里建立一条稳固的防线，避免侧翼的崩溃。为此他曾特地给豪塞尔打过电话，讨论过具体的细节。他担心一旦希特勒这个疯狂的计划失败（看上去没有任何成功的可能性），那么后果将不堪设想。到那时，即使是组织士兵向塞纳河畔的据点有序地撤退都会成为不可能完成的任务。但这一次即使他不愿意违背元首的命令，留给他的时间也不多了，一旦巴顿的前锋挺进至勒芒，德军所有的行军路线都将会被切断，南翼也会完全洞开了。虽然克卢格和豪塞尔都知道，元首的“吕希特”计划跟送死计划也差不了多少，但是他们仍不得不尽快开始反击，因为任何的拖延只会让形势变得更糟。但是调集8个装甲师第一不现实，第二也需要相当长的时间，现在德军输不起的就是时间。

于是克卢格和豪塞尔决定按照自己的想法改动计划，将手上的4个装甲师——国防军第2装甲师、第116装甲师、帝国师（加强有部分戈茨·冯·贝利欣根师的部队）、警卫旗队师配属给了第47装甲军（第7集团军），并由该军执行反击任务。对于反击部队的构成，克卢格可说是绞尽脑汁，由于多多少少牵涉进了7·20刺杀事件，克卢格本人日益感觉到希特勒对自己的不信任，特别是这次反击，如果全用国防军装甲师，怕元首不信任，到时候说自己没有尽力，同时也没有那么多国防军装甲师可以调动；全上党卫军装甲师，万一失败（几乎可以说是肯定失败），到时候自己更担不起这个责任，衡量再三，决定一家一半，黑锅一起背。

德军西线总指挥冯·克卢格元帅。

8月4日，克卢格元帅和豪塞尔敲定了反击计划的全部细节。第47装甲军的反击将在塞河（See）以北和塞吕讷河（Selune）以南展开，尽管这两条河流小得可怜，但是对反击的第47装甲军来说，这种侧翼的天然掩护总算是聊胜于无。战斗打响后，第2装甲师将从圣巴泰勒米（St-Barthelemy）东面出发，穿过该地后，攻击瑞维尼（Juvigny）小镇。由于前段时间第2装甲师损失较大，警卫旗队师下属的1个装甲营（SS第1装甲团1营），第116装甲师的1个装甲营（第24装甲团1营）和1个反坦克连将配属给第2装甲师，以增加其反击力量。第116装甲师其余部队则从苏尔德瓦勒（Sourdeval）以西出发，攻击勒梅尼勒-吉尔贝特（Le Mesnil-Gilbert）小镇，目的是掩护反击部队的北翼，防止塞河以北的美军攻击第2装甲师的右翼。帝国师的任务就是与戈茨·冯·贝利欣根师的一个战斗群一道夺回莫尔坦，然后继续向西和西南面攻击圣伊莱尔。装甲教导师下属的第130装甲教导侦察营将掩护第47装甲军的南翼，即帝国师的左翼，作战区域位于莫尔坦至巴朗通（Barenton）一线。由于警卫旗队师仍在卡昂以南激战无法及时赶到，克卢格决定让该师跟随在第2装甲师之后，完成对瑞维尼的第二波攻击。

在得知巴顿的第3集团军即将逼近拉瓦勒和马耶纳（Mayenne）后，为了给参加进攻的部队保留出现万一时的退路，克卢格决定用第81军（下辖第9装甲师和第708步兵师）掩护反击部队，由于这两支部队都不能在8月7日及时赶到，装甲教导师残部将组成一支战斗群，在巴朗通和马耶纳展开防御。这支战斗群主要包括第902装甲教导掷弹兵团一部、第6装甲团1营、第130装甲教导炮兵团以及第130装甲教导工兵营。此外，装甲教导师的后勤部队，战地维修部队，已经失去坦克的坦克乘员，部分正在维修的坦克和坦克歼击车，一个战地预备营和从德国本土调来的一部分补充部队都在此处，这些部队加起来包括4个装甲掷弹兵连、15辆坦克和坦克歼击车以及1个炮兵营（下辖2个105毫米的榴弹炮连）。根据克卢格的命令，第9装甲师（这是诺曼底地区最后一个赶到战场的德军装甲师了）和第708步兵师赶到战场后，将立刻就地编入第81军，负责该地区的防务。

如此一来，总共有4支装甲师将投入被称为“莫尔坦反击战”的战斗。其中担任主攻的就是老牌的第2装甲师。1944年5月31日时，全师拥有16762人，这包括了当时临时配属给该师的第301无线电爆破装甲营，这个营有1085人，但在6月初，该营脱离了第2装甲师的序列，前往东线作战，不过留下了第4连跟随第2装甲师一直在西线激战。而且，一般德军装甲师通常只有一个掷弹兵营完全机械化（其余则是摩托化），但第2装甲师却拥有约476辆装甲运兵车，其下属的第2和第304装甲掷弹兵团1营完全机械化。装甲团实力更是相当的强劲。在5月31日时，第2装甲师下属第3装甲团2营有94辆可随时投入战斗的Ⅳ号坦克，外加2辆正在维修；1营在6月5日时有73辆豹式坦克，外加6辆正在维修。不过到了7月25日，第2装甲师报告仅有13辆豹式坦克可用，另外有26辆经短期维修可用，但是这不包括2营的可用坦克，2营的Ⅳ号坦克跟随第326步兵师一直战斗到7月27日。

1944年6月中旬，第2装甲师起先在卡昂附近战区激战。不久后，该师就运动到美军地段作战，在美军发动的“眼镜蛇”作战中，第2装甲师是德军在美军攻击面上4个装甲师中受损最少的一个，仅有57人阵亡，251人负伤，39人失踪。不过由于连续损失，下属2个装甲掷弹兵团都下降到1000人左右，侦察营和工兵营都平均只有350～450人。即使这样，第2装甲师仍被认为是有着丰富战斗经验的一流部队，因此克卢格元帅把主攻的任务交给了第2装甲师。

而第116装甲师，相对来说是一支比较新的部队。该师1944年春季才刚刚组建，以第16装甲掷弹兵师为基础，与第179预备装甲师混编而成，该师的昵称是灰狗师，又名灵踶，那是一种身体细长、善于奔跑的猎犬。在6月初的时候，第116装甲师下属的第16装甲团1营一共有76辆豹式坦克（其中包括24装甲团1营的4辆豹式和2辆指挥型），2营拥有86辆Ⅳ号坦克。第228装甲歼击营在7月时收到21辆Ⅳ坦克歼击车。与其他装甲师一样，116装甲师极度缺乏运输车辆，这一情况直到6月1日才有所改善，他们收到了1065辆卡车的补充。不过问题是，这些卡车大部分是零件老化严重，快要报废的破烂货。7月1日时，全师共有官兵14358人，盟军登陆诺曼底后，第116装甲师作为B集团军群的预备队，仍被部署在加莱海岸附近，防备盟军登陆此处。直到7月18日，全师才接到命令，前往诺曼底；7月20日，该师才开始渡过塞纳河。7月24日时，首批部队包括第156装甲掷弹兵团、第16装甲侦察营、第60装甲掷弹兵团、第16装甲团2营、第228装甲歼击营才缓慢运动到卡昂东南的集结地。美军突破圣洛后，该师7月28日才接到向维尔地区集结的命令。7月30日开始，第116装甲师开始与美军接战，掩护帝国师等部队撤出库唐斯，至8月1日止，第116师有89人阵亡，370受伤，57人失踪，仍保持着80%的战斗力。但是由于这几日的作战，第47装甲军军长冯·丰克多次调动第116装甲师的命令，受到该师师长冯·什韦林的质疑，两人关系一度弄得很僵。所以，抽调1个装甲营和1个反坦克连给第2装甲师，让仅剩下24辆坦克的116装甲师担任北翼的掩护任务，看起来与这件事不无关系。

另一个装甲师就是帝国师的老战友，警卫旗队师了。该师在诺曼底战役前，一直处于休整、补充装备状态，1944年初在东线的战斗大大损伤了该师的元气。至6月初时，仍大量缺少运输车辆，尤其是轮式卡车和半履带车，全师连摩托化都远远谈不上，更别说什么“装甲师”了。6月1日时，全师共19708人，6月15日，下属SS第1装甲团拥有78辆Ⅳ号坦克和43辆豹式坦克。2天后，首批部队才乘火车前往诺曼底，随后得到了53辆Ⅳ号坦克和14辆豹式坦克的补充。

在诺曼底战场某处的德军第2装甲师的“321”号豹式坦克A型。

抵达诺曼底战场后，警卫旗队师立刻被编入了SS第1装甲军，一直在卡昂战区与英军激战。并且阻住了英军发动的两次较大的攻势，尤其是蒙哥马利在7月18日发动的"古德伍德"行动。该师于7月下旬接到命令，开始向美军地段——维尔地区运动，准备参加莫尔坦反击战。8月初的时候，由于戈茨·冯·贝利欣根师的实力只能执行一些有限的防御任务（从6月上旬到7月末，全师共有539人阵亡，3469人受伤，1655人失踪），所以第7集团军干脆直接将其并入帝国师（这两个师的师长现在也是同一个人），准备参加莫尔坦反击战。

德军把这次进攻的时间定在了8月7日。根据反击计划，帝国师将分成三路纵队率先投入战场：右翼（北）是SS第4"元首"装甲掷弹兵团，任务是占据莫尔坦以北至西北的高地，同时与向阿弗朗什挺进的警卫旗队师建立联系。尽管得到了一个突击炮连的支援，维丁格团长仍不认为他具备完成该任务的实力。此时的SS第4"元首"装甲掷弹兵团只剩下2个营可用，1营由于损失惨重已经解散，残余人员并入了其他两个营。因此，维丁格下令实力最强的3（SPW）营首先投入进攻，赫尔伯特·舒尔策的2营则随后支援。这里值得一提的是，维丁格还得到了戈茨·冯·贝利欣根师下属SS第37装甲掷弹兵团2营一个战斗群（乌尔里希战斗群）的支援。该战斗群将在SS第2装甲团8辆Ⅳ号坦克的支援下占领莫尔坦西北的285高地。

在南面（左翼）的SS第3"德意志"装甲掷弹兵团才是真正的主攻部队。1营的任务是占领莫尔坦小镇，2营则夺取更南方的罗马尼（Romagny）小村（3营由于损失惨重已经与2营合并）。SS第2装甲团的主力也被配属给了该团。SS第2装甲侦察营将在威斯利塞尼的南翼展开，任务是占据莫尔坦和巴朗通之间无人防守的缺口，防止美军威胁进攻部队侧翼的安全。这一阵地主要位于米伊（Milly）至丰特莱（Fontenay）小村一线，如果克拉格的侦察营遭到美军强力部队的打击，SS第3"德意志"装甲掷弹兵团一部和SS第2装甲团的坦克将随时南下增援。

与此同时，戈茨·冯·贝利欣根师也抵达了314高地以东数百米处的集结地。该师除1个装甲掷弹兵营仍留在维尔地区协助第2伞兵军作战外，剩下的部队组成了两个快速战斗群：菲克战斗群和恩斯特战斗群。前者包括一些不满编的装甲掷弹兵营、工兵单位以及SS第17装甲侦察营，由SS第37装甲掷弹兵团的团长菲克（原帝国师摩托车营营长）指挥。恩斯特战斗群则是由SS第17炮兵团和SS第17高炮营组成，不过其中大量的炮兵因为没有火炮，只能全部当做步兵投入战斗。此外，帝国师还提供了一个突击炮连给该师，以期能够迅速夺取314高地。

即将面对德军这次反击的是美国第1集团军的第30步兵师（该师主要下辖第117、第119、第120步兵团，第118、第197、第230、第113野战炮兵营以及第105战斗工兵营、第113骑兵群、第105医疗营和第30骑兵中队），该师刚刚

1944年夏，美军士兵正在查看SS第2装甲团5连的"523"号Ⅳ号坦克J初期型残骸。

与占领莫尔坦的美军第1步兵师（大红一师）完成换防，全体官兵都把此处当成了休假地。他们确实也有理由这么认为，从7月7日至13日的战斗中，第30师总共损失了3200人；7月25日的“眼镜蛇”行动，该师又有662名官兵死于己方飞机的误炸；配属给该师的743坦克营在整个7月损失了38辆坦克和133名乘员，不过他们随后就得到了33辆坦克和相应乘员的补充，美军的后勤能力和后备兵源，不是德国人所能企及的。再加上德军此时正忙着败退，巴顿的第3集团军则横扫布列塔尼半岛。因此，当第30步兵师进入莫尔坦的时候，行进在镇内街道上的士兵就像是参加一场庆祝游行，当地的居民向他们投掷鲜花和食物，咖啡馆和旅馆更是人满为患、热闹非常。美国大兵们和当地的法国居民相处得非常融洽。但他们不知道，仅仅在数小时后，德军将发起在诺曼底的最后一次攻势。

8月6日晚上10点，当SS第4“元首”装甲掷弹兵团准备在莫尔坦东北的一个十字路口展开的时候，却发现道路上挤满了SS第1装甲团的豹式坦克（警卫旗队师）。由于后者拥有更高的道路优先权，维丁格团长只能命令手下等这些坦克通过后再继续前进。就这样，几个小时的宝贵时间被浪费了。直到凌晨4点30分，SS第4“元首”装甲掷弹兵团3营才接近莫尔坦以北的布朗什修道院（L'Abbaye Blanche）十字路口。由于浓雾弥漫，能见度已经下降到了100米左右。这还不算最糟的，根据集团军和装甲军提供的情报，维丁格在这里将不会遇到什么像样的防御，然而事实却并非如此。当哈拉尔德·肖尔茨（Harald Scholz）指挥的SS第4“元首”装甲掷弹兵团9连的掷弹兵在4辆StuG 40

在莫尔坦东北作战的美军士兵。

突击炮的支援下试图夺取该路口的时候，遭到了美军第823坦克歼击车营A连第1排两辆坦克歼击车的伏击，德军9辆车被毁，其中包括6辆SdKfz251半履带装甲车。

与此同时，左翼的SS第3“德意志”装甲掷弹兵团却取得了进展，他们在突破了美军铺设的路障后，成功突入了莫尔坦镇内。8月7日上午10点，SS第3“德意志”装甲掷弹兵团1营3连报告说，他们经过与美军第120步兵团C连的苦战夺取了莫尔坦小镇，不过镇内的零星抵抗一直持续了整个下午。与此同时，SS第3“德意志”装甲掷弹兵团2营也夺取了南面的罗马尼小村并通过伏击消灭了守在当地的一个美军步兵排（第120步兵团）。随后，2营在SS第2装甲团6连的Ⅳ号坦克支援下向西南方的圣伊莱尔扑去。他们很快撞上了美军第197步兵营C连的阵地，并遭到了美军炮兵的顽强抵抗。混战中，1辆Ⅳ号坦克被美军“巴祖卡”火箭筒击毁。由于浓雾严重阻碍了视野，摸不清情况的德军只能暂时退了回去。

在中央战线，戈茨·冯·贝利欣根师的菲克战斗群也向莫尔坦以东的314高地发起了攻击。美军第120步兵团C连的1个排和2营的残部总共大约700人就守在这座孤立的岩石山上。这座高地为美军提供了极好的视野，德军任何一举一动都可以一览无遗。山顶的美军前进炮兵观察员却可以随时通过无线电呼叫炮兵和战斗轰炸机的支援。尽管进行了猛烈的炮火准备，但菲克战斗群却未能拿下314高地，因为美军的还击炮火比德军猛烈得多。

下午2点左右，美军开始以猛烈的炮火和空中火力轰击莫尔坦以北的SS第4“元首”装甲掷弹兵团阵地。直到下午的晚些时候，美军停止炮击后，SS第3“德意志”装甲掷弹兵团1营才得以和渗透进莫尔坦北郊的SS第4“元首”装甲掷弹兵团2营建立联系。然而，帝国师的右翼（SS第4“元首”装甲掷弹兵团）却没能与更北方的警卫旗队师防线连成一片。在最南翼，SS第2装甲侦察营也建立了一道警戒线。晚上9点，一个包括美军第105医疗营的救护车车队从南边的巴朗通驶来，他们径直闯入了SS第2装甲侦察营的前哨阵地。克拉格的部下在俘虏了一些轻伤员后释放了车队其他人员。

1944年夏天，SS第2装甲侦察营营长奥古斯特·克拉格（左一）与师里其他一些军官在训练期间拍摄的照片。

8月8日上午8点15分，配属给SS第4“元首”装甲掷弹兵团的乌尔里希战斗群（SS第37装甲掷弹兵团2营）在3辆Ⅳ号坦克和1辆缴获的谢尔曼坦克支援下向莫尔坦西北的285高地上的美军第120步兵团B连阵地发起了攻击。该战斗群曾在前一天上午攻击过这个高地并夺取了东半部分，不过他们为此损失了8辆Ⅳ号坦克中的3辆以及不少人员。今天早上的这次进攻依然不是很顺利，领头的Ⅳ号坦克在近距离被美军反坦克炮击毁，其他坦克只能退了回去。不过那辆缴获的谢尔曼坦克却乘机冲进了美军阵地，只是后面的掷弹兵没能跟上来，这些坦克才悻悻地撤了回去。

在北边，乌尔里希战斗群发起的进攻却成功逼退了第120步兵团A连。这样一来，SS第4“元首”装甲掷弹兵团3营终于在布朗什修道院十字路口以北与警卫旗队师建立了联系，但布朗什修道院十字路口仍然在美军第823坦克歼击营A连1个排和第120步兵团F连一部手中。与此同时，SS第4“元首”装甲掷弹兵团2营占据了布朗什修道院以南的阵地。当天晚上，美军第117步兵团2营在第629坦克歼击营一部的支援下向2营发起了一次进攻，但被击退。

帝国师左翼，SS第3“德意志”装甲掷弹兵团1营和2营分别在莫尔坦和罗马尼两地坚守，SS第2装甲侦察营则继续掩护着南翼安全。上午过半的时候，第7集团军指挥官豪塞尔赶到了帝国师师部。在视察过他的老部队后，他告诉鲍姆师长，当第47装甲军收到元首承诺的额外坦克补充后，攻击还将继续。同一时刻，菲克战斗群仍对着314高地一筹莫展，只要德军稍有异动，美军就会呼叫猛烈的炮火覆盖，搞得一级突击队大队长（中校）雅各布·菲克一点脾气都没有。下面是一段美军资料中关于314高地之战中前进炮兵观察员行动的记载：

第二天（8月8日）天亮前，一个前进观察员——罗伯特·韦斯（Bobert Weiss）中尉突然听到一群德军坦克正在碾压头天夜里（美军）设置的路障。中尉立刻把早已确定好的坐标报告给了后方的炮兵。“炮兵会赶走他们，”韦斯中尉后来报告说，“只有一辆坦克跑进了我们连的阵地，黑暗中它如同一只近视的恶龙四处乱嗅，没有其他坦克跟随。我们所有人就这么一动不动地趴在地上，屏住呼吸，一声不吭。这头‘恶龙’在黑暗中发现没有任何东西可以捕获，只能掉头返回了它的洞穴。”

天亮后，德军豹式坦克和防空营的88毫米高炮开始狂轰314高地。韦斯中尉一口气爬到山脊线上，并在岩石后面隐蔽了起来。从这里探头观察，中尉可以获得最大视野。但也相当不安全，因为在观察德国人的同时，德国人也会发现他，尤其逐渐升起的太阳正照着他的脸，望远镜也会因为反射阳光而暴露韦斯的位置。但中尉还是指望炮兵技术中的“射程误差概率”能够保住自己的小命。毕竟风力、射角、距离（1500～2000米）等诸多因素合在一起，让德军能够轻易击中一个只有钢盔大小的目标是难以想象的，88毫米炮再厉害也不是狙击枪。当然，火炮无须直接命中也能造成杀伤。不过韦斯中尉很快发现，炮弹不是越过头顶落到另一侧山脚下的德国人头上，就是徒劳地打在自己藏身的石块前。

于是韦斯中尉深吸了口气，一边招呼他的无线电操作员上来，一边举着望远镜开始慢慢爬向岩崖的顶端。“我们动作要快，”中尉回忆道，“我们的炮击必须迅速而准确——就像西部快枪手拔枪射击那样。”

艾蒙·萨瑟（Armon Sasser）中士缩在高地的反斜面支好了天线，设置好了电台。“准备完毕，中尉。”

在爬到岩崖顶上之前，韦斯又招呼另一名中士约翰·科恩（John Corn）爬到自己身边。太阳更加刺眼了，韦斯中尉低着头，身体尽量贴着地面，然后小心翼翼地举起望远镜搜寻目标。除了88毫米高炮，德军的迫击炮也加入了射击的行列。通过望远镜，中尉注意到，“德军炮兵阵地开火后产生的烟雾就像抽雪茄时冒的烟圈”。中尉转头向身边的科恩中士大喊道：“请求炮击，目标——敌炮兵连!”然后给出了坐标。科恩立刻转达给了萨瑟中士，后者则拿起话筒对着电台喊道：“乌鸦，这里是乌鸦贝克3号，请求炮击。”然后报出了坐标。

虽然忧心忡忡，但韦斯中尉所能做的就只有等待了。谁会第一个开火呢？“我用望远镜注视着那些大炮，我们肯定在炮击范围内了。”这时候，萨瑟中士轻声说，“来了。”

“就像一列火车呼啸着从我左边飞驰而过一样，”中尉回忆道，“德军炮兵阵地瞬间就被爆炸的硝烟笼罩。我很快又向科恩报出了修正的坐标，萨瑟则把这个参数飞快地报到了后方的营里，第二轮炮击准确地砸在了目标上。德军出动6辆自行火炮向中尉所在的左边山头猛轰一气，中尉又如法炮制，把准确位置报给了后方的炮兵群，结果令人相当地满意。就在这时，又有1辆坦克和另外1个炮兵连开始向314高地开火，坦克在高地的南边，而炮兵连在北面。中尉首先呼叫火炮砸向了那辆坦克，一直到这辆坦克被击中起火，才把注意力转到炮兵连上。

“请求炮击，敌炮兵连。6门火炮，最后修正坐标：向右500、减300。”

这次美军炮火方向很准，但是打得稍微近了一点。韦斯中尉完全不顾身边爆炸的德军炮弹，再次高声喊出了修正参数。科恩中士立刻对着电台大喊道：“前射修正……”新的一轮炮击正中目标。韦斯中尉满意地注意到“敌人被压制住了”。

韦斯中尉在当天总共呼叫了30次炮击，另外6个前进炮兵观察组也做了差不多的工作量。

下午2点左右，SS第2装甲侦察营与第2装甲师、第116装甲师一部对美军第35步兵师北肩角发起了进攻，该师是用来填补美军第30步兵师（莫尔坦）与第2装甲师（巴朗通）之间缺口的。战斗中德军取得了一些成功，但也损失了1辆豹式坦克和1辆Ⅳ号坦克。傍晚左右，守在罗马尼小村的SS第3“德意志”装甲掷弹兵团遭到了美军第119步兵团1营的进攻。战斗中2营营长施赖伯负伤，但2营的官兵还是打退了美军的两次进攻，并击毁了2辆谢尔曼坦克。德军自己则损失了1辆Ⅳ号坦克。

在莫尔坦镇内搜寻德军的美军巡逻队。

晚上11点，SS第4“元首”装甲掷弹兵团战区的乌尔里希战斗群试图从285高地的南面向276高地发起进攻，未能成功。

8月8日深夜，帝国师接到了就地防御的命令。8月9日一早，美军的战斗轰炸机在浓雾散去后立刻活跃起来，它们成群结队地攻击了帝国师的防线，尤其是守在罗马尼小村中的SS第3“德意志”装甲掷弹兵团1营阵地。当天上午，美军第120步兵团在坦克的支援下从瑞维尼方向（莫尔坦西北）对SS第4“元首”装甲掷弹兵团发起了进攻。虽然美军在损失了几辆坦克后停止了进攻，但维丁格的右翼已经受到了严重的威胁，从而导致帝国师与警卫旗队师的联系有随时中断的危险。

中午左右，美军有大约十几辆坦克出现在了巴朗通西北（位于SS第2装甲侦察营以南）。鲍姆师长不得不从师部抽调一批参谋人员在师部西南1.5公里处的266高地建立了一个封锁哨，保证师部的安全。晚上8点30分，美军坦克部队再次攻击了罗马尼小村，SS第3“德意志”装甲掷弹兵团2营在打退这次进攻后与SS第2装甲侦察营一起沿莫尔坦—拉豪伯特（La Houberte）—拜昂（Bion）建立了防线，以阻止美军第35步兵师的前进。

在莫尔坦地区被美军战斗轰炸机击毁的德军车辆残骸和阵亡士兵。

就在这一天，美国的第3集团军拿下了勒芒，该城东北有一条直通巴黎的道路，长约160公里，路况良好，并且没有一兵一卒把守。但美军却未挺进巴黎，而是转向了西北方的阿让唐，准备配合推进至法莱斯的加拿大部队合围诺曼底德军主力。蒙哥马利上将和布莱德雷协商，双方以阿让唐为界，等待波兰第1装甲师（加拿大部队前锋）从法莱斯赶来，扎紧包围圈的口袋。一旦成功，诺曼底的所有德军，包括还在莫尔坦地区的6个德军装甲师都将陷入合围之中，那将是西线德军的灭顶之灾。

8月10日，SS第4“元首”和SS第3“德意志”装甲掷弹兵团以及SS第2装甲侦察营都遭到了美军的全面进攻。双方当天爆发了数次白刃战，对此，SS第3“德意志”装甲掷弹兵团第16工兵连有一段有趣的记录：“……有不少美军士兵试图躺在地上装死，不过我们很容易就把他们找出来了，因为他们全部头朝下趴着，闭着眼睛将脸侧向一边……"

配属给SS第4"元首"装甲掷弹兵团的乌尔里希战斗群也遭到了美军第120步兵团1营的攻击，被迫退往莫尔坦西面。下午的早些时候，菲克战斗群的士兵报告，大概有15辆美军坦克出现在了拜昂，随时可能威胁菲克指挥部的安全，但菲克团长拒绝相信这一消息，直到一发美军坦克炮弹落在他指挥部的屋顶上时，他才下令撤退。

傍晚6点左右，帝国师奉命将防线撤至莫尔坦以东并转入第58预备装甲军编制。天黑后，师属各部冒着美军猛烈的炮火完成了撤军。

8月11日，无论是德军西线总指挥克卢格元帅，还是西线装甲集群指挥官埃本巴赫装甲兵上将都认为继续进攻下去已经毫无意义。就在这一天，美军进入阿朗松，距离阿让唐还有20公里。次日，克卢格元帅决定违抗希特勒的命令，下令第7集团军停止进攻并立即组织撤退。8月12日，德军开始全线撤退。当天清晨，美军第35步兵师下属第35步兵团与314高地上的第120步兵团建立联系，莫尔坦反击战至此结束。

法莱斯口袋

8月份的第二周，帝国师以及其他德军部队都在向东撤退，而盟军的战斗机和战斗轰炸机则在空中肆意攻击任何他们看得见的目标。可以说，盟国的空中力量以及压倒性的空中优势是他们取得胜利的关键因素之一。盟军飞机不但阻止了德军的装甲突击，现在更是试图将后者歼灭在撤往法莱斯的路上。

8月13日，帝国师奉命加入SS第2装甲军。两天后，就连毫无军事常识的人也能看出诺曼底的德军要完蛋了。英美盟军通过南北夹击，将德国第7集团军和第5装甲集团军（改编自西线装甲集群，原西线装甲集群指挥官埃本巴赫装甲兵由于莫尔坦反击失败而成了替罪羊被撤职。因此，从8月9日起，SS第1装甲军指挥官泽普·迪特里希临时接替该职务）大部分部队包围在了法莱斯附近的特兰（Trun）、阿让唐、维穆捷（Vimoutiers）以及尚布瓦四个市镇之间的狭小区域内，即"法莱斯口袋"。

当天，SS第3"德意志"装甲掷弹兵团接到命令，要求该团立刻前往阿让唐以东、尚布瓦以南的勒布尔-圣-莱昂纳尔（Le Bourg-St-Leonard）小村建立防御。等德军赶到的时候，发现小村已经落入美军之手。威斯利塞尼团长只得带领手下先打下了小村，然后再着手布置防御。随后几天里，SS第3"德意志"装甲掷弹兵团1营就遭到了美军装甲部队的反扑，有几辆谢尔曼坦克更是在16日的时候一直打到了2营营部门口才被击毁。相对于死板的英国人，美军在战斗方面学习能力非常强。经过诺曼底前期的磨炼，美国人已经完全掌握了闪电战的精髓，他们经常派出装甲部队或者战斗群进行突击，而不像英军那样总是把坦克看做支援步兵的武器。

不久后，帝国师又奉命前往更北边的（法莱斯以东）维穆捷，这座城市实际上已经在盟军的法莱斯包围圈之外了。换句话说，帝国师现在已经算安全了。但同时，德军西线总指挥部也在策划一次攻击行动，希望能够在盟军彻底合拢包围圈之前打开一条逃生通道。那么帝国师突然调往维穆捷的原因也就不言而喻了，能够执行该任务的就只有党卫军第2装甲军下属的帝国、霍亨施陶芬、弗伦茨伯格三个残破的装甲师了。

8月18日，尽管在特兰附近与加拿大第4装

美军进入阿让唐，距离法莱斯仅一步之遥。

1944 年 7 月底，占据了压倒性优势的美军随后把帝国师、格茨·冯·贝利欣根师以及第 6 伞兵团围在了位于龙塞的口袋之中。被围的德军部队遭到了盟国空军的狂轰滥炸。照片中可以看到在龙塞地区被英国皇家空军第 2 战术航空队战机击毁的帝国师的队伍。照片中这辆编号“779”的Ⅳ号坦克指挥型就是 SS 第 2 装甲团 2 营营长迪特尔·凯斯滕的座车。

甲师发生了一些小摩擦，帝国师还是按时抵达了预定出发阵地。德国第5装甲集团军在当天的日志中写道：

……在包围圈东面出口及内部，敌人不断进行轰炸，并以战斗机继续扫射，甚至对步行的单个士兵也不放过，这使得我军部队根本无法进行集结和攻击。通信系统也大部被毁……

同时，该日志对盟军的进展情况描述如下：

根据情报，在尚波苏（Champosoult）、莱尚波（Les Champeaux）、埃尔库尔什（Ecorches）、特兰、特兰西北的枫丹（Fontaine）和穆瓦（Ommoy）都发现了敌军。另外，还发现敌军正经迪沃河畔圣朗贝尔（St-Lambert sur Dive）和欧布里-勒-庞图（Aubry-le-Panthou）向东南方进攻……

此外，德国第5装甲集团军还着重强调，美军正沿着阿让唐以东向北和东北方推进。在法莱斯和阿让唐一线，英美盟军已经进抵皮埃尔菲特（Pierrefitte），并在讷维（Neuvy）附近取得突破。在阿让唐以东地区，美军第80步兵师的进攻被第116装甲师一部和第9装甲师的豹式坦克击退，但美军第90步兵师却取得了突破，后来在尚布瓦以南不远处被第116装甲师挡住。

当天，德军高层还发生了一个重大变动。西线总指挥兼B集团军群指挥官克卢格元帅遭到免职，同时被召回元首大本营。途中，因为害怕自己牵涉进7月份的刺杀希特勒的事件，克卢格服毒自杀。莫德尔元帅接替了克卢格的职务。

盟军方面，英军统帅蒙哥马利上将于8月18日下令波兰第1装甲师向南夺取尚布瓦镇以及穿过该镇的道路，与美军第90步兵师会合，彻底封闭法莱斯口袋。该师下属的第2装甲团和第8步兵营在没有重新进行油料和弹药补给的情况下，就星夜沿着二线公路和乡间小道赶往目标——尚布瓦附近的262高地。这两支部队的指挥官都明白，他们的这次进攻能够切断德军所有徒步、履带以及轮式车辆部队的退路，阻止他们逃往维穆捷，因此格外卖力。当然，这批波兰人也即将成为帝国师打开包围圈的主要障碍之一。

由于地形复杂以及法国向导失误，波兰第2装甲团领头的坦克中队（类似英军，相当于坦克连）于天亮前抵达了尚布瓦以北约10公里的莱尚波小村。黑暗中，波兰人不辨真伪，加上周围的树林地形看起来也差不多，因此以为这里就是尚布瓦，于是他们没有继续向南行军，而是停了下来，准备夺取当地的262高地。其实这也不能全部怪法国人，波兰人浓重的口音是造成误会的主要原因之一。实际上，当地有两个一模一样的262高地，分别在南北两面。波军应该占领的是尚布瓦东北约6公里的奥梅尔山（Mont-Ormel）以南的262高地，而波兰人实际占领的是北边的262高地。波兰人还给这个高地起了一个昵称，叫做"钉头锤"（Mace）。其"锤头"就在尚布瓦—维穆捷公路以北，锤身则穿过公路延伸至南面。凑巧的是，在波军的误打误撞之下，他们意外地抵达了德军最后生命线的咽喉处——德军撤退依靠的最后两条道路恰好都在262高地（北）通过。一旦控制住该高地，就等于宣布了法莱斯口袋中所有德军部队的死期。

8月19日天亮后，波军开始按照"计划"猛攻262高地，德军一个步兵连一直死守到最后一个人。当波兰第1装甲团团长亚历山大·斯特凡诺维奇（Aleksander Stefanowicz）少校站到高地顶上的时候，他发现无数德军正朝这个方向汇聚过来（其间波军遭到了德军撤退部队程度不一的抵抗）。此时的波兰第1装甲师快速集群仅有两个装甲团（第1、第2装甲团，此处装甲团是一种称谓，其实力相当于装甲营）大约87辆坦克、20门反坦克炮以及3个摩托化步兵营大约1500人。

当天上午，德军西线总指挥莫德尔元帅在得知加拿大第4装甲师已经夺取特兰后，立刻下令SS第2装甲军在特兰和尚布瓦之间打开一道缺口，确保法莱斯包围圈内的第7集团军余部能够撤出来。这里需要说明的是，就连第7集团军指挥官，帝国师的老师长保罗·豪塞尔也在包围圈内宣告失踪，因此第7集团军暂时归第5装甲集团军指挥。接到命令后，比特里希军长随即下令发动解围作战。

霍亨施陶芬师将分成两个进攻集群——侧翼进攻集群穿过圣热尔韦（St- Gervais）和卢维埃（Louviers）掩护主攻集群侧翼安全，后者则沿维穆捷—特兰公路发起进攻。帝国师则分别穿过尚波苏和梅尼勒-于贝尔（Menil-Hubert）两地向迪沃河畔圣朗贝尔和尚布瓦发起攻击。

此时，加拿大人和波兰人也进行了分工，加拿大装甲部队占领包围圈的对内正面，波兰人则占领对外正面。后者到现在也不知道他们占领的不是计划中的“262”高地，德军同样也不知道这批波军既没有弹药也没有补给，而且还得不到北面加拿大军队和南面美军的支援。简单地讲，波兰人完全是孤立的。

8月20日凌晨4点，右路的霍亨施陶芬师主攻集群在SS第9装甲侦察营的侧翼掩护下，首先发起了进攻。他们在莱尚波西北不远处的维穆捷—特兰公路一段遭遇了加拿大第4装甲师下属

1944年8月中旬，先期赶往法莱斯缺口的波兰第1装甲师的部队。

的第4装甲旅。经过近2个月激战的霍亨施陶芬师实力已经所剩无几，人员也极度疲惫。再加上这次反击由于时间紧迫，根本没有时间进行战前准备、地形侦察以及适当的休息，因此该师有限的坦克和突击炮根本无法在崎岖的树林地形上击退以逸待劳的加拿大人。这次进攻几乎还没开始就失败了。

帝国师在左翼则取得了很大的成功。全师一共分成了三路突击纵队：SS第4"元首"装甲掷弹兵团在1辆豹式坦克和2辆Ⅳ号坦克的支援下沿维穆捷以南的弗雷奈-勒桑松（Fresnay-le-Samson）—尚波苏—库德阿尔（Coudehard）—圣朗贝尔一线发起进攻。这里要说明的是，经过连续的激战，维丁格手下的2个营（2营和3营）各自只剩下了120人左右，加起来连1个营的实力都没有。SS第2装甲侦察营在几辆突击炮的支援下沿叙维（Survie）—圣皮埃尔-拉里维埃（St-Pierre-la-Riviere）一线掩护左翼的安全，预定掩护维丁格右翼的则是SS第9装甲侦察营。第三路，SS第3"德意志"装甲掷弹兵团则穿过马尔迪伊（Mardilly）和梅尼勒于贝尔夺取圣皮埃尔-拉里维埃，师属防空营和工兵营的幸存人员也组成了一个小战斗群，负责掩护SS第3"德意志"装甲掷弹兵团的侧翼安全。两位团长接到的都是无论如何要与包围圈内的部队取得联系的死命令。

凌晨5点45分，SS第4"元首"装甲掷弹兵团3（SPW）营率先发起了进攻，维丁格团部人员组成的战斗群紧随其后（实在是没人了），2营则稍稍靠后负责掩护进攻部队的左翼。在开始的几个小时后，3营一直在塞满各种车辆残骸和死去马匹的道路上艰难跋涉，但却没碰上任何盟军的战斗轰炸机，估计它们正忙着对包围圈内的德军进行狂轰滥炸，根本没时间理会包围圈外的目标。3营随后碰到了一些陆陆续续从包围圈内跑出来的德军士兵，有的是一个人，有的三五成群，他们在被3营的先头部队收容后统一送往了后方，根据3营官兵回忆，这些逃出

1944年8月19日，在奥梅尔山附近被击毁的1辆德军豹式坦克，所属单位不详。

来的士兵大多没有武器，无论是精神还是肉体看起来都受到了极大的折磨。他们在看到自己人后，都显得欢欣鼓舞。

上午8点，SS第4“元首”装甲掷弹兵团3营遭到了一些零星炮击。1个小时后，全团与波兰第1装甲师发生了遭遇，根据3营的战后报告记载，领头的第11连穿过尚波苏后，在其西南方向的维冈（Vigan）附近的高地以及262高地山脚下的一个十字路口遭到了敌军（波军）居高临下的正面和侧翼打击，造成了该营不少伤亡。高级突击中队长（上尉）茨韦纳（Zworner）的SS第4“元首”装甲掷弹兵团2营随即在道路以东的树林展开，向南建立了一道防线（左翼）。直到下午，该团才与负责掩护右翼的SS第9装甲侦察营建立了松散的联系。

利用波兰人向3营集火的间隙，大量德军士兵成群结队地逃出了法莱斯包围圈，他们在维丁格的团部稍作停留后，又马不停蹄地向东逃去。由于不断地遭到波兰人来自西南方向的火力袭扰，3营营长海因茨·维尔纳在亲自向负责支援的豹式坦克车长说明局势后，这辆豹式坦克迅速抵近262高地，击毁了5辆谢尔曼坦克。不过，波军的坦克主力和大部分火力仍然朝着法莱斯包围圈方向。上午10点，鲍姆师长出现在了SS第4“元首”装甲掷弹兵团的团部，维丁格随后向他做了战况简报。

当发现SS第4“元首”装甲掷弹兵团这里有逃生的希望后，德军第3伞兵师多个战斗群和希特勒青年团师的奥尔伯特战斗群（SS第26装甲掷弹兵团3营）也从包围圈内发动了进攻，并借此打通了库德阿尔—布若瓦（Boisjos，波军在这里布置了1个步兵营和1个反坦克炮连）之间的道路。随后，这些伞兵以最快的速度从尚布瓦方向冲了过来，越过3营阵地向东撤离，这些伞兵都很骄傲自己能够带着武器和装备撤离地狱般的法莱斯，这点3营官兵从那些伞兵们的表情上就看出来了。

在火炮和坦克的支援下，SS第4“元首”

在262高地山脚下被击毁的德军豹式坦克以及半履带装甲车，边上的谢尔曼坦克则属于波兰第1装甲师。

装甲掷弹兵团3营不顾两翼威胁，于中午左右夺取了库德阿尔东北1公里处的一个重要的交叉路口，这相当于在法莱斯包围圈上撑开了一个缺口。实际上，盟军直至此时仍没有完全扎紧过法莱斯口袋，圣朗贝尔、穆瓦西（Moissy）、马尼（Magny）几处虽然不停地遭到炮击，但仍然是畅通的，守在262高地上的波兰人也无法阻止德军步兵的徒步突围。

整个下午，德国第7集团军幸存的部队都在通过这个缺口，沿尚波苏—奥维尔（Orville）的公路川流不息地向东撤退。只是他们大多数是徒步前进，车辆和武器全部丢在包围圈内。截至中午，第7集团军指挥官保罗·豪塞尔仍然没有出现在SS第4“元首”装甲掷弹兵团的阵地上，但许多突围的士兵都声称看到过他。因此3营各连官兵都接到了一道命令：“时刻注意我们的老师长！”成功打开包围圈缺口后，维丁格向师部报告说：“我部已经打开了尚波苏附近的包围圈缺口，并与被围部队建立了联系，此刻他们正迅速向东撤退。请求上级能够派宪兵前往团部指挥交通。”

收到这份报告后，鲍姆师长却要求SS第4“元首”装甲掷弹兵团继续向圣朗贝尔和尚布瓦进攻，维丁格认为这一举动无异于将他最后这点人送进包围圈，而且维尔纳的3营此刻正与波兰人打得如火如荼，根本无法执行这一任务。因此，维丁格直接无视了这道命令。不过，全团在这里一直坚持到了下午4点。

在此期间，一名军官报告说，他在SS第4“元首”装甲掷弹兵团阵地前看到过豪塞尔。维丁格当即下令3营派出一支突击队把豪塞尔救出来。但突击队后来报告说，他们没能完成任务。豪塞尔在快要突围成功后，又返回了包围圈，组织部队抵抗盟军追击去了。最后，面部再次负伤的豪塞尔安全抵达了SS第2装甲侦察营的防线。

包括2名将军、3位师长以及数个团长在内的300名军官同他们的士兵一道徒步抵达了SS第4“元首”装甲掷弹兵团的防线。这些指挥官在抵达维丁格的团部后，立刻着手收拢残部，组织部队向东撤退。一些负伤的士兵也受到了团部人员的细心照顾，宪兵们则负责疏导交通。最后，SS第4“元首”装甲掷弹兵团还救下了受了重伤的警卫旗队师师长特奥多尔·威施。另根据波军资料记载，当天下午5点，他们在262高地附近遭到了德军Ⅳ号坦克和掷弹兵的攻击。双方一直打到下午7点才以德军撤退告终。

以下是SS第4“元首”装甲掷弹兵团3营营长维尔纳的战后报告（节选）：

……我们再次返回了火线。命令要求我们沿着通往维冈的道路两侧向前推进……敌人的装甲车辆（占据着制高点）对此浑然不知，其实他们向北或者向西都能彻底封闭包围圈的逃生路线。我们（营）必须首先抵达包围圈的边界。在抵达一个十字路口后，我们只要再往前1公里就能和包围圈内的友军联系上了。上午8点，10连沿着道路右侧向西南方发起了突击，目标是圣莱热-库尔博蒙（St-Leger-cour-Beaumon）；11连沿着道路左侧向东南方的布若瓦发起进攻；9连则跟随在11连之后提供火力支援。

敌人轻重武器的射击严重妨碍了我们的救援行动，因此我决定从右翼包抄这股敌军。当我带领10连抵达圣莱热附近高地时，我们发现10辆谢尔曼坦克就停在1公里外的地方，炮口全部朝向西面，即包围圈方向。我下令10连连长曼茨（Manz）立刻带领手下掘壕据守，防备敌人可能从西或北发起的攻击，但以该连的实力恐怕难以胜任。

由于我们的坦克此时仍在尚波苏的营部附近，我只能先赶回了身后2公里的前进指挥部。凑巧的是，指挥部门口就停着一辆刚刚修好的豹式坦克。我立刻命令这辆豹式坦克的车长开着坦克跟我走，但他拒绝了，因为他坚持要原地等待装甲团的命令。无论我怎么要求，他都不为所动，最后我只有拔出手枪告诉他，这里我说了算，他才同意跟我走。我随后爬上炮塔后部，然后把我刚刚离开的那个方向指给这个车长看。但从这里除了看到敌军炮火正猛烈地覆盖9连和11连阵地外，什么也看不到。

我先是带领这名上级突击队中队长（豹式坦克车长）步行过去察看了一下情况，那些谢尔曼坦克仍在262高地上朝包围圈内的同志开火。这名年轻的车长立刻转身下达了攻击命令。不到1分钟，就有3辆敌军坦克被击毁。

在维冈，2辆Ⅳ号坦克攻击了敌人装甲部队，这在一定程度上减轻了我手下2个连的压力。当我转头向262高地走去时，碰到了9连的一个排，他们在十字路口以西200米处正遭受敌人的猛烈炮击。9连的大部分已经通过了这个路口，正在1辆豹式坦克和2辆Ⅳ号坦克的支援下与盘踞在道路远处树林里的敌军激战。该连随后在十字路口右侧建立了防御阵地。与此同时，11连也在进攻布瓦若附近的树林。我沿着战壕匍匐前进，终于在敌人不间断的炮击下抵达了十字路口。在那里，我看见我们的坦克正与敌军的坦克激烈交火，还有一些9连的士兵也在附近战斗。我同他们一起匍匐前进，终于第一次和包围圈内的友军取得了联系。他们刚刚抵达这个地方，已经准备从这里突围了。我命令9连保证这个缺口的安全。有5辆谢尔曼坦克被击毁，其余的（坦克）则退回了262高地……尽管敌人的炮火没有停止过，但包围圈内的部队还是接二连三地从这个缺口逃了出来。

这些逃出来的部队不是在尚波苏以西2公里的（SS第4“元首”装甲掷弹兵）团前进指挥部稍作休整，就是继续向东方撤退。到目前为止，这一人数已经达到了4000。此外，还有许多车辆从尚布瓦方向开了过来，穿过我们的阵地，全速驶向（团）前进指挥部。……他们中许多人在被围多天以来第一次喝到提神的苹果酒，不少人仍带着随身武器。

大约中午12点传来了新的命令，要求我的营继续推进到库德阿尔—尚布瓦一线，从而扩大现有缺口。但敌人已经从3营最初的进攻中恢复了过来，同时还发起了一系列反击，而且他们很可能改变方向，向10连侧翼发起攻击。当10连疲于应付这些反击时，9连除了要忍受敌人没完没了的炮击外，战线相对比较平静，但11连却面临着巨大的压力。因为很明显，师里要求继续进攻的命令是根本执行不了的，因为我们营在敌人的反击下能够守住现有阵地（缺口）就已经谢天谢地了。

根据命令，10连必须改变阵地并面向北面建立新的防线，保卫通往北方的通道。9连在布瓦若周围树林保证包围圈缺口的畅通；11连则守住梅尼奥（Menior）以南。到了下午2点，

SS第3“德意志”装甲掷弹兵团团长威斯利塞尼在诺曼底战役期间与部下的合影。

所有连都报告说，他们面临的压力愈来愈大。我只有据实向团部做了汇报，然后又转呈了师部。“我部（SS第4‘元首’装甲掷弹兵团）在尚波苏以西打开了包围圈的缺口，同时与被围部队取得了联系，后者正向东撤退。请求师部能够派遣宪兵来疏导当地（包围圈缺口）的交通。”但军指挥部仍催促我师继续对尚布瓦发动攻势。考虑到敌军的实力，这根本是一项不可能完成的任务。即使3营取得进展，敌军也可以轻易切断其退路，将3营关进包围圈。

……

下午，维丁格团长亲自驱车前往尚波苏西南方的十字路口，希望能碰到我们营。但他只在附近山谷看到一些武器和装备，很明显属于一支试图突围但不幸被俘的部队在投降前破坏的。维丁格没有找到3营，因此他认为我们营已经从这个十字路口撤走了。随后的敌军冲锋枪扫射迫使他不得不找地方隐蔽，直到傍晚才回到（团）前进指挥部。

左路的SS第3“德意志”装甲掷弹兵团于凌晨5点20分才从集结地出发，目标是圣皮埃尔-拉里维埃。2营呈梯次阵型前进，与右翼的SS第4“元首”装甲掷弹兵团2营保持着联系；1营则和SS第2装甲侦察营保持着接触。马尔迪伊以西的崎岖地形给该团行进带来了很大的困难，掷弹兵们不得不减慢了行军速度，2个小时就只前进了500米。行进中，他们还遭到波兰第1装甲师的谢尔曼坦克的攻击，但很快就被掷弹兵们近距离击毁。尽管速度不快，但SS第3“德意志”装甲掷弹兵团的两个营仍奋力向前推进。下午3点30分，全团终于攻抵圣皮埃尔-拉里维埃，在包围圈上撑开了一个口子。根据团部的记录，通过他们的包围圈缺口逃生的伞兵们在他们军官的带领下，一边高唱着军歌，一边齐步前进。SS第12“希特勒青年团”装甲师的师部也是这么要求部队的。临近傍晚的时候，SS第3“德意志”装甲掷弹兵团也在SS第2装甲侦察营和一个从包围圈内逃出来的国防军豹式坦克单位掩护下向东北方向撤退。

关于SS第2装甲侦察营在包围圈缺口处的战斗，SS第2装甲侦察营营长克拉格回忆道：

……在这一危急时刻，帝国师奉命阻止敌军攻占特兰以及包抄被围部队的侧翼……侦察营艰难地穿过逃离包围圈的滚滚车流，对特兰东北方的敌军装甲部队发起了进攻。跟随在一支特遣队之后，元首团2营前出并占领了东北方的道路（通往特兰北部）。侦察营同突击炮营一起突进了特兰北部敌人庞大装甲部队的侧翼。6辆英国坦克几分钟内就被击毁，但敌人对损失毫不在乎，继续发动收拢包围圈的进攻。此后，我们又击毁了3辆坦克。通过审问一名敌军的传令兵，我们获知波兰第1装甲师就在我们战区。自从登陆以来，我们就没见过像这批波兰人一样顽强的部队。天黑之后，敌人逐渐停止了进攻。

第二天早上，敌军装甲部队又发动了数次试探性进攻，这很可能是一场大规模进攻的前兆。我们仍然没有从师部和军部收到任何命令，我们的侧翼也已经受到了敌军的威胁。虽然我们击退了敌军所有的步兵攻击，但我们必须尽快与师部取得联系。到目前为止，我营已经在尚布瓦地区打开了一道缺口，同时让敌军在当地的攻势陷入停顿。党卫队高级地区总队长保罗·豪塞尔和护送他的军官在逃离包围圈后，抵达了侦察营的营部，吕夫（Ruff）医生随后为豪塞尔进行了包扎。豪塞尔完全不了解包围圈之外的形势，也不知道盟军已经在法国南部登陆。他拒绝从前线撤走，而是出发去了军部，想把残部收拢起来。“德意志”团和其他部队已经在包围圈上打开了一个缺口，被围的各个部队正拼命从这个缺口向东撤退。

正如我们从其他战报上看到的那样，帝国师在20日当天一直保持着法莱斯包围圈缺口的畅通，甚至在次日还扩大了这一缺口。8月21日下午的时候，逃出包围圈的人数开始急剧减少，到了下午4点几乎全部停止。通过我们师的努力，大约有2万名官兵从我们所在的缺口成功撤退。这些人中包括阿道夫·希特勒警卫旗队师的师长特奥多尔·威施，还有第47装甲军军长丰克（Funk）以及马尔曼（Mahlmann）将军。一个陆军中尉指挥的豹式坦克分队也打进了包围圈，同时将自己的部队置于（帝国）师的指挥之下，他们的表现非常优异。

完成任务后，帝国师开始缓慢地向东撤退。侦察营和突击炮营组成的一支封锁集群负责殿后。侦察营的战报最后写道：“全营经过艰苦的跋涉……向鲁昂（Rouen）前进。在埃尔伯夫（Elbeuf）附近，我营和元首团一起再次投入到激烈的战斗之中。多亏德意志团团长威斯利塞尼卓越的交通指挥能力，我们才顺利通过了鲁昂大桥。”与此同时，侦察营在少量突击炮的掩护下，一直活跃在鲁昂南部的圣艾蒂安（St-Etienne）前哨阵地，直至晚上接到过桥的命令。

8月21日晚上8点，盟军彻底封闭了圣朗贝尔和尚布瓦之间的缺口，法莱斯战役最终落下了帷幕。德军将近有4万人被俘，1万人阵亡。但还是有大约5万人通过包围圈的各个缺口逃了出去。根据维丁格的副官泽格尔（Seegerer）以及3营的营副施马格统计，有8000～10000名德军士兵在此期间通过SS第4“元首”装甲掷弹兵团防线向东撤退。那么加上SS第3“德意志”装甲掷弹兵团的努力，帝国师总共解救了大约2000名德军士兵。

8月25日，在盟军装甲部队的强大压力下，德军开始沿着布里奥讷（Brionne）—鲁昂的道路向东北方向撤退。帝国师则奉命退往维穆捷，准备撤过塞纳河。8月底，帝国师残部在鲁昂以南的埃尔伯夫（Elbeuf）渡过了塞纳河。9月5日—7日，帝国师在马斯河短暂地进行过

尽管帝国师为解救法莱斯包围圈内的友军进行了最大的努力，但还是有大量的德军在逃生的道路上被盟军战斗轰炸机炸成了碎片。

防御战，事实证明这里是根本无法守住的，而且各个装甲掷弹兵连的实力已经下降到了个位数。此后，帝国师终于收到了补充兵员。SS第2装甲侦察营接收了2个连的海军士兵以及来自帝国劳工营（RAD）的高射机枪营的志愿人员。

在盟军毫不费力地渡过马斯河后，帝国师开始向施内艾弗尔（Schnee-Eifel）地区的西线壁垒（齐格菲防线）撤退。眼见德国大势已去后，比利时国内的游击队也日渐活跃起来。9月9日，帝国师艰难地撤退到了阿登地区。9月11日下午3点45分，帝国师抵达德国边界，并进入齐格菲防线驻守。此后，帝国师再次与美军发生了交火，SS第4“元首”装甲掷弹兵团10连在这段时期的战斗中全军覆没。

1944年10月的第2周，帝国师开始陆续撤出前线返回后方补充休整，因为一场新的进攻战役即将到来……

第九章　守望莱茵

阿登反击战

1944年秋季，随着盟军从东西两个方向日益逼近德国本土，就连希特勒都已经感觉到了三线作战的巨大压力，下一步该何去何从成了德军最高统帅部亟须解决的首要问题。德军最高统帅部作战部长阿尔弗雷德·约德尔上将就曾评价道："俄国人的军队实在太多了，就算我们成功消灭他们30个师，对战局也毫无影响。但换句话说，如果我们能在西线消灭30个师，那么就相当于摧毁了西方盟军约三分之一的作战力量。"

在这一观点的支持下，再加上德军普遍对英美盟军战斗力的轻视以及鲁尔工业区受到的威胁，希特勒把目光转向了西线。为此，希特勒甚至投入了德国最后的预备队和战略资源，这不得不说是德国最后的赌博。1944年11月底，这一计划最终成型。德军将动用3个集团军的力量突破美军在比利时阿登和卢森堡脆弱的防线，然后在列日（Liege）以南渡过马斯河（Meuse），锋头直指安特卫普。这将一举切断美国第9集团军和英国第21集团军群的后方交通线，包围并吃掉大量的盟军部队以及夺回安特卫普港。希特勒甚至看到了另外一个"敦刻尔克"，他深信德军可以消灭盟军20到30个师，甚至是整个英国和加拿大联军。

为了实现这个庞大的计划，希特勒打算在首轮突击中就动用7个装甲师和13个步兵师，紧随其后的还有2个装甲师以及7个步兵师。为此，德军总共集中了1460辆坦克、突击炮、坦克歼击车以及2600门火炮和火箭炮。泽普·迪特里希的第6装甲集团军将担任这次反击的主攻部队，目标是安特卫普。冯·曼陀菲尔的第5装甲集团军在迪特里希的左翼推进，该部将在渡过那慕尔（Naumur）两侧的马斯河后夺取布鲁塞尔。埃里希·布兰登贝格尔（Erich Brandenberger）将军的第7集团军实力较弱，将负责掩护整个攻势的南翼安全。

迪特里希的第6装甲集团军下辖3个军：SS第1装甲军（警卫旗队师、希特勒青年团师、第277国民掷弹兵师、第12国民掷弹兵师、第3伞兵师）；SS第2装甲军（帝国师，霍亨施陶芬）；第67军（第272国民掷弹兵师、第326国民掷弹兵师）。

根据计划，伞兵师和国民掷弹兵师将在突破美军的外围防线后，建立一个牢固的北肩角（右翼），警卫旗队师和希特勒青年团师随后在列日以南渡过马斯河发动猛攻，SS第2装甲军则不顾一切侧翼威胁向西北扩展，夺取安特卫普。与此同时，第5装甲集团军将从SS第1装甲军的左翼夺取布鲁塞尔。这次进攻的代号叫做

“守望莱茵”（Wacht Am Rhein），美军通常管这场冬季战役叫做突出部之战（阿登战役、阿登反击战）。

自从在法国战场领教过盟军的空中威力后，希特勒就想尽一切办法避免悲剧重演。所以，他特地选择了在恶劣的天气条件下发动这次攻势。此外，他还下令策划了攻击盟军在比利时和荷兰机场上飞机的“底板行动”（这次行动最终反而把德国空军最后的老底赔上了）。根据曼陀菲尔将军战后的回忆，希特勒当时曾告诉他说：“戈林报告他有3000架战机可以投入战斗。您知道戈林这个人的，我给你扣掉1000架的水分，那么还剩下1000架给您提供空中支援，另外1000架给泽普·迪特里希。”实际上，德国空军在1944年12月总共有1900架战斗机和对地攻击机以及100架轰炸机在西线（希特勒大体上猜得没错）。可惜的是，这些飞机是无法全部且同时投入战斗的。

面对德军即将发动的攻势，美军防线上又有哪些部队呢？在法国东部、比利时和荷兰取得一系列胜利后，盟（国远征）军总司令艾森豪威尔的各集团军由于缺乏后勤补给而渐渐放慢了进攻速度。从1944年9月底到10月，盟军一直忙于在各地建立成千上万的弹药库、油料站和其他战略物资储备所，改善道路系统，重建桥梁以及补充装备和兵员。这些工作齐备后，艾森豪威尔立刻下令英军的第21集团军群和美军第12集团军群向莱茵河推进。事实证明，这一行动不是想象中的那么轻松。随着盟军越来越逼近德国本土，德军的士气反而高涨起来，战斗力也愈来愈强。蒙哥马利的英加部队直到12月4日都没有肃清马斯河的德军，美国第9集团军也没能按时抵达鲁尔河（Roer），而美国第1集团军更是在亚琛（Aachen）以南陷入了第一次世界大战时的阵地战。巴顿的第3集团军也是花费了两周时间和巨大的伤亡代价才夺取了梅斯。

霍奇斯的美国第1集团军下属几个师在亚琛

德国人在阿登地区发动的这次西线最大规模的反击战，没能在战略上取得任何战果。

以南的许特根（Hurtgen）森林被切得粉碎。其中两个损失最惨重的——第4和第28步兵师被派往平静的阿登南部以及卢森堡地区休整，接替他们的是还没有任何实战经验的第99和第106步兵师，这4个师全部挡在了德军的攻击道路上。霍奇斯中将手中唯一的预备队就是同样未经战火考验的第9装甲师。对盟军最高统帅部来说，当时唯一的战略预备队就是驻防在法国东北部兰斯市的第18空降军，该军包括了精锐的第82和第101空降师。为什么美军对阿登地区的防御如此不上心？主要是因为大部分盟军高层都相信德国再也没有实力发动大规模的战略反攻，即使可以，也不会选择森林浓密、溪流湍急、山谷陡峭的阿登山区。然而，德国人偏偏就这么做了。

1944年12月16日凌晨5点35分，在对当面兵力薄弱的美军防线实施猛烈炮击后，士气高昂的德军发起了攻击。实际上，在攻击当天投入战斗的只有伞兵师和国民掷弹兵师的部队，警卫旗队师和希特勒青年团师各自的装甲战斗群由于油料短缺和交通拥堵问题仍滞留在德国本土。12月17日，警卫旗队师终于取得了少许进展。中午12点45分，SS第1装甲团团长派普指挥的装甲战斗群前锋抵达了马尔默迪（Malmedy）—圣维特一线。晚上7点15分，派普战斗群抵达斯塔沃洛（Stavelot）附近，第二天就可以渡过马斯河。警卫旗队师的另一个战斗群——汉森（Hansen）战斗群也于17日天黑前抵达斯塔沃洛东南面的里赫特（Recht）。

由于SS第1装甲军没能在北翼马尔默迪取得决定性突破，第6装甲集团军指挥部打算在警卫旗队师的南翼投入SS第2装甲军来打破这一僵局。11月17日夜里，霍亨施陶芬师离开集结地，穿过曼德菲尔德（Manderfeld）前往尚堡（Schonberg）的SS第1装甲军战区，该师的任务就是接替在里赫特等待他们的汉森战斗群，然后在SS第1装甲军的左翼推进。这个看似简单的任务，实际执行起来相当困难，仅有的几条道路早已被冲锋在前的友军占满了，余下的泥泞乡间小道根本无法通过装甲车辆，即使是掷弹兵也只能艰难跋涉。

派普战斗群的指挥官约阿希姆·派普。

汉森战斗群的指挥官马克思·汉森。

帝国师的任务则是进入霍亨施陶芬师之前的集结地集结，然后等待第5装甲集团军夺取圣维特之后（为帝国师腾出展开的空间），再赶到霍亨施陶芬师左翼与其并肩发起进攻，如此一来，3个党卫军装甲师就可以在20公里宽的战线上向马斯河发起平行冲击。12月17日，帝国师抵达布兰肯海姆（Blankenheim）西南的集结地。由于盟国空军对德国境内铁路线的严重破坏，配送给该师的油料都必须从120公里外的科隆送来，可以想象为什么帝国师这么缺油了。

在最初两天的攻势中，第5装甲集团军下属的装甲教导师没能从东边拿下小镇巴斯托涅（Bastogne），最后只得从北方绕了过去（美军第101空降师驰援了该镇），这无异于在自己身后放了一颗定时炸弹，而曼陀菲尔的另一个军——第66军（第18、第62国民掷弹兵师）也没能拿下至关重要的圣维特镇，结果导致预定

德国第6装甲集团军参谋长弗里茨·克雷默。这张照片摄于1944年诺曼底战役期间，克雷默时任SS第1装甲军参谋长。

给帝国师展开的道路无法打开。因此，第6装甲集团军参谋长弗里茨·克雷默（Fritz Kraemer）只能下令帝国师从更南边的地方绕过圣维特以东的第66军战区向前推进。

就这样，帝国师度过了无所事事的48小时。经过诺曼底地区的血战，帝国师无论是装备还是人员都遭到了极其惨重的损失。许多优秀的人才，包括克里斯蒂安·蒂克森、海因茨·马赫尔、阿道夫·派歇尔等都在这场血腥的战斗中阵亡或负伤。尽管得到了最大限度的补充（作战人员达到了满编的90%），随着这些老兵的阵亡和负伤，帝国师同其他德军装甲师一样，再难恢复到当年夏天时的巅峰状态了。

仅有2～3个月时间休整的帝国师11月才接收到运抵的新装备。SS第2装甲团1营接收了58辆豹式坦克G型。这批坦克在出厂时也不再有防磁涂层。SS第2装甲团2营也因为坦克数量不足，进行了混编。7连和8连装备IV号坦克J型（每连14辆，共28辆）；5连和6连则装备III号突击炮G型（每连14辆，共28辆）。SS第2装甲团团部、两个装甲营的营部在这段时间的信息均不详。唯一有照片证实的就是团长座车“99”号。1944年12月时，SS第2装甲团又补充了6辆IV号坦克。这批坦克很可能补充到了团部或者营部。

1944年9月，根据指令，帝国师正式取消了SS第2突击炮营的编制，转变为SS第2坦克歼击营。1944年11月，该营接收了20辆IV号坦克歼击车/70（V）型。主要装备给了1连和2连。由于在诺曼底战役中损失了所有的自行火炮，因此SS第2装甲炮兵团在阿登战役期间仅有牵引式火炮可用。

另外值得一提的就是SS第2装甲侦察营装备了新式的Sd.Kfz.234重型轮式装甲车。其中15辆是搭载20毫米KwK30炮的Sd.Kfz.234/1轮式装甲车，3辆是装备75毫米L/24短管炮的Sd.Kfz.234/3轮式装甲车。

当然，装备和兵员的不足并不是帝国师面临的最大问题，除了盟国空军带来的麻烦外，油料的短缺已经成了全师乃至整个德军最大的困扰。对此，拉默丁的师部早在12月16日第6装甲集团军分配油料时，就已经预见到这些对于完成任务是远远不够的。

帝国师的团、营级军官事先基本都得到了油料短缺的消息。以SS第2装甲团团长鲁道

由于阿登地区地形复杂以及油料短缺，大部分德军只能徒步或者骑自行车前进。许多德军装甲师，包括帝国师一部在内，都成了“自行车师”。

夫·恩泽林为例，他就要求新来的副官重点留意油料问题。刚刚获得金质十字勋章的高级突击中队长（上尉）约阿希姆·施洛马卡（Joachim Schlomka）回忆道："从阿登攻势一开始，我作为（鲁道夫·恩泽林）副官的任务就是紧紧盯着团里那少得可怜的汽油。"施洛马卡同时还强调缺油的问题随着盟军飞机的日渐骚扰而变得更加严重。尽管如此，师属各部还是陆陆续续地从集结地开赴战场。例如SS第2装甲团2连首先通过铁路运输于12月20日抵达普吕姆（Prum）。次日，该连在穿过达莱登（Daleiden）后抵达海讷沙伊德（Heinerscheid）。2连连长阿尔弗雷德·哈格斯海默回忆道："由于汽油短缺，我们的装甲车辆都是能拖着走就拖着走。面对敌军的空中优势，部队只能夜间行军且实行灯火管制，所以经常发生事故。"其中一次，一辆坦克把后勤车队的一辆汽车轧得粉碎，造成2人死亡。该连随后在达斯堡（Dasburg）越过了卢森堡边境。

SS第2装甲团团长恩泽林的副官约阿希姆·施洛马卡。

SS第2装甲团团长鲁道夫·恩泽林。

12月20日，SS第3"德意志"装甲掷弹兵团1营1连1排排长埃里希·黑勒（Erich Heller）在抵达德国和卢森堡边境的卡尔斯豪森（Karlshausen）小镇后，车辆的所有油料都用完了。黑勒回忆道："凌晨2点左右，一辆补给车载着满满的汽油开来了，于是所有的车辆都把这些汽油平均分配掉，但人员运输车就只能得到一半的份额。在雾蒙蒙的早晨我们行军得还算顺利，中午抵达了卢森堡克莱沃（Clervaux）背后的一个村子。在那里我们逗留了数个小时。幸运的是，我和士官们在一个卢森堡家庭喝上了热汤。当地人很友善，我们也避免谈论任何政治问题，屋子的女主人还为我们做了一顿丰盛的晚餐。夜里，我们就动身前往了另一个村子。"

除了燃料问题，车辆的机械故障也阻碍了帝国师的前进速度。这当中最主要的原因就是发动机过度劳损，尤其是那些经常拖曳无油车辆的牵引车。比如，绰号"波尔迪"的上级小队长韦伯（Weber）的豹式坦克就遇到了类似的问题，他的炮手海因茨·胡滕劳赫（Heinz Huttenrauch）回忆道："由于坦克传动系统的故障，我们不得不掉队了。"因此，他们的这辆"333"号豹式坦克在后来越落越远。还有一点值得注意的是，阿登地区无情的严寒也是阻碍行军的原因之一，同时也让那些老兵想起来俄国

SS第3"德意志"装甲掷弹兵团1营1连1排排长埃里希·黑勒排长。

SS第2装甲团3连3排"333"号的炮手海因茨·胡滕劳赫。

的冬天。当然，这种恶劣的天气也是一把双刃剑——它让德军部队举步维艰，也让盟军飞机老老实实待在了地面上。

经过11月19日—20日的两天行军，帝国师于12月21日中午抵达胡法利兹（Houffalize）以东15公里的新集结地。毫无意外的是，经过这100多公里的绕道行军，帝国师已经完全成了“不动师”。许多车辆在抵达新集结地前就已经滴干油尽，完全是依靠拖曳才走完最后几公里路程的。

此时，第6装甲集团军的右翼已经在斯图蒙（Stoumont）以西的艾尔森博恩山脊（Elsenborn）受到美军阻扰，丧失了完成任务的必要条件和足够空间。美军利用列日地区四通八达的公路系统迅速调集近两个军的援军，挡住了德国第6装甲集团军前进的步伐。SS第1装甲军的装甲矛头——派普战斗群因为缺油不但已经转入防御，而且后路还被美军切断了。汉森战斗群从瓦讷（Wanne）发起的救援行动也随后失败。

为了改善局面，帝国师于当天奉命全速转向西南方向夺取至关重要的巴拉盖德弗赖蒂尔（Baraque de Fraiture）十字路口（美军管这里叫做“帕克”的十字路口）。巴拉盖德弗赖蒂尔位于韦尔博蒙（Werbomont）—胡法利兹公路（N15公路，由北向南）与圣维特—拉罗什（La Roche）高速公路（N28公路，由东向西）的交界处，是阿登地区海拔最高、最寒冷刺骨的地方之一（海拔652米）。而这两条交错公路的重要性更是不言而喻：南北向的N15公路连接着列日和巴斯托涅；东西向的N28公路虽然道路等级较差，却是沿着乌尔特河（Ourthe）北岸行动最笔直的路线，连接着圣维特和拉罗什。十字路口以及当地的房屋位于一片空地之上，但在西和北两边有呈新月形状的繁茂森林，边缘一直延伸到路口的东南面。而在东、南两个方向则完全是一片倾斜的荒地，地势从这里逐渐下降，为路口周围的胸墙形成了一道缓冲地带。周围的道路和地形完全决定了巴拉盖德弗赖蒂尔十字路口的重要性。

巴拉盖德弗赖蒂尔十字路口，位于弗赖蒂尔小村的西南方（美军的档案照片）。

帝国师的这一机动相当于进入从维尔萨姆地区渡过萨尔姆河（Salm）的霍亨施陶芬师的左肩角战区，不但可以掩护后者的左翼，甚至可以威胁到从圣维特突出部南半部分撤退的美军退路。当天晚上，第一批油料补给抵达帝国师。拉默丁师长立刻下令SS第2装甲侦察营营长克拉格带领一个战斗群向北出发穿过维尔萨姆西南的茹比瓦尔（Joubieval），目标是封锁两条美军可以从圣维特撤退下来的主要道路中的一条。这条路从萨尔姆堡（Slamchateau）向西穿过巴拉盖德弗赖蒂尔到拉罗什。

克拉格指挥的战斗群除了SS第2装甲侦察营外，还加强有1个突击炮连和1个工兵连以及

SS第2装甲炮兵团1营（全部装备自行火炮）。11月22日天亮后，克拉格带着手下开始向北挺进。由于美军持续不断的炮击，战斗群根本无法夺取茹比瓦尔小镇，并且在半路就被迫转入防御。进退两难之际，克拉格于12月22日夜里又接到了新的命令，夺取维尔萨姆以南的萨尔姆堡（茹比瓦尔镇以东），这样就可以完全切断从圣维特突出部撤退的美军退路。11月23日天黑后，SS第2装甲侦察营3连从萨尔姆堡南面攻入该镇，与当地美军展开激烈的巷战。晚上9点，小镇中心的桥梁落入德军之手。一个小时后，克拉格战斗群彻底肃清了顽强的守军。午夜左右，克拉格与随后赶来的元首卫队旅建立了联系。

如此一来，德军终于上紧了勒在圣维特突出部南半部分美军头上的套索（圣维特于23日落入德国第5装甲集团军之手）。美军第9装甲师的B战斗群以及第424步兵团设法在克拉格战斗群切断退路的前一天逃了出去，而琼斯特遣队（Jones Task Force）和第28步兵师下属第112步兵团的两个连就没那么好的运气了。克拉格战斗群在元首卫队旅从后方追上这些美军撤退部队之前挡住了对方的去路。克拉格营长原打算在拿下萨尔姆堡后向西攻击一个十字路口的，没想到部下报告说从南边来了大批撤退的美军，因此克拉格立刻下令调头攻击试图从南边河谷公路突围的美军。入夜时分，被困的美军先头部队匆忙组织了一次攻势，但克拉格的突击炮牢牢守住了公路，导致美军根本无法展开，领头的斯图亚特轻型坦克被战斗群轻松击毁，美军没能突围成功。而在美军长达2公里的纵队尾部，从西南方向衔尾而来的元首卫队旅突然发动了进攻。德军在施放了一批照明弹后，轻松击毁了美军的轻型坦克和坦克歼击车，大部分美军连还手之力都没有。更糟糕的是，慌乱中一些美军工兵炸毁了一个涵洞，自己把自己的纵队尾巴陷了进去。在随后的战斗中，德军毫不费力地消灭了这些无法进退的后卫部队，这批美军机械化部队的车辆绝大部分被击毁，人员几乎无一幸存。但这批倒霉蛋为其他友军吸引了注意力，有一支200人的美军队伍于12月23日午夜抵达第82空降师下属第508伞兵团的阵地，幸运地逃出了德军包围圈。

此前已经提到，巴拉盖德弗赖蒂尔十字路口周围的道路以及地形决定了它的重要性。作为盟军最高统帅部的战略预备队——美军第18空降军最初试图沿德军的西北侧翼布置一条警戒线，该路口是一个重要的支撑点。由于美军第3装甲师封锁列日—巴斯托涅公路的目标没有实现，再加上第82空降师已经在这条公路以东展开（该师的进攻轴线和主要兵力都不在这个路口上），德军第5装甲集团军从12月20日发起的进攻就使得巴拉盖德弗赖蒂尔十字路口和附近两个美军师内侧陷入了恶劣的防御态势。11月19日下午，亚瑟·帕克尔（Arthur Parker）少校指挥的美军第589野战炮兵营的3门105毫米榴弹炮以及该营剩下的100多名士兵抵达了路口（这就是美军管巴拉盖德弗赖蒂尔叫做“帕克的十字路口”的原因），该营的其余部队不是在施内艾弗尔（Schnee Eifel）附近被包围，就是在

德军元首卫队旅的旅长奥托·雷默上校（左）与手下两名军官在一起。

从圣维特突出部撤退的过程中被德军伏击而溃散。

11月21日天亮前，第560国民掷弹兵师（第58装甲军）的一支约80人的前锋部队从胡法利兹方向朝巴拉盖德弗赖蒂尔十字路口摸了过来。这批人很快就被埋伏在附近的美军高射机枪的弹雨撕得粉碎。美军随后在阵亡和被俘的士兵中发现了一名帝国师的军官，他们这才意识到对手已经从不堪一击的国民掷弹兵师换成了党卫军的精锐部队。美军第82空降师师长詹姆斯·加文就非常关注来自这个路口侧翼的威胁，他在当天亲自赶到马奈与第3装甲师师长莫里斯·罗斯（Maurice Rose）商议，后者向加文保证第3装甲师将继续保护第82空降师西翼的安全。11月22日，加文师长在亲自侦察了该地区后，下令师属的第325机降步兵团F连增援这个十字路口。此外，增援到该路口守军之中的还有来自第3装甲师的一个反坦克排——第643坦克歼击营A连3排，装备4门反坦克炮（牵引）。

当克拉格战斗群与元首卫队旅携手消灭从圣维特突出部撤退的美军残部时，帝国师终于等到了新的一批油料。维丁格立刻带领SS第4"元首"装甲掷弹兵团和SS第2装甲炮兵团的1个炮兵营以及部分SS第2装甲团2营的坦克向巴拉盖德弗赖蒂尔十字路口进发。11月22日傍晚至深夜，SS第4"元首"装甲掷弹兵团2营和3营抵达巴拉盖德弗赖蒂尔西南3公里的新集结地，而1营直到次日下午也没能追上大部队，无法参加这次进攻。由于缺乏车辆和油料，1营的官兵大部分徒步或骑着自行车在厚厚的积雪中行进，营里的大部分车辆也是被拖曳着前进。

深夜，维丁格的部下接替了监视巴拉盖德

巴拉盖德弗赖蒂尔十字路口的俯拍照。从照片上看，上方的道路通往维尔萨姆，右侧通向胡法利兹和巴斯托涅，向左是马奈，向下则通向拉罗什。在马奈和维尔萨姆中间的那条小路通往弗赖蒂尔村。

弗赖蒂尔十字路口的第560国民掷弹兵师的部队，穿过森林在路口西面和北面建立了一道警戒线。经过侦察，维丁格团长制订了次日的进攻计划：2营以及团属第13连、第14连一部沿着公路两侧直扑十字路口，3营则从西面向路口发起进攻。配属给该团的炮兵营将在进攻前实施猛烈的炮火准备，同时把炮火向十字路口的西方方向延伸，阻止美军增援。进攻时间被定在了凌晨3点。

12月23日黎明前，德军的迫击炮和火炮加强了对十字路口的炮击。随后，SS第4“元首”装甲掷弹兵团2营首先发起了突击，掷弹兵们很快突破了美军那个反坦克排的阵地。这个反坦克排就孤零零地蹲在美军主防线的前方，没有得到任何步兵的支援。美军总共损失了18个人和2门反坦克炮，丢失了部分阵地。美军第3装甲师A战斗群的理查森特遣队（Richardson Task Force）立刻出动坦克配合第509伞兵团C连又将突入的德军赶了回去。攻击受挫后，维丁格只能暂时撤退等待支援。上午过半的时候，SS第2装甲团7连和8连（装备Ⅳ号坦克）赶到了巴拉盖德弗赖蒂尔十字路口，听从维丁格调遣。与此同时，美军的理查森特遣队也派出更多的坦克和步兵加强到了十字路口的防御之中。

下午3点，SS第4“元首”装甲掷弹兵团2营和3营在坦克和突击炮的支援下，沿公路两侧从西面和东南面向十字路口发起了全面猛攻。到了傍晚6点，维丁格在损失了4辆Ⅳ号坦克后，终于拿下了这个关键的十字路口。事后维丁格宣称总共击毁和缴获了17辆坦克（其中包括8辆谢尔曼坦克）、4辆装甲车、33辆半履带车以及其他各种战斗车辆。虽然这个数字有点水分，但不容置疑的是，美军仅有2辆谢尔曼坦克和44名F连（原先为116人）的步兵在这场恶战中活了下来。美军总共损失了300多人，被俘约100人。

SS 第 4 “元首” 装甲掷弹兵团团长奥托·维丁格。

拿下巴拉盖德弗赖蒂尔十字路口后，帝国师可以从这里极快地向美军纵深发展，从而将美军第3装甲师和第82空降师分割开来。通往列日方向的下一个路口就是马奈，距离巴拉盖德弗赖蒂尔以北约6.5公里。为了扩大战果，维丁格团长命令手下穿过西北茂密的森林，希望能够在天黑前抵达马奈和巴拉盖德弗赖蒂尔之间的奥代涅（Odeigne）和马朗普雷（Malempre）。可惜的是，美军第3装甲师的另一支特遣队——布鲁斯特特遣队（Brewster Task Force）在巴拉盖德弗赖蒂尔西北约3公里的森林边缘挡住了他们的去路，这批美军部队包括1个伞兵连、1个装甲步兵排和1个坦克排，1个坦克歼击车排以及从南面过来的掉队坦克和士兵。虽然整个晚上维丁格的掷弹兵都试图从这里突破到曼海，但均未能成功。根据3营营长海因茨·维尔纳的报告，该营伤亡惨重，其中还包括第11连的连长罗森斯托克（Rosenstock）。

SS第3“德意志”装甲掷弹兵团这段时间在做什么呢？12月22日，此前我们提到的1营1连的黑勒排长再次被油料问题困扰。等了整整一个白天，可以保证他抵达比利时边境的汽油于晚上送达。黑勒在他23日的日记中写道：“上午，我们终于在比利时边境再次领到了汽油，人员运输车和补给车在加满油后立刻向前出发。下午，我们就穿过胡法利兹出现在了巴拉盖德弗赖蒂尔附近预定集结地的西面。”12月23日当天，SS第3“德意志”装甲掷弹兵团的3个掷弹兵连以及团属工兵连赶到了巴拉盖德弗赖蒂尔附近，同时在其南面3公里的地方集结。

十字路口之战

夺取巴拉盖德弗赖蒂尔的战略要冲后，比特里希军长立刻下令SS第2装甲军继续向西北方向推进：帝国师以最快速度渡过萨尔姆河，然后穿过埃尔泽（Erezee）和迪尔比伊（Durbuy）抵达那慕尔和于伊（Huy）之间的马斯河；霍亨施陶芬师也将在渡过萨尔姆河后沿着利尔纳（Lierneux）—马奈—博马勒的轴心前进。

12月24日对李奇微少将的第18空降军来说，最大的问题就是在马奈周围暴露的右翼。这里不但是第18空降军与第7军的交界处，而且从曼海这里笔直向北仅仅50公里就可以抵达列日。在东边，第82空降师正固守在从特鲁瓦蓬（Trois-Ponts）向南沿着萨尔姆河到萨尔姆堡，再向西到雷涅（Regne）的扇形防线上。这对一个只有4个伞兵团的空降师来说，任务实在太重了。美军第3装甲师（缺B战斗群）和2个伞兵营则在胡法利兹—韦尔博蒙的N15公路以西据守。早在12月22日第82空降师师长加文访问第3装甲师师部的时候，后者就表示该师没有足够的实力守住马奈十字路口。

面对SS第2装甲军的威胁，李奇微开始着手改善自己的防御态势。由于对第3装甲师没有直接指挥权，因此他下令第7装甲师立刻抽调一支部队填补马奈结合部的缺口。上午9点，该师的A战斗群下属3支特遣队开始在马奈地区展开。经过圣维特突出部之战，第7装甲师A战斗群的第40坦克营、第48装甲步兵营以及第814坦克歼击营早已不复之前的实力。每个特遣队除了配备有一个虚弱的步兵连外，只得到了很少的坦克和坦克歼击车的增援。在马奈东南方马朗普雷小镇设防的特遣队得到了10辆谢尔曼坦克、5辆斯图亚特坦克以及4辆坦克歼击车和1个装甲工兵单位的增援。另一支在马奈以南2公里的N15公路东面负责监视马朗普雷以及公路南面的特遣队配备了9辆谢尔曼坦克，最后一支在更南面2公里（马朗普雷和奥代涅之间）十字路口设防的特遣队配备了7辆谢尔曼坦克和2辆坦克歼击车，其位置恰好在第3装甲师的布鲁斯特特遣队背后。剩下的2辆坦克歼击车则在马奈小镇内担任预备队。

美军第18空降军的军长马修·李奇微。照片中他仍佩戴着第82空降师的臂章。

本来在马朗普雷附近还有美军第9装甲师B战斗群的一个装甲步兵营，但他们在下午的时候就撤往马斯河上的阿穆瓦尔（Hamoir），担任李奇微少将的第18空降军预备队去了。第3装甲师的凯恩特遣队（Kane Task Force）则在马奈以西的格朗默尼勒（Grandmenil）小村南面建立了防线。这里值得一提的是，几乎所有美军都意识到了德军极度缺油这一问题。12月24日当天，美军第7装甲师就曾下令严禁丢弃或者交出任何补给，特别是汽油。必须最大可能地保护（汽油）或者销毁他们。

12月24日清晨，帝国师师长拉默丁已经很清楚地知道美军已经封锁了N15公路并且在马奈建立了防御。无论如何，拉默丁仍希望能够从西面绕过他们。因此，他下令SS第3"德意志"装甲掷弹兵团在奥代涅建立防御，掩护全师左翼的安全。师属工兵部队则全力从巴拉盖德弗赖蒂尔和奥代涅之间森林中开辟出一条道路，使其可以通过装甲车辆。与此同时，SS第4"元首"装甲掷弹兵团奉命肃清马朗普雷以南树林的残敌并且守住该地。这样一来可以保证预定进攻路线的右翼安全。实际上，拉默丁计划通过两条平行的道路向埃尔泽发起进攻。一条经弗雷纳（Freineux）、拉莫尔梅尼勒（Lamormenil）、阿莫尼斯（Amonines）抵达埃尔泽，另一条则穿过奥斯特尔（Oster）和格朗默尼勒抵达埃尔泽。

美军的凯恩特遣队曾经于12月21日在奥代涅部署了一个路障，兵力包括5辆轻型坦克和1个步兵排，而原本在那的谢尔曼坦克则在12月22日的时候撤退了。12月23日晚些时候，SS第3“德意志”装甲掷弹兵团从奥代涅东南的树林发起了进攻。威斯利塞尼团长后来描述了这场进攻：“这次进攻并没有过多的炮火支援，我们只有轻微伤亡便拿下了奥代涅。”奥代涅失守后，美军（凯恩特遣队）的左翼已经彻底暴露在了帝国师面前。

SS第2装甲团7连连长霍尔斯特·格雷西阿克，帝国师装甲部队的元老，从1942年组建装甲营时期就在2连服役了。

SS第2装甲团7连连长霍尔斯特·格雷西阿克在上午的战斗中负伤，这位连长因为在拉盖德弗赖蒂尔十字路口之战中的优异表现刚刚获得了骑士铁十字勋章。在SS第4“元首”装甲掷弹兵团战线上，由于夜间骤降的霜冻，野外露宿的1营和2营产生了3%～5%的伤亡。

12月23日整天，帝国师的部队都在不断地向巴拉盖德弗赖蒂尔以西和以南的集结地集结。哈格斯海默和他的2连于下午2点抵达预定集结地，他回忆道：“当我到达了以后，就立刻赶到了团部。在那里，团长恩泽林领我坐上他的半履带车去了巴拉盖德弗赖蒂尔十字路口，并且目睹了格雷西阿克的进攻。”

美军凯恩特遣队的指挥官马休·凯恩中校。

SS第2装甲团的任务是负责协调接下来的进攻，于是该团1营各连随后从集结地向北出发前往奥代涅。在巴拉盖德弗赖蒂尔—拉罗什的公路上，1营的坦克在工兵的指引下向右转入了一条向北延伸的深林小路之中，虽然这条小道十分泥泞，天气也不好，但工兵们找到的这条近路还是让部队于12月23日早上抵达了奥代涅附近。不过，拉默丁师长还是决定12月24日早晨再发起进攻。

根据作战计划，SS第2装甲团1连将支援第560国民掷弹兵师的第1130国民掷弹兵团的1个营从南面的多尚（Dochamps）向北夺取拉莫尔梅尼勒。在帝国师主攻方向上，2连和3连则分别进攻弗雷纳和奥斯特尔，实际上，这一地区的地形非常不适合发动装甲攻势。这两个连的豹式坦克将在SS第3“德意志”装甲掷弹兵团1连的伴随下驶出奥代涅向北前往奥斯特尔。在埃纳河（Aisne）的桥上，2连的坦克就会离开奥代涅—奥斯特尔公路，过桥向南进攻弗雷纳。一旦成功，就继续进攻拉莫尔梅尼勒和更北边的拉福斯（La Fosse）。与此同时，3连的豹式坦克则继续向北拿下奥斯特尔。完成这些之后，帝国师的目标将会是格朗默尼勒和埃尔泽。

自盟军诺曼底登陆以来，SS第2装甲团乃至1营的管理层都发生了很大的变化。恩泽林之前曾是SS第2装甲团1营营长，在团长克里斯蒂

SS第2装甲团1营营长威廉·马茨克。

安·蒂克森于1944年6月28日战死后，他就从代理团长最后成为了正式团长。这位新团长非常受部下欢迎，一位军官形容他为"一个冲动的和健谈的南方人"，另一个则说他是"一个很爱笑也很关爱属下的长官，他是绝对的好战士和好领导"。由于恩泽林当了团长，因此，威廉·马茨克（Wilhelm Matzke）于1944年8月1日接过了1营营长一职。

此外，1营的连级军官的变动也非常大。获得过骑士铁十字勋章的上级突击中队长（中尉）卡尔·米勒克（Karl Muhleck）接替高级突击中队长（上尉）赫尔曼·迈尔成为1连连长。在2连，阿尔弗雷德·哈格斯海默连长和高级突击中队长（上尉）约阿希姆·施洛马卡互换了位置。施洛马卡成了团副官，而哈格斯海默则接替施洛马卡成为2连连长。这两名军官都是身经百战的老战士，施洛马卡自己就曾说道："很不幸我要离开自己的连队前往团部，我可能并不是一个好战士，而只是一个预备役军官而已。"在3连，28岁的东线老兵，上级突击中队长（中尉）约翰·法伊特（Johann Veith）于1944年9月接替上级突击中队长（中尉）弗兰茨·施塔德勒（Franz Stadler）成为3连连长。实际上，只有4连连长，高级突击中队长（上尉）奥尔特温·波尔（Ortwin Pohl）从1944年6月起一直当到了现在。尽管人事变动颇大，SS第2装甲团1营战斗力却丝毫没有减弱，豹式坦克也仍然是盟军最畏惧的坦克之一。

同时，SS第2装甲团1营各连之间也建立了非常牢固的战友情谊。他们中许多人自开战以来就已经认识了，所以对彼此的优缺点非常了解，并以此来相互依靠，在战斗中生存。这种关系不仅仅存在于连队之中，还存在于连队和连队之间。例如在2连担任1排长的弗里茨·朗安克（Fritz Langanke）就和3连的阿尔弗雷德·福比斯（Alfred Vobis）是非常要好的朋友，而2连连长哈格斯海默又和1连连长米勒克是在同一个党卫队军官学校（巴特特尔茨）毕业的校友。

卡尔·米勒克（左）与格雷西阿克的合影，照片摄于1942年。

同美国人一样，德军装甲兵也深谙坦克被击中后的可怕。如果坦克被击中起火，乘员们会立刻跳车逃生。如果火势可控，则尽量挽救坦克。当他们提到盟军的坦克时，一名德军士兵称赞道："其实我们很敬畏谢尔曼式坦克，特别是它在近距离开火时。当然更可怕的还是那些天上飞的轰炸机。"对SS第2装甲团4连的巴克曼来说，谢尔曼坦克"是一个危险的敌人。虽然我们正面交锋时凭借着出色的炮手和组员总能占到优势，毕竟他们都是东线的老兵，但我不会小觑对手的那份勇气"。

同时，对德军装甲兵来说，对家人的牵挂和担心也是不可避免的，不管是由于来自轰炸的危险还是由于不断萎缩的第三帝国的版图。一名士兵就回忆道："随着俄国人越打越近，我越来越担心我的家人，我已经很久没有听到他们的消息了……”

如前所述，美军第3装甲师的凯恩特遣队就守在了帝国师的进攻道路上。这支混合特遣队的指挥部设在格朗默尼勒。凯恩中校把5辆谢尔曼坦克布置在了拉福斯的主峰上；4辆谢尔曼坦克与4辆斯图亚特轻型坦克和大部分侦察连驻守在弗雷纳；另外3辆谢尔曼坦克和2辆坦克歼击车以及1个伞兵连负责守卫拉莫尔梅尼勒；最后一个步兵连于不久前安全抵达奥斯特尔小村。

2连1排排长弗里茨·朗安克。

在这次进攻中，负责打头阵的2连连长哈格斯海默有3名很好的排长：1排排长朗安克在1937年的时候就加入了党卫队特别机动部队。一开始他在“日耳曼尼亚”团服役，然后转到了师属侦察营。这个大鼻子排长在1944年8月27日被授予骑士铁十字勋章。虽然他已经拥有了东线1辆和西线18辆共19辆的战绩，但朗安克仍谦虚地认为自己并不是一个坦克王牌。2排排长是库尔特·泽格（Kurt Seeger），埃里希·莫克（Erich Mork）则是3排的排长。这位年仅28岁的3排长原本在维京师服役，后来转到了帝国师，他是一个非常足智多谋的士官，并且和朗安克是铁哥们。

埃里希·黑勒,那个之前曾在卢森堡人家里喝土豆汤的1连1排排长，被叫到了SS第3“德意志”装甲掷弹兵团1营营长海因里希·巴斯蒂安（Heinrich Bastian）的营部。黑勒在12月23日的日记中这样写道：“我被命令组建一个战斗群（小幽默），大概一个半连那么大吧。我挑了我们1连的1排，然后是两个有‘铁拳’的反坦克排，一个火箭炮和一个机枪排。晚饭后我靠在补给车旁睡觉。我喝了点威士忌，抽了根烟后就开始记录今天的事情。凌晨3点钟的时候我被叫去向连长报告，在那里我接到了新的指令。然后我叫醒了我的勤务兵要他看好我的日记本。”

2连连长哈格斯海默同他手下2名排长的合影。左边的是库尔特·泽格，右边的是埃里希·莫克，照片应该摄于阿登反击战前夕。

12月24日早晨，恩泽林团长和他的军官们对部队所要经过地域的地形在地图上进行了讨论。这种现象表明德军的仓促进军使得他们在侦察方面下的功夫并不多。他们当时的情报显示弗雷纳“只有很少的驻守部队而拉福斯才会有一些像样的抵抗”。由于缺少准确的信息，黑勒的这个小战斗群就很是头疼，“我建议派一支侦察部队在我们前面执行侦察任务，但却被拒绝了”。

不管怎么样，早上8点，豹式坦克群出发了。朗安克的1排走在了最前面，黑勒则带领着掷弹兵们搭乘在坦克上，或者步行跟随。当他们来到埃纳河的桥梁附近时，朗安克注意到桥上似乎有地雷一样的物体——侦察的缺乏在这次进攻的结果中开始显现了。为了稳妥起见，朗安克决定从桥的左边渡过河水很浅的埃纳河。虽然河床比较坚固，但河对岸却很陡峭，有一辆豹式坦克甚至差点翻了车。毋庸置疑地，这次行动既挫了自己的锐气也打乱了部署。最终，朗安克排长还是率领他的4辆豹式坦克踏上了通往弗雷纳的道路——4辆豹式坦克开始指向南面，在最右面的是朗安克的座车，在他左边稍后的是高级小队长库尔特·皮佩尔特（Kurt Pippert），再左边是高级小队长基希纳（Kirchner），最后一辆豹式则是2排排长库尔特·泽格的座车，位于基希纳的左后方。

弗雷纳原本是一个宁静的比利时小村庄，只有130人和42栋石头做的房子。大多数的房子坐落在穿过村子的马路两旁。在村子东边有一座天主教的教堂，从这座教堂的塔顶就可以俯瞰附近整个地区，这座建于1874年的传统教堂和很多天主教堂一样，三面由高墙围成，后面还有一个墓地，教堂的入口则面向西。教堂周边的地形是这样的：从埃纳河桥上下来的路在教堂前分成了两条，一条继续向南并指向一个森林；另一条则从教堂的北面和教父的住宅绕过，走不远后又分出了两条岔路，一条向东南延伸通往多尚，另一条则向西通往拉莫尔梅尼勒。

当朗安克的4辆豹式坦克隆隆驶向弗雷纳的时候，2连连长哈格斯海默正在组织剩下的7辆坦克过河。不久之后，弗雷纳村外传来的豹式坦克巨大的轰鸣声引起了村内美军凯恩特遣队的谢尔曼坦克的注意。隐蔽在教堂石墙边的一辆谢尔曼坦克从侧面击中了皮佩尔特的座车，皮佩尔特和他的乘员们不得不跳车逃生。紧接着，库尔特·泽格的坦克也被击中。当时，勇敢的朗安克是开着车长指挥塔舱盖，将半个身子露出炮塔指挥战斗的。他眼睁睁看着皮佩尔特和泽格的坦克瞬间变成了两个火球。虽然泽格的豹式坦克只是被击中了车体前部，但根据泽格的炮手弗里茨·诺尔特（Fritz Nolte）回忆："我们的坦克被击中了车体下部（首下），由于要爬上那个斜坡，我们暴露了自己的弱点。"

泽格的炮手弗里茨·诺尔特。

很快，基希纳的坦克也被击中了，但没有被毁，基希纳立即乘着炮火产生的烟雾撤退。如此一来，战场上就只剩下朗安克一辆豹式坦克了，但顽强的他想都没想过撤退，而是继续向前推进并且不断地开火。当时，站在炮塔上的朗安克注意到美军的一辆坦克就停在他左前方的一个树桩边上，于是他马上向炮手下达了射击指令。豹式坦克一发就击中了这些谢尔曼坦克的炮塔，迫使其乘员弃车逃生。得手后，朗安克又朝另外一辆谢尔曼坦克开火，但连续两发都打在了谢尔曼坦克附近的房子前沿上，砖砾和瓦灰四处飞溅。那辆谢尔曼坦克也还了二三炮，同样也没击中朗安克。

值得一提的是，战况打到这个时候，朗安克其实一直都是站在炮塔上指挥战斗的，不得不佩服他的勇气。然而，他也看到了令人绝望的一幕："这辆他没打中的美军坦克突然向远处3连的豹式坦克后部射击，因为在作战计划中，3连要继续沿着奥斯特尔—奥代涅公路向北进发，从而便暴露了自己的侧后翼。"一发炮弹直接打入了阿尔弗雷德·福比斯（Alfred Vobis）的车内，导致豹式坦克当场起火。福比斯和他的另外两名乘员当即阵亡，剩下的两名乘员弃车逃脱，但身负重伤。

就在这个时候，朗安克厚实的前装甲也突然挨了一炮。炮弹是从右前方的树丛中射来的，经验丰富的朗安克立刻判断这是一门美军的反坦克炮，距离100～200米，“从射击频率来看应该有两门，而且显然他们的射角被限制住了，只能射击我们的车体前部”。为了碰碰运气，朗安克命令炮手把炮塔转到反坦克炮的方向，但当时阳光照射到雪面上的反光导致他们很难确认目标。此时，这两门反坦克炮已经给豹式坦克至少“挠”了10次“痒”，全部是跳弹。其中只有一发打在了炮座上，炸开的弹片飞到了朗安克所在的车长指挥塔边缘，朗安克立刻本能地缩回了车内。幸运的是，他只是头昏眼花了一阵子而已，但对这位勇敢的老兵来说已经够意思了。加上盟军战斗轰炸机的不断袭扰，朗安克最终还是决定倒车撤退。这辆1排的指挥车很快退到了通向埃纳河桥梁路旁的一个松树荫处，先前退下来的基希纳的豹式坦克已经在那“蹲”了好一会了。

在2连首轮进攻结束后，哈格斯海默也带着他的7辆豹式坦克通过了埃纳河的桥梁。在哈格斯海默座车内的炮手是汉斯·许尔滕（Hans Schulten），营里的军官都把他形容为“连队里最厉害的炮手之一，他虽然其貌不扬，但总能在关键时刻保持冷静”。接近弗雷纳村的时候，领头的哈格斯海默注意到了一辆美军坦克，他马上向许尔滕下达了射击命令，然后美军坦克就被击中了——“虽然它没有起火燃烧”。但另一辆位置不错的美军坦克也向哈格斯海默连开数炮，导致豹式坦克的主炮瘫痪，装填手也受了伤，哈格斯海默不得不被迫下令撤退。

在2连另外6辆豹式坦克撤退的时候，损失还在继续增加。下级小队长舍佩（Schoppe）的坦克被击中，另外一辆则无法动弹。哈格斯海默回忆道：“我们的进攻夭折了以后，我们不得不退到了出发的位置，每一辆辆坦克都在找合适的隐蔽地点。而我则跳出自己受了伤的坦克前往附近的团部作简报，然后等待下一步的命令。但与此同时，我还要时常检查连里坦克的位置是否得当。”

此时，美军的战斗轰炸机也开始不断轰炸德军的占领区域。其中主要目标就锁定了法伊特的3连，该连已经在前往奥斯特尔路上的树林

唯一一辆遗弃在弗雷纳以北的库尔特·泽格的座车，应该是“211”号豹式坦克G型。

区域了。德军37毫米高射炮的射击声一个下午都没有停歇过。

在西面，德军对拉莫尔梅尼勒的进攻也于早上8点左右开始了。第560国民掷弹兵师抽调了第1130国民掷弹兵团的一个营和一个突击炮排组建了哈皮希（Happich）战斗群。这个大约400人的战斗群得到了米勒克的1连豹式坦克的支援。当德军的步兵从西面逼近路障时，1连的部分豹式坦克转向南面径直驶向了拉莫尔梅尼勒。但他们很快就遭到了村内仅有的2辆谢尔曼坦克的顽强抵抗。战斗的结果是美军大获全胜，两辆豹式被击毁。在拉莫尔梅尼勒北面的路障处，哈皮希战斗群的掷弹兵遭到了美军猛烈抵抗。在1个美军侦察排加入战场后，德军不得不狼狈地退了回去。

在东北边的奥斯特尔，SS第3"德意志"装甲掷弹兵团一部也与美军的凯恩特遣队一个步兵连发生交火。回到弗雷纳这边，黑勒排长一直坐在朗安克的炮塔后面，但他在美军炮击后就飞快地跳下了车。黑勒随后发现不远处和豹式坦克平行的地方有一道沟渠可以为他们提供掩护。当黑勒和他的手下跳进沟渠的时候，头顶上刚好有战斗轰炸机飞过，不过他们的目标是后方的奥代涅—奥斯特尔公路。这时候，这个被大家定性为冲动型的军官（黑勒）做了一个不太冲动的决定。"我检查了我的'战斗群'没有伤亡后，命令他们爬到南边一点的沟渠以接近弗雷纳村内的街道。在开阔地展开突击是不现实的，我们必须得占领道路两旁的房子以提供足够的保护。"在2连的豹式坦克相继被击毁的时候，黑勒和他的小战斗群花了大概一个小时才接近村子的边缘。在冒险展开突击之前，黑勒还派了一个传令兵向连里要求炮火支援以及发动新的坦克攻势。"半个小时之后传令兵带着1连连长格罗曼（Grohmann）的指示回来了：没有炮火支援，只有一个排可用，没有坦克。用手头上的部队占领村子。"

作为军人，黑勒还是服从了命令。他派

据守在弗雷纳小村的美军谢尔曼坦克。

出三分之二的部队在道路左边，三分之一的部队在右边，匍匐着向前推进，重机枪小组和反坦克小组在后面提供火力掩护，他们成功地占领了第一间房子。在这栋房子里巩固了部署以后，黑勒的手下继续前进，但马上遭到了一辆谢尔曼坦克的机枪扫射，数名掷弹兵阵亡，而且几个反坦克小组也完蛋了。随后双方一直在村子激烈地交火，虽然黑勒的战斗群一直被压着打，但他们十分顽强地守着弗雷纳小村的东边，以至于连村内的美军指挥官罗伯特·考夫林（Robert Coughlin）少校都开始考虑是否还能守住这个村子。最终，考夫林通过无线电叫来了第82空降师的伞兵增援。

第82空降师的伞兵很快就冲过了几百米的开阔地并且无一伤亡，接着又立刻占领了一座非常重要的房屋。在房子里支撑了大概1个小时后，黑勒战斗群的伤亡在不断攀升，当黑勒注意到村子南边还有美军坦克时，他终于明白这次进攻没什么希望了。谨慎地决定撤退后，黑勒命令伤兵在掩护下率先撤离。最后，包括黑勒在内，只剩下3个人了。由于手头上还有反坦克武器，黑勒注意到100多米远的地方有1辆美军斯图亚特坦克和1门76毫米反坦克炮。他决定在走之前做最后一搏，剩下的两名掷弹兵从房子的窗户里发射了火箭弹。

但这辆斯图亚特坦克被击毁后，黑勒和他的2个手下又开始射击那门反坦克炮，然后再准备一个一个地撤退。这时候，那门反坦克炮也开火了，一道闪光之后，等黑勒恢复意识的时候发现自己已经被压在碎石之中，屋子也着火了。有趣的是，黑勒就是被那门反坦克炮其中一个炮手（实际上他是考夫林少校的司机，因为当时那门反坦克炮的炮手并不在炮位上）和另外两名美军士兵救了出来。这个司机兼炮手还用德语同黑勒交谈了一会。就这样，黑勒被美军俘虏了。

当黑勒的手下退出弗雷纳村后，法伊特和哈格斯海默的豹式坦克就再没有什么空中威胁时，隔三差五地朝村内打上几发炮弹，聊作骚扰之用。而此前撤到埃纳河桥梁附近的朗安克的豹式坦克西北方向（即拉福斯方向）900多米的地方有一座小山。这时天气开始变坏并下起了雪，雾蒙蒙的天气使得能见度更低了。朗安克在撤进了一片松树林后，抓紧时间和他的乘员们抢修坦克。当天早上从弗雷纳撤出来的时候，朗安克观察到皮佩尔特所放弃的坦克其实并没有完全损坏，但作为一个公正的排长，朗安克在松树林里碰到皮佩尔特和他的车组时，并没有指责他的弃车行为。

在下午能见度更低的时候，3连连长法伊特也把坦克开进了这片松树林里，他是从奥代涅—奥斯特尔公路赶来这里的，为的就是告诉后者福比斯阵亡的消息。就在他们聊得正欢的时候，朗安克竟然发现900米外的那个小山坡上驶来了5辆美军谢尔曼坦克。但法伊特因为坦克发动机太吵的缘故并没有听见前者的大声示警，为了第一时间把握战机，顾不上详细解释的朗安克下令炮手马上向美军的第一辆坦克射击，随着一声沉闷的炮响，法伊特的军帽直接被炮口产生的风暴吹飞了，差得把他吓死。朗安克第一发就打中了领头“谢尔曼”的炮管，第二发打中了发动机，第三发打中了正面车体首下，直接让它变成了打火机。就这样，4辆“谢尔曼”被朗安克的豹式坦克瞬间击毁，只有最后一辆及时倒车，逃了回去，那些弃车躲进山沟里的美军坦克兵到最后也不知道炮弹到底是从哪里来的。这些美军坦克来自早前从拉福斯方向撤退的第14坦克营C连3排。

到了这个时候，帝国师白天的进攻算是告一段落了，SS第2装甲团的3个连各自都损失了

2辆豹式坦克，其中2连还有2辆被击伤，第560国民掷弹兵师的那个营损失了大约100人。1连连长米勒克也在战斗中负了重伤，随后不治而亡。凯恩特遣队在弗雷纳总共损失了1辆“谢尔曼”、1辆“斯图亚特”和1辆坦克歼击车。在拉莫尔梅尼勒损失了2辆谢尔曼坦克、2辆坦克歼击车、1辆装甲车以及3辆半履带车。

按照比特里希军长的计划，霍亨施陶芬师应该在帝国师发动进攻的同时出现在（该师的）右翼朝马奈方向推进的。不幸的是，前者由于种种原因并没有在当天出现。因此，帝国师独自保卫自己西北方向的侧翼。对拉默丁师长来说，这意味着帝国师在向西继续进攻拉莫尔梅尼勒之前，首先必须拿下N15公路两侧的马朗普雷、马奈以及其东北方的沃沙瓦讷（Vaux-Chavanne），而夺取这些小村的任务本该是由霍亨施陶芬师来完成的。

于是，拿下马奈这个关键路口就成了帝国师的当务之急。当天，德军第58装甲军军长瓦尔特·克吕格尔（与帝国师的前任师长克吕格尔同名，但不是一个人）访问了帝国师。由于帝国师一直在第58装甲军战区作战，因此克吕格尔认为自己完全有资格指挥帝国师的一切行动。从早上起就担任预备队的SS第2装甲团4连将从奥代涅出发，作为进攻的前锋。SS第4“元首”装甲掷弹兵团3营的掷弹兵则乘坐着半履带车为豹式坦克提供近距离步兵支援。维丁格剩下的两个营则在SS第2装甲团7连和8连的支援下沿着N15公路的右侧推进，夺取马朗普雷和沃沙瓦夏两个小镇。不过，最终成行的只有2营以及团直属的4个连（步兵炮连、高炮连、侦察连、工兵连）。此外，克吕格尔还下令把哈格斯海默的2连撤回奥代涅，准备支援4连的进攻。此时2连可用的坦克只剩下7辆了。如果计划成功的话，德军将可以转向西南夺取格朗默尼勒和埃尔泽。一开始，克吕格尔军长想在白天就发起进攻，但在奥代涅和SS第2装甲团团长恩泽林会面后，进攻计划还是谨慎地被延迟到了22时（盟军时间为21时，时差1个小时）。因为夜间作战可以最大限度地减少盟国空军带来的损失。与此同时，法伊特的3连奉命在掷弹兵的支援下坚守奥代涅—奥斯特尔公路。也就是说，德军原来打算同时通过拉莫尔梅尼勒到拉福斯和从奥代涅到奥斯特尔最后拿下格朗默尼勒的进攻计划已经被放弃了。此外，先期赶到的霍亨施陶芬师的SS第9装甲侦察营将在这次进攻中掩护左翼的安全，该营的营部就设在了奥代涅。

SS第2装甲团3连连长约翰·法伊特。

美军方面，第7装甲师A战斗群的主力刚刚根据第18空降军军长李奇微少将的命令在马奈一线展开，就在傍晚6点接到了撤退的命令。除了A战斗群外，第9装甲师的B战斗群以及第3装甲师的布鲁斯特特遣队都计划于23时30分开始撤退，其中大多数部队和布鲁斯特特遣队将穿过马奈。而下达这道撤退命令的正是英军元帅蒙哥马利，因为他发现美军在乌尔特河和萨尔姆河之间战线拉得过长，到处都是漏洞。他的这道命令得到了盟军总司令艾森豪威尔的许可，后者也希望能够通过放弃一些不重要的阵地以便为接下来的反攻积蓄力量。经过蒙哥马利的这一“整理”，第18空降军不得不开始收缩在特鲁瓦蓬以西和以南的防线。同样的，柯林斯少将的第7军也必须缩短其左翼防线（第3装甲师）以保持同第18空降军的一致。于是，第82空降师的各团开始从特鲁瓦蓬沿西南方向的轴线穿过布拉（Bra）向沃沙瓦讷撤退。德怀特·罗斯鲍姆（Dwight Rosebaum）上校的第7装甲师A战斗群也开始陆续退向马奈以北的低矮丘陵地区。此外，美军第75步兵师的1个团也在24日的晚些时候抵达了A战斗群新防线的西面，他们的任务是封锁从格朗默尼勒西北和西面分别通往埃尔泽和莫尔蒙（Mormont）的道路。为了保密，罗斯鲍姆上校没有通过无线电，而是命令他的情报官亲自前往手下3个特遣队的驻地，挨个通知撤退的命令。就在这个时候，帝国师的进攻开始了。

圣诞前夜是一个明亮的月夜，地面上的积雪只有几厘米厚，这给进攻的德军带来了极大的方便。就在德军开始进攻的时候，美军第7装甲师A战斗群的高级指挥官刚好从电台里收到了前往马奈报到，跟随大部队向北撤退的命令，然而他们已经来不及执行了。帝国师的进攻部队已经与驻守在奥代涅北部一个路障后的美军第40坦克营的1个连和第48装甲步兵营的1个连发生了接触。在路障南面的美军前沿哨所显然发现了这支神秘的纵队，但领头坦克喷出的显然是谢尔曼坦克的蓝色废气，因此哨兵们认为这一定是第3装甲师的某支分队。就在这个时候，德军的“铁拳”突然从附近的树林打了过来。匍匐前进的“元首”团掷弹兵几乎像幽灵一样出现在了美军面前。不到几分钟的时间，就有4辆谢尔曼坦克被击毁或失去行动力，另外两辆被击伤的谢尔曼坦克成功地与位置最靠后（北）的一辆未受损伤的坦克跌跌爬爬地逃向了北方。沿着N15公路一路向北，帝国师的攻击纵队又抵达了马奈前（东面）的另一个十字路口。美军在这里布置了大约1个连的步兵和10辆谢尔曼坦克。由于夜间视野有限，这里的美军也以为这支纵队是友军某部。直到领头的豹式

SS第2装甲团2连连长哈格斯海默的座车（战术编号“299”）和他的车组成员。这张照片摄于装车前往阿登地区的时候。

SS第2装甲团4连的几位骨干的合影，从左往右分别是恩斯特·巴克曼、埃贡·科尔特、4连连长奥尔特温·波尔以及弗兰茨·福舍尔。

坦克火力全开的时候，待在战壕里的谢尔曼坦克才意识到这是德军坦克。

时间指向了23时30分，恰好是美军第7装甲师按照蒙哥马利元帅命令向北撤退的预定时间。各式车辆排成长长的纵队准备驶离马奈小村。就在这个时候，一辆豹式坦克横冲直撞地杀了进来，同时开始向美军拥挤在一起的撤退车辆以及从格朗默尼勒撤出的美军凯恩特遣队传播死亡与痛苦。于是美军的这场撤退迅速演变成了溃败。许多美军司机疯狂地踩下油门，希望能跑得越远越好。有一名美军排长试图召来两辆谢尔曼坦克进入村中心十字路口处的射击阵地，但随着一辆豹式坦克从黑暗中出现，所有美军都只能自顾逃命了。

冲在最前面的豹式坦克正是SS第2装甲团4连骑士铁十字勋章的获得者——恩斯特·巴克曼的豹式坦克。他回忆道：

我们呈两路纵队从西南方向抵达了敌军占据的一个十字路口，随后我们开始用高爆弹集中射击暴露出来的敌军阵地。经过这次突如其来的轰炸，敌人彻底失去了还手之力。高级小队长福舍尔（Fauscher）通过无线电报告说，他准备拐向通往马奈的公路。当他的排集体转弯的时候，领头的坦克吃了一发炮弹，直接失去了行动力。第二辆坦克也挨了一发炮弹，整个排就这么瘫在那了。这时候，连长通过无线电催促我们继续进攻。我真的很担心福舍尔和他的车组。

为了搞清楚到底怎么回事，我向连长发了一条简短的信息，告诉他我决定掉头沿着福舍尔他们的路线前进，这不正是他想要的么？还没等他回复，我就出发了。我们小心翼翼地利用地形的掩护前进，"401"号顺利抵达了马奈公路。我们穿过公路后，立刻转向了敌军方向，但没有任何交火。我们利用地形较高的一面为坦克提供掩护和观察。我们很快就赶到了福舍尔他们遇袭的地方准备提供掩护炮火，但我们却找不到福舍尔的坦克了。通过无线电，我得知他已经转移阵地了。因此，我们继续在地形的掩护下往前推进。过了很久，我们终于抵达了一处森林边缘。在月色的照耀下，我们驶上了林间小道。

就在我右侧50米处出现了1辆坦克，车长就站在指挥塔上，似乎就是在等我的样子。福舍尔！我赶紧开了上去，把坦克停在了他的左侧。我命令驾驶员关掉发动机，准备跟福舍尔聊上两句。但是我突然发现福舍尔闪电般地缩回了炮塔，他的驾驶员的观察窗也进入了关闭状态。这时候，我注意到了一盏紫色的面板灯，但我们豹式坦克是绿色的！我这才意识到停在我们附近的是一辆敌军的谢尔曼坦克。

戴上耳机后，我对着喉部通话器大喊道："炮手！我们边上的是一辆敌军坦克，干掉它！"仅仅几秒钟，炮手就把炮管右转指向了谢尔曼坦克的炮塔。这时候，炮手突然对我说道："无法开火——炮塔（被树干）卡住了。”驾驶员格伦德迈尔（Grundmeyer）听到后，在没有任何命令的情况，立刻发动了引擎后退了几码。于是，我的炮手波根多夫（Poggendorf）立刻把一发穿甲弹在几码远的距离上灌进了那辆谢尔曼坦克的尾部。我当时仍站在炮塔上，因此我很快就看到蓝色的火苗从穿甲弹开出的圆形弹孔中冒了出来，当我缩进坦克里隐蔽的时候，我听见了巨大的爆炸声。

我们越过这辆燃烧的坦克继续前进，又有两辆敌军坦克从右面朝我们开了过来。开火！第一辆坦克在冒出黑烟后停了下来，第二辆的命运也差不多……尽管与连里已经失去了无线电联系，但我们还是决定继续前进。如果我们前面的福舍尔被击中，那就说明之前在森林边缘被我们打中的坦克已经向他们后方的友军报告了我们出现的消息，因此我们必须万分小心。

一切依然是静悄悄的，我们仍在向前推进。突然，眼前变得宽阔起来，这是一大片森林草原，中间一条弯弯曲曲的小道一直通往对面的山坡。等等！我屏住呼吸，几乎被眼前的景象吓呆了。我面前至少有9辆敌军坦克排成密集的纵队，炮口都指向我的坦克，只是它们都戴着防尘罩。我的驾驶员格伦德迈尔也意识到了危险，但他也被眼前的景象吓傻了。现在这种情况无论是原地不动还是后退都等于是自杀，只有继续向前，把敌人彻底唬住才能活命。当然，首先我们必须绕开他们的炮口。我对驾驶员下令道：“继续全速前进！”我们成功地绕过了他们，也许这些美国人以为我们是他们的友军。在这一过程中，我们车体侧面完全是暴露的，他们有无数次机会可以打爆我们，但没有人开火。等我绕到他们背后的时候，我下令停车，这是一个非常好的射击位置，所有坦克脆弱的后侧都暴露在了我的面前，而且由于它们是排成纵队的，因此最多只会有一辆坦克向我开火，后面的都被前面的炮塔挡住了。我把炮口转到右面的3点钟方向，然后下令炮手瞄准。就在这时，让我不敢相信的一幕出现了，这些美国坦克兵全部从坦克里爬了出来，然后乱哄哄地跑进了身后的森林躲了起来。

这下战局就变了，我知道福舍尔的坦克就在我身后，也明白了连里的战斗计划到底是想干什么了。我们必须抓住这股陷入混乱的敌人，并且利用现在的优势来完成整个行动。但现在仍然无法与连里取得联络。现在我只能单干了，我们下令把炮口指向12点钟方向，然后命令道：“坦克，向前！”我很乐意报销了这些坦克，但这会惊动整个战线上的敌军，那就得不偿失了。跟在我身后的福舍尔会料理这一切的。根据福舍尔后来的报告，他把那9辆坦克全部干掉了。

我们再次驶入森林向马奈方向冲去。一路上，我们遇到了一队队三五成群或者排成队伍沿着森林右侧公路撤退的美军步兵。我实在不明白他们为什么要撤退。我们就这么大摇大摆地走在他们队伍中间。我的整个车组都紧张得要死，尤其是驾驶员格伦德迈尔，但经历过无数次危险的他们还是尽量保持了平静。我们经过的时候，那些美军士兵都被迫让到了一旁，我甚至可以听见他们诅咒谩骂的声音，只是他们都没有认出来我们竟然是一辆德军坦克，而且我就站在炮塔外望着他们。这些人的脸色都很憔悴，罩着伪装网的头盔在月光照耀下发出斑斑点点的光亮。突然，道路的左右两侧出现了房屋，我们抵达马奈了！由于还是没人认出我们，于是我们加速向村子冲去。远处的房屋越来越密集，有一队坦克和卡车停在一家明亮的咖啡馆前，这一定是个什么指挥部。来回奔跑的士兵让我眼前一切变得生动起来，我们直接从他们中间开了过去，这些美军士兵还主动给我们让出空间，好让我们过去。

不久后，我发现我开到了一个交叉路口。左边的岔路通往格朗默尼勒和埃尔泽——这是我们连的最终目标。这时，有3辆谢尔曼坦克从这条路上朝我们开了过来，我把车开到一旁，让过了他们。接着又继续朝北边的列日方向开去，等开出村子，我再想办法绕回去跟连里大部队会合，至少先取得无线电联系，这就是我当时想做的。直到这时，无论是我还是敌人都没有开过火！任何交火的行为在我看来都是疯狂的自杀行为，现在危险并没有过去，而是刚刚开始：在我的右侧，出现了许多谢尔曼坦克。他们一队有9～12辆，并且排成了一路纵队，每个纵队之间还停着吉普车，显然他们是按照每个连来排列的，吉普车就是他们连长的座车。我已经放弃一个一个去数他们了，我大概估算了下，至少有80辆左右的坦克。

我们现在已经别无选择，必须从他们身边开过去。一开始，那些美军士兵仍然老老实实地跳到路边为我们让开道路，但不久后，还是有人认出了我们。我们身后谢尔曼坦克的发动机陆续发出巨大的轰鸣声，炮塔也开始转向了我们。感谢上帝，他们的射界被其中一辆坦克挡住了，我拿起了一枚集束手榴弹，这是万一需要弃车时炸毁坦克用的，然后施放了烟雾弹。浓密的烟雾迅速弥漫了我们身后的道路，但形势却越来越不乐观了。

由于我直到此时仍是站在炮塔上的，我的装填手卡尔·凯勒（Karl Keller）一把把我从炮塔上拽了下来。然后指着我的夹克上的骑士十字勋章说，这个在月光下太显眼了，肯定引起了美国人的怀疑。他在黑暗的战斗室中一直在看着我，显然他从我的表情中读出了外面到底发生了什么，并且早已给他的同轴机枪上好了弹链。炮手波根多夫把脸紧紧贴着炮瞄，随时注意前方田野上的动静。这时候，驾驶员突然说道：“有辆汽车朝我们开过来了。”我又一次把头伸出坦克外，果然有一辆吉普车沿着道路向我们开了过来。有个军官模样的人站在车上疯狂地挥舞着信号圆盘。“他试图让我们停下来，”我想，“他在看到我们的时候就想让我们这么做了，这到底是英雄还是疯子？”我接着命令驾驶员道：“直接给我从吉普车上碾过去！”格伦德迈尔当即照做了，那辆美军吉普车的驾驶员终于意识到我们想干什么了，赶紧停了下来，并开始全速倒车。一场疯狂的追逐战展开了，那名军官也不再挥舞他的破盘子了。距离越来越近，终于，我们的右履带碾了上去，车上的人赶紧跳下了吉普。这次撞击直接让我们偏离了公路，一头砸在了最近的一辆谢尔曼坦克的身上，我直接被甩出了炮塔，而头上的耳机则挂在炮塔内的地板上来回鼓动着，帽子也不知道飞到哪里去了。更糟的是，我们的引擎失速了，右侧的主动轮还卡进了敌军坦克的履带。经过短暂的发愣、震惊之后，周围突然一下子闹翻了天，无数步枪子弹朝我们打了过来，迫使我不得不躲进了炮塔。格伦德迈尔正徒劳地试图重新让发动机工作起来。我赶紧再次戴上耳机和喉部通话器，然后开始考虑接下来该怎么办。无论是跳车还是用炮塔里的武器顽抗结局都是一样的——不是被俘就是战死。因此，我只能希望格伦德迈尔能够创造奇迹，后者正全神贯注地摆弄着电打火系统。经过几次失败后，坦克突然动了起来。这下我们全部松了一口气。“倒车！”我们慢慢地，小心翼翼地与那辆谢尔曼坦克脱离了亲密接触，驶回了路面。在又扔出一发烟雾弹后，我下令坦克前进。沿路我们又经过了许多敌军坦克、一队卡车，包括2辆半履带车在内的补给车，而那些卡车是属于一支医疗队的，这个医疗队竟然还征用了一辆公共汽车。终于，我们开到了旷野之中，马奈的房子被我们甩在了身后。

我的前方就是列日了，我现在真正成了全连的前锋了。当我注意到有几辆车跟在我们身后的时候，我下令把炮口转到6点钟方向，然后朝它们和村子方向打了几发高爆弹。又前进了300米后，我下令停了下来，并且关掉了引擎，开始仔细聆听周围的动静。从马奈方向传来坦克机动和发动机的吵闹声，我们让美国人的集结地彻底陷入了混乱状态。在这个距离上，我能听到（连里和美军）战斗的声音。敌军的车辆再次出现在我们身后，还包括1辆谢尔曼坦克，但很快就被我们打成了一团团火球。燃烧的车辆还把敌人后面车辆的逃生道路堵住了。又向前200米后，我们再次重复了前面的工作——开火射击。随后，我们转向了北面，然后驶离了道路，并在一处弯道口附近找到了一个非常隐蔽的射击阵地，从这里可以清楚地看到公路上的一切动静。我在这里停了下来，然后让车组成员都出来透一透气。之前的经历实在太刺激了，因此他们几个围在我炮塔周围大口地喘着粗气。不过，他们脸上都洋溢着轻松的笑容，我们总算是安全了。

没多久，我听见了豹式坦克开火的声音，这听在我耳中犹如仙乐一般。我们的连正在进攻马奈！机电员打开电台，调整到了几个敌军的频道。“德国人！虎式坦克！”敌军的电台里传出这样的声音，“救命啊！快跑！”好吧，我们的豹式坦克再次被当成了虎式……

在马奈外围被福舍尔击毁的 9 辆谢尔曼坦克。

马奈之战结束后，仅巴克曼单车就击毁了7辆坦克、2辆坦克歼击车、1辆半履带车和2辆吉普。4排的排长福舍尔（Franz Frauscher）也击毁了5辆谢尔曼坦克，稍后又有4辆“进账”。毫无意外，福舍尔获得了骑士铁十字勋章。而连长奥尔特温·波尔也在战斗中击毁了4辆美军坦克。

美军的A战斗群总共损失了32辆坦克中的21辆，其中绝大部分一炮没开就被德军击毁。此外，还有一堆半履带车和其他车辆被毁。幸存者与第9装甲师B战斗群的第23装甲步兵营一起躲进了马奈以北1公里的山林里。第40坦克营和第48装甲步兵营总共有6人阵亡、19人负伤以及436人失踪——其中包括18名军官。第3装甲师损失不详，但至少包括2辆谢尔曼坦克。布鲁斯特特遣队在试图穿过马朗普雷的时候损失了2辆坦克，随后布鲁斯特发现他们的退路已经被快速推进的德军切断，只能下令部下炸毁所有车辆后徒步撤退。次日天亮后，布鲁斯特特遣队的一部分成员安全抵达了8公里外的第82空降师防线——布拉附近。

在留下SS第3“德意志”装甲掷弹兵团3营和少量坦克留守马奈外，帝国师大部分坦克和掷弹兵向西转向了下一个目标——格朗默尼勒。圣诞节凌晨3点，福舍尔的豹式坦克就抵达了村中心的十字路口，在干掉两辆附近的谢尔曼坦克后，SS第2装甲团2连继续向埃尔泽推进。

美军第75步兵师下属的第289步兵团于圣诞节前夕抵达这里，他们的任务就是封锁格朗默尼勒向西和西北通向该处的道路。该团领头的营——3营在遇到部分向西撤退的第3装甲师的坦克后，就接到了沿埃尔泽公路（马奈—埃尔泽的N807公路）掘壕固守的命令。德军的豹式坦克在格朗默尼勒以西1公里处与这个营发生了遭遇战，领头的坦克在黑暗中失去了行动力。由于豹式坦克所在的道路一侧的森林路堤有很大的陡坡，所以后面的坦克根本无法展开。再加上马上就要天亮了，美军飞机随时可能出现在豹式坦克和掷弹兵的头顶，因此德军还是明智地选择了撤退。

帝国师在这次势在必得的进攻中虽然取得了部分成果，但还是没能拿下埃尔泽，并且还付出了惨重的代价。SS第2装甲团2连和4连连长哈格斯海默和波尔都在战斗中负伤，前者在试图解除一名美军士兵武装时被手枪打伤，海因里希·曼茨（Heinrich Manz）接替了2连连长一职。坦克王牌恩斯特·巴克曼和弗里茨·福舍尔两人也多处负伤，所幸不重。此外，仅SS第2装甲团4连就损失了8辆豹式坦克，其中有4辆是在马奈和格朗默尼勒之间触雷造成的。

在帝国师陆续撤回格朗默尼勒小村的同时，美军第7军和第18空降军也发起了反击。上午8点25分，李奇微下令第7装甲师师长罗伯特·哈斯布鲁克（Robert Hasbrouck）准将动用他手头所有的力量于天黑前夺回马奈，他同时告诉哈斯布鲁克，第3装甲师的一支新的特遣队也将同时从西方发起进攻。为了完成这一任务，哈斯布鲁克下令仅剩下的2个不满编的坦克连和1个装甲步兵连在第106步兵师下属的第424步兵团2营的支援下从马奈以北一个友军据守的山脊向格朗默尼勒发起了进攻。尽管美军第3装甲师的特遣队也同时发起了进攻，但SS第3“德意志”装甲掷弹兵团和一些留守的豹式坦克早已在村北建立了稳固的防线。此外，美军当初撤退时为阻挡追兵炸倒了大量的树木以阻塞道路，现在却成了自己进攻最大的障碍。

当第7装甲师1个连的6辆谢尔曼坦克试图从东面开下来的时候，侧翼的SS第4“元首”装甲掷弹兵团一下就打掉了其中3辆。尽管美军为了夺回马奈总共发射了6409发炮弹，但第424步兵团2营从西北方向的进攻仅仅只前进几百米，并且全营为此承受了近35%的伤亡。到12月25日结束的时候，美军试图通过空袭和炮击削弱德军的防守力量，因此出动了13个炮兵营在接下来的36个小时中向马奈和格朗默尼勒发射了超过8600发炮弹，几乎将两个小村夷为平地，给仍留在当地的比利时平民和帝国师官兵留下了一个地狱般的废墟。

中午11点30分，美军第3装甲师的麦克乔治特遣队（McGeorge Task Force）抵达了埃尔泽以东的第289步兵团防区，这支特遣队是从拉格雷茨（La Gleize）方向赶过来的，此前他们曾与警卫旗队师的派普战斗群发生过激烈的战斗。现在，麦克乔治特遣队的任务就是不惜一切代价占领和守住格朗默尼勒以及拉福斯附近的高地。倒霉的是，当特遣队的谢尔曼坦克和装甲步兵连和1个斯图亚特坦克排准备发起进攻的时候，遭到了己方空军11架P-38战机的误炸。麦克乔治特遣队有41名士兵在轰炸中阵亡（第289步兵团也有4人死亡），许多人负伤。尽管如此，

在马奈地区被击毁的美军谢尔曼坦克，属于第7装甲师第40坦克营，远处有一辆损毁并侧翻的SS第2装甲团4连的豹式坦克。

这支特遣队还是于下午3点向格朗默尼勒的帝国师发起了进攻。不出意外的是，由于没有时间侦察，他们很快就被SS第3“德意志”装甲掷弹兵团2营和豹式坦克赶了回去，拉默丁师长并不想放弃每一寸辛苦得来的土地。

12月25日天黑后，麦克乔治特遣队剩下的坦克和另外1个装甲步兵连赶到了。因此，麦克乔治命令手下在第289步兵团1个步兵连的支援下于晚上8点又发动了第二次进攻。到了夜里10点，美军特遣队的坦克和步兵冒着己方和德军的猛烈炮火，经过激战占据了格朗默尼勒小村的西端。威斯利塞尼团长立刻下令豹式坦克在掷弹兵的支援下发起反击，很快就把大部分美军赶了出去，但还是有1辆坦克和一小撮装甲步兵没有撤退。他们随后更是呼叫后方炮火覆盖己方阵地，才将SS第3“德意志”装甲掷弹兵团的这次反击打退。

对帝国师来说，虽然手握马奈和格朗默尼勒两处要地，但只要拿不下埃尔泽通往莫尔蒙的道路这一切就没有意义，只有控制住后者才能北进列日，向西北抵达于伊。拉默丁师长面对的问题却超出了他的能力范围：全师经过连日来的苦战，无论是人员还是装备都极度疲惫、损失惨重且无法补充。汽油的短缺也导致装甲部队行动困难，炮兵部队所需要的弹药也无法及时运上来。逐渐晴好的天气意味着任何在白天行进的车辆无异于自寻死路。最后，由于霍亨施陶芬师始终无法赶上来守住右肩角，帝国师的任何下一步进攻都会面临来自侧翼包抄的威胁。此外，由于种种原因，整个SS第2装甲军仅有1个炮兵营和1个火箭炮营渡过了萨尔姆河。这点实力在盟军的炮火面前，根本不值一提。

12月26日黎明前，为了保护自己的右翼以及分散美军的注意力，拉默丁师长下令SS第4“元首”装甲掷弹兵团从马奈以东向沃沙瓦讷发动一次佯攻。对维丁格来说，这并不是一项轻松的任务：沃沙瓦讷小村就坐落在一道高高的森林山脊反斜面上，从山脊上可以俯瞰通往南面马朗普雷的道路，美军第325机降步兵团（82空降师）2营就守在这道山脊之上。

进攻发起后不久，SS第4“元首”装甲掷弹兵团2营就在悄悄摸过森林地形后，夺取了小村沃沙瓦讷，不过2营很快被第325机降步兵团的B连和C连赶了回去。与此同时， SS第2装甲团1营与SS第3“德意志”装甲掷弹兵团1营以及克拉格的战斗群已经在奥代涅和马朗普雷之间的树林集结完毕，准备沿莫尔蒙向博马勒（Bomal）发起进攻。天刚刚亮，豹式坦克群就在掷弹兵的掩护下从格朗默尼勒西北向莫尔蒙驶去。为了攻抵莫尔蒙，德军必须首先穿过一个长达4公里的森林小道，这条道路的左侧有一条溪流，因为豹式坦克根本无法展开，只能一辆接着一辆沿着靠近树林的一边缓慢前进，以免被盟军飞机发现。没多久，领头的豹式坦克就遇到了美军用锯倒树木搭建的路障，守在路障之后的是美军第289步兵团的L连以及第629坦克歼击营的一些坦克歼击车。最终，这批守军在炮火的掩护下彻底打消了帝国师的进攻企图。

同一时刻，帝国师沿着埃尔泽公路推进的第二支攻击纵队——SS第3“德意志”装甲掷弹兵团2营在出发后不久，就与前来进攻（格朗默尼勒）小村的美军麦克乔治特遣队以及第289步兵团3营迎头相撞。根据美军记录，他们的前锋部队遭到了帝国师炮兵和机枪火力的猛烈打击，坦克也损失惨重。到了中午12点的时候，仅有F连的两辆坦克逃出生天，而且它们的主炮都卡住了。下午1点，美军麦克乔治特遣队得到了8辆坦克的补充。此外，第3装甲师B战斗群下属第32装甲步兵团H连以及8辆坦克也加入了特遣队。于是，麦克乔治在下午2点25分的时候，

在马奈以东被击毁的帝国师的豹式坦克。

又发动了第二次进攻。在经过3个炮兵营的齐射后，美军终于夺取了大部分格朗默尼勒小村以及通往马奈的道路，超过50名重伤的帝国师士兵由于无法转移被俘。

下午的时候，美军又一鼓作气地向马奈发起了进攻。当他们经过一片开阔的斜坡时，遭到了仍留在马奈以北的几辆豹式坦克的精确打击。尽管美军随后召来了战斗轰炸机，但轰炸效果不佳，只能在距离马奈几百米的地方停了下来。此后，美军改变了战术，打算通过夜袭夺取马奈。12月27日凌晨2点20分，美军对马奈进行了整整20分钟的炮击——8个炮兵营总共发射了5000发炮弹。随后，第517伞兵团1营向小村发起了猛攻。到了凌晨4点，SS第3“德意志”装甲掷弹兵团和剩余的一些豹式坦克被迫放弃马奈退往奥代涅，以便和左翼的SS第9装甲侦察营（守在奥斯特尔和弗雷纳）及右翼的SS第4“元首”装甲掷弹兵团防线保持平齐。美军仅付出了10人阵亡、14人负伤的轻微代价就拿回了马奈，而对SS第3“德意志”装甲掷弹兵团来说，却有50人永远倒在了小村。此外，还有25名重伤员没能运走。事后，美军总共在格朗默尼勒—马奈地区发现了10辆豹式坦克的残骸，其中包括战死的SS第2装甲团3连连长法伊特座车。

圣诞节当天，德军第2装甲师残部在右翼装甲教导师、第9装甲师以及116装甲师的掩护下，对希特勒原定作为突破马斯河的跳板——法梅恩地区马尔什（Marche-en-Famenne）发动的最后一击也铩羽而归。到了12月27日天黑以后，整个阿登地区的形势已经翻转过来，美军渐渐占据了优势，德军不得不在各处转入防御。第5装甲集团军战区防御态势如下：第2装甲师退回了马尔什西南方的罗什福尔

激战过后的马奈十字路口，照片摄于美军夺回马奈两天后。

（Rochefort），其右翼是第9装甲师；第116装甲师据守在马尔什东南方至奥通一线；刚刚加强给SS第2装甲军的希特勒青年团师则进入第560国民掷弹兵师（阿莫尼斯）和帝国师（奥代涅）防线之间的阵地建立防御；最右侧的霍亨施陶芬师防线一直延伸至特鲁瓦蓬地区的博德（Bodeux）附近；装甲教导师则掩护第5装甲集团军在罗什福尔—巴斯托涅一线南翼的安全。

尽管形势急剧恶化，希特勒仍不肯放弃他的攻势，但他和德军最高统帅部都不得不承认必须拿下仍牢牢握在美军手中的巴斯托涅——这个原定阿登攻势开始几天后就应夺取的小镇，才能完全打开通往马斯河的道路。此时的巴斯托涅已经成了整个战区的中心，当巴顿第3集团军的坦克出现在该地区以后，德国第5装甲集团军任何向西北方向的进攻都会受到来自该方向的威胁。

无论是比特里希还是拉默丁或者施塔德勒都意识到SS第2装甲军向埃尔泽西北迪尔比伊的进攻不可能成功，而这道命令却直接来自希特勒本人。就算装甲军能抵达马斯河畔，河对岸的峭壁、森林和沿岸固守的英美盟军也不是缺乏空中掩护的德军可以突破的。更糟的是，随着增援部队的抵达，盟军的大规模反击已经近在咫尺。

德国B集团军群27日晚的日志记载："SS第2和SS第12装甲师正在重组集结，准备向萨德佐（Sadzot）和埃尔泽发起进攻，时间为19时。"根据这个一厢情愿的计划，帝国师将穿过第560国民掷弹兵师防区，沿着山脊向埃尔泽及其身后的苏瓦发起进攻。与此同时，希特勒青年团师将夺取萨德佐和布里斯科尔（Briscol）之间的埃尔泽—格朗默尼勒公路一线。获得这个牢固的出发阵地后，三个党卫军装甲师——帝国师、希特勒青年团师、霍亨施陶芬师将对迪尔比伊发起总攻，然后抵达马斯河。

然而，希特勒青年团师加入SS第2装甲军的时间比预期的要长得多，到了12月27日早上，仅有少部分部队抵达多尚以南。此外，霍亨施陶芬师的装甲纵队也由于缺油和空中威胁卡在了半路上，导致其迟迟无法与帝国师换防。到当天晚上，帝国师除了SS第2装甲侦察营战斗群外，没有一支部队能够投入这场计划中的进攻。拉默丁师长于是干脆把SS第4"元首"装甲掷弹兵团3（SPW）营9连、师属警卫连、SS第2装甲炮兵团3营以及克拉格的战斗群统统加强给了希特勒青年团师唯一赶到前线的部队——SS第25装甲掷弹兵团。SS第2装甲侦察营任务则是夺取阿莫尼斯及其以北的两个小村，以保证进攻部队左翼的安全。由于帝国师再也抽不出其他部队参与进攻，因此对苏瓦的进攻随后被取消。

在此期间，守卫埃尔泽—阿莫尼斯—拉福斯—格朗默尼勒一线的主要是美军第3装甲师和一些零散部队。其中奥尔特遣队（Orr Task Force）的6辆坦克和2个装甲步兵连就部署在阿莫尼斯，第509伞兵团的1个营和理查森特遣队则据守在埃尔泽以西的地方。12月27日上午10点，美军1个加强的坦克营（第3装甲师B战斗群下属第33装甲团1营）抵达苏瓦附近。此外，第289步兵团组成的一支战斗队（包括3个步兵营、1个野战炮兵营、坦克及坦克歼击车部队和一些工兵、防化连）在埃尔泽到格朗默尼勒之间的埃纳河一线建立了防线。

12月27日晚7点30分，希特勒青年团师按时发起了进攻。到了次日早上8点15分，德军顺利拿下萨德佐并抵达布里斯科尔附近的埃尔泽—格朗默尼勒公路。由于集结延误，负责左翼的克拉格战斗群直到晚上10点30分才投入进攻。此时，原来守在阿莫尼斯的奥尔特遣队在

SS 第 2 装甲团 1 营一辆歪倒在马奈和格朗默尼勒之间岔路口处的豹式坦克 G 型，编号未知，损失于帝国师进攻格朗默尼勒期间。注意道路指示牌上面分别写了埃尔泽、马奈以及博马勒。

27日当天就与美军第75步兵师一部换防后撤离了该地，因此克拉格没费什么力气就拿下了阿莫尼斯，但在随后向以北两个小村扩展的时候却遭到了猛烈的打击。这主要是因为德军在进攻前没有进行任何侦察，提供炮火掩护的炮兵营只能在黑暗中胡乱架炮。更糟的是，克拉格战斗群的无线电在埃纳河谷的茂密树林中失去了作用，导致战斗群各部之间失去了联系，只能各自为战。在这场没有指挥、没有协同的战斗中，克拉格战斗群伤亡惨重，包括SS第4“元首”装甲掷弹兵团9连连长克龙耶格尔（Cronjager）也在战斗中负伤。幸运的是，许多失踪的掷弹兵在天亮后陆续归队。12月28日中午，克拉格战斗群退回了多尚并加入了当地的SS第26装甲掷弹兵团3（SPW）营。

与此同时，美军第509伞兵团的一个营在后方炮兵以及理查森特遣队3辆坦克歼击车以及1个轻型坦克排的掩护下，向萨德佐发起了反击。中午11点15分，美军伞兵从希特勒青年团师手中夺回了萨德佐，后者被迫退往布里斯科尔附近的公路。美军一共抓获了32名俘虏和64名伤员。此后，战斗陷入了胶着状态。德军在美军不断的炮火和坦克攻击下无法前进一步，美军坦克也不敢冒着生命危险进入森林里驱赶拿着各种反坦克武器的德军。

12月28日的德国B集团军群日志如下记载道：“第560国民掷弹兵师被加强给了第6装甲集团军（SS第2装甲军）并将投入进攻……SS第9装甲师将全面接管SS第2装甲师防区，后者将重新集结后沿弗雷纳—阿莫尼斯以南一线发动进攻。SS第12装甲师则准备向北进攻。”

很显然，这段话中有太多的“一厢情愿”，尽管比特里希军长也希望帝国师一部和希特勒青年团师能够坚守住奥通—格朗默尼勒之间的区域，但是谈何容易？根据这一新计划，SS第4“元首”装甲掷弹兵团1营和2营将在克拉格战斗群的掩护下从德旺-塔韦（Devant-Tave）以北出发攻占阿莫尼斯小村，在肃清多尚—阿莫尼斯之敌后，立刻夺取下一个目标——埃尔泽以西1公里处的一个十字路口。与此同时，SS第3"德意志"装甲掷弹兵团将穿过第560国民掷弹兵师战区夺取苏瓦。希特勒青年团师的SS第26装甲掷弹兵团3（SPW）营则在帝国师的右翼推进。

计划归计划，现实中维丁格团长的两个营根本无法及时换防，仍滞留在马朗普雷地区，只有担任师预备队的3营按时抵达了多尚西南地区。此外，由于突如其来的浓雾，SS第3"德意志"装甲掷弹兵团根本无法进行战前侦察和准备工作，这一行动最终于午夜时取消。根据美军在苏瓦的坦克营记录，他们在晚间遭到了德军的零星炮击，但无人伤亡。克拉格战斗群倒是在22时30分之前与希特勒青年团师一起沿阿莫尼斯—埃尔泽公路投入了进攻，但没有任何结果。天亮后，暴露在美军猛烈炮火下的掷弹兵只能退回了出发阵地。

12月29日，德国B集团军群日志记载如下："SS第2和SS第12装甲师对莫尔蒙的进攻陷入停滞……（他们）未能突破敌军在炮火支援下的坚固阵地……敌军从萨德佐对第560国民掷弹兵师防线发起的进攻被击退。"

实际上，到了12月29日下午，SS第4"元首"装甲掷弹兵团才抵达集结区域并做好了对阿莫尼斯进攻的准备，这已经比预定时间晚了几乎一天。先期投入的友军部队早已筋疲力尽，整个党卫军第2装甲军都已经放弃了进攻的企图。德国B集团军群指挥官莫德尔元帅也在当天下令迪特里希的第6装甲集团军转入防御。

12月30日上午，美军全线恢复了他们之前的防线。当天中午，帝国师开始退往阿莫尼斯以南的乌尔特河和埃纳河之间的地区。此时全师还剩下15286人，累计损失高达近2000人。不过全师仍拥有47辆豹式坦克、33辆Ⅳ号坦克、20辆Ⅳ号坦克歼击车、23辆突击炮以及209辆半履带车或装甲车。

到此为止

1945年新年前夕，德军发动了阿登的辅助攻势——"北风行动"，目标是阿尔萨斯北部的斯特拉斯堡。希特勒认为，如果这一行动可以成功，那么不但可以振作国内民众的士气，而且可以极大地缓解B集团军群在阿登地区的压力，而且可以牵制住巴顿的第3集团军。与此同时，德军最高统帅部还下达了向巴斯托涅发起总攻的命令。

这里值得一提的是，1945年元旦，德国空军残存的力量按照希特勒的命令发动了"底板行动"，试图通过突袭盟军的机场来达到削弱其空中力量的目的。最终，德国空军总共击毁或击伤了260架盟军飞机，但自身却损失了227架飞机以及214名有经验的

美军第75步兵师289步兵团的一名士兵正在检查一辆被帝国师遗弃在格朗默尼勒地区的豹式坦克。

1945年1月初，美军沿奥通—马奈—沃沙瓦讷一线对德军发起了反击。照片中的坦克和装甲车辆属于美军第3装甲师。

飞行员，其中有151人阵亡或失踪。这一举动无疑拼光了最后的老本，堪称帝国空军的最后一击。

回到阿登战区，绰号“闪电乔”的科林斯将军第7军将在美国第1集团军接下来的攻势中担任主角。由于英军部队在乌尔特河以西换下了美军第2装甲师和第84步兵师，柯林斯手中的实力上升到了4个师。按照计划，美军第7军将于1月3日在奥通（Hotton）—马奈—沃沙瓦讷一线展开。第2装甲师和第84步兵师将沿着马奈—胡法利兹的公路以西推进，第3装甲师和第83步兵师则在公路东面发起进攻。此外，后者还必须保证公路本身的安全以及夺取巴拉盖德弗赖蒂尔十字路口。美军第82空降师将在旧防线，即特鲁瓦蓬以南—萨尔姆堡一线掩护第7军侧翼的安全。

1945年1月3日，当柯林斯的第7军发起进攻的时候，帝国师的SS第2装甲团以及两个装甲掷弹兵团仍驻守在乌尔特河和埃纳河之间阿莫尼斯以西地区：左翼SS第3“德意志”装甲掷弹兵团控制着特里纳尔（Trinal）及其西面的高地；SS第4“元首”装甲掷弹兵团则在右翼的马戈斯特尔（Magoster）—405高地—埃纳河一线。不过该团的3营此时正配属给克拉格的SS第2装甲侦察营作战，不在当地。SS第2装甲工兵营（缺3连）加强给了SS第3“德意志”装甲掷弹兵团，该营的任务是建立一条可以掩护向南穿过特里纳、马戈斯特尔、德旺-塔韦的阻栅线。帝国师右翼的第560国民掷弹兵师仍负责多尚以北，包括奥代涅在内的防区安全。不过，帝国师与该师的防线并未相连。SS第4“元首”装甲掷弹兵团曾在3日当天派出一支巡逻队试图与第560国民掷弹兵师取得联系，但不幸闯入阿莫尼斯—多尚公路的美军阵地，损失惨重。

对美军来说，当务之急就是夺取德旺-塔韦和阿莫尼斯这两条通往多尚的公路，如果它们还在德国人手上，美军就无法从巴拉盖德弗赖蒂尔以南迂回德军，或者从西北方向抵达胡法利兹。此时的克拉格战斗群就部署在奥代涅的第560国民掷弹兵师和马朗普雷的第12国民掷弹兵师之间，掩护着向南通向巴拉盖德弗赖蒂尔十字路口的重要道路。该战斗群包括SS第2装甲团1连、SS第2装甲侦察营、SS第4“元首”装甲掷弹兵团3营、1个炮兵营和SS第2装甲工兵营3（SPW）连。

美军第2装甲师和第84步兵师在最初的进

美军第2装甲师的坦克正经过格朗默尼勒以西的埃尔泽公路向前推进，边上是一辆被遗弃的帝国师的豹式坦克。

攻中取得了一定的成功。中午12点，他们顺利拿下了特里纳尔，但他们随后向贝夫（Beffe）的进攻很快被击退。很快，实力占据明显优势的美军又卷土重来。根据美军记录，他们在第一天的进攻中就击毁或击瘫了帝国师4辆Ⅳ号坦克、2辆突击炮以及3辆半履带装甲车。1月4日，贝夫、马戈斯特尔以及405高地全部落入美军之手。SS第4"元首"装甲掷弹兵团5连连长格奥尔格·维尔茨曼（Georg Vilzmann）后来回忆道：

1月4日，我连负责防守马戈斯特尔北部到405高地附近林地间的阵地。在我们左右两翼分别是"德意志"团的9连和7连。

最近几天除了炮击和定期的侦察以外一直没什么动静，但到了4日这天清晨7点30分时，无数弹雨划过灰色的天空，重重砸向了405高地附近的树林和马戈斯特尔。敌人还施放烟幕来掩护己方的行动，但对面车辆履带和发动机的隆隆响声已经将他们的进攻企图暴露无遗。当浓烟略淡后，6辆谢尔曼和大约150名步兵出现在我们面前。敌军主力进攻了我们右翼的7连，他们很快杀进了树林。我的排长在报告中声称截至上午9点时，敌人已经穿过树林，抵达我们身后200码处。通过望远镜，我看到405高地有14辆谢尔曼正转向马戈斯特尔，于是立即命令连队退守马戈斯特尔以东和东南面的防御阵地。右翼友军也一同撤退。在后退时，我们遭到敌人的迫击炮和白磷燃烧弹袭击，但到10点时还是顺利进入了新防线。

敌军步兵以及大约21辆坦克集中力量攻击了马戈斯特尔北面出口和特里纳尔附近的高地。掷弹兵们冒着狂轰滥炸，打退了敌人多次冲锋，坚守住了阵地。10点30分，敌人又出动14辆坦克向马戈斯特尔东南发起突击。在这次战斗中，掷弹兵斯特凡（Stephan）显示出了超人的胆色。他用机枪割裂美军的步坦协同，尽管敌军坦克开炮打死了副射手，但他仍然没有停止射击。谢尔曼坦克前进到距离马戈斯特尔以东不到150米远处时突然停了下来。在战斗中，我接到上级的无线电指示，要求我们必须守住防线，我军即将发起反攻。这时，团属第14（反坦克）连支援我们的那门反坦克炮被打坏了。

中午11点左右，405高地附近的美军谢尔曼坦克突然开始后退，我猜一定是我军发起了反击。然而敌军3辆坦克在特里纳尔附近其他“谢尔曼”的纵射火力掩护下，已经冲进了马戈斯特尔村北。守在那边的是“德意志”团的9连。敌军步兵同9连展开了激烈的巷战，却没有把坦克带上来实施近距离支援。敌军重整旗鼓后再次向405高地附近的树林发起攻击，与此同时以猛烈的炮火封锁马戈斯特尔村西北和后面的高地。没多久，美国人就已经几乎拿下半个村子。我赶紧将备用弹药分配下去，以防敌人再次发起冲锋。我用无线电向营里发了条消息：“弹药充足。我连正在扼守路口和马戈斯特尔东南口。我们决心战至最后一人。” 为了能更好地保护右翼，上级小队长格林克（Glienke）和10个同志打算攻下村南头的高地，但为敌坦克火力所阻，未能成功。

打到了这个时候，我们连就剩下20个人了，我把他们都布置在村南面路口和废墟中，构建了环形防御阵地。9连连长下级突击中队长（少尉）维夏（Vicha）头部中弹阵亡。我把他的一些手下安排到了自己的阵地上。四面都是敌人的枪林弹雨，但正如给营里的报告一样，我决心守住仅有的五座房屋和小教堂。

东南方向的敌人已经推进至100米以内，而西北的敌人坦克也在用主炮和机枪射击村内的废墟。敌军投掷的白磷弹把我的指挥所点着了。自打我上前线起，从没碰上这么激烈的巷战。我手下的掷弹兵为了每一堵墙、每一堆瓦砾而拼死战斗。我的指挥部在13时失守，敌人的“谢尔曼”如同在阅兵场上一样排成一排，掩护步兵推进。一个半小时后，我们不得不放弃最后一座房子以及街道右方的小教堂。现在只有我的连的残部、无线电员和9连的几个人在最后两栋房子的废墟中做最后抵抗。面对数量占绝对优势的敌军，我们用“铁拳”和手榴弹拼死抵抗。一名敌军士兵正打算在对面房中架起机枪，就被掷弹兵尼森（Niessen）一发枪榴弹直接干翻。上级小队长芬斯克（Fenske）在防御战斗中起到了极大作用，当小教堂附近的一群敌兵打算横穿马路时，被他用手中的英制冲锋枪全部撂倒。

美军的装甲部队正经过一辆被遗弃的帝国师豹式坦克，该坦克的右侧履带已经脱落，其炮管所指的方向就是马奈。

小教堂附近有敌人扛起了火箭筒，我立刻朝他们打了一发“铁拳”，但不清楚结果如何，因为双方同时开火，敌人的火箭弹打在了我的位置。我没什么大碍，但旁边的战友却负了伤。上级小队长施特勒克尔（Stroeckl）

在旁边的废墟中指挥战斗，克诺普（Knop）和副射手用机枪拦住了打算从南面包抄我们的敌兵。这时，敌军的谢尔曼坦克开始用高爆弹和穿甲弹向我们开火。更糟的是，手下报告不论机枪、步枪还是冲锋枪的子弹都打光了。我立即销毁了所有地图、通信文件、连战争日志和通信兵的密码本。我给营里发了最后一条电文："弹药罄尽，文件已毁。战胜无望，求生无路。"然后我命令准备拉响最后一颗手榴弹。敌人已经冲进最后一栋废墟，与我们仅一室之隔。我发现身边还有一发"铁拳"，于是打进冲过来的敌军中间，炸翻了几个。我的连的这次战斗就要彻底结束了。我和剩下的大概15个人来到一个稻草垛上，但遭到特里纳尔附近高地上一辆敌军坦克的射击。其他敌人的注意力也被吸引过来，一起朝我们开火。我决心放弃战斗。我的传令兵受了伤，9连的一些同志也是如此。

就在我们穷途末路之际，我们团的火箭炮发出了怒吼。我的一个传令兵——豪斯勒（Hausler）——在路上遇到了火箭炮连的前进观察员。这位观察员问了句："给我找个靶子来。"豪斯勒告诉他我和其他15个人正在马戈斯特尔，应该朝岔路口开火。当火箭弹射来时，我意识到它们也可能砸到我们头上。敌军步兵赶紧四处寻找掩蔽，坦克手也被炸起的烟尘挡住了视线。于是我决定凭借烟幕掩护，趁着火箭炮轰击敌军的时候迅速突围，我让手下跟着自己顺着马路朝贝夫方向一路狂奔，越过刺铁丝网和篱笆，最后跳进了一个大坑藏身。敌人两架炮兵校射机在我们头顶15米高的空中开火，打算拦住我们。有些落在后面的人只能卧倒在开阔地上装死，直到夜幕降临。还有一些伤员强打精神奋力逃命。在两名士官、两名士兵、通信兵和前进观察员的帮助下，我于下午3点30分来到营指挥所。晚上10点30分，剩下的人在施特勒克尔的指挥下突围归建。另据报告说有一人失踪，但他也在次日返回了部队。我连所有未负伤人员都返回了2营驻地，但重伤员却落入敌人手中。下级小队长克皮施（Kopsch）双脚冻伤，无法行走，却坚持与全连一起战斗，最后失踪，可能被俘。同一天晚上，总共只有1名军官、3名士官和8个士兵的5连参加了稍后的反击战……

直到此时，帝国师还是没能与东（右）翼的第560国民掷弹兵师取得联系，拉默丁的师部也在乌尔特河以西与师里失去了联系。如果这还不够糟的话，到了晚上拉默丁就接到了一道新命令，留下SS第4"元首"装甲掷弹兵团（缺3营）、SS第2装甲工兵营（缺3连）和1个炮兵营在埃纳河—乌尔特河之间的阵地，他的师部以及SS第3"德意志"装甲掷弹兵团、1个炮兵营、SS第2高炮营立即撤往胡法利兹以东转入第6装甲集团军预备队——他的师被生生拆散了。拉默丁这"半个师"将在这里准备随时应对美军来自以北马奈或者以南巴斯托涅的威胁。当天午夜，拉默丁任命SS第2装甲炮兵团团长卡尔·克罗伊茨担任留守部队总指挥。而SS第2装甲团的动向却不详，很可能也随拉默丁的师部转入了预备队。

此后，克罗伊茨战斗群一直在乌尔特河—埃纳河一线坚守，直至1月9日晚上突围并穿过第560国民掷弹兵师的防线与胡法利兹附近的大部队会合。与此同时，克拉格战斗群又在做什么呢？在美军发动进攻后，克拉格右翼的第12国民掷弹兵师很快就丢了马朗普雷，并沿着6公里长的防线全面后退。1月5日晚上，美军第2装甲师与第83步兵师的第333步兵团就向奥代涅发起了进攻。次日，美军第3装甲师不费吹灰之力

1945 年 1 月 9 日，美军第 3 装甲师和第 83 步兵师的运输部队正经过利尔纳。阿登战役已经接近尾声。

就拿下了巴拉盖德弗赖蒂尔十字路口以北的弗赖蒂尔小村，克拉格战斗群立刻面临着随时被切断后路的危险。如果能得到炮火支援，也许能挡住美军的进攻，但由于缺乏通信设备，炮兵部队只能半猜半蒙地提供火力支援，结果导致帝国师的数个连被误伤，士气一落千丈。

SS第2装甲侦察营营长克拉格在这段时间的优异表现为自己的骑士铁十字勋章获得了橡叶饰。由泽普·迪特里希和拉默丁共同签署的推荐信如下：

尽管受到被包围的危险，但克拉格仍带领部下靠着有限的武器坚守在巴拉盖德弗赖蒂尔十字路口，并尽最大努力使左右两翼的友军得以安全撤退。同时让高级指挥官得以完成最紧急的转移阵地行动，迫使进攻的敌军暂停重组，以及挫败了敌军向东南方向突破的企图。

1945年1月7日，拉默丁师长在N15地区重新开始指挥整个帝国师。随后的两天，帝国师一直在当地从事防御作战。1月9日，美军再次向SS第4“元首”装甲掷弹兵团（缺3营）发起进攻。其中1营遭到了50辆谢尔曼坦克的冲击，尽管掷弹兵们奋力挡住了美军最初的进攻，但当另一路美军从侧翼出现的时候，整个防线就再也守不住了。担任后卫的部队由于实力太弱，每次只能依靠己方的炮击，才能缓慢地向后撤退。1月15日，SS第3“德意志”装甲掷弹兵退入西线壁垒，这是去年秋季该团在参与阿登反击战前出发的地方。到了1月16日，“守望莱茵”行动可以说正式终结。1月的最后一周，帝国师各部开始分批撤出前线。对全体官兵来说，战斗还远没有结束，在遥远的匈牙利，战事正如火如荼……

第十章 转战匈牙利

"春醒"反击战

精心策划的阿登反击战最终没能为德国取得一场战略上的胜利，输了个精光的希特勒又把注意力转移到了东线，他那已经几近疯狂的大脑里，开始描绘出一个比他在阿登攻势之前所臆想的蓝图更宏伟、更疯狂的计划：在匈牙利西部，布达佩斯以南的巴拉顿湖（Balaton）附近地域发动一次战略大反攻。

早在西线发起阿登反击战之前，德军在匈牙利的形势就已经岌岌可危。1944年12月初，苏军就穿过了匈牙利边境，前锋直抵首都布达佩斯以南约30公里的埃尔奇（Ercsi）。苏军从这里渡过多瑙河后，试图集中力量发起一次新的战略进攻，但被德军沿巴拉顿湖—赛克什白堡（Stuhlweissenburg）—韦伦采湖（Velenczsee）—布达佩斯一线建立的坚固防线所阻（这道防线被德国人称为"玛格丽特"防线）。由于无法从（布达佩斯）以南突破，苏军大本营随后改变了主攻方向，决定沿着多瑙河岸向北直扑布达佩斯。12月20日，苏军两个方面军——乌克兰第2方面军和乌克兰第3方面军发起了迅猛的攻势。不到4天的时间里，苏军坦克第18军切断了维也纳通向布达佩斯的主要公路。不久后，乌克兰第2方面军下属的近卫坦克第6集团军以及近卫第7集团军抵达多瑙河左岸——赫龙河（Gran）边，埃斯泰尔戈姆（Esztergom，即赫龙市）也落入苏军之手。

1945年1月6日，德军第711步兵师乘乱夺回了埃斯泰尔戈姆市。不过同一天，苏军乌克兰第2方面军的左翼部队，近卫坦克第6集团军和近卫第7集团军在未经炮火准备的情况下，突然发动了进攻。两天内共推进50公里，不过很快就被德军的顽强反击打退，未能占领多瑙河的渡口。1月14日的时候，苏军进攻部队损失了近200辆坦克，占领的阵地也只剩下一半，但他们仍在埃斯泰尔戈姆以北的赫龙河地域占据了一块位置非常重要的桥头堡阵地。

如果不清除这个桥头堡阵地，德军就无法发动任何后续攻势或者战术机动，希特勒计划利用新的生力军来发动一系列攻势以改善布达佩斯的局势。1月份，德国人连续发动的三次意图解救布达佩斯的"康拉德"作战均告失败。2月13日，布达佩斯终于落入苏军之手，匈牙利南部的形势也变得危急起来，苏军现在可以随时威胁帝国的东都——维也纳的安全。希特勒认为，必须集中精锐部队，在匈牙利发动一场决定性的攻势，以控制住匈牙利南部的瑙吉考尼饶油田（Nagykanizsa）。现在德国大部分的燃料和润滑油料工厂都已经停工，整个德国只剩下齐斯特尔斯道尔夫油田（位于维也纳）和巴拉顿湖地区的油田了。如果匈牙利南部的油田再落入苏军手中（“二战”期间，匈牙利的年采油量是68万吨），第三帝国的战争机器将彻底停转，他的千年帝国也将走向终结。这对希特勒来说，是决不能接受的。为此，德军再次把最后的精锐全部砸向了匈牙利战场，其中包括刚刚参加完阿登攻势的第6集团军（进入匈牙利前又更名为SS第6装甲集团军）。

SS第6装甲集团军指挥官泽普·迪特里希，警卫旗队师的第一任师长。

为了保密，希特勒甚至命令他的私人副官奥托·京舍亲自前往科隆通知迪特里希，而不是用电文的形式传达。京舍告诉迪特里希，元首将很快调动他的集团军前往东线，同时发动一次代号“春醒”的大规模攻势。此前，迪特里希一直以为他的部队将前往柏林以东的奥德河前线，因为那里形势更加危急，而且他的家人也在那里。陆军元帅凯特尔（Keitel）随后向迪特里希解释道，元首在匈牙利发动攻势的理由不仅是因为油田，还需要保卫维也纳的安全。

1945年1月16日，京舍亲自带着希特勒本人签署的绝密文件抵达了SS第6集团军总部。根据命令，SS第1装甲军（警卫旗队师、希特勒青年团师）、SS第2装甲军（帝国师、霍亨施陶芬师）将秘密前往匈牙利的“玛格丽特”防线。为了保密，SS第6装甲集团军下属各部都奉命摘下了左臂上的荣誉袖标以及擦除了车辆上的师徽标志。与此同时，为了迷惑苏军，SS第6装甲集团军所属各部还被赋予了伪装番号。比如SS第2装甲军的伪装番号就是SS南方训练参谋部；帝国师的伪装番号则是SS“北方”训练集群；霍亨施陶芬师为SS“南方”训练集群。这些“番号”甚至详细到团，例如帝国师下属的SS第4“元首”装甲掷弹兵团的新名字就是“北·奥托”。SS第3“德意志”装甲掷弹兵团则叫“北·君特”，取的就是两个团长的姓。根据帝国师官兵回忆，他们在前往匈牙利期间，所有的师徽标志都被严令覆盖或擦除，甚至连肩章上的字母也要用布条盖住。

希特勒的私人副官奥托·京舍。

此外，为了达成奇袭的效果，SS第6装甲集团军的参谋部直到2月底才被允许飞往匈牙利，帝国师下属各团也严禁在攻势开始前进行任何大规模侦察行动，甚至迪特里希本人直到3月6日才被允许飞赴匈牙利战场。实际上，党卫军各师自己也不知道将前往何处，一切都在秘密进行之中。根据SS第4“元首”装甲掷弹兵团官兵回忆，他们在2月8日上车后，就不知道他们最终的目的地是哪里。但是全团官兵都坚信他们即将赶赴柏林外围或者西里西亚。只有铁路人员才知道火车的下一站驶往何处。火车通常只在夜间行进，白天则停在隧道里躲避空袭。当火车穿过吉森（Giessen）、哈瑙（Hanau）、维尔茨堡（Wurzburg）、特罗伊希特林根、多瑙沃特（Donauworth）、奥格斯堡（Augsburg）、慕尼黑、罗森海姆（Rosenheim）、萨尔茨堡，再到维也纳的时候，他们才意识到原来目的地是匈牙利战场。但是也有小小的意外，一列火车由于失误，径直开到了奥地利的布伦纳山口（Brenner

Pass），搞得那列火车的官兵以为他们将到意大利去战斗。

这场代号“春醒”的攻势作战由德国南方集团军群以及东南战区最高指挥部下属的部队共同完成，目的是彻底消灭巴拉顿湖、多瑙河至德拉瓦河（Drava）三角地带的苏军重兵集团，重新占领匈牙利南部油田。奥托·沃勒将军指挥的南方集团军群（下辖SS第6装甲集团军、第6集团军、第8集团军、匈牙利第3集团军）将从巴拉顿湖和韦伦采湖之间向南发起进攻，东南战区最高指挥部下辖的第2装甲集团军则从巴拉顿湖西南角与德拉瓦河之间向东发起进攻。德军统帅部希望通过这次钳形攻势，彻底歼灭两个集团军群之间的苏军乌克兰第3方面军。

德国南方集团军群指挥官奥托·沃勒。

苏军最初在巴拉顿湖、多瑙河以及德拉瓦河这个三角地带只有近卫第4集团军、第26和第37集团军以及保加利亚第1集团军。当SS第1装甲军摧毁了赫龙河桥头堡后，苏军虽然暂时后撤，但也已经清楚了德军的进攻企图，同时获悉德军精锐的党卫军部队业已抵达匈牙利的事实。在这种形势下，乌克兰第3方面军接到了来自苏军大本营的命令，要求他们一面继续做好向维也纳进攻的准备，一面暂时转为防御，在预有的防御地区还击德军的反攻，然后转向维也纳方向发起决定性进攻。这样，整个乌克兰第3方面军需要连续完成防御和进攻两项任务。防御战既要取得最大的战果，又必须为行将到来的进攻保存兵力和武器。苏军并没有因德军即将发动的攻势而中断维也纳计划，苏军士兵早已不把德军昔日的精锐放在眼里了。由于预计到德国近期将有所行动，乌克兰第3方面军在巴拉顿湖和韦伦采湖建立了广阔纵深的防御阵地（包括大量的雷场和反坦克阵地），平均长达30公里。仅巴拉顿湖和韦伦采湖之间的第一道防线就有6个步兵师之多。

到3月初，苏军乌克兰第3方面军各部已在工程方面做好了扩大防御的准备。在作战阵地上，预有准备地区总长达1500公里。苏军在德军主要突击方向上部署了第一、第二防御地带和后方防御地带。防御阵地做了纵深梯次配置，且拥有足够的反坦克和反炮击装备。乌克兰第3方面军的各级司令员根本不把德军即将发动的攻势放在心上，他们认为，一旦德国人发动进攻，就会陷入他们的纵深防御网里，就像库尔斯克突出部里一样，无法快速突击，陷入一个又一个阵地战。乌克兰第3方面军还可以不受影响地继续执行大本营制订的进攻维也纳的计划。必要的时候，可以动用大本营的预备队和从其他没有战事的防线上调来部队参战。

德国南方集团军群给SS第6装甲集团军下达的作战命令是沿萨尔维兹（Sarviz）运河两侧向南推进，切断渡过多瑙河的苏军集团与后方的联系。迪特里希把下属的第1骑兵军部署在了右翼，SS第1装甲军居中，SS第2装甲军在左翼。萨尔维兹运河则是两个装甲军的分水岭。SS第2装甲军的首要任务就是与SS第1装甲军一起平行向南冲击，穿过奥包（Aba），在多瑙新城（Dunaujvaros）和多瑙城堡（Dunafoldvar）

苏军乌克兰第3方面军司令员费多尔·伊万诺维奇·托尔布欣元帅。

两地的多瑙河上建立桥头堡，接着向南迂回包抄萨尔维兹运河和多瑙河之间的苏军。帝国师将与霍亨施陶芬师在宽约10公里的正面齐头并进，首先攻占沙尔凯赖斯图尔（Sarkeresztur）和沙尔博加德（Sarbogard）两处关键要地。

1945年2月底，气温意外地开始回升，有时候一天温度能升高11度。融化的积雪导致乡间的道路变得泥泞难行，整个SS第6装甲集团军的进攻地段都变成了一个大泥潭。即使是履带车辆，在充满淤泥的道路上行进也成了大问题。所有车辆、人员都在这个泥潭里艰难地跋涉。许多勉强可以通车的道路由于各个部队的争抢，形成了大堵塞。但是，德军最高统帅部还是把发起"春醒"的时间定在了3月6日凌晨4点30分。很少有人意识到这是整个第二次世界大战中德军发动的最后一次大规模战略攻势。

1945年3月1日，SS第2装甲军在上报给SS第6装甲集团军的报告中，显示帝国师在编人数是19542人，霍亨施陶芬师是17299人，整个装甲军共39807人。但这些并不是实际抵达战场的人数，帝国师甚至还有一部分人仍滞留在西线。

这期间，SS第2装甲团总共拥有47辆豹式坦克。2连至4连每连15辆。1连没有任何坦克，不过也可能是抵达匈牙利后，1连把所有坦克转交给了其他3个连。团部有2辆指挥坦克。SS第2装甲团2营在这场末日之战中信息更加复杂难辨。原先5连和6连的Ⅲ号突击炮G型被移交给了SS第2坦克歼击营。8连则把手上的Ⅳ号转交给5连后，开始换装IV号坦克歼击车/70（V）型（共有20辆）。1945年3月，又有10辆猎豹式坦克歼击车被送交给帝国师，很可能也被8连接收。此外，理论上6连是没有任何坦克的，但很可能有部分豹式坦克进入该连。

3月2日，接到随时准备投入战斗的命令后，SS第2装甲军的两个师立刻停止了适应性训练，进入全面战备状态。帝国师的临时集结地是塞克什白堡以西的皇宫堡（Varpalota）。实际上，帝国师师长奥斯滕多夫和霍亨施陶芬师师长施塔德勒两人直到3月5日才接到具体的进攻

1945年3月，乌克兰第3方面军第27集团军的预备队正在用平板列车运送摩托化部队至巴拉顿湖战区。这些运输车辆大多数由西方盟国援助、美国制造。

1945年春，在匈牙利的SS第9"霍亨施陶芬"装甲师所属的SPW营。1945年3月15日时，该师仅有141辆可用的装甲运兵车，另外有41辆需要短期维修，而有38辆需要大修。

计划和命令，这离整个"春醒"发动仅剩下16个小时。就在这时候，两个师的掷弹兵们正背负着全副装备在距离出发阵地20公里开外的雪地里艰难蜗行。帝国师的两个装甲掷弹兵团更是缺兵少将，SS第3"德意志"装甲掷弹兵团2营无论是人员和车辆都没有在进攻发起前补充完毕，所以无法参战。情况类似的还有SS第4"元首"装甲掷弹兵团1营。根据SS第2装甲炮兵团海德·鲁尔的回忆，部署在赛克什白堡以南的SS第2装甲炮兵团甚至不允许擅自开火支援。由于道路泥泞，集结困难，帝国师师长奥斯滕多夫曾打电话向军部反映，希望能推迟24小时再发动进攻，但被拒绝。

尽管如此，SS第2装甲军在进攻首日实际上没有任何重大行动。直到当天中午，才有先头的掷弹兵连发起了试探性"进攻"。海德·鲁尔对此回忆道：

我们（炮兵）发起了猛烈的炮火准备，但掷弹兵们并没有进攻，因为他们根本没法发起进攻（缺乏有效支援及集结困难等原因）。结果这次炮击除了提醒俄国人我们来了以外，没有任何作用。

对此，SS第2装甲军军长比特里希在战后的一次访谈中提到，1945年3月6日天亮以后，他仔细观察了攻击地段周围的地形之后，就明白自己手下任何重武器和坦克都别想在规定时间内完成集结并发动攻击，他本人更无意用他宝贵的士兵徒步发起攻击。

3月7日，SS第2装甲军在一片巨大的毫无遮掩的沼泽地带发起了进攻，在中路展开的帝国师任务是夺取沙罗什德—奥包之间的公路。苏军在进攻道路四周的高地上部署了密集的机枪火力点和反坦克炮阵地。凌晨5点，SS第3"德意志"装甲掷弹兵团在没有炮火的掩护下，率先投入战场。该团的任务是在苏军防线上砸开一个缺口，SS第4"元首"装甲掷弹兵团和SS第2装甲团2营组成的混合战斗群则负责扩大这个突破口，直到击溃苏军的整个防线。帝国师的老兵们很快就推进到沙罗什德（Sarod）东北方的一处高地，但也就止步于此。在左翼投入进攻的霍亨施陶芬师一方面要与更左边的国防军第3装甲军建立联系，同时又要和中央突击的帝国师保持同步，尝试拉平战线，打得相当艰苦。

SS第2装甲团2营营长迪特尔·凯斯滕。

加强给SS第2装甲军的陆军第44帝国

掷弹兵师在奥包方向与苏军激战良久，仅夺取了奥包东北3公里处的一座农庄，他们还没来得及喘口气就遭到了苏军的强力反击。此外，乌克兰第3方面军司令托尔布欣元帅还抽调了部分援军赶赴该地段增援，其中一个坦克连就挡在了帝国师和第44帝国掷弹兵师的前进道路上。南方集团军群战地日志里关于SS第2装甲军7日的战斗做了如下记载：

SS第2装甲军由于集结延迟等原因，没有按时投入战斗。本日，在以步兵进攻力量为主的情况下，一举楔入敌军主要防线6公里并抵达沙罗什德以西。其下一步的任务就是夺取沙尔凯赖斯图尔至沙罗什德东南的公路。

SS 第 4“元首”装甲掷弹兵团 3 营营长海因茨 · 维尔纳。

帝国师师长维尔纳 · 奥斯滕多夫,原帝国师参谋长。

3月9日，SS第2装甲军左翼的霍亨施陶芬师还是没有取得任何进展。在帝国师作战区域，天刚蒙蒙亮，SS第3“德意志”装甲掷弹兵团就在炮火的支援下向当面的两处小高地发起进攻；SS第4“元首”装甲掷弹兵团3营与SS第2装甲团2营也同时向159高地发起了猛攻。他们在接近159高地时，由于苏军反坦克炮的侧翼伏击，瞬间损失了3辆坦克，维丁格团长只能下令停止进攻。

不久之后，奥斯滕多夫师长亲抵前线并下令SS第3“德意志”装甲掷弹兵团发动一次旨在与萨尔维兹运河对岸的友军（警卫旗队师）建立联系的战斗。由于进攻必须在洪水泛滥且毫无遮掩的开阔地上进行，威斯利塞尼团长当即与奥斯滕多夫发生了争执。不久后，奥斯滕多夫在返回师部的途中，其所乘坐的车辆被苏军炮火直接命中。奥斯滕多夫的副官当即阵亡，奥斯腾多夫也受了重伤。SS第2装甲炮兵团团长克罗伊茨临时兼任师长一职。1945年5月4日，奥斯滕多夫因这次受伤不治死在了奥地利的医院，两天后被追授了骑士十字勋章的橡叶饰。在159高地周围，被苏军炮火阻滞的维尔纳和凯斯滕的混合战斗群尝试迂回包抄高地上的苏军，但在机动过程中却迎头撞上了苏军的装甲部队，双方从白天一直打到黑夜才各自罢手。

第二天，SS第2装甲军依然在奥包至沙罗什德一线原地踏步，近在咫尺的沙尔凯赖斯图尔仍牢牢地掌握在苏军手中。在他们前面，苏军足足部署了6个步兵师以及2个师的预备队，并且还有坦克部队的支援。3月11日，帝国师与第44帝国掷弹兵师在留下一部分兵力牵制奥包的守军后，开始猛攻其后方的沙尔凯赖斯图尔。此外，帝国师还派出了一个装甲战斗群绕过沙尔凯赖斯图尔继续向东突击。由于路面干燥，适合装甲部队机动。当天上午9点，维丁格团长亲自在半履带指挥车里坐镇指挥，掷弹兵们一路势如破竹。临近中午时，成功抵近沙尔凯赖斯图尔东南6公里一处要地——海因里希农庄外围，对盘踞在沙尔凯赖斯图尔的苏军后路产生巨大威胁。

与此同时，负责右翼进攻的SS第3“德意志”装甲掷弹兵团也攻占了沙尔凯赖斯图尔以东的葡萄园，彻底切断了在奥包防守的苏军退路。虽然战果不错，但是也有些小损失。跟随部队一起进攻的师参谋长阿尔贝特·施图克尔在这场战斗中受了轻伤，师情报官（Ic）一级突击队中队长（上尉）奥雷尔·科瓦特施（Aurel Kowatsch）则在跟随进攻时受了重伤。

SS第2装甲侦察营也在当天渡过萨尔维兹运河后抵达索包德包詹（Szabadbattyan），随后穿过萨波尼奥（Soponya）抵达卡洛兹（Kaloz）以北的一个交叉路口。克拉格计划从这里再次向东穿过萨尔维兹运河，协助师主力包抄沙尔凯赖斯图尔守军侧后方。由于苏军的顽强抵抗，克拉格的这一计划未能成功。

3月12日，德国人期盼的干燥天气持续了一天都不到，就再次急遽恶化，天上下起了冰雹，时雨时雪的天气使得履带车辆愈发难行，掷弹兵们更是对这种风霜雨雪的气候叫苦不迭。SS第2装甲军今天唯一的成果就是从已经被切断后路的苏军手里夺取了奥包。与此同时，维丁格团长命令SS第4"元首"装甲掷弹兵团3营与凯斯滕的装甲战斗群继续进攻海因里希农庄，SS第4"元首"装甲掷弹兵团2营负责掩护进攻部队侧翼安全。虽然德军在战斗中击毁了苏军6辆坦克和4门反坦克炮，但仍然没有进展，甚至还搭上了几辆坦克和装甲运兵车，两个营的人员伤亡也不小。对海因里希农庄突出部的战斗至此已经变成了维丁格的独角戏，因为进攻部队既得不到师里的支援，也得不到SS第2装甲军其他部队的支援，完全是单打独斗。这也是SS第4"元首"装甲掷弹兵团在整个"二战"中最后一次成规模的进攻。

晚些时候，维丁格指挥的战斗群还击退了苏军两次反击，最后一次反击苏军出动了10辆坦克掩护步兵进攻，其中4辆被德军击毁。SS第2装甲团2营的上级小队长埃米尔·赛博尔德（Emil Seibold）也在这场战斗中，完成了个人的第65辆击毁记录。赛博尔德因此获得了骑士铁十字勋章。到战争结束时，赛博尔德以总击毁69辆的个人战绩成为帝国师的坦克王牌之一。

夺取奥包后，第44帝国掷弹兵师开始与SS第3"德意志"装甲掷弹兵团联手攻打沙尔凯赖斯图尔。SS第2装甲侦察营也再次从卡洛兹的桥头堡出发，向沙尔凯赖斯图尔侧翼发起了攻击。营属2连和3连才刚刚前进不到几百米，就被苏军猛烈的炮火赶回了萨尔维兹运河上的桥梁附近。入夜后，全营还遭到了苏军的不间断炮击，处境相当糟糕。面对苏军的猛烈反击，除了帝国师开始收缩后撤外，霍亨施陶芬师也被迫放弃进攻，退守谢赖盖耶什以南一线，继续掩护SS第2装甲军的侧翼安全。苏德双方都派出了巡逻队、突击队等小股部队互相渗透，同时展开不间断炮战。

当天，帝国师还发生了一项人事变动，SS第1装甲军的参谋长鲁道夫·莱曼（Rudolf lehmann）接替克罗伊茨成为帝国师新任师长。拉尔夫·蒂曼（Ralf Tiemann）成为帝国师的首席作战参谋。

3月13日，SS第2装甲军仍在沙尔凯赖斯图尔—沙罗什德与苏军进行着拉锯战。SS第3"德意志"装甲掷弹兵团和第44帝国掷弹兵师一部在北面攻打沙尔凯赖斯图尔；维丁格指挥的装甲战斗群则继续坚守海因里希农庄突出部，战斗群虽然多次打退苏军反击，但整

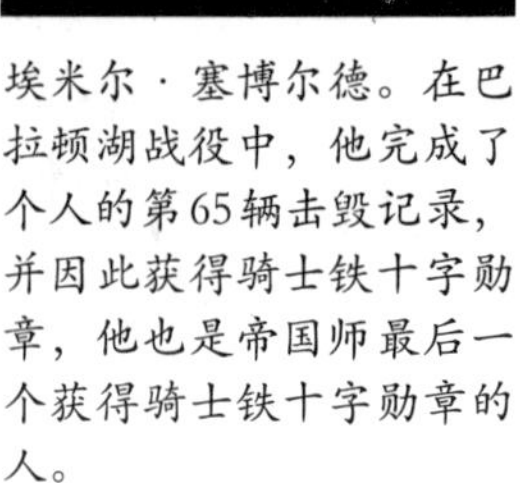

埃米尔·塞博尔德。在巴拉顿湖战役中，他完成了个人的第65辆击毁记录，并因此获得骑士铁十字勋章，他也是帝国师最后一个获得骑士铁十字勋章的人。

个突出部已经被压缩到不足3公里宽。维丁格无数次向上级请求撤退，但都被无情地拒绝。

次日，帝国师仍在徒劳无力地努力着，尽管SS第3“德意志”装甲掷弹兵团和第44帝国掷弹兵师终于在沙尔凯赖斯图尔以北打开了一个缺口，但苏军不断的侧翼袭扰，遏制住了德军的进一步突破。从萨尔维兹运河桥头堡上进攻沙尔凯赖斯图尔的SS第2装甲侦察营也遭到了苏军的强力反击，多次进攻均被击退。3月15日，整个SS第6装甲集团军也已成了强弩之末，加上苏军大量部队出现在了塞克什白堡—扎莫伊（Zamoly）一线，德军被迫下达了停止进攻的命令，所谓的帝国最后一击到此结束，而苏军强大的反击却刚刚开始。

帝国师首席作战参谋拉尔夫·蒂曼。

3月16日，苏军乌克兰第3方面军终于在塞克什白堡至扎莫伊之间长达14公里的德军防线上砸出了蓄势已久的重击。苏军两个近卫集团军首先进攻了韦伦采湖西北方的德军第6集团军的左翼防线（髑髅师以及维京师），托尔布欣元帅的目的已经非常明确，包围匈牙利的德军部队，然后挺进奥地利。为了击退苏军进攻，德军被迫抽调SS第1装甲军北上。根据南方集团军群的命令，SS第2装甲军也开始后撤部队。

3月19日，莱曼师长下令帝国师各部立刻与苏军脱离接触，有序向赛克什白堡以南后撤。SS第3“德意志”装甲掷弹兵团和SS第4“元首”装甲掷弹兵团2营很快完成了任务。但对仍在海因里希农庄突出部里的维丁格装甲战斗群来说，后撤却不是那么容易了，突出部三面都有苏军，很难掉头后撤。SS第2装甲团1营只能派出1个排的豹式坦克前往增援，以掩护其撤退，这个排的排长正是赫赫有名的坦克王牌恩斯特·巴克曼。巴克曼在接到命令后，不但顺利地完成了掩护突出部里友军撤退的任务，甚至奇迹般地救出了突出部里所有的伤员以及带走了所有尚能维修的坦克和装甲车辆。

当天夜里，帝国师的所有人员装备实际上已经移动到了塞克什白堡西南的厄什（Osi）附近。虽然一路上遭到了数次空袭，幸运的是没什么损失。随后，全师的坦克搭载着掷弹兵又整整行进了45公里，抵达维斯普雷姆（Veszprem）以西。该师的车辆和人员又从那里乘火车经过帕波（Papa）运往杰尔（Gyor）。重新集结后，帝国师在小贝尔（Kisber）以北的塔卡尼（Tarkany）至包瑙（Bana）之间集结。

SS第2装甲侦察营和SS第2高炮营作为全

正在追击德军的苏军机械化第1军的摩托化纵队，西方大量援助的半履带车和卡车极大地提高了苏军的机动速度和战斗能力。

1945年3月中旬，正驶入多瑙新城地区的苏军JS-2重型坦克集群。

师的先头部队，首先穿过包科尼（Bakony）森林，前往小贝尔至大伊格曼德（Nagyigmand）建立防线。苏军乌克兰第2方面军已经攻占了大伊格曼德以东的陶陶巴尼奥（Tatabanya）。幸运的是，没赶上"春醒"作战的SS第3"德意志"装甲掷弹兵团2营早已在小贝尔以北集结完毕，并等待与大部队会合了。

3月24日，苏军乌克兰第3方面军在彻底粉碎SS第6装甲集团军南翼后，突入维斯普雷姆一线；乌克兰第2方面军也已逼近科马罗姆（Komarom）地区的多瑙河，这标志着苏军正式进入匈牙利西部平原地区，德国人再也无法挽救几近崩溃的防线了。在德军七零八落的防线上，匈牙利人更是整连整连地在一夜之间从阵地上消失得无影无踪，连师长们也没了斗志。南方集团军群3月25日的战地日记记载道："匈牙利人已经不再是一支独立紧密的作战部队了，他们必须得并入德军部队才行。"此外，德军在报告中还指出匈牙利人往往没有任何武器，却配备着整整一火车皮的补给和炊事车。帝国师的一名士兵弗雷德里希·胡克（Friedrich Huck）回忆道：

接近3月底的时候我们开始向维也纳撤退……我饿极了……我们经过一支匈牙利部队，那时正是开饭时间，匈牙利人在供应食物。我停下卡车，情不自禁地把鼻子探了出去。这是多么美妙的气味啊！我留下一个卫兵看着卡车，带着其他战友们加入了战地炊事车前匈牙利人排成的长队中。炊事员在我们的饭盒里舀了满满的土豆、卷心菜、肉和一根火红的香肠，里面撒了红辣椒粉和胡椒粉，炖得像火一样烫，我们还得到了一杯酒。这是我第一次也是最后一次尝到一顿真正的匈牙利炖杂菜。这顿饭像在我身体里从头到脚升起了一团火……在接下来的3天里我只能靠喝水充饥。

恩斯特·巴克曼。

面对苏军马不停蹄的追击，SS第6装甲集团军只能不断后撤。这一举动彻底激怒了远在柏林地堡中的希特勒，他怒火中烧地表示："他们（武装党卫军）配备着最好的武器，由我最信赖的老战士（迪特里希）指挥着，却作出这样耻辱的龌龊勾当，他们不配佩戴我的名字！"在和宣传部长戈培尔的会晤中，气得两颊通红、全身发抖的希特勒举着拳头咆哮道："如果我们输了这场战争，那就是迪特里希的错！"

经过一连串毫无意义的讨论后，希特勒本人终于下令除去SS第1"阿道夫·希特勒警卫旗队"、SS第2"帝国"、SS第9"霍亨斯陶芬"和SS第12"希特勒青年团"这四支装甲师官兵制服左袖袖口上的荣誉袖标（分别绣有"Adolf Hitler"，"Das Reich"，"Hohenstaufen"和"Hitlerjugend"字样）以及左臂上的SS鹰徽标志。然而，希特勒的这道命令实际上根本无法执行。由于在SS第6装甲集团军抵达匈牙利时，为了部队调动的伪装，大部分官兵都已经被要求撤去自己军服上的袖标、臂章。自从3月18日起苏军发动反击以来，党卫军各部根本没有时间先把袖标都戴上，然后再组织统一摘除。不过，这个命令给党卫军带来的精神打击远比执行这个命令本身要严重得多，尤其是对于老兵而言，他们最后的一点士气也荡然无存了。

3月27日，苏军开始向匈牙利西部的拉包（Raba）河挺进，帝国师主力在弃守格纽（Gonyu）后，撤向了杰尔圣伊万（Gyorszentivan）—蓬农豪尔毛（Pannonhalma）一线。刚到夜里，帝国师就在苏军的凶猛进攻下，丢掉了杰尔圣伊万，整个杰尔地区门户洞开，失守几成定局。

1945年3月，在匈牙利某处树林里的SS第2装甲团1营的豹式坦克G型和车组。有考证资料认为这是1945年2月，"春醒"行动开始前在包克尼山脉树林里等待进攻命令的SS第2装甲团。但从环境和车组乘员们的穿着来看，肯定已经是3月下旬了。因为根据战史记载，2月还是雨雪天气，非常寒冷，不可能出现照片里的穿着，地上也没有积雪。所以这张照片甚至存在4月份在奥地利境内的可能。

负责殿后的帝国师师属警卫连在最后时刻依旧表现出了绝不亚于诺曼底战役中的勇猛精神。面对苏军在猛烈炮火支援下发动的大规模坦克突击，全连在连长蒂克森（Tychsen）的率领下展开了奋勇抵抗。有的战士甚至扛着"铁拳"近距离轰击苏军坦克。不过，即使这样也无法阻止防线的崩溃，除了少数幸存者沿着铁路逃生外，几乎全军覆没。许多人包括蒂克森在内都战死在苏军坦克集群之下。全连共46人阵亡，除了活着撤下来的不到1个排的兵力外，其余的全部失踪。随后，这部分幸存者加入了SS第2装甲侦察营。而蒂克森连长的哥哥就是原先SS第2装甲团团长克里斯坦森·蒂克森。师属警卫连的一名老兵对此回忆道：

1945年3月初，我们的队伍抵达了巴拉顿以北的皇宫堡……大约是6日或7日时我们第一次与俄国人遭遇。我们本来朝着奥包方向前进，但是仅仅几天工夫之后就在敌人重压之下被迫撤退了。我们在3月25日那天得到了补充，这样全连的兵力又上升到了250人，但糟糕的是这些新兵根本没经过什么训练，更别提任何的战斗经验了。

2天后，也就是3月27日，我们被迫放弃了乔尔瑙（Csorna）转移到其东南大约4公里的一个叫埃斯特哈吉（Esterhazy）的村子。俄国步兵和坦克部队随后不久就从西北方向开进了乔尔瑙。下午3点左右，我们经过一次侦察发现我们正前方的村子也已经落入敌人手中。随后试图夺取村子的进攻也被有坦克、火炮和迫击炮支援的俄国步兵击退了……我们接到了后撤的命令，但必须守住从乔尔瑙通往奥地利艾森施塔特的公路，一条铁路线沿着这条公路向南延伸。

蒂克森连长、韦什（Wysz）和我在铁路交叉口顶端的阵地上掩护整个防线，但随后我们又转移到了与铁路线平行的一条乡间小路旁的壕沟里，有辆火车就停在一个村中。突然火车快速驶离了村子，一直朝西奔去。我们看见大约40辆T-34坦克正沿着公路隆隆开来！这时我们的一名士兵竟然很愚蠢地跑了起来，这一下把敌人的注意力全部吸引了过来——他们从四面八方向我们炮击，俄国步兵也不顾己方猛烈的炮火，朝我们一波波地袭来。我们手中只有轻武器，根本挡不住他们，于是我们只好成对互相掩护着撤退。冲到我们面前的俄国人还以为我们要反击，吓得举起双手就要投降。但是当他们看到我们只有这么点人之后，又马上重新朝我们开火了。当时我们遭到各种武器的蹂躏，许多战友被T-34的火舌扫倒，只有少数人得以逃脱。幸存者在躲藏了5个小时之后，悄悄穿越了一片开阔的田地，最后终于与我们的装甲侦察营2连取得了联系。我们从最初的250人到现在只剩下区区15人了——蒂克森连长也在战斗中阵亡。在短暂休息了一会后，我们被编入了第2连，一同执行其他任务，包括反击和火力巡逻什么的。但是我们总是在不停地向西撤退。

师属警卫连连长蒂克森，原SS第2装甲团团长克里斯坦森·蒂克森的弟弟。至此，两兄弟全部阵亡。

3月28日，帝国师主力撤过了拉包河，只留下一个战斗群迟滞苏军的进攻脚步。同一天，帝国师自"春醒"以来第一次清点自己的战斗力，全师共剩下3辆Ⅲ号突击炮，7辆Ⅳ号坦克歼击车，5辆Ⅳ号坦克以及2辆豹式坦克。SS第

2装甲炮兵团尚有40门榴弹炮和3门100毫米加农炮；只是弹药消耗严重，各部只剩下不到半个基数了。两个装甲掷弹兵团加起来也只剩下5个残破的营；各营所属的摩托车、运兵车不到标准编制的60%。

在苏军闪电般的进攻下，德军既没有任何喘息之机，也无法组织协同一致的防御。只能向“帝国边境防线”后撤，只是这道防线被证明跟当年西线的大西洋壁垒一样根本就不适合防御作战。战线总长约420公里，直到1945年3月才修完了一部分，而且此时许多地段已经被苏军的坦克先头部队占据了。对德国人来说，只有退入奥地利东南部的崇山峻岭才能给德军各部暂时提供一点有效的安全保障。

退出匈牙利后，帝国师连夜撤向奥地利的艾森施塔特（Eisenstadt），然后又穿过瓦勒姆（Wallern）退向了新锡德尔湖的最北端。从此以后，SS第6装甲集团军下属的两支部队——SS第1装甲军和SS第2装甲军各自为战，再也没能会合。弗雷德里希·胡克回忆道：

我们穿过戈尔斯（Gols）和波德斯多夫（Podersdorf）进入布尔根兰州（奥地利）。在这之前，我们炸毁了所有船只，以拖延俄国人的渡河速度。

匈牙利的战火尚没有平息，而维也纳的攻防战即将展开……

1945年4月初，一支德军俘虏纵队正在苏军士兵的押送下前往后方战俘营，这些士兵都是在巴拉顿湖的战斗中被俘的。照片右侧是1辆被击毁的JS-2式重型坦克。

第十一章　维也纳之战

早在1945年3月底，维也纳人就已经多少感觉到了前方巴拉顿湖的灾难，尽管报纸上很少公开报道来自东面日益迫近的威胁，但是一种惶恐的气氛还是笼罩在整座城市上空。德国驻维也纳的帝国总督兼帝国防御委员会委员巴尔杜尔·冯·席腊赫（Baldur Von Schirach）签署了戒令：“每个德国人都要全心投入，奋战到底，任何玩忽职守者都将受到严惩。”3月31日又下令任何维也纳市民“未经允许”都不得擅自离城。市内紧急招募了国民突击营，所有学校都于4月1日停课关门。4月3日，席腊赫在维也纳电台对全城市民进行了一番简短的战前动员：“维也纳的市民们，考验的时刻即将来临了。俄国人，这群奥地利历史上一直以来的死敌正在逼近我们的城市。我们的每一个人都必须尽守职责。每一个帮手都将得到欢迎……”

曾经的帝国青年领袖，后任德国驻维也纳的帝国总督兼帝国防御委员会委员巴尔杜尔·冯·席腊赫。希特勒青年团（HJ）就是在他手中发展壮大的。

两天前，刚刚撤出匈牙利不久的帝国师奉命在新锡德尔湖和多瑙河之间建立防御阵地。不久后，莱曼师长就接到了进驻维也纳的命令。4月4日，苏军乌克兰第3方面军占领了巴登（Baden），因此获得了一个从西南两个方向包围维也纳的理想基地。在此期间，髑髅师曾发动了几次小规模反击，为该师主力和其他部队争取了撤退时间。

4月5日，驻守在维也纳市区的莱曼师长收到了来自元首本人的命令：“从现在起，再没有撤退。”同一天夜里，乌克兰第3方面军司令托尔布欣元帅也完成了对维也纳最后总攻的所有部署：近卫第4集团军将从城市的南角攻打市中心，然后朝弗洛里斯多夫（Florisdorf）推进，近卫坦克第6集团军则以近卫坦克第5军为矛头直插维也纳西北角，同时下辖的另一支机械化部队——近卫机械化第9军则由西面进行包抄，切断城内的德军逃往瓦豪（Wachau），然后再从当地退向萨尔茨堡的通道。

豪泽战斗群的指挥官汉斯·豪泽。在维丁格的推荐下，豪泽从SS第6装甲集团军指挥官泽普·迪特里希那获得了骑士铁十字勋章。

对帝国师来说，主要任务就是保证维也纳以及当地几座跨越多瑙河的桥梁的安全。战斗率先在SS

第4“元首”装甲掷弹兵团的阵地上打响。4月初，乌克兰第3方面军一部向位于利奥波德斯多夫（Leopoldsdorf）的该团阵地发起了试探性进攻，意图探明防线的薄弱处，然后再投入主力部队一举突破。身经百战的德军老兵对这一战术早已烂熟于胸——苏军在试探性进攻之后必然是大规模毁灭性炮击。所以在打退这次佯攻之后，师主力和SS第4“元首”装甲掷弹兵团集体从利奥波德斯多夫撤向了维也纳城南的弗森多夫（Vosendorf），避免了被无数炮火“照顾”的命运。只是帝国师还没来得及喘口气，苏军就杀了过来，切断了利奥波德斯多夫—弗森多夫的道路，导致SS第4“元首”装甲掷弹兵团一度与师里失去了联系。苏军的这次进攻成功地在维也纳以南的SS第3“德意志”装甲掷弹兵团和SS第4“元首”装甲掷弹兵团防线之间打开了一道缺口，战局再次陷入危急之中。

根据情报，苏军大量的步兵和装甲部队正从这个缺口涌入。幸运的是，一个由伤愈归队的士兵和预备役新兵仓促组成的豪泽战斗群刚好堵住了位于明兴多夫（Munchendorf）的这道缺口。这次成功的外围阻击战为帝国师乃至整个维也纳守军都争取了不少宝贵的时间。该战斗群的指挥官汉斯·豪泽（Hans Hauser）在后来的回忆录中写道：

3月底的时候，我奉命带上我的残余部队和“库尔马克”（Kurmark）训练营的新兵们，乘火车前往布拉格南面的贝内绍夫（Beneschau）。经过一番行程后，我们和“基恩施拉格”党卫军军官学校（Kienschlag Junker-School）的学员们一道最终抵达了帝国的“要塞”——波希米亚和摩拉维亚保护国。在等待新命令的那段时间里，我的部下们被调到了其他部队。然后又过了几天，我接到了柏林下达的调令，要我立即接管SS第13“圣刀”山地师的一个团长职务，但是一开始我甚至都不知道这支队伍在哪里作战，最后还是在从布拉格开往维也纳的补给列车上才查到了这个团的战地邮编，于是我就搭上这列火车出发了。可就在抵达维也纳后，又有件事情让我吃了一惊，一道特别“元首令”要求施泰纳（就是费利克斯·施泰纳，当初德意志团的团长）接管经停维也纳的列车上的所有军人，无论其军衔高低。这么一来，我原来的那道调令也就作废了，所有人都集结到位于美泉宫的机动车学校。在这里我得到正式通知，鉴于我军在匈牙利的危急战局，我将指挥一个新的战斗群，先前在“圣刀”师的任命取消。陆续不断地有军人集中到美泉宫，大部分是刚刚复原的伤病员，另外的一些则是跟我一样奔赴新岗位的官兵。幸运的是，这些人当中还有少量战功卓著的老兵。他们对组建新战斗群的帮助极大。不到几天的时间里，我就把人员组织起来了，但大家手中只有普通的步兵武器：步枪、刺刀、冲锋枪、手榴弹和“铁拳”。

在我们的努力下，一支卡车车队也组织了起来。1945年4月初，我们接到了行动的命令，包括要求我们一旦遇敌就得马上把卡车开回来，以便拉来增援，等等。在从布尔根兰州前往维也纳的途中，我们遇到了一大群手无寸铁，朝维也纳方向溃退的匈牙利士兵。又走了几公里后，人群变得稀少起来。最后，马路上就突然只剩下我们这群人了。

多年的前线生活让我感到危险正在逼近，我立即下令车队开下路边的公路，所有人全体下车。然后卡车掉头开回维也纳。我又派了一支侦察队前往正前方的一个村子——明兴多夫侦察，一切看起来都很正常。抵达村子南端后，正当我下令警戒侧翼时，3辆T-34坦克突然高速冲了过来，它们没有任何步兵保护，而且也没发现我们这个战斗群。我立刻告诉在村前一座桥附近埋伏的部下，没有得到我的允许，任何人不许开火。

在第一辆T-34过桥时，我大声下达了开火的命令。一枚“铁拳”正中这辆坦克，车身瞬间发生了大爆炸，把桥面都弄坏了。坦克和桥身的残骸绞在一起，彻底堵住了该桥。剩下的两辆坦克也在我们猛烈的机枪火力下掉头后撤，很快就消失在了远处。我们赢了第一仗，但必须抢在俄国人再回来前巩固和伪装我们的阵地。果然，在天边还挂着最后一丝光亮时，俄国人的重炮和斯大林管风琴（即喀秋莎火箭车）的火箭炮炮弹就铺天盖地砸了下来，密度之高几乎把整块地都刨了一遍。仅第一轮炮击期间，我的指挥所就被迫转移达3次之多，我的副官也在最后一次转移中阵亡。炮声刚一停，T-34坦克就紧跟着逼了上来。在我们用“铁拳”击毁了更多的坦克后，俄国人于第二天拂晓时撤退了。

当天还黑着的时候，一辆来自北翼友军部队的虎式坦克开到了村里，一名联络官从上面跳了下来，他在听了我们这不可思议的事迹后，对我们之前的行动赞赏不已，尤其是亲眼目睹我们这群装备简陋的步兵既无重武器也无车辆支援后。他告诉我，我们的战斗群正占据着帝国师两个团——“德意志”和“元首”装甲掷弹兵团之间的敏感地带，上级要他传达的命令是我们必须坚守明兴多夫村至少3～4天时间，这样两个团的战线才能在我们后方牢牢联系在一起。

随后，我开始迅速组织伤员撤退，接着又与帝国师建立了无线电联络，以便在必要时刻请求炮火支援。而那位传令的联络官在向我们保证随时会赶来支援后，也随着虎式坦克离开了村子。没过多久，俄国人就杀了过来，我们猛烈的机枪扫射再次打退了他们，还用“铁拳”击毁了另一辆T-34坦克，战场上再次陷入了短暂的寂静，我们利用这段时间对伤员进行了包扎治疗。

村中大部分的屋舍都已经被肆虐的炮火炸成碎片。很明显俄国人没有对此地进行必要的侦察，因为他们本可以轻而易举地从村子两侧包抄过去，切断我们的退路，而不是一味地进行正面强攻。到第二天夜间，俄国人终于在村中夺下了一块立足点。到了第4天，我们掌握的地盘只剩下半个村子了，伤亡也在不断增加，很难再坚持下去了。我当即下令连夜脱离战斗，向“元首”装甲掷弹兵团靠拢。

在第4天结束时，我带领部下开始后撤。否则的话，估计我们这些人都活不过第5天。当我在“元首”装甲掷弹兵团防线外围向该团团长奥托·维丁格报告时，他先是感谢了我和我的部下在这几天的卓越表现，并告诉我他已经为我申请了骑士十字勋章（1945年5月6日，豪泽从迪特里希那领到了骑士铁十字勋章），然后他又问我是否愿意指挥“元首”装甲掷弹兵团1营，以接替刚刚阵亡的1营营长（恩格曼），我欣然同意了。后来，我跟随帝国师退往了默德灵（Modling），然后又参加了维也纳市区的巷战，以及弗洛里茨多夫（Florisdorf）大桥最后的战斗……

尽管豪泽战斗群坚持了近4天之久，帝国师的形势仍在不断恶化。由于通信被切断，SS第4“元首”装甲掷弹兵团2营甚至没有接到师里下达的撤退命令。直到命令下达后2个小时，醒悟过来的该营才开始从密密麻麻的苏军部队中杀出一条血路，向新防线靠拢。4月5日晚，苏军一个近卫机械化军和一个近卫步兵军楔入帝国师外围防线。在SS第2装甲团剩余坦克的掩护下，师里剩下的部队全部退到了美泉宫，准备在这里阻挡苏军的进攻。

4月6日清晨，苏军正式展开了对维也纳的总攻，炮弹呼啸着落在市中心，马路上的老百姓尖叫着四处逃窜，哭喊声混作一团。苏军的对地攻击机也飞临城市上空，城内四处顿时响起凄厉的空袭警报，驻扎的德军第24高炮师立刻迎战。炮火准备和空袭刚一平息，地面部队开始进攻了，加强有近卫机械化第1军的近卫第4集团军和近卫第9集团军下属的近卫步兵第39军首先一道朝维也纳西郊和南郊推进，挡在他们面前的是几近崩溃的SS第2装甲军（下辖帝国师、髑髅师、第6装甲师和“元首”掷弹兵师），该军的3个装甲师全部加在一起仅有28辆坦克和3737人，而“元首”掷弹兵师的所有兵员直到4月8日才全部抵达维也纳。

苏军的进攻一开始非常顺利，基本没有遇到什么像样的抵抗，可刚一抵近城区，激烈的攻防战顿时爆发了。南面法福里滕大街（Favoritenstrasse）和锡梅林格（Simmeringer）大街的争夺尤为激烈，髑髅师的屈恩（Kuhn）战斗群与苏军近卫步兵第20军围绕着维也纳中央公墓附近的街道、沟渠乃至墓碑间展开血战，面对兵力不过千余人的髑髅师残部，苏军士兵甚至要插上刺刀，发动数次冲锋，才能拿下一处据点。髑髅师战斗群的老兵用“铁拳”击毁了苏军打头的12辆坦克中的10辆，一直到苏军又投入1个近卫伞兵师才被迫撤退。

与此同时，近卫坦克第6集团军下属的近卫机械化第9军也派兵分别杀向了维也纳西面和西南面，其中西南面的部队在杀入城区后，试图向东北方向挺进，但遭到了当面“元首”掷弹兵师的顽强抵抗。另一路进攻部队也派出一支

攻入维也纳市区的苏军摩托化纵队。

机械化侦察分队穿过维也纳森林的帝国师右翼防线，深入维也纳西郊。由于德军兵力不足，这支侦察分队轻松绕过了帝国师的防御据点，从元首掷弹兵师和帝国师防线结合部向西火车站挺进。SS第2装甲炮兵团当时就驻扎在西火车站南面（美泉宫东北），负责掩护全师的北肩角。该团的海德·鲁尔后来回忆道：

我们在（维也纳）第15区外围每一条南北走向的道路上都部署了一门炮和一挺机枪（每处5人），因为这里凹凸不平的鹅卵石地面可以很好地抵消火炮开火后的后坐力。我们还在这里重新调整了编制，营里剩下的所有火炮直接合并成了一个超大的连。通信单位也采用类似的方式重组了，因为我们缺乏足够的指挥官，只好尽量集中指挥了。

由于我学生时代就熟悉这座城市，上级派我去找一些维也纳地图。师长需要这些地图来决定到底在哪里打最后一仗。这段旅程充满了危险，许多地方都已经被敌人占领，而且当地人组成的游击队会向我们所有的军用车辆开火。终于，我在一个旧的骑兵军营里找到了地图。这个军营的广场只有一点点大，上面散乱地堆放着一些打开的弹药箱。我在其中一栋建筑的顶楼上碰到了一个老上校，说明来意后，他慷慨地给了我一堆军用的维也纳地图。

在回去的路上，我亲眼目睹了"元首掷弹兵师"的一支自行火炮部队通过伏击摧毁了俄国人一支由坦克和卡车组成的车队，幸存的俄国人都四散跑进了附近房子。这批俄国人很可能是冲着我们（师）左翼去的。这样看来，我们薄弱防线的后方也彻底暴露了。

当时苏军近卫机械化第9军一部距离西火车站不到1公里，几乎切断了帝国师的后路。鲁尔回去路上看到的被伏车队就是该军前锋部队之一，再加上不断从左翼向城区突进的近卫步兵第39军，帝国师随时有被围的危险。现在，全

在维也纳市区与德军展开巷战的苏军近卫机械化第 9 军下属第 30 近卫机械化旅的士兵。照片左侧是一门 ZiS-3 加农炮，背景处是一辆 M4A2 谢尔曼坦克。

师只剩下了一条狭窄的逃生通道：从美泉宫经玛丽亚希尔费大街（Mariahilfer Strasse）至奥加滕（Augarten）。当天晚上，鲁尔返回部队后不久，莱曼师长就接到了火速撤向多瑙运河新防线的命令。对此，鲁尔继续回忆道：

我们跟随师里其他部队在元首掷弹兵师残余突击炮的掩护下，穿过针眼大小的逃生走廊向多瑙运河撤退。我们连在多瑙河和多瑙运河之间的奥加滕附近建立了防线。

SS第2装甲侦察营则先期渡过多瑙河，进入弗洛里茨多夫（Florisdorf）区。4月7日，苏军近卫坦克第5军夺取了维也纳最著名的，也是最重要的格林青（Grinzing），这里距离横跨多瑙河的弗洛里茨多夫大桥仅仅4公里。现在，所有在多瑙运河以西的德军都有被围的危险。莱曼师长当即下令炸毁运河上除奥加滕运河大桥和阿斯佩恩（Aspern）运河大桥之外的所有桥梁，并把前沿指挥部设在了奥加滕运河大桥附近。

根据4月8日早上南方集团军群的记录，SS第2装甲军（下辖帝国师、髑髅师、第6装甲师）总共击毁了39辆苏军坦克。莱曼师长也在当天的一次侦察行动中手臂负伤，打起了绷带。到了晚上，SS第2装甲军逐渐放弃燃着熊熊烈焰的内城，撤过多瑙运河，担任殿后任务的SS第4“元首”装甲掷弹兵团与苏军步兵在环城大道（Ringstrasse，内城与外城的边界）一带展开了残酷的巷战，密集的大炮和迫击炮炮弹将这条昔日繁华的大道以及周围的卡特纳大道（Karntnerstrasse）、格拉本大道（Graben，维也纳最漂亮的大街）、城堡剧院（Burgtheater）和维也纳国立歌剧院（Wiener staatsoper）化成一片火海。

完成任务后，SS第4“元首”装甲掷弹兵团和师属炮兵团在SS第2装甲团剩余坦克掩护下，拼命向多瑙运河防线方向靠拢。这是一段文字难以描述的血腥战斗，但绝不是一场一边倒的战斗，SS第2装甲团的豹式和Ⅳ号坦克在巷战中击毁了不少苏军装甲车辆，甚至一度逼退追兵。尽管如此，面对占据压倒性优势的苏军，帝国师也仅仅在运河防线上坚持了一小会，就被迫后撤。

4月9日，就在弗洛里茨多夫大桥被炸毁前4天，帝国师仍勉强守住了从阿斯佩恩运河大桥至（以北的）北桥以及多瑙运河和多瑙河交汇

维也纳的阿斯佩恩桥，该桥是德军计划炸毁的众多桥梁之一。4月9日，德军在撤退至多瑙运河西岸后，炸毁了这座桥。

河段到普拉特游乐场大街之间的大片阵地，两个减员到只有营级兵力的装甲掷弹兵团正在沿途的房屋和体育馆四周的战壕里做垂死顽抗。与此同时，从南面杀过来的苏军近卫第4集团军下属的近卫步兵第20军沿着多瑙河向普拉特区挺进；近卫坦克第6集团军下属的近卫机械化第9军也在两个步兵师的支援下从西、南两个方向杀向了阿斯佩恩运河大桥和奥加滕运河大桥；近卫坦克第5军则从西北面逼近弗洛里茨多夫大桥。此外，乌克兰第2方面军下属第46集团军也出动一个近卫机械化军（近卫机械化第2军）和两个步兵军从多瑙河东岸渡河，准备封锁维也纳守军的逃生道路。面对如此压倒性的力量，防线被冲得千疮百孔的德军被迫于4月10日凌晨炸毁了多瑙运河和多瑙河上的所有桥梁（除了弗洛里茨多夫大桥和帝国大桥）。维也纳的城防指挥官冯·布瑙将军是最后一个通过阿斯佩恩运河大桥向东北城区撤退的人。

帝国师撤过运河后，开始沿弗洛里茨多夫大桥西岸布防，SS第3"德意志"装甲掷弹兵团在左，SS第4"元首"装甲掷弹兵团在右。髑髅师和第6装甲师的残部则在帝国师的左翼展开，比特里希把SS第2装甲军的军部就设在了多瑙河东岸的帝国大桥附近。

当苏军试图靠近弗洛里茨多夫大桥时，SS第3"德意志"和SS第4"元首"装甲掷弹兵团残存的官兵进行了顽强抵抗，绝望的掷弹兵们寸土必争，每栋房子、每间屋子都要经过反复争夺才能易手，该桥将一直坚守到最后一名德军撤出为止，掷弹兵们甚至拆下有轨电车的铁轨，堆成堡垒做最后抵抗。进攻的苏军部队必须以反坦克炮直接命中才能摧毁这些五花八门的工事。帝国师在4月10日晚挡住了苏军的数次猛攻。迫使苏军短时间内甚至无法靠近桥口，只能不断地利用迫击炮的重炮轰击帝国师的防线，削弱守军意志。此时全师仍拥有15辆豹式坦克、11辆Ⅳ号坦克、4辆Ⅳ号坦克歼击车以及1辆猎豹和8辆Ⅳ号底盘的自行高炮。

在维也纳与苏军激战的维丁格（中间），背对镜头者是维也纳的城防指挥官冯·布瑙将军。

4月11日，一直在普拉特区东南角坚守的第6装甲师决定在退路未被切断前，渡过多瑙河后退。SS第2装甲侦察营也被调离原先阵地，跨过弗洛里茨多夫大桥开赴北岸阻击乌克兰第2方面军下属的第46集团军，迟滞他们与乌克兰第3方面军的会师速度以及保卫大桥的北端。而在大桥南段，帝国师终于坚持不下去了，守军的阵地现在只有不到500米宽，蜷缩在战壕和残垣断壁的德国人正日夜不分地遭到炮击的洗礼。

6连连长卡尔·波斯科。

最不可思议的是，即使是在战斗最白热化的阶段，不少适应了枪炮声的维也纳普通百姓还是会去购物或在咖啡厅、酒吧消遣。一名外国记者惊讶地看着两种截然不同的生活所带来的巨大反差："他们（平民）就像在和平时期那样安坐在咖啡厅里喝着咖啡聊天，然而仅仅几百米之外军人们却在前仆后继！"尽管形势不断恶化，甚至令人绝望，但帝国师全体官兵仍然显示出精锐部队的素质。一名上级小队长回忆道：

战争中最可耻的事情就是丢下行动不便的战友独自逃跑，他们一旦脱离大部队就很难活下来。只有叛徒和胆小鬼才该死。我们（师）在维也纳整整战斗了一周，从没有人想过逃跑。在混乱的战斗中，每个人都有的是机会当逃兵，但我们中绝没有……为了报复在圣斯特凡大教堂（St-Stephan，维也纳市中心的哥特式教堂，被认为是其几百年建筑艺术大成之杰作）顶上升起的白旗，驻扎在比萨山（Bisamberg）的高炮营同志接到了摧毁这座古老的大教堂的命令，但他们拒绝执行了这道命令（帝国师大多数官兵都相信比特里希军长不希望整个城市在战斗中化为废墟）。可惜大教堂还是被周围起火的房屋带燃，大火整整烧了五天五夜。

不久后，我们从内城沿着多瑙运河后撤。当然，这一切只敢在夜间进行。白天的时候，到处都是俄国战机，它们就像苍蝇一样，盘旋在我们头顶向任何可疑的目标开火。由于一路上的房屋并没有起火，掷弹兵们只能在黑暗中点着火把互相照着前行，一小队坦克、自行火炮和自行高炮负责支援我们。毫无疑问，在后撤的过程中我们再次与敌人爆发了激烈的战斗。师属装甲团所有的坦克都投入了战斗，协助掷弹兵们打退了敌人。4月11日—12日，第6装甲连最后8辆坦克还被派去掩护友邻的国防军第6装甲师（该师早已打光了所有装甲车辆，仅是个徒有虚名的装甲部队了）的掷弹兵后撤。

SS第2装甲团6连连长卡尔·海因茨·波斯科（Karl Heinz Boske）后来回忆了接下来在普拉特地区的情况：

我们（6连）击毁了一些敌人的坦克，但自己也损失了1辆。目前看来，普拉特的阵地已经坚持不到12日结束了。俄国人（乌克兰第2方面军）已经从多瑙河以北向帝国大桥逼来。国防军第6装甲师打算在退路还没被切断前，放弃普拉特东南角，穿过多瑙河后撤。这次撤退行动持续了（12日）整个晚上。我们连奉命掩护他们，因此在普拉特区一直待到了13日天亮。等全部结束后，第6装甲师师长才下令我返回弗洛里茨多夫大桥阵地，与老部队会合。不知道什么原因，俄国人竟然完好无损地夺取了仍然横跨在多瑙河上两座大桥之一的帝国大桥。

当我沿着多瑙河北岸的街道返回弗洛里茨多夫时，我发现除了团里的坦克，就连团部也在那里。维修连的战友们正忙着抢修损坏的车辆，包括我们连的。我军现在在维也纳部分地区已经非常不受欢迎了。我的连就损失了1辆坦克及其乘员，没人知道到底发生了什么，但所有人都相信是一个拿着“铁拳”的奥地利人干的。在我们收缩防线时，2连的上级小队长巴克曼的座车被击毁了，他本人也负了伤，但幸运地活了下来。

第6装甲师从普拉特地区后撤意味着我们的东翼已经完全暴露，因此我留下了上级小队长格拉策尔（Glazer）的Ⅳ号坦克和上级小队长申纳（Schinner）的豹式坦克担任警戒。我带领连里剩下的坦克向团长报到后，又接到了坚守多瑙河北岸以及弗洛里茨多夫大桥以西某处阵地的命令。那里还有两辆2连的坦克，我立刻把它们划到了我的帐下。

4月13日，也是维也纳之战的最后一天，莱曼师长和参谋长蒂曼仍在弗洛里茨多夫大桥西岸狭小的桥头堡阵地内，师部其他人员倒是安全转移到了对岸。城防指挥官布瑙将军也在桥头堡内，他戴着便帽，腰里插着手榴弹，同时拒绝后退一步。莱曼师长随后开始调集所有能用的重武器增援桥头堡阵地，其中还包括一个部署在东岸的陆军88毫米高射炮连。此外，他还希望桥头堡阵地能够得到坦克的支援。SS第2装甲团6连连长卡尔·海因茨·波斯科再次回忆道：

没过多久，莱曼师长突然下令我们团长派遣几辆坦克穿过大桥，增援入夜后就要放弃的桥头堡。旗队长（上校）莱曼当时就在我的防区，我立刻向他提出了措辞非常强烈的抗议，因为弗洛里茨多夫大桥不仅太窄，并且已经伤痕累累，恐怕难以承受坦克的重量，就算冒险以极速过桥，敌军观察哨也能轻易地发现，这与自杀有什么区别？可惜抗议根本无济于事。无论是Ⅳ号坦克还是"猎豹"都不适合执行这一任务，只能使用豹式坦克了。我留下自己的座车——"猎豹"，爬上了下级突击中队长（少尉）瓦尔曼（Wahlmann）的座车（豹式坦克），然后又挑选了另外两辆豹式坦克，准备执行这次任务。

出发前，我同另外两名车长徒步前往大桥，打算做一次近距离观察。我们又找到巴克曼，他刚刚过了一次大桥，很清楚困难之处和最好的解决办法。大桥四周都不见什么人活动，所有人都藏身在掩体中，躲避着俄国人从内城射来的炮弹。我们3人一致同意应在炮击的间隙抓紧时间过桥。当第一辆豹式坦克开到桥中央裂口处时，第二辆马上开到桥头，后面第三辆也一样重复这样的方法。如果领头的坦克被击中，就说明敌军的观察范围可能已经覆盖了整个地区，那么剩下的两辆坦克则立即后撤。

当我坐着第一辆豹式坦克经过桥中央的裂口后，第二辆坦克——路德维希·黑克（ludwig Hecke）的豹式也按计划慢慢开上了桥面。就在这时，俄国人发现了我们的企图，坦克炮弹和反坦克炮火劈头盖脸地砸了过来。我立刻下令全速前进，就在快到岸边的瞬间，一发炮弹正中驾驶员一侧的车体侧面，坦克顿时烧了起来，驾驶员和机电员都受了重伤，其他乘员幸运地逃了出来。跳车时，我不幸摔碎了右脚跟。我们的豹式坦克足足烧了几个小时，黑克见状立刻掉头退了回去，第三辆也没有再贸然行动了。

1945 年 3 月底，在匈牙利某处小村内的 SS 第 2 装甲团 2 营 6 连的"611"号豹式坦克 G 型。照片中右一就是车长瓦尔曼。注意豹式坦克上的战术编号。

天黑后，我在另外两名幸存的乘员搀扶下，乘着夜色又步行摸到了桥头堡向莱曼师长报告了一切。当天晚上，我们（师）放弃桥头堡阵地，向东岸撤退。随后几天里，又从维也

快速驶过维也纳街头追击德军的近卫坦克第 6 集团军的 T-34/85 坦克。

纳北郊向西撤退。起先，俄国人可以在多瑙河南岸清楚地观察到我们的一举一动，直到进入北岸的树林地带后，繁茂的树木才阻挡了敌人的视野，我们这才与敌人脱离接触，建立了新的防线。

从桥头堡撤出的过程中，莱曼师长膝盖被一块弹片击伤，退出了战斗。SS第2装甲炮兵团团长克罗伊茨再次成为帝国师师长，同时也是最后一任师长。正当迪特里希犹豫是否弃守维也纳的时候，他收到一份了由凯特尔、希姆莱和纳粹党务办公厅主任鲍曼共同签署的指令，称任何前线指挥官如若胆敢违抗命令的话，都将被判处死刑，家属也将被囚禁起来。迪特里希随即回电柏林，称维也纳局势已经完全无望，接着他下令SS第2装甲军全部后撤渡过多瑙河。向西北方向的科尔纽堡撤退，与那里的“元首”掷弹兵师、第96步兵师和SS第37“吕佐”骑兵师（Lutzow）残部会师。当帝国师最终撤离时，在德国人身后留下的是一个冒着冲天大火的都城。

4月14日，当克罗伊茨师长在施托克劳（Stockerau）设立师部的时候，师里剩下的部队正沿着比萨山以北高地上的森林小道后撤。当天早上，尾随而至的苏军攻击了队伍的侧翼。SS第3“德意志”装甲掷弹兵团在迫击炮的轰击下损失了一些掷弹兵，靠后的SS第4“元首”装甲掷弹兵团直接遭到了苏军步兵的攻击。跟随SS第4“元首”装甲掷弹兵团一起撤退的海德·鲁尔回忆道：

我们起初一直在拼死阻挡从多伊奇瓦格拉姆（Deutsch-Wagram）和马克格拉夫诺伊锡德尔（Markgrafneusiedl）两个方向上潮水般涌来的俄国步兵，直到穿过比萨山后撤的命令传来。原本在北岸大路上行驶的国防军部队为了躲避俄国人的炮火，全部挤进了原本分配给我们的泥泞小路。这些森林小路通常只能容单车通过，加上车辆在泥泞小路上留下的高低不平的压痕，搞得行军速度像蜗牛一样。

就在这时，一辆半履带运兵车竟然抛锚了，并且堵死了道路，后面的车辆也无法绕行。这辆车的乘员修履带花了老半天的时间，导致俄国步兵竟然从比萨山方向追了上来。原定掩护我们后撤的元首掷弹兵师的装甲部队也不知道跑哪里去了，这下连侧翼也没了。在如此十万火急的情况下，我竟然是当时军衔最高的军官，因此我下令几个机枪组爬上附近的高地负责警戒侧翼的安全，然后又带着几辆半履带车和连里的火炮准备阻击敌人。当营属通信排的战友作为步兵与敌军接火后，我指挥手下进行了一次短促的炮击。但是俄国人实在太多了，我在一个十字路口的两侧都布置了机枪组，以掩护火炮和车辆向斯特滕（Stetten）撤退。

当我们走出树林地带，进入一片开阔地

时，俄国人的炮弹很快从六七公里外的维也纳森林打了过来，之前被我们暂时击退的俄国步兵也在迫击炮的掩护下杀了上来。我当时正在十字路口指挥交通，一枚迫击炮炮弹刚好在我身边爆炸。战友们立刻把我抬上了一辆牵引车，与一堆炮弹和弹药箱挤在了一起。送到野战医院后，我在那里见到了团长，我向他简要介绍过战况后，请求他把在比萨山附近被围的兄弟们救出来。然后，一辆救护车把我送到了施托克劳当地的医院。

SS第12装甲炮兵团11连的另一名炮兵也回忆了撤退中的一个片段：

在比萨山山顶的维也纳广播电台可以清楚地俯瞰山下的情况，右边远处是捷克边境，左侧山下是多瑙河以及科尔新堡（Korneuburg）—施托克劳的公路，不过已经被俄国人切断了。第12连的一门炮翻倒后堵住了下山（从山顶通往山下小村）的道路，我们在山上困了整整一个晚上，我想我们是走不掉了，只能寄希望于我军能够发动一次反击，把我们救出去。

从山上，我们可以看到一队队坐着农用汽车的俄国人向西挺进，山下的村子也落入他们手中。这个时候，我们的炮兵还在向科尔新堡外围不断射击，因为那里有一个俄国人的炮兵连。最终，我们被迫放弃所有装备，徒手下山，大家希望能够穿过防线上的缺口与大部队会合。不幸的是，可能是第三批经过的俄国人抓住了我们。他们拿走了我们身上所有的东西，包括文件。然后驱赶我们下山加入了早就在那的一支战俘队伍。

行驶在维也纳国会大厦前的1辆苏军威利斯吉普，这里同样也是奥地利政府和议会的所在地。

1945年4月16日，SS第3"德意志"装甲掷弹兵团率先抵达梅尔克（Melk），全团官兵在这里享受了几天的和平时光，还补充了不少兵员，只是这些新兵多数训练不足、缺乏作战经验，其中一些人甚至是来自德雷斯顿的消防员。与此同时，SS第4"元首"装甲掷弹兵团穿过克雷姆斯（Krems，多瑙河北岸），然后又重新渡过多瑙河抵达梅尔克（多瑙河南岸）附近。两天后，维丁格带领全团在甘斯巴赫（Gansbach）面向（东面）圣帕尔滕（St-Poelten）方向建立了防线，后者已于数天前落入苏军之手。

苏军大本营考虑到即使向前推进，也快不过美军，再加上就算攻占整个奥地利最后也无法收入势力范围，遂停止了前进。此后，圣帕尔滕地区再也没有发生过大的战斗，德军终于获得了一丝喘息之机。

4月19日，SS第3“德意志”装甲掷弹兵团在SS第2装甲侦察营、SS第2装甲炮兵团1营、1个工兵连和1个突击炮连的支援下抵达甘斯巴赫，同时与SS第4“元首”装甲掷弹兵团换防，然后准备向圣帕尔滕发起一次反击。但到了第二天，这一计划就被取消了。随后SS第3“德意志”装甲掷弹兵团战斗群奉命前往德国本土的帕绍建立一个桥头堡阵地，阻止美军从西、北两个方向渡过多瑙河和因河（Inn，经瑞士、奥地利和德国的一条多瑙河的支流，全长517公里）。克罗伊茨师长则奉命带领其余部队乘火车前往德雷斯顿，准备在那里加入温克的第12集团军参加解救柏林的行动（实际未能成行）。

4月19日—24日，SS第4“元首”装甲掷弹兵团一直待在圣帕尔滕西南方的锡宁河畔圣马尔加滕的“克劳蒂亚”（Claudia）防线。全团于20日还接收了620名新兵，几乎恢复到了满员状态。

最后值得一提的是，帝国师下属两个装甲掷弹兵团和师里其他部队此后一直各自行动，再也没有以一个师的身份一同投入过战斗。

第十二章　布拉格救援行动

1945年4月25日，由于苏军已经基本停止前进，克劳蒂亚防线也就失去了它本身的作用，驻守该处的SS第4“元首”装甲掷弹兵团遂奉命通过铁路系统前往帕绍地区。帝国师的另外一个团：SS第3“德意志”装甲掷弹兵团当时仍在帕绍桥头堡等待列车运送他们前往德雷斯顿与师主力会合。

由于一直没有明确的命令，大家纷纷猜测他们将前往西线与英美盟军作战。4月26日，运送该团的列车呼啸着向帕绍方向驶去。团部并没有随行，而是乘车经梅尔克、林茨、埃弗丁（Eferding）前往目的地，双方通过无线电保持联络。结果中途团部电台与列车失去了联系。一直开到了帕绍以南，维丁格团长才从一个国防军军部那了解到当时发生的情况。部分运输列车在途中接到了一道“元首令”，要求立刻向北穿过多瑙河前往布德韦斯（Budweis，今捷克的捷克布杰约维采）—伊格劳（Iglau，今捷克的伊赫拉瓦）方向集结，准备参加预定在布尔诺地域展开的军事行动。因此，他的团已经在半路下车，开赴伊格劳方向了。

维丁格后来又获悉，原来总参谋部的一名军官拿着“元首令”拦住了这批运输列车，同时要求他们全部下车或者改道向北，这其中就包括了SS第4“元首”装甲掷弹兵团所在的专列。起初，一些列车长强调自己不是元首团的一员，拒绝执行命令，结果都被威胁不执行命令就要送上军事法庭。结果由于各种自相矛盾的命令（一会去帕绍，一会去伊格劳），全团官兵一直在毫无意义地做武装“游行”。维丁格事后曾向上级多次抗议这种事先不通知就擅自调动他部下的行为，后者也只能无奈地表示，这都是各种“元首令”造成的混乱，他在很长的一段时间里也无法理解。

实际上，所谓的“布尔诺”行动到了4月27日就被取消了。全团再次掉头返回帕绍，并从那里重新登车，准备前往德雷斯顿与师主力会合。4月29日凌晨5点，维丁格带领团部驱车前往布拉格。此时的布拉格一片安静祥和的景象，根据布拉格城防指挥官参谋长弗兰茨·克内贝尔（Franz Knebel）的描述，尽管苏军日益逼近，但城内却没有任何骚乱或起义的迹象。几天后，维丁格和他的部下就会发现这一判断是多么的荒谬。在此期间，维丁格还与斯特凡·楚·绍姆堡-利佩（Stephan zu Schaumburg-Lippe）王妃进行了交谈。王妃对维丁格要求随时准备撤离当地德侨的

斯特凡·楚·绍姆堡-利佩王妃。

建议并不热衷，然后不久的将来，她又成为维丁格撤离当地德国民众的最坚定支持者和最有力的助手。

当天，SS第4“元首”装甲掷弹兵团在经过利托梅日采（Litomerice）的时候，团属通信排在亨切尔（Hentschel）排长带领下重新归队。与此同时，SS第3“德意志”装甲掷弹兵团仍没有等来运送他们的火车，威斯利塞尼团长只能在4月29日时下令全团向南撤退，在林茨以西20公里一处更适合防御的阵地建立了新的防线。SS第2装甲团2连的22辆豹式坦克以及1辆虎王坦克（这辆虎王原属于配属给警卫旗队师的SS第501重装甲营，后送到维也纳工厂里维修，被帝国师弄了过来）由于缺油，仍滞留在多瑙河畔的克雷姆斯。SS第2装甲侦察营也在此时脱离了威斯利塞尼战斗群的作战序列，奉命前往德雷斯顿以东约50公里地域。该营的一名连长后来报告说，越往东走形势就越混乱，由于固定铁轨的道钉都被游击队拔掉了，最终全营在什卢克诺夫附近下车。从此以后，该营再没有接到过任何命令，对周围的情况也一无所知。

4月30日，SS第4“元首”装甲掷弹兵团从利托梅日采出发，经德雷斯顿，在格罗斯洛尔斯多夫（Grossrohrsdorf）小村附近集结。德军第4装甲集团军下属各师在这里击毁了大量的苏军坦克，尤其是在苏军麾下作战的波兰第2装甲师。小村所有的居民都因为再见到自己人而欢欣鼓舞。

1945年5月1日，当帝国师还在为参与解救柏林行动制订自己的行动方案和计划时，其分散在上奥地利、捷克境内、德雷斯顿以及苏台德地区的各部都从广播中听到了希特勒的死讯，这对全体官兵甚至所有仍在抵抗的德军士兵产生了巨大的影响，所有人在一瞬间都丧失了斗志，士气一落千丈。当天晚上，维丁格团长召集了手下所有军官，并告诉他们当初所立的誓言仍然有效，因为军人效忠的对象不光是元首，还有全体德国人民。为了拯救更多的同胞，必须继续战斗下去。会后，军官们又把维丁格的话传达给了各自的士兵。

5月2日，解救柏林的计划也被取消。SS第3“德意志”装甲掷弹兵团一时间成了没人管的孩子，他只能自行下令全团撤至恩斯特霍芬（Ernsthofen）和阿姆施泰滕（Amstetten）之间的恩斯河，沿河岸建立了防线。没多久，威斯利塞尼发现霍亨施陶芬师竟然也驻扎在附近，索性直接加入了该师。

5月3日，SS第4“元首”装甲掷弹兵团前往瓦豪（Wachau）附近集结，两天后又转移至阿恩斯多夫（Arnsdorf）。随后又前往阿恩斯多夫以东的包岑（Bauzen），并面向格尔利茨（Gorlitz）展开。5月6日，维丁格团长因为在西线壁垒、阿登战场以及匈牙利和维也纳战斗中的卓越表现，获得了双剑橡叶骑士铁十字勋章。

经过一连串自相矛盾的命令后，SS第4“元首”装甲掷弹兵团终于接到了非常明确的命令——经德雷斯顿、利托梅日采前往布拉格。该团的任务是杀入城区，解救被捷克抵抗组织包围的驻军，稳定当地局势。同时与布拉格城防指挥官图桑（Toussaint）将军建立联系，并从他那接受进一步指示。此外，SS第4“元首”装甲掷弹兵团还得到了SS第2装甲炮兵团2营以及两个装甲侦察

1945年5月6日，奥托·维丁格成为第150位获得双剑橡叶骑士铁十字勋章的军人。

连的增援，其中一个连来自SS第2装甲侦察营，另一个则来自国防军。这支维丁格战斗群将由中央集团军群指挥官舍尔纳元帅直接指挥。很显然，这将是该团在整个"二战"中最后一次行动。

5月6日凌晨5点出发前，全团官兵在广播里收听了继任元首卡尔·邓尼茨发表的讲话，他号召所有军人在东线继续战斗，以期从陆上尽量救出更多的军民，避免他们落入苏军之手，并且尽可能让西方盟军占领更多的德国领土。随后，维丁格战斗群毫不停留地经阿恩斯多夫、德雷斯顿以及迪波尔迪斯瓦尔德（Dippoldiswalde）前往利托梅日采。在当地的党卫军通信学校里，维丁格通过广播得知布拉格很可能已经被美国人占领，至少一些先头部队已经进入该城。根据尽量不与西方盟军发生冲突的原则，维丁格直接向上级发了如下电文："根据广播，美军已经占领布拉格，我们遇到他们后应该怎么办？"集团军群指挥部很快回复如下："不要相信敌人的宣传，以最快速度执行你们的任务！"

德国中央集团军群最后一任指挥官费迪南德·舍尔纳陆军元帅。

行军途中，维丁格战斗群遇到了不少穿着各种制服的（陆军）掉队士兵，他们大多被捷克抵抗组织缴了械。路面上也出现了不少反坦克障碍和路障。起初，这些障碍后空无一人，但没多久，战斗群就遭到了隐藏在障碍之后的捷克抵抗组织的射击。由于道路两侧野地里有不少地雷，这些据点很难绕过去，而且也非常浪费时间。天快黑的时候，战斗群才在装甲车和自行高炮的支援下，杀到距离伏尔塔瓦河（Vltava）上特罗伊桥（Troja）不到4公里的地方。由于清理一片狼藉的路面得花费不少时间，配属给战斗群的国防军装甲车连利用这段时间通过无线电与布拉格的驻军取得了联系。

晚些时候，一名维丁格认识的国防军联络官赶到战场，向他口头传达了舍尔纳元帅的命令，要求战斗群以最快速度进入布拉格，完成既定任务。即使是这样，舍尔纳元帅还不放心，他稍后又亲自签发了一封电令："元首团的全部光荣与荣耀完全取决于是否能在次日进入布拉格内城。"当天晚上，在几十辆装甲车前灯的照明下，战斗群全体官兵都投入到清理反坦克障碍的工作之中。

5月7日，捷克人的抵抗仍没有减弱。舒尔策指挥2营在装甲车和自行高炮的支援下率先向特罗伊桥发起了猛攻。在付出了25人阵亡，数十人负伤的代价后，终于抵达了该桥。维丁格随后把指挥部设在了伏尔塔瓦河北岸一栋位于山腰的别墅里，从这里可以清楚地俯瞰整个布拉格城区，这是战争中少数几个未受战火摧残的欧洲大城市之一了。

就在这个时候，抵抗组织派来了一名中尉，要求同德军谈判停火。维丁格答应有条件停火，那就是让他们可以不受任何阻挠地进入布拉格内城。这名捷克军官毫不惊讶地拒绝了这个条件，转而要求维丁格和他的部下立刻退回利托梅日采。维丁格的回复也很简单：

毫无疑问，你们这些在战争最后几天才跳出来鼓噪的捷克人，无非是想向盟军证明自己是一支可以对抗德意志帝国的"军事力量"而已，博取一定的政治筹码。但是你们这些人能为接下来的战斗中将要死去的人负责么？你们

捷克起义军以及他们缴获的德军半履带车。

能为这座城市在战争的最后几分钟毁于一旦负责么？我更希望和平地完成自己的任务。你们应该很清楚，就算不战斗，你们也会在几天内得到解放。

5月8日，对于一个装甲掷弹兵团在下奥地利，一个装甲掷弹兵团在布拉格的帝国师来说，到了最后时刻，也没能作为一个完整的单位体面地投降。当天，帝国师师部和SS第12装甲团以及一些师属单位仍在德雷斯顿附近。SS第2装甲侦察营（欠1连）则在德雷斯顿以东50公里，与师部失去了联系。甚至克拉格营长本人对自己下属一些单位的具体位置也不清楚，整个营似乎就这么散掉了。最后我们所知的就是，克拉格带领部下抵达西方盟军和苏军的预定分界线——易北河渡口后，便把车辆都推进水里并破坏了所有的随身武器和装备，然后四散向西逃亡，很快他们的身影便消失在附近的树林之中。师部和SS第2装甲团等部也在费尽一番周折后向美军投降。同一天早上，恩斯河大桥附近，SS第3“德意志”装甲掷弹兵团在破坏所有武器和举行最后一次授勋仪式后，全体官兵在威斯利塞尼团长带领下迈着整齐的步伐向美军第65步兵师投降。

在布拉格城外，维丁格战斗群于清晨在重武器的支援下向特罗伊大桥发起了猛攻，很快就在南岸占据了一个桥头堡阵地。为了保持对局势的了解，维丁格专门安排了一名通信军官守在无线电电台前。根据广播里收到的消息，布拉格据说已经易手了好几次，城里多处也燃起了战火。现在德国驻军和捷克抵抗组织正在谈判停火。此外，广播里还传来了德国国防军最后一次通告：“5月9日零点，各战线均停止一切军事行动。”德国终于无条件投降了。

维丁格很清楚，他得到的命令是先向布拉格城防指挥官图桑将军报告，然后再从他那接受进一步的命令，只要将军没当面告诉他投降，SS第4“元首”装甲掷弹兵团就必须继续战斗下去，这是军人的职责所在。与此同时，维丁格同意一个国防军联络官作为使者跟抵抗组

1945年5月5日上午，一队党卫军士兵正穿过布拉格的圣瓦斯拉夫（Vaclav）广场前往通信大楼。他们应该属于布拉格的党卫军军营或军校的驻军。圣瓦斯拉夫广场是布拉格市中心最繁华的街道，广场正中央有一尊圣瓦斯拉夫的铜像，圣瓦斯拉夫是捷克百年前的民族英雄，因在对抗匈牙利入侵的战斗中牺牲而被捷克人民塑像纪念。

织进行谈判，再跟随他们一起进入市内与图桑将军建立联系。维丁格的停火条件依然不变：他和他的部下必须不受阻挠地进入内城。临时停火协议生效后，维丁格通过无线电台与舍尔纳元帅的集团军群指挥部保持联系，随时报告最新进展。原定那名联络官应该于15时返回，但到了15时30分也没见他出现。与此同时，上级还在不断地催促他尽快完成任务。维丁格认为捷克抵抗组织不过是在拖延时间，因此给他们划下了最后的期限，如果16时那名联络官还没有回来，他的人就接着开打。

结果到了16时，那名联络官还是没有回来。于是维丁格立刻下达了进攻的命令，战斗群的重武器刚刚开火，位于最前沿的2营阵地就传来了联络官回来的消息。这名国防军军官要求维丁格立刻停火，同时带来了图桑将军和捷克抵抗组织在几分钟前刚刚签署的停火协议。

从1939年6月—9月，元首团一直作为德意志帝国驻"波希米亚和摩拉维亚保护国"占领军驻扎在布拉格。6年后的今天，全团也在相同的地方完成了战争中最后一个任务。

那名国防军联络官随后告诉维丁格，既然停火协议生效了，那么战斗群就算完成了任务，完全可以直接向北撤退，而不是非要举行什么"入城仪式"了。但维丁格不这么想，他考虑到之前与斯特凡·楚·绍姆堡-利佩王妃的谈话，目前仍有大量的德国侨民滞留在市内，SS第4"元首"装甲掷弹兵团有责任尽可能多地带走他们。虽然双方已经停火，维丁格还是决定继续向图桑将军报到，同时组织当地德国民众转移。

18时过后，维丁格对战斗群下达了如下命令：

战争已经结束了！国防军指挥官（图桑）与捷克抵抗组织于今天下午签订了停火协议，

因为捷克人已经充分认识到元首团强大的实力以及不达目的誓不罢休的决心。

德意志帝国的武装力量已经于今天午夜时正式投降，所有的军事行动也已停止。元首团以及配属单位将进入“国防军广场”与城防指挥官举行正式的“见面”仪式，先头单位将于19时出发。

当元首团开始最后一次行军——前往比尔森方向时，必须尽可能多地带走当地的德国妇女和儿童，所有团属车辆都必须腾出地方用于带人。当然，在没有平民搭载的情况下，可以捎上一些掉队的战友。任何人都不许随意开火，但要做好随时战斗的准备。当车队被捷克人拦截或者受到攻击时可以开火。

严禁“元首”战斗群中任何一个人喝酒。任何人喝醉酒时被俘，将严重影响全团的形象。在抵达比尔森美军防线时必须保证队列的完整，具体行军路线将由摩托车侦察排安排。

维丁格接着向帝国师师部发送最后一封电文：

根据停火协议，元首团行军至比尔森进入战俘营。德意志万岁！

以下则是维丁格通过第4装甲集团军指挥部向舍尔纳元帅递交的报告：

任务完成！顺利与布拉格的国防军最高指挥官取得联系。根据停火协议，元首团将前往比尔森进入向美军投降。德意志万岁！

维丁格随后在特罗伊大桥附近与一名捷克抵抗组织的军官进行了商谈，双方都认为在这种情况下继续流血牺牲将毫无意义。大约19时，捷克抵抗组织搬开了所有路障，清出了一条入城的道路。在他们的严密监视下，维丁格带领手下进入内城的“国防军广场”。大约20时，维丁格正式向布拉格城防指挥官步兵上将图桑进行了报到，将军也对维丁格和SS“元首”装甲掷弹兵团对他的支持表示了感谢。这时候，一群捷克人冲进了指挥部，大声叫嚷着要求德国办公人员和军人赶紧滚蛋。维尔纳迅速带着3营的一个班小露了一下脸，这些聒噪的捷克人就消失得无影无踪了。

奥托·维丁格（照片左侧）与3营营长海因茨·维尔纳的合影，这张照片摄于维也纳之战期间。

由于布拉格-鲁济涅（Ruzyne）以及鲁济涅机场落入原苏联叛将弗拉索夫（Vlassov）将军之手（他领导的“俄罗斯解放军”眼见德国败局已定，又调转枪头协助捷克人对付德国人），图桑将军建议维丁格带领部下向南退入奥地利境内，避免与弗拉索夫的人发生冲突。维丁格则告诉将军，他决定前往比尔森，因为那里已经被美军占领。如果要投降的话，也必须向美国人投降。

团属后勤单位利用这段时间把国防军在布拉格市内的仓库“洗劫一空”，所有能用的装备和补给都被搬上了卡车。结果一件奇怪的事情发生了，SS第4“元首”装甲掷弹兵团通过这次“劫富济贫”的行动，竟然达到了装备补给过剩的状态，实力竟然超过该团历史上任一时

波希米亚和摩拉维亚保护国国务部长卡尔·赫尔曼·弗兰克。

期。

没多久，波希米亚和摩拉维亚保护国国务部长卡尔·赫尔曼·弗兰克拜访了维丁格，双方进行了愉快的交谈。弗兰克稍后希望维丁格和他的战斗群能在布拉格多留24个小时，好让更多的德国侨民撤离。维丁格对此表示了强烈的反对。苏军此时已经在德雷斯顿以南发起了一次主攻。无论如何，SS第4"元首"装甲掷弹兵团战斗群都必须在今天夜里，甚至几个小时内离开布拉格，前往比尔森向美军投降。而且，他也向部下下达了尽可能带走更多同胞的命令，凡是愿意跟随他们撤离的德国居民，他们也将尽可能地提供保护。听完这番话，弗兰克决定跟随战斗群撤离，维丁格特地安排了一个装甲侦察连保证他的安全。

没多久，SS第4"元首"装甲掷弹兵团一支庞大的车队（超过1000辆各型车辆，包括撤离侨民的私人小轿车）就已经整装待发了。所有人都很庆幸能在最后一刻离开这个即将落入捷克人和俄国人手里的城市。所有车都加满了油，维丁格团长还特地检查了手下士兵有没有安顿好随行的妇女和儿童。

就在出发前几分钟，一队女性防空辅助人员赶了过来。由于所有卡车都已超载，维丁

1945年5月6日，在布拉格街道上的俄罗斯解放军第1师第1团的SdKfz251/16半履带装甲车。弗拉索夫的临阵倒戈并没有获得斯大林的原谅，这批叛军最后全部被苏联当局惩处。

格就让这些女孩子全部上了团部的车子。结果后来发现，原来他们全是党卫军女性辅助人员（SS female auxiliaries），她们穿的蓝灰色制服一开始让所有人都认为她们是高炮单位的辅助人员，最后从她们袖子上的鲁内文才认出她们全部属于“希特勒青年团”的一个单位，而且每个人身上都带了党卫队的证件，这些女孩子当中还有荷兰姑娘。后来被美军俘虏后，这帮女孩子自愿进入专门的党卫军战俘营，而原本美国人是让她们进入国防军战俘营的（待遇不一样）。

得益于德国人天生的纪律性，不到20时，车队就出发了。不过刚刚行驶到出城的道路上，就发生了大堵塞，到处都是车辆和难民。SS第4“元首”装甲掷弹兵团的军官们疏导了一夜的交通，用维丁格的话来说就是一个疯狂的夜晚。5月9日天还没亮时，车队行驶到了布拉格郊区的鲁济涅，不过图桑将军口中的弗拉索夫的部队并没有出现，维丁格这才放下心来。

路上还发生了一个小插曲，车队被一名德国将军和一个捷克上校拦了下来。那名德国将军要求SS第4“装甲”掷弹兵团战斗群上缴所有武器，因为这是捷克抵抗组织与德军签订的停火协议中捷克方面唯一的条件。维丁格当即声称他对此毫不知情，而且他接到的命令是把所有武器交给美军。这名姓名不详的德国将军立刻威胁维丁格如不照办，就把他送上盟军的军事法庭。维丁格于是下令大家把武器破坏后交出去。那名捷克上校和德国将军气得大声抗议，坚持要求所有人必须把武器完好地堆放在路边。可惜已经太迟了，道路两边的壕沟里都是被拆散掉的武器零件，炮兵们则把火炮炮管全部弄坏。一位炮长在自己的火炮旁开枪自杀，因为他不愿把他心爱的火炮交出。当战斗群车队扬长而去的时候，那个德国将军和捷克上校仍在路边气急败坏地抗议着。不过事后维丁格也很奇怪，为什么图桑将军没有告诉他需要交出所有武器的事情。

在这之后，车队就再也没遇到过什么麻烦了。在中途的一次短暂停留期间，维丁格团长下令打开保险箱并且派发了所有的军饷。后来证明这是相当明智的举动。在战俘营中，钱可以买到额外的食物，还能帮助许多待在战俘营里的士兵的家庭渡过困难。后来维丁格还得知，捷克人后来向队伍末尾的车辆开火了，打死了不少人。此外，一名连长也向维丁格报告说，他和他的手下在从布拉格到比尔森的路上，听到道路右侧的村子传出来惨叫声，等他们的人过去看的时候，发现捷克人正在屠杀村子里的德国村民。只是他们晚了一步，村里的老人、妇女、儿童都被杀害了。

5月9日上午10点，在距离比尔森不到15公里的罗基察尼（Rokicany）小村，维丁格和领头车辆一起被美军第2步兵师的检查站拦了下来。美军下令他们全部下车，并且交出所有武器。维丁格希望能找到起码一个美军团长来商谈投降事宜，但是附近竟然没有一个美军军官。美军士兵把他们全部驱赶到了一片草地上，抢走了他们所有勋章和值钱的东西，德国人发现，美国人最感兴趣的就是他们的手表。其间，美军士兵不断爆着粗口，其中一名士兵还威胁要枪毙维丁格和他的整个团部，维丁格直接回了句：“我们不在乎！”等团属通信排排长亨切尔原话翻译给美军士兵听后，美国人当即反问：“此时此地你们依然保持骄傲么？”亨切尔当即回道：“的确！”

上午过半的时候，SS第4“元首”装甲掷弹兵团战斗群后面的部队陆续抵达，也被美军第2装甲师以差不多的方式收容。帝国师师属医务营的温克尔（Winkler）回忆了他的经历，当他们从捷克抵抗组织地盘杀出后，遇到了美军的装甲部队，然后他们被美国人押到了一个广场上。在那里，他们被没收了所有的东西，武器、手表、相机以及勋章。当他试图保护他老式的莱卡相机不被抢走时，脑袋被枪托狠狠敲了一下，温克尔这才意识到原来“无条件投降”就是这个意思。

在布拉格地区被打死的SS第4“元首”装甲掷弹兵团的士兵。幸存的士兵告诉维丁格，当长达千辆的德国车队离开布拉格后，捷克的抵抗组织违背承诺向队伍的末尾开了枪，这张照片上很可能就是当时被打死的德军士兵。

其实，并不是所有的SS第4“元首”装甲掷弹兵团官兵都在这一刻走进了美军战俘营。1营的3连和4连就因为没有运输车辆，结果没有跟上大部队。以下是它们的故事：

5月6日上午10点，在维也纳战役初期立下战功的汉斯·豪泽召集手下全体军官，通知他们立刻开赴布拉格，镇压当地的起义。由于没有运输车辆，3连和4连只能沿着德雷斯顿—海德瑙（Heidenau）—多纳（Dohna）徒步前进。一直行进到下施洛特维茨才被团部派回来的车辆拉上。跟随车辆赶来的军官同时向3连和4连传达了上级的命令：立刻出发。这一路并不好走，到处挤满了向西逃跑的散兵游勇，路两边则是难民。在距离下施洛特维茨几公里的地方，美军飞机袭击了逃难的人群，两个连倒是没有损失，他们还派出连里的医务兵救治了不少受伤的妇女和儿童。5月7日上午9点，他们在齐恩瓦尔德（Zinnwald）穿过旧帝国边界进入捷克。各班、排的士气都非常高昂。当天晚上，3连的士兵发现了一个废弃的停车场，大家立刻征用了其中一些能动的车辆，并且给它们加了油。

5月8日清晨6点30分，两个连抵达了特普利采（Teplitz）—舍瑙（Schonau）地区。由于无法与当地驻军取得联系，只能匆匆出发。这时候，大家首次听到了德国投降的传言。士兵还必须用白布条盖住臂章，车辆的铁十字标志也必须擦掉，等等，流言一个接着一个地传来。在一片混乱中，3连和4连官兵显示出了元首团的一贯精神，没有一个人动摇。行军期间，还不断有掉队的士兵加入进来。到了上午10点，两个连竟然实现了完全摩托化，还拥有1门88毫米高射炮和4辆装甲运兵车，每个连的人数也膨胀到600人之

1945年5月12日，在捷克斯洛伐克某处被击毁的德军半履带车。注意车牌上的SS标识。

多。这时候，一名来自舍尔纳元帅集团军群指挥部的少校找到了他们，少校向3连连长施马格（Schmager）转交了一份书面命令。随后两个连迅速合并，由施马格统一指挥。这支战斗群的任务就是以最快速度与布拉格的团主力会合。

向南面派出的侦察队传来了不好的消息：洛乌尼（Louny）和利托梅日采方向的主干道和支道完全被向北撤退的队伍堵死了。向西通往乌斯季（Aussig）的公路路况倒是好一些。施马格随后决定先前往乌斯季，再改道向南前往利托梅日采。中午11点30分，战斗群正式出发。最初的10公里走得非常快，其间为了躲避苏军的低空侦察机停了一次。由于侦察机飞得太低，战斗群只能开火，飞机拖着浓烟坠向了远处，但具体位置无法确定。经过一个小村时，他们发现当地的村名在村口架设了一个巨大的路障，当地村民还戴着臂章。战斗群立刻朝天鸣枪，示意他们让开，结果等来的却是步枪的子弹。3连二话不说，在4连的掩护下直接杀进了村子，其间还救出了被关在村子里的德军士兵和妇女。全靠SCH严格的命令和铁的纪律，才阻止了被解救的士兵的报复行动。

下午的时候，类似的路障越来越多，战斗群的行进速度也明显慢了下来。幸运的是，一路上没有什么人员损失。晚上8点，终于抵达了乌斯季。施马格带领部下在附近建筑里扎营后，向利托梅日采方向派出了巡逻队。到了凌晨3点，形势变得越来越复杂。施马格召集所有军官和士官开了一个碰头会，强调了战斗群的任务是无论如何必须前往布拉格与团主力会合。但元首团还在不在布拉格？广播里传来的消息是布拉格的德军已经投降了！最终，大家一致决定立刻向北转移，目标是乌斯季以北的茂密的森林地带。一个小时后，战斗群就抵达了目的地。随后，施马格派出了多支巡逻队。每个巡逻队都带回了同样的消息，到处都是看起来垂头丧气的国防军溃兵，他们既没有武器也没有装备，更没有汽车。这段时间，战斗群还收留不少饱受惊吓的妇女和孩子。

时间过得很快。到了5月12日，第一辆苏军坦克出现在了特普利采—舍瑙的公路上，后面还跟着长长的德军战俘队伍。广播里也反复播送着要求停止一切军事行动，德意志帝国已经无条件投降的消息。当天晚上，施马格召集全体官兵在森林中的空地上进行了最后一次讲话：

SS第4“元首”装甲掷弹兵团3连和4连的军官们、士官们、士兵们！最终我不得不承认：战争结束了！德国的武装力量已经全线投降！继续战斗下去不过是毫无意义的牺牲而已！我代表团长高级突击大队长（中校）维丁格向大家在这几年艰苦岁月中的奉献表示感谢。回首过去，我们应该感到骄傲和自豪……这一刻，也让我们缅怀那些逝去的同志……

我正式宣布3连和4连全部解散，武器和车辆以及所有装备必须全部破坏。所有能证明我们是党卫军的标志、证件必须立刻销毁。我们宁可自己毁掉臂章和“Der fuhrer”袖标，也决不让捷克人碰它们。

……

我衷心地希望所有人都能够顺利地回家与家人团聚。一路顺风！

施马格话音未落，所有官兵就已经哭成一片，就连那些身经百战的老兵都忍不住抱头痛哭。随后，施马格和劳（Nau）与每一名士兵握手告别。所有臂章、标志都被集中在一起浇上汽油烧成了一片灰烬。

接着，施马格又下达了最后一道命令。把所有地图分发给各个班的班长，同时要求他们按照之前计划好的方案带领手下穿过德国边界，然后分散逃生。帝国师的最后一支部队就这样消失在了森林之中。

最后，我们用SS第2装甲团2连连长的回忆作为这支百战精锐的结尾：

整个1945年4月份，我们跟随SS第2装甲团从维也纳一直打到圣帕尔滕。我们先是参加了圣帕尔滕以东的防御战，然后又在小镇南郊建立了防线。我们在这里打光了最后一个人，同志们不是阵亡就是负伤退出战场。快到月底的时候，师主力也赶了过来，准备向圣帕尔滕南面的特赖森（Traisen）发动一次反击，但后来又取消了。我们德意志帝国巨大的战争机器正在走向衰亡。

师主力包括装甲团在内最后全部集结在德雷斯顿附近；"德意志"团在帕绍地区战斗，而元首团则前往布拉格实施救援行动了。我们装甲团大部分在多瑙河畔的珀希拉恩（Poechlarn）登上火车前往德雷斯顿，轮到我们连上车的时候，火车却停止运行了。我只能奉命沿克雷姆斯、茨韦特尔、布德韦斯、布拉格自行前往德雷斯顿。我乘坐汽车对布德韦斯进行了一次快速侦察，看看是否能在当地找到急需的油料。发现那里根本没油后，我就回去了，同时打定主意不去捷克斯洛伐克了，因为要是去了的话，我们连到战争结束时就会尴尬地发现有车没油跑不动了。

没多久，我又奉命临时加入髑髅师，结果他们说根本用不到我们。后来，军部又命令

1945年5月，在捷克境内的俄罗斯解放军的SdKfz251/16半履带装甲车。1945年4月至5月，帝国师从奥地利退入捷克斯洛伐克境内。这张照片摄于摩拉维亚南部的兹诺伊莫火车站附近的德军坦克装甲车辆残骸堆积场。照片中可以看到的"99"号豹式坦克G指挥型就是SS第2装甲团团长恩泽林的座车。不知道为什么，这辆指挥豹的炮塔顶盖没了。

我们前往克雷姆斯和施托克劳之间的瓦格拉姆河畔基希贝格（Kirchberg am Wagram）小村，同时坚守此处直至最后一支德军部队撤离。战争结束前的最后两天，我和我的连没有接到过任何命令，也没有任何消息传来。我们似乎就这么被人遗忘了。让人惊讶的是，我们仍然拥有22辆豹式坦克，1辆虎王坦克和5辆豹式维修车。大家一致决定决不能把这些坦克留给俄国人。我们在基希贝格附近炸毁了所有维修车，然后把所有坦克全部开到路边隐蔽处，炮管全部指向东方。我的座车也停在附近，这样我可以在最后时刻来临前，把这些坦克全部击毁。

所有的轮式车辆都被我们集中在了村中心的广场上，这样就可以在完成任务（炸毁所有坦克）后迅速撤离。为此我们还丢掉了不少多余装备，以便腾出更多的空间给装甲兵们。然后，我们又举行了最后一次发饷仪式，并且把所有口粮和补给分发一空。这一切完成后，我们SS第2装甲团2连进行了最后一次游行。等我最爱的行军歌曲唱完后，我向大家做了简短的致辞，同时感谢大家为祖国和人民作出的贡献。最后，我宣布所有人的誓言都已解除，然后与全连官兵挨个握手告别。“忠诚乃吾之荣誉”在我们部队中绝不是一句空话。我们连中还有一些维也纳人，在经历过维也纳的战火后，他们非常担心自己的家人。

我告诉车队，目前为止我所知的东西方盟军的军事分界线就在林茨—布德韦斯的铁路线附近，最好的路线就是穿过茨韦特尔抵达美军防区。接着，我下令车队立刻出发。完成这一切后，我爬上了坦克附近的卡车，我的炮长舒尔滕（Schulten）、驾驶员施泰因鲍尔以及卡车驾驶员都自愿留下来跟我一起，等最后一支友军队伍过去后，我们就击毁所有的坦克撤退。

1945 年 5 月 8 日，从布拉格撤出的德军部队。

1945年5月9日早上，德军最后的米诺维茨(Milowitz)战斗群和雷曼（Reimann）战斗群以及党卫军在布拉格军营的驻军在捷克人的注视下从布拉格市中心撤出。

周围十分安静，我的思绪一下子回到了几年前。正当我神游物外时，突然远处道路上出现了一支装甲纵队。我们一开始无法确定这到底是俄国人还是自己人。如果是俄国坦克，那我们就完蛋了。幸运的是，我们看到了一辆豹式坦克，自己人！这支队伍在距离我们还有几百米时停了下来。很显然，他们也不知道我们是敌是友，所有的炮口都指向了我们。我们赶紧拼命挥手示意，可惜他们还没有意识到我们是自己人，直到我把车开到他们眼前。我向这支队伍的指挥官报告了我的任务，他告诉我，他们来自元首卫队旅，并且是最后一支殿后队伍了，俄国人就在屁股后面。当他们呼啸着驶过我的卡车时，我知道该轮到我们干活了！在我大声的命令下，我们一个挨着一个击毁了连里的所有坦克，这是一种难以描述的感觉。虎王坦克由于装甲很厚，我们打了好几发才让它起火燃烧。一段时间内，我们看着起火燃烧的坦克一动不动，仿佛痛苦地在烈火中挣扎的是我们，也许这也是我们最后的命运。最后，我们拿上了一枚"铁拳"（防止遇到俄国坦克），然后爬上卡车向西朝茨韦特尔方向驶去。

靠近军事分界线的时候，交通也越来越混乱。成百上千的士兵坐着汽车或骑马，或徒步向西奔逃，谁也不想落到俄国人手里。最终，我们成功地抵达了美国人的防区……

附录 图集

党卫队特别机动部队刚刚成立之初，由于缺乏装备，队员大多数仍戴着“一战”时期的M1917老式钢盔。

党卫队经常通过一些体育运动以提高队员的身体素质和竞争精神。

射击训练间隙的一个党卫队炮兵组，照片右侧手臂和帽子上都绑有白带的则是他们的教官。

1936年，在高级突击大队长（中校）克普勒面前列队走过的德意志团2连，该连的连长是高级突击中队长（上尉）比特里希，边上团属军乐队的指挥官则是高级突击队中队长（上尉）邦格。

成功完成训练任务后，即将离开拉尔滕格拉博训练场的党卫队工兵营按照士兵之间的传统与后来的部队举行了一次小小的"交接"仪式。

架桥训练中的党卫队工兵营。

党卫队通信营首任营长比希在自己的告别仪式上同手下握手告别，魏斯接任了营长一职。

在埃尔旺根进行摩托车越野训练的“德意志”团4营。

1938年3月，德国、奥地利合并组成了大德意志帝国。德军进入奥地利，受到了当地民众的热烈欢迎。史称“鲜花战争”。

1939年3月15日，陆军的布拉斯科维茨和赖因哈特将军一同在因格劳（Iglau）检阅了德意志团。

1939 年 9 月 1 日前夕，国防军和党卫队特别机动部队的士兵一起收听广播。

党卫队工兵营帮助国防军第 4 步兵师一部渡过了维斯瓦河。

党卫队工兵营在波兰的安诺波尔（Annopol）的维斯瓦河上搭建的浮桥。

波兰战役期间，正在阅读党卫队官方报纸——《黑色军团报》的德意志团士兵。迷彩制服一直是党卫军的亮点之一。

战争结束了！党卫队特别机动部队的官兵们争相阅读报纸上关于波兰战役结束的头条新闻。

波兰战役结束后，肯普夫装甲师也随之举行了解散仪式。照片中为隶属该师的党卫队特别机动部队官兵列队走过肯普夫师长面前。

在路边休息的党卫队特别机动部队师官兵，他们的步枪按照部队的传统方式进行了摆放。这种3个步枪一组的摆放方式可以让所有士兵在同一时间内以最快的速度拿起武器，应付突发状况。

第一批在战斗中获得铁十字勋章的士官和尉官。

等待进攻命令……

大部分德军士兵都是出身农民家庭，因此挤奶这种工作对他们来说是小菜一碟。

党卫队特别机动部队师的车队正在通过工兵搭建的浮桥渡过某处运河。

准备乘冲锋艇渡过某处运河的一个迫击炮小组。

在艾尔运河地区被法军遗弃的霍奇基斯 H39 坦克。

下级突击队中队长(少尉)彼得森教授是一名随军记者。波兰战役时，党卫军还没有战地记者的编制，所以照片很少，大多数照片是国防军友军的战地记者顺便拍的。但是1940年以后，党卫军单位也开始增加战地记者的编制以做宣传。

西线战役中，德意志团团部的车辆。

1940 年 5 月，在法国作战的日耳曼尼亚团的士兵。

日耳曼尼亚团的一名上级小队长正在一名法国警察的帮助下察看地图。

党卫队特别机动部队师的纵队正在穿过法国波尔多市区的街道，边上是忧心忡忡的法国民众。

在昂代地区合影留念的元首团官兵。

1940 年夏天，法国战役结束后，党卫队特别机动部队师的装甲车上开始出现阵亡战友的名字、阵亡时间以及地点。近处这辆 Sd.Kfz.222 轻型轮式装甲车上就能看到“Michael Fritz”以及“40 年 5 月 24 日”的字样，地点由于照片原因无法看清。

法国战役结束后，党卫队特别机动部队的官兵获得了近 1 年的休整训练时间。对普通士兵来说，训练之余打上两把扑克的娱乐活动就显得必不可少了。

1941 年 4 月，在南斯拉夫境内的，帝国师下属德意志团第 15 连的一辆 Sd.Kfz.231 重型轮式装甲车。在车体后侧可以看到狼之钩样式的师徽，车后引擎盖上也涂布了用于对空识别的斯瓦斯蒂卡（万字）标志。

向贝尔格莱德挺进的帝国师纵队，成员们在车辆的前引擎盖上放置了国旗，用于对空识别。

4 月 17 日，南斯拉夫就与德国签订了停战协议。此后，帝国师在南斯拉夫短暂地驻扎了一阵。

豪塞尔与手下的军官们，在豪塞尔身后的就是该师在南斯拉夫之战中的英雄——克林根伯格。

豪塞尔师长与手下爱将一起欢迎希姆莱等人的到访。

1941 年夏天，在东线作战的帝国师的一辆战术编号"28"的 Sd.Kfz.221 轻型轮式装甲车，属于帝国师侦察营。

1941 年夏天，东线战场上，帝国师的一辆编号“26”的 Sd.Kfz.231 重型轮式装甲车，应该同样属于师属侦察营。战术识别标志涂布在车体后侧，尾部则可以看到“G”字样。

还是上一张照片中的 Sd.Kfz.231 轮式装甲车，这时另一辆编号“23”的 Sd.Kfz.232 重型轮式装甲车也开了上来，停在了它的一侧。

元首团 15 连与侦察营的战友。照片摄于别列津纳河附近，时间是 1941 年 6 月 29 日。照片中这辆来自侦察营的 Sd.Kfz.221 轻型轮式装甲车在车体上可以看到名字“Donau”。

帝国师参谋长奥斯滕多夫与师部的参谋们。

在苏联行进时的道路非常糟糕，为了通过一个浅滩，就连苏军俘虏也被叫过来帮忙了。

帝国师突击炮连的一辆Ⅲ号突击炮，侧面写着"Derfflinger"，底下还用小字写了车组中一名阵亡战友的名字以及阵亡时间。

1941 年夏天，在东线的帝国师突击炮连的Ⅲ号突击炮，在右前挡泥板上可以看到代表古德里安装甲集群的字母“G”。

战斗间隙用水罐喝水的帝国师士兵。

1941 年 9 月 6 日，德军封闭基辅包围圈后，苏军在普里卢基（Priluki）和马科希诺（Makoschin）周围丢弃了大量车辆。

1942 年 1 月，在东线作战的帝国师士兵。

1942 年 4 月 19 日，党卫队地区总队长兼武装党卫军中将格奥尔格·克普勒接替克莱因海斯特坎普成为帝国师师长。

1942 年 2 月，作为在东线奋战的奖励，帝国摩托化步兵师获得了一个装甲营。照片中就是该营 1 连的“111”号Ⅲ号坦克 L 型。

1942 年初，在法国进行训练的新组建的帝国师装甲营 2 连的“235”号Ⅲ号坦克 L 型。

帝国装甲团1营2连的“233”号，站在车长指挥塔上的是3排排长格雷西阿克。此外，炮塔的战术编号上面还写了一位阵亡战友的名字“Ernst Stammler”。

1942年4月20日，之前组建完毕的这个装甲营被转隶给了党卫军维京师，然后党卫军指挥总局又给帝国师重新组建了一个装甲营。到了当年秋天，帝国师奉命组建一个装甲团，原先的装甲营就自动变成了1营，第二个营则是由解散的兰格马克团人员为核心组成。照片中站在Ⅲ号坦克指挥型车长指挥塔上的就是1营营长阿尔宾·冯·赖岑施泰因。

1942年，帝国坦克歼击营3连装备的76.2mm Pak36(r)反坦克炮黄鼠狼Ⅲ型坦克歼击车。可以看到3连使用了两位数字的编号，“11”表示1排的1号车。右1就是克劳迪乌斯·鲁普，所以他有可能就是1排排长。

1943 年 2 月，在哈尔科夫地区作战的帝国装甲团 5 连。这张照片可以看到乌克兰的地形多么糟糕。这辆陷入泥泞还是河沟里的“512”号Ⅲ号坦克已经快淹到炮塔了。背景处还是看到“524”号Ⅲ号坦克 M 型，另外两辆无法确认编号。

1943 年 3 月初，帝国师在行军途中与一支来自阿道夫·希特勒警卫旗队师的后勤纵队发生了巧遇。

这 4 张照片展示了战斗间隙在战场上小憩的“德意志”装甲掷弹兵团第 16 工兵连。该连的连长就是海因茨·马赫尔。

1943 年 3 月，经过苦战，帝国师抵达了哈尔科夫市的边缘地带。照片中可以看到搭载着掷弹兵准备进攻市区的“602”号。

1943 年 3 月，在哈尔科夫城内巷战的帝国装甲团 2 营的"622"号和随行掩护的掷弹兵。

1943 年 3 月 12 日，接近哈尔科夫市中心"红场"的帝国师的Ⅲ号和Ⅳ号坦克，近处就是 6 连连长的座车"601"号Ⅳ号坦克 G 型。

哈尔科夫反击战期间，帝国坦克歼击营3连的“21”号黄鼠狼Ⅲ型坦克歼击车。全连共有9辆坦克歼击车，分3个排，每排3辆。连长则使用一辆Ⅲ号坦克J型作为指挥车。

1943年初，在哈尔科夫地区的帝国坦克歼击营3连的黄鼠狼Ⅲ型坦克歼击车。

1943年2月28日，帝国突击炮营的Ⅲ号突击炮G型。全营此时一共只有16辆突击炮可用，照片摄于夺取洛佐瓦亚期间。

准备进攻哈尔科夫市内拖拉机厂的帝国突击炮营的Ⅲ号突击炮和装甲团的Ⅲ号坦克。

1943 年 3 月，帝国突击炮营的 1 辆Ⅲ号突击炮 G 型。可以看到车体侧面写的名字是“Florian Geyer”。

帝国师从哈尔科夫撤离后在波尔塔瓦重新集结，并且利用这段时间对坦克装甲车辆进行了保养。照片中就是停在波尔塔瓦地区的“832”号，可以看到帝国师的狼之钩师徽，另外排气管的护罩也被拆掉了。

停在哈尔科夫地区某处农屋外的“842”号，边上聚集了许多好奇的孩子。

8连5排的“854”号，站在车长指挥塔上的是埃贝林，而从炮塔侧面打开的舱门探出身子的是席恩霍芬，两位士官都不是该车车长。“854”号的车长是莫尔巴赫。

1943 年春，在法国训练使用豹式坦克的 1 营官兵，照片中可以看到战术编号是"315"。

1943 年春，站在自己指挥车上的帝国装甲团 2 营营长蒂克森。帝国装甲团 2 营营部车辆采用了"B11"、"B12"以及"B13"这三个战术编号。

这张照片显示了擦除车体表面的冬季涂装后，车组在深色字体周边添加了白色边缘。

图中为蒂克森。1943年3月31日，德军重新拿下哈尔科夫，稳定了东线南部岌岌可危的战局。为了表彰蒂克森在战斗中的卓越才能和勇气，授予了他骑士铁十字勋章。右图实际拍摄时间为1943年4月9日，跟在蒂克森身后的是2营5连连长党卫队上级突击中队长（中尉）汉斯·帕夫尔卡，场景也是在庆祝帕夫尔卡获得金质德意志勋章的授勋仪式刚刚结束时拍的。在帕夫尔卡背后的是下级突击中队长（少尉）卡尔-海因茨·沃特曼，6连某排排长。

1943年初，帝国装甲团1营的坦克返回欧洲换装豹式坦克，该营在返程的时候将手中的剩下的坦克转交给了仍留在东线的2营。因此后者从原先3个连（4—6连）的编制扩充为4个连（5—8连）。下辖5—8连。由于坦克数量不足，其中5连和7连仍装备Ⅲ号坦克，6连和新组建的8连装备Ⅳ号坦克G型。照片中的就是5连的“513”号，摄于1943年春。

1943 年 3 月底，在哈尔科夫地区休整中的"812"号 TIKI 虎。这个名字是驾驶员海因里希·瓦尼克（Heinrich Warnick）涂在坦克上的，注意炮管上还有 3 个击杀环。

1943 年 3 月下旬，第 8 重装甲连的军官在"812"号前的合影。从左右半分别是：陆军少尉汉斯 - 约阿希姆·博梅尔（1 排半排长）、瓦尔特·赖宁豪斯（4 排排长）、菲利普·泰斯（1 排排长）、弗雷德里希·赫尔齐希（连长）、汉斯·格拉赫（3 排排长）、阿洛伊斯·卡尔斯（5 排排长）以及保罗·埃格尔（2 排半排长）。其中头上打着绷带的卡尔斯是在 3 月 14 日负的伤。

1943 年 3 月下旬，第 8 重装甲连在哈尔科夫附近举行的一次二级铁十字勋章的授勋仪式。负责授勋的是连长赫尔齐希。背景处是 8 连的 1 辆虎式坦克（编号未知）以及"851"号。

1943年4月20日，在元首生日当天，帝国师举行了盛大的授勋仪式。“812”号TIKI虎也登场作为演讲台背景。乘员们已经提前在车体前放好了梯子，方便克吕格尔师长攀爬。站在虎式坦克车长指挥塔上的是阿洛伊斯·卡尔斯。

授勋仪式开始后，首先就由站在TIKI虎上的帝国师师长党卫队地区总队长兼党卫军中将瓦尔特·克吕格尔给与会官兵讲话。左图为克吕格尔师长正在向帝国师与会官兵说话。站在坦克TIKI虎一侧头戴钢盔的是师属“元首”装甲掷弹兵团团长奥托·库姆。这次授勋仪式中，库姆获得了骑士铁十字勋章的橡叶饰。站在库姆旁的是迪特尔·凯斯滕，时任师部参谋。凯斯滕在后期也调入装甲团任2营营长。

克吕格尔师长在讲话完毕后，宣读了获勋人员名单。库姆也从坦克一侧站到了授勋队伍里。

克吕格尔给获勋人员颁发奖章后，帝国师的军官们开始互相道贺。

现场的战地记者还拍摄了授勋影片，中间穿黑色装甲兵制服的就是帝国装甲团2营营长蒂克森。

1943年4月24日，希姆莱视察期间，参与汇报演练的第8重装甲连的虎式坦克还有帝国师缴获的T-34/76坦克。近处的这辆Ⅲ号坦克L型可以勉强看到“813”的编号，可以判定是原先配属给1排的Ⅲ坦克，还没来得及变更编号。当重装甲连全部换装虎式坦克后，这些Ⅲ号坦克应该会交给装甲团分配。

“831”号车组在自己坦克前的合影。左2就是车长三级突击队中队长卡尔斯，照片中可以看清楚地看到倒“福”字样。

视察期间，希姆莱在帝国师师长克吕格尔的陪同下视察了装甲团。此时，他正在好奇地查看T-34/76坦克。如前所述，由于1营返回德国训练和接收新式的豹式坦克，为了增强装甲团实力，师属坦克歼击营被加强给了装甲团作为其3营使用，并且装备了缴获的几乎全新的T-34/76坦克。

帝国装甲团3（坦克歼击）营装备的T-34/76坦克。

这些在工厂里缴获的几乎全新的T-34/76坦克被帝国师接收并使用，德军同时还对坦克进行了一些改装。

1945年5月初，新的虎式坦克运抵帝国师，这就让第8重装甲连可以编组一支全虎式坦克的重装甲连了。

里希特营长的汽车似乎出了什么问题，照片最右边的就是费雷德里希·里希特本人。

帝国师装备的斯泰尔 typ1500A/01 指挥官专用车，照片摄于哈尔科夫西南。

与部下同乐，克吕格尔师长亲自“演示”如何操作 MP40 冲锋枪。

库尔斯克战场上的帝国师掷弹兵。

库尔斯克战场上的帝国师的20毫米自行高炮。

1943 年 7 月，在库尔斯克战场上指挥战斗的帝国装甲团 2 营营长克里蒂克森。背景处是他的指挥坦克“B11”号。车体上写着“Karracho”。

1943 年 7 月，库尔斯克战役期间，在战场上小憩的Ⅲ号坦克 H 指挥型车组。这辆编号“R21”的是帝国装甲团团部直属侦察排的排长座车。根据标准编制推测，这个排的编号应该是从“R21”到“R25”。

帝国装甲团的维修人员正在将6连的"611"号炮塔吊起，以便于对车体进行维修保养。照片应该摄于"堡垒"行动前夕或期间。

1943年7月，库尔斯克战场上帝国师Ⅲ号和Ⅳ号坦克混编队伍。近处的这辆Ⅳ号坦克看起来应该是6连的"62x"号，尾数字无法确认。

“堡垒”行动期间，搭载着掷弹兵作战的帝国装甲团2营7连的Ⅲ号坦克。

翻倒在路堤一侧的帝国装甲团的Ⅲ号坦克M型。在坦克左前挡泥板上可以看到帝国师的伪装师徽，应该属于5连或者7连。

为了节省时间，不得不请求附近的掷弹兵帮忙。

这张照片非常有趣，这辆Ⅳ号坦克G型很显然是6连转交给8连的，所以乘员们在"6"的缺口补上了一段让它变成"8"。由于角度原因，无法确认后两位数字。在国籍十字左侧可以看到帝国师的伪装师徽。

帝国装甲团3（坦克歼击）营9连的"923"号。最左边的就是车长埃米尔·塞博尔德，帝国师的坦克王牌之一。

1943年7月，在库尔斯克战场上的帝国装甲团3(坦克歼击)营10连3排的“1031”号Ⅳ号坦克G型。前面还能看到两辆T-34/76坦克，应该属于9连或10连。

帝国装甲团3（坦克歼击）营10连4排的“1042”号T-34/76坦克。

特别篇：库尔斯克战场上的虎式坦克

帝国装甲团直属的虎式坦克连在放弃了“8”连的番号后，就称重装甲连，因此所有战术编号用“S”开头加两位数字编号。由于需要按照1943年型装甲师的标准编制改编，“8”连番号还给了装甲团2营。实际上，重装甲连总共变更过两次编号。第一次是哈尔科夫战役后，8连总共损失了两辆虎式坦克，“831”号和“842”号，又补充了6辆坦克后，调整过一次番号。在放弃“8”连番号后，换成“S”开头则是第二次调整。

800 => 801 = >S01 801 => 802 => S02 811 => 831 => S33 812 => 833 => S34 821 =>813 => S11 822 = >811 = >S13 (尚无照片证明) 831 => 损毁 832 => 823 => S24 841 => 821 => S21 (尚无照片证明) 842 = >损毁

“堡垒”行动期间，重装甲连编制如下;

S01(连长)、S02（连副）

1排：S11、S12、S13、S14

2排：S21、S22、S23、S24

3排：S31、S32、S33、S34

“堡垒”行动期间，重装甲连的虎式坦克上开始出现“跳动的恶魔”的图案标志。

1943 年 7 月 5 日，在库尔斯克预定集结区的帝国师重装甲连连长齐默尔曼的座车“S01”号指挥虎。

连长齐默尔曼正从虎式坦克里探出身子。可以清楚地看到“S01”号后部的细节以及双天线，应该使用了 Fu5 和 Fu7 双电台。

1943 年 7 月 6 日，“S02”号指挥虎也在战斗中受损。从照片看，“S02”号行走装置和内部都需要维修。

1943 年 7 月，在掷弹兵伴随下进入战场的"S14"号。

1943 年 7 月 8 日，陆续进入战场的重装甲连。近处的这辆就是"S23"号。

1943 年 7 月 8 日，进入战场的帝国师重装甲连。近处的这辆就是"S24"号。

这张“S24”的照片应该拍摄于7月10日。除了触雷受损外，车身侧面一处也被击穿。

“堡垒”行动前夕，重新补充过后的重装甲连变更了战术编号，所有坦克涂布了新的夏季迷彩。原先补充的Ⅲ号坦克也全部转交给装甲团。照片近处的就是“S32”号，车长是巴拉尔。哈尔科夫之战中，巴拉尔坐的是“852”号，当时5排排长是卡尔斯，现在调入3排，排长依然是卡尔斯。

“S32”号炮塔的近照，可以清楚看到“堡垒”行动期间重装甲连的战术编号白色边缘空心字体的书写方式以及“跳动的魔鬼”的重装甲连标志。

集结中的重装甲连的虎式坦克，侧面还能看到帝国装甲团2营的Ⅳ号坦克。根据车辆上倒福图案和挡泥板特征判定，近处这辆就是“S33”号，原先3排排长卡尔斯连长使用的“831”号。

“堡垒”行动期间，“S33”号正路过一辆150mm sI.G.33自行步兵炮。侧面也可以看到倒“福”图案。车长莱因哈特虽然变更了卡尔斯排长“831”号的迷彩和编号，但是这一图案却保留了下来。sI.G.33自行步兵炮产量极少，1943年4月11日，7辆该车加入了国防军第23装甲师参加了库尔斯克战役。

重装甲连的一辆虎式坦克，注意前装甲上的伪装师徽。

这辆前装甲板上有米老鼠图案的虎式坦克依然属于帝国师的重装甲连。

在库尔斯克战场上，被苏军击毁的一辆重装甲连的虎式坦克，正冒着滚滚浓烟，边上是发起反击的苏军战士。

帝国突击炮营的Ⅲ号突击炮G型。从这张照片中除了可以看到帝国师在库尔斯克战役期间的伪装师徽外，还能看到一个白色圆形内的黑桃图案。

1943年夏，帝国突击炮营的Ⅲ号突击炮，它的名字是"Florian Geyer"。

1943年7月，库尔斯克战场上，帝国突击炮营的一辆Ⅲ号突击炮G型正驶过一道帝国师师属工兵们刚刚炸平的反坦克壕沟（苏军构筑）。

1943年夏天，在库尔斯克战场上的帝国装甲炮兵团3营7连的炮兵观测车。在右前挡泥板上可以看到帝国师的伪装师徽，左侧则是战术识别标志，表明其来自炮兵团的7连。

帝国装甲炮兵团 9 连的 150 毫米“熊蜂”式自行火炮。

1943 年夏天，被苏军缴获的一辆帝国师的“熊蜂”式自行火炮，注意乘员们把备用履带挂在了车身侧面。

这辆被苏军在库尔斯克战役期间缴获的“胡蜂”式自行火炮同样来自帝国装甲炮兵团，车身上还有“Prag”字样的名字。

1943 年 8 月，正在自己车长指挥塔上的帝国装甲团 2 营营长蒂克森。

米乌斯河战役期间，"德意志"装甲掷弹兵 3 营的营部，照片中分别是营长威斯利塞尼和 10 连连长施赖伯。

库尔斯克战役后期，阿道夫·希特勒警卫旗队师启程离开东线前，将手上的虎式坦克转交给了帝国师。因此，重装甲连的编制从每排 4 辆坦克扩编成了 5 辆。这辆"S15"号就是重装甲连获得补充后，增设的 1 排的第 5 号车。

1943 年夏，在米乌斯河一线作战的帝国装甲团 1 营的"A12"号豹式坦克 D 指挥型。1 营营部总共有 3 辆豹式坦克，编号与 2 营使用字母 B 开头类似，分别是"A11""A12"以及"A13"。其中"A11"是营长座车、"A12"是营副座车。

帝国装甲团1营营部的“A13”号豹式坦克D指挥型，是营传令官的座车。

2连连长舍恩陶贝的“201”号的另一张照片。可以看到除了炮塔侧面挂了备用履带外，车体侧面除了前侧挂工具位置，也挂满了备用履带。

1943年夏，在战场某处的2连的“232”号豹式坦克D型。坦克一侧堆了不少炮弹。可以看到车组把备用的负重轮挂在了坦克后部两侧，这也是判别1943年的帝国师豹式坦克的重要特征之一。

1943 年夏天，在东线的帝国装甲团 1 营 4 连连长阿尔弗雷德·哈格斯海默的“401”号豹式坦克 D 型。哈格斯海默是帝国师的坦克王牌之一，他的炮手就是后来著名的恩斯特·巴克曼。

1943 年 8 月至 9 月，在乌克兰泥泞的道路上艰难行进中的 4 连连副的座车“402”号。

1943 年夏天，在行军途中，4 连的一名装甲兵正在制作美食。背景处则是 4 连的“415”号。注意车体后部挂负重轮的特征。

1943 年夏天，4 连的一名装甲兵正在炮塔上画上一只猫猫做吉祥物。这一图案后来也出现在了诺曼底战役时期的党卫军第 2 装甲团的团部车辆上。

在克洛马克阵地上的帝国装甲侦察营官兵。从左往右分别是摩托车分队指挥官洪德（Hund）、4 连连长高级级突击中队长（上尉）德雷克斯勒、副营长上级突击中队长（中尉）普里克斯（Prix）、营长维丁格。

1943 年 11 月 2 日，帝国师师属党卫军第 4“元首”装甲掷弹兵团 12（反坦克）连所属排的排长党卫队二级小队长派歇尔（Peichl）向索雷茨（穿黑色装甲兵制服）祝贺其完成全师在 1943 年全年第 2000 个击毁目标，并向其赠送了有“2000”字样的铭牌。照片中可以看到背景处的“S22”号在侧面也有倒“福”图案。但是无法判定是汉斯·索雷茨车长也使用了这一倒“福”图案，还是之前的“S33”号变更番号为“S22”号。目前还没找到详细资料。

帝国师人员开始返回西线休整后，仍有一个装甲战斗群留在东线作战。照片中就是行军中的帝国装甲战斗群，在Ⅳ号坦克前方还能看到1营残存的豹式坦克。这里可以发现，"堡垒"行动期间的伪装师徽，帝国师一直使用到当年年末。

帝国装甲战斗群里主要都是1营和2营残存的坦克。照片中，Ⅳ号坦克已经看不见任何战术编号，因为装甲团各型坦克全部下降到了个位数，实在是不需要无线电呼叫号了。

从这张侧面拍摄的照片中可以清楚看到“S13”和“S33”两辆虎式坦克的战术编号。

1943年12月6日起，残存的帝国装甲战斗群配属给了第2伞兵师。这两张照片就是搭乘在“S33”号上的该师伞兵。

帝国师在法国休整期间，接受了许多人的访问。从这张照片我们可以看到（从左往右）海因茨·拉默丁师长，巴特特尔茨的党卫军容克学校的督查克林根伯格、雅各布·菲克（党卫军第17“戈茨·冯·贝利欣根”装甲掷弹兵师）、来自党卫队人事总部的威廉·克蒙特(Wilhelm Kment）以及奥斯瓦尔德·波尔（Oswald Pohl）。背景处的豹式坦克属于党卫军第2装甲团1营。

在法国休整期间，装甲兵总监古德里安上将特地访问并视察了帝国师。照片背景处是党卫军第 2 装甲团团长蒂克森。

拉默丁师长和蒂克森团长，背景处是党卫军第 2 装甲团的军官。

1944 年春，德国装甲兵总监古德里安上将视察了在西线重建的各装甲师，这其中就包括了帝国师。这张照片就摄于古德里安上将到访视察期间，背景处是党卫军第 2 装甲团的一辆豹式坦克，很可能是指挥型。

参观过程中，古德里安上将的随行军官正在聆听上级突击大队长(少校)肯普费讲解。肯普费时任党卫军第4“元首”装甲掷弹兵团3营营长。

坐在半履带车上参观演习的陆军军官，可以看到维丁格(左2佩戴骑士十字勋章者)也随车陪同。

1944年春，在法国蒙托班地区训练中的党卫军第1装甲团1连连部的“198”号（副连长座车）豹式坦克A型。

党卫军第2装甲团2营的"777"号(营部传令官座车)Ⅳ号坦克，拍摄于训练期间。

1944年春，在法国蒙托班地区训练中的党卫军第2装甲团2营的Ⅳ号坦克。

1944年诺曼底登陆前夕，冯·布拉斯科维茨上将也访问了帝国师。

党卫军第2装甲炮兵团团长克罗伊茨（中间）正在与手下军官交谈。

从这个角度拍摄的照片从左往右分别是：党卫军第2高炮营营长奥托·雷曼、阿尔贝特·施蒂克勒、克拉格、拉默丁、凯斯滕、肯普费。

党卫军第4“元首”装甲掷弹兵团3营营长肯普费。1944年6月9日，肯普费死于法国抵抗组织之手。

诺曼底战役中，德军西线总指挥冯·龙德施泰特元帅和B集团军群指挥官埃尔温·隆美尔元帅。

1944年7月初，跟随党卫军第3“德意志”装甲掷弹兵团战斗群在拉艾-迪皮地区作战的党卫军第2装甲团6连的官兵。照片中的4人属于该连约翰·塔勒尔的车组，领口佩戴着骑士铁十字勋章的就是塔勒尔本人。

战斗间隙小憩的帝国师分队长阿拉德（Allard），他身后可以看到一个典型的诺曼底法国农户的啤酒桶。

隆美尔元帅与党卫军第1装甲军指挥官泽普·迪特里希在一起。从6月2日—7月11日，经过党卫军几个师的力战，德军终于挡住了英军从112高地向法莱斯突破的企图。

1944年7月底，美军在库唐斯将德军团团围住。帝国师在突出库唐斯包围圈后，在库唐斯西南不远处的诺特雷-当德瑟尼利（Notre-Dame-de-Cenilly）小镇遭到了盟国的狂轰滥炸。照片中就是在轰炸中损毁的党卫军第2装甲团1营1连的150mm"熊蜂"式自行火炮和炮兵团所属半履带车。

在这辆编号“110”的“熊蜂”式自行火炮侧面可以看到“Clausewitz”的名字。

照片中这辆 Sd.Kfz.251 半履带车，可以看到“10x”的编号（尾数字应该是“4”）以及帝国师的狼之钩师徽和战术识别标志。该标志表示自行火炮单位，数字“1”代表 1 连。

1944 年春，正从凯吕斯（Caylus）、塞丰驶往科萨德的党卫军第 2 装甲团 2 营的Ⅳ号坦克和突击炮。照片中的这辆Ⅳ号坦克编号是"565"，属于 2 营营部直属侦察排的车辆。右边的Ⅲ号突击炮 G 型则来自党卫军第 2 突击炮营。

1944 年夏，美军士兵正在查看被遗弃的 5 连的"523"号Ⅳ号坦克 J 初期型，具体位置不详。

1944 年夏天，党卫军第 2 装甲团“622”号Ⅳ号坦克J 初期型被美军拖到了诺曼底一处德军车辆残骸堆积场。

1944 年 7 月 8 日至 9 日，在圣弗蒙被车组遗弃的党卫军第 2 装甲团 2 营 6 连的“631”号Ⅳ号坦克 H 型。

1944 年 7 月 11 日，在诺曼底战场上被美军击毁的 7 连的“715”号。可以看到 7 连与 2 营的其他连采取了不同样式的战术编号字体。

1944 年夏，在德军车辆残骸堆积场上，一名美军士兵站在党卫军第 2 装甲团 8 连连副的座车"898"号前。后面可以看到一辆编号为"842"的Ⅳ号坦克，应该属于装甲教导师第 130 装甲教导团 2 营。

1944 年夏天的诺曼底战役中，德军损失了大量装甲作战力量。照片中的"425"号来自装甲教导师的第 6 装甲团 1 营。远处可以看到党卫军第 2 装甲团 2 营 8 连的"898"号和疑似 6 连的"635"号。

1944 年 7 月底，党卫军第 2 装甲团 2 营在突围行动中遗弃的 8 连的"831"号，照片摄于圣但尼 - 勒加斯特附近。

美军缴获的一辆帝国师的 Sd.Kfz.7 半履带自行高炮，注意车后的师徽。

美军士兵在展示刚刚缴获的一件军服，注意左袖上的帝国师袖标。

在代理师长蒂克森阵亡后，奥托·鲍姆成为帝国师代理师长。照片为鲍姆与刚刚获得骑士铁十字勋章的卡尔·克罗伊茨（党卫军第2装甲炮兵团团长）以及该团5连的下级小队长汉斯·沙布施耐德（Hans Schabschneider）的合影。

党卫军第4"元首"装甲掷弹兵团3营的高级小队长阿道夫·派歇尔于1944年10月16日获得了骑士十字勋章，他单人总共击毁了6辆坦克。

1944年11月9日，党卫军第4"元首"装甲掷弹兵团团长维丁格在一次集会上为部下授勋。此时，该团又补充了不少新兵，但仍难恢复年初的那种实力和状态了。

1944年12月24日至25日夜损失在马奈镇内的党卫军第2装甲团1营的豹式坦克G型。这场激烈的战斗主要就是奥尔特温·波尔的4连打的，因此仅4连就在马奈损失了8辆豹式坦克，几乎全连一半的作战力量都没有了。

另一辆在格朗默尼勒的党卫军第2装甲团1营豹式坦克残骸的照片，应该摄于1945年春天或战后。

这张照片摄于1945年，格朗默尼勒地区，美军第2装甲师的戈登下士和二等兵雷恩沃特站在一辆党卫军第2装甲团1营的豹式坦克G型的残骸上。该坦克编号未知，但是根据法国研究党卫军的专家Stephan Cazenave先生的考证，他认为这是1营营长高级突击队中队长（上尉）马茨克的座车。假设1营营部没有变更过编号规则，那它应该是“099”号，但是不能确认。

1945年1月，阿登地区开始普降大雪，因此“413”号也被积雪覆盖。

这辆歪倒在格朗默尼勒以西通往埃尔泽镇道路上的豹式坦克属于党卫军第2装甲团4连。正在经过它的是美军第2装甲师的部队。此时，损失惨重的帝国师再也无法前进半步。

上图同一辆豹式坦克的照片，摄于战后，坦克的履带和负重轮都没了。

这辆豹式坦克G型的残骸据考证摄于马奈镇内，炮塔上的"484"编号是后来写上去的，所以无法知道原始战术编号了。

这辆被遗弃的Ⅳ号坦克属于党卫军第2装甲团7连或8连，因为5连和6连已经由于坦克数量不足装备Ⅲ号突击炮了。这张照片实际拍摄时间是1945年夏天，地点在比利时的贝艾（Belle Haye）。根据奥托·维丁格所著的《帝国师》战史第5卷，帝国师最初在攻击首个目标巴拉盖德弗赖蒂尔十字路口时，出动的就是党卫军第4“元首”装甲掷弹兵团2营和3营以及党卫军第2装甲团7连的Ⅳ号坦克和一支突击炮连（5连或6连）。其中7连在进攻中就奉命穿过贝艾镇西北1.5公里处。所以这辆Ⅳ号坦克J型的残骸大概率属于7连。

党卫军第2装甲团2营的一辆Ⅳ号坦克，地点是在马奈镇内。由于坦克在损毁后起火燃烧，已经在照片上看不到任何标志和战术编号。

1945年4月，从匈牙利退入奥地利境内的帝国师与髑髅师一起奉命准备保卫第三帝国的东都“维也纳”。由于在巴拉顿湖地区发起的“春醒”反击战损失惨重。照片中的Ⅳ号坦克J型是抵达维也纳后的党卫军第2装甲团从维也纳兵工厂里弄出来的。这批Ⅳ号坦克J型原先是装备匈牙利军队的，后返厂维修，现在就归帝国师了。照片中可以看到，这些坦克全是黄色单色涂装，还未涂布迷彩或战术编号，仅有国籍十字标志。